U0945333

高等院校经济管理类专业应用型系列教材

管理心理学

袁秋菊　王　端　主编
范　春　刘　珍　副主编

清华大学出版社
北　京

内 容 简 介

本书以培养学生的应用能力为主线，着重于管理者心理剖析和理论应用，力求突出可操作性。内容分为十章，包括导论、个性心理与管理、个性倾向性与管理、心理过程与管理、群体心理与管理、团队心理与管理、领导心理与管理、被领导者心理与管理、激励心理与管理、组织心理与管理，囊括了管理心理学的基本范畴、研究方法、基础知识、理论框架，并对近年来管理心理学的研究重点做了深入、细致的探讨。

本书即可作为应用型本科大学和高职高专院校相关专业教材，亦可作为广大管理人员的参考书。

图书在版编目（CIP）数据

管理心理学/袁秋菊，王端主编. --北京：清华大学出版社，2015（2018.8 重印）
高等院校经济管理类专业应用型系列教材
ISBN 978-7-302-36834-2

Ⅰ.①管… Ⅱ.①袁… ②王… Ⅲ.①管理心理学－高等学校－教材 Ⅳ.①C93-05

中国版本图书馆 CIP 数据核字（2014）第 127860 号

责任编辑：刘翰鹏
封面设计：宋　彬
责任校对：刘　静
责任印制：沈　露

出版发行：清华大学出版社
网　　址：http：//www. tup. com. cn，http：//www. wqbook. com
地　　址：北京清华大学学研大厦 A 座　　**邮　　编**：100084
社 总 机：010-62770175　　**邮　　购**：010-62786544
投稿与读者服务：010-62776969，c-service@tup. tsinghua. edu. cn
质量反馈：010-62772015，zhiliang@tup. tsinghua. edu. cn
课件下载：http：//www. tup. com. cn，010-62795764
印 装 者：北京虎彩文化传播有限公司
经　　销：全国新华书店
开　　本：185mm×260mm　　**印　　张**：23.75　　**字　　数**：548 千字
版　　次：2015 年 2 月第 1 版　　**印　　次**：2018 年 8 月第 2 次印刷
定　　价：58.00 元

产品编号：059560-02

前言

在管理活动中，人是第一对象或资源，这就决定了管理理论是以人为出发点而产生和形成的这一事实。而人总是有心理活动的，心理活动直接影响着工作和劳动的成效。因此，研究管理活动中人的心理现象和规律对于提高管理成效有着特别的意义。正因为如此，在学科形成上，管理心理学是在一般意义的管理学和心理学的边缘上产生和发展而形成的一门学科，它既是心理学的一个重要分支，又是管理学的一个重要组成部分。这就决定了管理心理学的广泛渗透性和广泛的读者面。人们对管理活动中心理现象的关注有着古老的源头，但是管理心理学成为一门具有系统理论的独立学科还是20世纪中期的事情。一般认为，20世纪50年代，美国斯坦福大学教授莱维特(H. J. Leavitt)出版的一本以“管理心理学”命名的专著是管理心理学正式形成的标志。在此之前，研究、阐述心理学知识在工业企业领域中应用的著作，都以“工业心理学”命名或被视为工业心理学方面的书籍。当然，把“工业”换成“管理”并不是莱维特在没有缘由的情况下随便作出的。实际上从20世纪20年代起，工业心理学的研究从霍桑实验中已认识到人的心理活动的重要性。一直到20世纪50年代，人们才越来越清楚地认识到，在工业心理学中，对人的管理的研究占据着核心的地位。被管理者的劳动积极性是影响生产效率的关键因素，因而也应是工业心理学的主要研究内容，于是管理心理学就应运而生了。工业心理学在演进中产生出管理心理学，这是工业心理学研究进展和深化的结果，是工业心理学难以继续包容管理心理学这一核心内容的必然反映。

本书是编者在多年管理心理学及相关学科的教学经验与科研成果积累的基础上，本着博采众长、理论研究与现实实践相结合、通俗易懂的原则，广泛参阅和引用国内外管理心理学理论精华，并结合中国国情以及国内外一些典型的管理实践案例、心理测验、管理游戏等，经过反复斟酌，精心编写而成的，具有较强的实践性，便于读者提高学习兴趣和改进学习方法，牢固掌握理论联系实际的学习方法，从而跳出只讲不练的框架，提高管理实践能力。

全书内容丰富多彩，囊括了管理心理学的基本范畴、研究方法、基础知识与理论框架。同时，编者在本书中对近年来管理心理学的研究重点作出了更为深入、细致的探讨，突出体现了当今国内外管理心理学的重要理论成果和研究动态。

全书共分十章，每章开头设有开篇案例，结尾设有实训模拟，包括案例分析与思考、心理测验、管理游戏、复习思考四个部分。

本书由袁秋菊(汉口学院)撰写主要部分，并确立全书框架，统揽全局，同时还邀请了其他几位作者共同合作参与撰写。具体章节分工情况如下：袁秋菊编写第二章、第三章、第四章、第七章，范春(湖北财税职业学院)编写第一章、第九章，何倩倩(重庆大学城市科技学院)编写第五章，张涛(汉口学院)编写第六章，陈周燕(重庆大学城市科技学院)编写第八章，刘珍(重庆大学城市科技学院)编写第十章。

本书在编写过程中，学习和借鉴了许多同类教材和相关研究成果，引用了大量参考文献和案例，在此对相关文献的作者和编辑一并表示衷心的感谢！

由于编者水平有限，不足之处在所难免，恳请专家、同行和广大读者批评指正。

编　者
2014 年 11 月

目录 contents

第一章　导论 …… (001)
第一节　管理心理学的研究对象与内容 …… (002)
第二节　管理心理学的研究意义 …… (005)
第三节　管理心理学的研究方法 …… (007)
第四节　管理心理学的产生与发展 …… (012)
实训模拟 …… (017)
第二章　个性心理与管理 …… (022)
第一节　个性概述 …… (023)
第二节　气质与管理 …… (031)
第三节　性格与管理 …… (039)
第四节　能力与管理 …… (049)
实训模拟 …… (056)
第三章　个性倾向性与管理 …… (068)
第一节　需要与管理 …… (069)
第二节　动机与管理 …… (076)
第三节　兴趣与管理 …… (082)
第四节　价值观与管理 …… (087)
实训模拟 …… (094)
第四章　心理过程与管理 …… (107)
第一节　知觉与管理 …… (108)
第二节　情绪与管理 …… (121)
第三节　意志与管理 …… (130)
实训模拟 …… (136)

第五章 群体心理与管理 …………………………………………………… (141)
第一节 群体心理概述 …………………………………………………… (143)
第二节 群体凝聚力与管理 ……………………………………………… (150)
第三节 群体沟通与管理 ………………………………………………… (154)
第四节 群体冲突与管理 ………………………………………………… (167)
第五节 群体决策与管理 ………………………………………………… (175)
实训模拟 ………………………………………………………………… (182)
第六章 团队心理与管理 …………………………………………………… (185)
第一节 团队概述 ………………………………………………………… (186)
第二节 团队氛围与团队绩效 …………………………………………… (196)
第三节 高绩效团队的建设与管理 ……………………………………… (200)
实训模拟 ………………………………………………………………… (206)
第七章 领导心理与管理 …………………………………………………… (209)
第一节 领导者的心理素质 ……………………………………………… (210)
第二节 领导者的权力艺术 ……………………………………………… (224)
第三节 领导者的用人心理 ……………………………………………… (238)
实训模拟 ………………………………………………………………… (254)
第八章 被领导者心理与管理 ……………………………………………… (258)
第一节 被领导者及其成熟素质 ………………………………………… (259)
第二节 员工的心理健康 ………………………………………………… (267)
第三节 态度与行为改变 ………………………………………………… (275)
第四节 当代青年人心理与管理 ………………………………………… (283)
实训模拟 ………………………………………………………………… (295)
第九章 激励心理与管理 …………………………………………………… (300)
第一节 激励概述 ………………………………………………………… (301)
第二节 激励理论 ………………………………………………………… (307)
第三节 激励方法 ………………………………………………………… (317)
实训模拟 ………………………………………………………………… (321)
第十章 组织心理与管理 …………………………………………………… (325)
第一节 组织概述 ………………………………………………………… (326)
第二节 组织结构与组织设计 …………………………………………… (333)
第三节 组织变革与发展 ………………………………………………… (350)
第四节 组织文化 ………………………………………………………… (359)
实训模拟 ………………………………………………………………… (368)
参考文献 ………………………………………………………………………… (373)

第一章 导论

【学习目标】

1. 掌握管理心理学的研究对象与内容；
2. 了解管理心理学的研究意义；
3. 熟悉管理心理学的研究方法；
4. 认识管理心理学的产生与发展。

【开篇案例】

三个和尚的故事

山上有座小庙，庙里有个小和尚。他每天挑水念经、敲木鱼，给观音菩萨案桌上的净水瓶添水，夜里不让老鼠来偷东西，生活过得安稳自在。不久，来了一个高个子和尚，他一到庙里，就把半缸水喝光了。小和尚叫他去挑水，高个子和尚心想，一个人去挑水太吃亏了，便要小和尚与他一起去抬水，两个人只能抬一只水桶，而且水桶必须放在扁担的中央，两人才心安理得。这样总算还有水喝。后来，又来了一个胖和尚。他也想喝水，但缸里没水，小和尚和高个子和尚叫他自己去挑，胖和尚挑来一担水，立刻独自喝光了。从此谁也不挑水，三个和尚就没水喝了。大家各念各的经，各敲各的木鱼，观音菩萨面前的净水瓶也没人添水，花草枯萎了。夜里老鼠出来偷东西，谁也不管。结果老鼠猖獗，打翻烛台，燃起大火。三个和尚这才一起奋力救火，大火扑灭了，他们也觉醒了。从此三个和尚齐心协力，水自然就更多了。

第一节 管理心理学的研究对象与内容

一、管理心理学的基本概念

管理心理学是一门综合运用心理学、管理学、行为学、社会学、伦理学、生理学等学科的基本理论来研究组织中人的心理行为活动规律，借以解释、预测和激励组织中人的行为，以调动人的积极性、主动性和创造性，不断提高工作效率与管理效能，最终实现组织目标的一门学科。

二、管理心理学的研究对象

管理心理学的研究对象是人的外在行为及其内在心理规律。管理心理学既探索组织管理活动中人的行为规律，同时又揭示这些行为背后潜在的心理机制。把人的行为规律及其心理机制结合起来进行研究。人的行为与心理之间具有密不可分的关系。一方面，行为是在一定心理活动的指导下进行的，是心理活动的外在表现，要想真正了解人的行为，就要探索其背后潜在的心理机制；另一方面，心理又是行为的内在动因，是调节、控制行为的内部过程，要想揭示人类心理的奥秘，就必须分析人的外在行为。

管理心理学把研究范围严格限定在组织管理活动这一特定情境中，这里的"组织"可以是经济组织，同时也涵盖政治组织、社会组织、文化组织等。管理心理学并不是研究人的一切心理与行为，不是探索一般情境下人的行为规律及其潜在的心理机制。

三、管理心理学的研究目的

管理心理学是一门应用性很强的学科，其有两个方面的研究目的：一方面，通过对员工工作行为的研究，挖掘其心理机制，促使整个组织工作效率和绩效的提升；另一方面，通过对管理行为的研究，弄清其潜在的心理机制，运用科学的方法改进组织管理，实现员工的全面发展。

四、管理心理学的研究内容

管理心理学的研究对象决定了其研究内容应基于个体的心理活动而展开，并放大到群体心理和组织心理的相关问题。作为一个体系，管理心理学主要包括三大部分：个体管理心理、群体管理心理和组织管理心理，这三个部分相互影响、相互制约。

（一）个体管理心理

个体管理心理主要有三个方面的内容。

（1）个体的心理过程，包含个体的认知，如感觉、知觉、记忆与思维等；个体的情感，主要有情绪、态度、价值观；个体的意志，如挫折、心理压力与压力管理策略等。

（2）个体行为的基础，如个性、气质、性格、能力等。

（3）个体行为的管理，主要是个体的需要、动机、工作态度、工作满意感与激励等。

（二）群体管理心理

群体管理心理的核心理论思路是群体动力学，即群体组合、协调、发展的动态机制。群体管理心理也包含三个方面的内容。

（1）群体的组合与互动，包括群体发展阶段、群体规范和群体凝聚力等。

（2）群体的沟通和协调，包括群体沟通模式、群体间工作模式、冲突管理策略、群体决策等。

（3）群体的团队管理，包括团队工作理论、高效团队的特征、团队管理途径等。

（三）组织管理心理

组织管理心理是对管理心理学的整合分析。组织管理心理由四个方面组成。

（1）组织结构和组织设计，包括组织理论、组织结构与技术机制、组织设计与权变因素等。

（2）组织发展和战略管理，包括组织变革和发展的模型、组织发展与管理改革创新的途径、学习组织与战略管理的理论与方法等。

（3）组织文化，包括组织文化的理论、组织文化的策略、交叉文化下的组织管理等。

（4）领导行为与管理决策，包括领导行为与权力模式、领导行为的传统理论与权变理论等。

五、管理心理学与其他学科的关系

管理心理学是介于管理科学和心理科学之间的一门边缘学科，也是一门综合性很强的学科，与管理学、行为科学、普通心理学、社会心理学、人类学等学科联系极为密切。管理心理学所涉及的各学科基础理论众多，跨学科性非常明显。一方面，管理心理学从这些学科摄取养料，吸收这些学科的研究成果；另一方面，管理心理学也为这些学科提供素材，丰富和充实这些学科。

（一）管理心理学与管理学

管理学是研究管理过程中一般活动规律的学科，主要讨论管理中一些共同的、带有规律性的问题，如管理的一般性质、管理的基本原则和方法、管理过程与职能等。管理学涉及哲学、经济学、法学、社会学、数学、心理学、运筹学、决策学、人才学等学科以及系统论、信息论、控制论等理论体系，是上述科学知识在管理过程中的综合运用。在某种意义上说，管理心理学是管理学的一个分支，主要研究管理过程中的心理学问题。

（二）管理心理学与行为科学

行为科学是研究和探索人们的行为规律的一门学科，以人为研究对象，以预测和控制人的行为为目的。行为科学诞生于 20 世纪 50 年代初的美国。1949 年，芝加哥大学举行的一次跨学科会议上首次采用"行为科学"这一概念，1953 年由福特基金会正式定名，1956 年《行为科学月刊》出版。

行为科学是一门综合性学科，涉及心理学、社会学、人类学、生理学、生物学、伦理学等学科。行为科学在企业组织中的应用称为"组织行为学"，综合运用上述学科的知识，研究组织中人的个体行为、群体行为、领导行为、组织行为的规律。可见，行为科学与管理心理学的人力管理部分有交叉联系。管理心理学不但研究管理活动中人的心理与行为，也讨论目标、信息、时间、环境等因素。

（三）管理心理学与普通心理学

普通心理学是研究人的心理现象及其一般规律的一门学科，主要研究心理过程与个性问题。心理过程包括认知过程（感知、记忆、思维、想象等）和意向过程（情感、意志等）；个性包括兴趣、动机、气质、性格、能力等。

管理心理学与普通心理学是特殊与一般的关系。普通心理学是管理心理学的基础，管理心理学则把普通心理学的原理和规律应用到管理过程，具体分析管理活动中人的心理现象和规律。如普通心理学研究抱负、信心、动机、思维、情感、意志等心理现象，管理心理学则研究这些心理现象在管理中的意义，分析其对于目标行为的制约作用，阐述其对于调动人的积极性的意义等。

（四）管理心理学与社会心理学

社会心理学是研究在社会生活条件影响下，个体或若干个体心理活动发展和变化的规律的学科。社会心理学包括三个层次：一是研究个体在社会情境中的心理现象，如社会知觉、社会动机、社会态度等；二是研究人与人相互作用的机制，如人际沟通、人际影响、人际关系等；三是研究群体心理，如群体规范、群体凝聚力、群体决策等。

管理心理学与社会心理学是相互影响、相互渗透的邻近学科。马克思主义认为，人是社会的动物，人的本质是一切社会关系的总和。管理活动在本质上也是一种社会实践活动，社会心理学的研究成果必然有助于管理心理学的建设。事实上，管理心理学也正是在社会心理学的影响与渗透下产生的，社会心理学是管理心理学的母体。难怪有人把"管理心理学"称为"工业社会心理学"。

（五）管理心理学与人类学

人类学是研究人类的体质特征及其变化与发展规律的学科。其研究内容包括人类的进化历程、现代人体质特征与类型在个体间的变异、性别差异和年龄的变化等问题。

人类学不仅研究人类群体的演化过程，也研究不同群体之间的差异。西方人类学特别注重考察人的体质与文化的关联。一般而言，人类学研究可以分为三大类：第一类是主要研究形态、生理、遗传等人类体质的体质人类学；第二类是主要研究民族文物、文化史、民俗、语言等文化现象的文化人类学；第三类是专门研究先史时代人类的体质和文化的史前人类学。其中，文化人类学与管理心理学的关系最为密切。由于文化传统直接影响着个体的思维方式、行为方式和价值取向，生活在不同文化背景下的个体和群体势必受到该文化的熏陶和影响。因此，人类学的知识和原理对管理心理学的研究和应用具有一定的借鉴意义。此外，管理心理学与生理心理学、实验心理学、教育心理学等也有一定的联系，在此不一一详述。

第二节　管理心理学的研究意义

一、管理心理学是未来管理科学的核心内容

人们在从事管理活动时，总是从以物的管理为中心，过渡到以人的内在心理为中心。管理上不断向人的内心深处进军。随着社会生产力和科学技术水平的不断提高，随着现代通信的发展与信息传播的发达，人与人之间、组织与组织之间在物的方面必然会不断缩小差距，而以心理上的竞争为显著特征。因而，未来的管理科学必然是以管理心理学为核心内容的科学。

人的心理是地球上最美丽的花朵，人的大脑是大自然最神奇的创造。如今，人类大则能探测远达一百亿光年以外的河外星系，小则深入物质结构的夸克层次进行研究，但对自己的心理活动规律和大脑功能的研究，充其量还处于物理学的牛顿时代，天文学的伽利略时代。以管理心理学为例，它还是比较多地依靠直观的判断和经验的总结；还是一门具有多种方法论、多种变体、多种世界观、多种范型、多种体系、多种理论以及多种学科的科学；它只是局部规律，没有整体规律；它只对工业企业及部分其他组织的管理进行了研究，而对人类的其他管理活动中的心理规律（如个体的自我管理）很少问津。

时代在呼唤管理心理学，未来更需要管理心理学。如果说未来的世纪是心理学的世纪，那么也可以这样认为：未来的管理世界是管理心理学的世界。一张白纸好写最新最美的文字，好画最新最美的图画。管理心理学的落后现状正给有志于从事这方面研究的人士提供了用武之地，只要努力耕耘，锲而不舍，就一定会收获丰硕的成果。

二、管理心理学有助于个体的自我完善

个体的发展与完善固然有赖于许多外界的客观条件，如良好的家庭背景与社会氛围等，但更重要的还是个体自身的主观努力，以及个体的自我管理水平。

在人的一生中，个体自身的主观努力随着年龄的增长而愈显重要。虽然人的自我意

识在个体早期就已萌芽，但此时还更多地表现出不自觉性和被动性，更多地受环境和他人的支配。随着青年期的到来，个体在心理上“断乳”，自我意识逐渐增强，更多地表现出自觉性和能动性，更倾向于支配环境和他人。因此，从这个时期开始，个体就逐步摆脱各种依附关系，以独立的姿态出现于社会，个体也就必须努力雕琢自己的形象，学会自我管理，并且对自己的所作所为承担责任。个体是成功，还是失败；是奋进，还是退缩，都与他是否能够自我设计、自我控制、自我调节、自我完善有着密切的关系。

管理心理学是个体自我完善的良友。以目标管理为例，管理心理学可以帮助个体确定宏伟远大而又切实可行的目标，并调节自己整个身心活动，向着这个目标迈进，“咬定青山不放松”，“任尔东西南北风”，利用一切可以利用的条件与优势以实现目标。再以人力管理为例，管理心理学关于自知与知人、交往与吸引、冲突与沟通的理论，可以帮助个体形成和谐的人际关系，赢得他人的喜爱与尊重。环境管理心理学则有助于个体创造良好的心理氛围与工作环境，提高生活、学习和工作的效率。如果一个人能够真正掌握并运用管理心理学的原理，也就掌握了自我管理的方法。无论置身于什么场合或情境，他都能寻求最佳的生存方式、最佳的发展方向，都能有效地实现个体的价值，发挥个体的潜力，并对社会的进步作出贡献。

三、管理心理学有助于企业和组织提高工作效率，增进经济效益

管理活动是人类社会实践活动中的一种，是人类一切有组织的协作活动所不可缺少的，是一切社会生产所必需的。个体的自我活动离不开管理，群众或组织的活动更离不开管理。马克思曾经形象地说明管理在社会活动中的地位与作用：“一切规模较大的直接社会劳动或共同劳动，都或多或少地需要指挥，以协调个人的活动，并执行生产的运动——不同于这一总体独立器官的运动——所产生的一般职能。一个单独的提琴手是自己指挥自己，一个乐队就需要一个乐队指挥。”

正像乐队离开了指挥就会杂乱无章一样，企业或组织离开了管理就会陷入瘫痪。管理心理学不仅为企业和组织的领导提供了指挥与决策的科学方法，也指出了充分利用各种潜在资源的有效途径。例如，一个企业或组织必须清醒地意识到自己的使命、目标和战略；必须吸引和接纳各种类型的人才，有效地调动每一个员工的积极性；必须有一流的情报系统，使自己在信息化社会里立于不败之地；必须有强烈的时间观念，在有限的单位时间内创造更多的物质财富和精神财富；必须为员工创造和谐、美好的工作环境，从而提高工作效率，等等。这些都离不开管理心理学原理的指导。企业和组织的活力在于管理，管理出效率，管理出效益，这是企业成功的秘诀所在。

管理本身并不是目的，只是实现目的的手段。“管理工作中第一永恒之事是使人的力量有效发挥以及人的弱点不影响工作。”杜拉克指出：“每一次管理的成功都是管理者的成功。每一次失败都是管理者的失败。进行管理的是人，而不是武力或事实。管理者的眼光、奉献精神和诚实决定了是否管理恰当或管理不善。”美国管理学家詹姆斯·L. 里格斯有句名言：“企业的声望是它们不同的管理哲学的表现，它们的成功是由于它们的哲学变成了现实。”这对于管理心理学也是适用的。大量材料表明，如果一个企业或组织忽视心

理因素的作用，即使它的人才素质再好，技术水平再高，企业或组织的机器也难以高效地运转，从而必然导致失败的命运。

第三节 管理心理学的研究方法

俗话说：工欲善其事，必先利其器。这个器，就是方法。方法是一门科学的精髓。正如苏联生理心理学家巴甫洛夫所说："科学随着方法学上获得的成就而不断跃进。方法学每前进一步，我们便仿佛上升了一级阶梯，于是，我们就展开更广阔的眼界，看见从未见过的事物。"目前，管理心理学作为一门独立学科还不够成熟，这不仅表现为学科理论体系不尽完善，也表现为方法论的苍白无力。因此，有必要对管理心理学的研究方法做一些探讨。

一、管理心理学研究的基本原则

辩证唯物主义和历史唯物主义是人类哲学思维和科学知识发展的最高成果，为一切科学研究提供了正确的世界观和方法论，也是管理心理学研究必须遵循的指导思想。同时，管理心理学研究还要考虑以下基本原则。

（一）客观研究与理论指导相结合的原则

管理活动本身是一种客观存在的社会活动，人的心理是对客观存在的反映。管理心理学的研究首先要遵循客观性的原则，对任何管理心理现象都必须按照它的本来面目加以考察，必须在具体的管理活动中加以客观的研究，切忌任何主观猜测的判断。在管理心理学的研究中，要如实地记录被研究对象的外部刺激、主观反应和体验，要根据客观的资料和事实得出结论，对于不符合研究者原先构想的材料要实事求是地认真分析，不可随心所欲地加以丢弃，更不能用虚假的、伪造的材料来"维持"自己的观点。例如，在研究精神奖励与物质奖励对于人的激励作用时，我们就不能抱着某种方式好、某种方式坏的成见，戴着有色眼镜去过滤事实。

客观研究并不排除理论思维的指导作用。在各类心理学著作（包括一些管理心理学著作）的方法讨论中，几乎只是讨论观察、实验等具体方法，而只字不提理论思维的作用。其实，任何客观的研究离开了理论思维的指导都将寸步难行。我国自然辩证法学者曾经提出，在实验与理论之间存在着一个"循环加速机制"，只有使理论与实验相结合，才能使实验从盲目走向自觉、严格，使理论从含混趋于严密、清晰。具体来说，理论思维在管理心理学的研究中起着如下作用。

第一，研究的选题需要理论思维。只有理论思维才能使我们抓住管理心理学发展的前沿，而不是把前人早已提出过的、废弃了的命题当作时髦的新课题，或者选择与现实生活无甚关联的课题。

第二，研究的设计需要理论思维。管理心理学实验的成功，关键在于实验设计的精细、巧妙和正确。如何在简化了的条件下对高度复杂的人的心理活动进行观察和实验，充分估计被试可能出现的各种情况等，这些都需要理论思维。

第三，实验数据的处理和结果的得出需要理论思维。如果没有理论思维，成功的研究过程也无法得到成功的结果。

（二）学科间整合与系统探讨相结合的原则

管理心理学是一门综合性很强的学科，与管理学、心理学、社会学、人类学、行为科学等邻近学科有着密切的关系。只有及时注意这些学科的发展动向，从这些学科的成果中汲取养料，进行学科整合研究，才能把握复杂的管理活动中的心理规律。这就要求管理心理学研究者具有比较渊博的知识背景。对于决策理论有开创性研究并且获得诺贝尔经济学奖、美国心理学会杰出贡献奖的司马贺（Herhert A. simon，又译为西蒙）教授，之所以能在心理学等学科屡有建树，被誉为当代最著名的博学家，就在于他有渊博的知识背景，活跃在边缘科学的前沿。如果局限于管理心理学自身的小天地，对其他学科的新动态、新进展不闻不问，必然会使管理心理学难以突破自己。

研究管理心理学，不仅要考虑它与其他学科的内在联系，也要探讨管理活动内部的系统关系，遵循系统性的原则。因此，我们在研究管理活动中的心理现象时，必须在各个因素的前后联系、相互作用的关系中去分析和认识，不能把这些心理现象看作独立存在的东西进行孤立的研究。对此，列宁有一段精辟的论述："在社会现象领域，没有哪种方法比胡乱抽出一些个别事实和玩弄实例更普遍、更站不住脚的了。挑选任何例子是毫不费劲的，但这没有任何意义，或者有纯粹消极的意义，因为问题完全在于，每一个别情况都有其具体的历史环境。如果从事实的整体上，从它们的联系中去掌握事实，那么，事实不仅是'顽强的东西'而且是绝对确凿的证据。如果不是从整体上、不是从联系中去掌握事实，如果事实是零碎的和随意挑出来的，那么它们就只能是一种儿戏，或者连儿戏也不如。"

以管理心理学的研究为例，我们在考察一个人、一个企业或组织成功的原因时，如果孤立地看问题，只归结于领导决策的正确或和谐的人际关系，那是远远不够的，应该在更为宏观、更为系统的基础上发现导致成功的心理因素的整体效应，才会得出符合实际的科学结论。因此，我们在考虑管理心理学的体系建构时，才决定补充目标管理、信息管理、时间管理和环境管理等与心理活动有关的内容。

（三）继承、引进与改造、创新相结合的原则

管理心理学是最近几十年才兴起的一门新学科，在我国的历史也不长。但是，人类的管理活动是伴随着人类的诞生而开始的。在人类开始自己的管理实践时，也就开始形成了管理心理学思想的萌芽。因此，积极地继承我国古代管理心理学思想的宝贵遗产，引进国外管理心理学的有益成果，对于建立具有中国特色的管理心理学有着十分重要的意义。已故中国科学院心理研究所名誉所长潘菽教授曾多次指出：要把我国的心理学搞上去以适应我国社会主义现代化建设的需要，必须在四条途径方面同时努力。这四条途径就是：贯彻马克思主义的辩证唯物论和历史唯物论的理论指导，密切结合我国社会主义现代化

建设的实际，积极而有辨别地引进国外心理学中对我国心理学的发展有益的研究成果，发扬我国古代的一些可贵的心理学思想。这对于管理心理学也是适用的。我们的研究只有在继承和发扬前人的智慧、引进和消化国外的精华的基础上，才能站在学科发展的前沿。在这方面，革命导师马克思给我们做了最好的表率。他的学说为什么能够影响革命阶级的千百万人的心灵呢？最重要的原因之一就在于他对以往科学所提供的全部知识进行了最确切、最缜密和最深刻的研究。

自然，继承也好，引进也罢，其本身都不是目的，都是为改造、建构和创新服务的。我们认为，管理心理学的改造、建构和创新，最根本的要求是中国化，在体系和内容上都要符合中国国情，都要有益于我国社会主义物质文明和精神文明建设的需要。

二、管理心理学研究的主要方法

心理学的研究方法有多种分类标准。从认识心理现象的过程上看，可分为获得感性经验材料的研究方法（又称直观法）和获得理性认识的研究方法；从研究的性质上看，可分为经验研究、实验研究、测验研究；从获得资料的方式上看，可分为纵向研究和横断研究；从研究对象的多少来看，可分为个案研究与团体研究，等等。这里，我们着重分析经验研究、实验研究和测验研究在管理心理学研究中的应用。

（一）经验研究

所谓经验研究，是指在不对事物加以干涉和控制的前提下，获得关于事物发展、变化的资料，并从中提炼出规律性的东西。它包括观察、问卷调查、临床研究、个案研究、经验总结、活动产品分析、传记调查等多种方法。经验研究在管理心理学研究中运用比较广泛，常见的有以下几种。

1. 观察法

观察法就是有目的、有计划地观察被观察者在一定条件下的言语、行为、表情等反应，并详尽记录、认真分析的一种方法。观察可以以感官为工具，也可以利用录音、录像、照相等现代辅助技术设备。

观察从时间上分有长期观察和定期观察；从范围上分有全面观察与重点观察；从观察者与被观察者的关系上分有参与观察和非参与观察（前者是指研究者亲自参与被观察者的活动，后者则作为旁观者研究被观察者的活动）；从观察情境的性质上分有自然观察与控制观察。

为了保证观察的效果，应注意以下两点：

第一，要有明确的观察目的，有计划按步骤地进行。

第二，在自然观察中要尽可能使被观察者处于自然状态，观察者有时可以在隐蔽处通过纱屏、单向透光玻璃或电视等进行观察。

观察法的优点是简易方便、自然真实，缺点是比较被动、难以深入。

2. 问卷法

问卷法是让被试回答已拟定的问题，然后汇总回答结果并加以研究的方法。常用的问卷量表有描述、选择和评定三种方式。当调查对象的数量较多时,可以采用随机抽样的方法进行调查。

为了使问卷法收到较好的效果,应注意以下三点:

第一,可以采用不记名的方式,打消回答者的思想顾虑。

第二,为了避免不真实的回答,可在问卷中安排一些自相矛盾的问题,如果被试者回答都一样,可将这些不真实的答卷剔除。

第三,为了提高调查的效度和信度,调查者要处理好与被试的关系,使调查在轻松和谐的氛围中进行。

问卷法的优点是使用方便、统计迅速,可在较短时间内收集大量资料,缺点是有时信度难以保证,缺乏可靠性。

3. 访谈法

访谈法是通过面对面的谈话,直接了解他人心理状态的一种方法。访谈法可分为结构式访谈和无结构式访谈,前者指事先拟订好提纲,系统地收集所需要的资料;后者指在尊重受访者谈话兴趣的前提下进行自由交流,使其流露出自己内心的真实感受和想法,从而收集所需要的资料。

为了使访谈法收到较好的效果,应注意以下两点:

第一,把握谈话的方向,不要无的放矢、乱扯一气,而要使谈话顺水推舟,抓住重点。

第二,要赢得受访者的信任,必要时可作适当的说明和保证,如讲明对所谈内容绝对保密,绝不外宣,更不会嘲讽等。

访谈法的优点是触及内心深处,缺点是仅凭受访者的口头回答而得出的结论往往缺乏可靠性,因此,一般不单独使用,而与其他方法结合使用。

4. 案例研究法

案例研究法是指研究者通过查阅记录、访谈、发调查问卷和观察等方式搜集关于某个特定的人或群体的详尽资料,然后进行分析的研究方法。案例研究法特别适用于在新情境中发现问题。

为了使案例研究法收到较好的效果,应注意以下两点:

第一,研究者对新事物要有敏锐的觉察力。

第二,搜集的资料要详尽,要有驾驭众多资料的能力。

案例研究法有助于发现新问题,但不适合探究变量间的因果关系,而且它有一个较大的缺陷就是外部效度较低,研究的结果很难外推。

5. 内省法

内省法又称自我观察法、自我分析法等,是对自身的心理现象进行观察并加以陈述的一种方法。它可以是口头报告,也可以是书面报告;可以是实验性的,也可以是非实验性的。内省法曾经遭到行为主义学派的猛烈抨击,一度声名狼藉,几乎销声匿迹,以致一般教科书对此均不提及。但不管怎样,它在心理科学的研究中还是有着广泛的应用,甚至反对内省法的人也在使用内省法。根据心理学家吴伟士(R. S. Wood Worth,又译武德沃斯)分析,即使在行为主义风行的美国,1958 年发行的 43 种主要心理学杂志的 1122 篇论文中,仍有 493 篇(44%)在不同程度上使用着内省法。内省法在管理心理学研究中也有用武之地，尤其是研究自我管理心理学，更加离不开内省法。以时间管理为例，我们可以通过对自我时间知觉、时间观念和时间信念的反思，通过对自我时间消费的分析，对时间管理的心理依据和基本方法作出某些推断和得出结论。

为了保证内省法的效果，应注意以下两点：

第一，由于内省法中的观察者与被观察者同属一个本体，很难完全摆脱主体的经验、态度等变量的干扰，所以要特别注意对结果进行严格的客观检验。

第二，由于内省法的结果要通过语言报告，而社会语言本身具有许多模糊和含混之处，且由于人们的文化背景、个体经验等方面的差异，人们对同一词汇可能形成不同的理解。所以，为了保证验证报告的严谨与精确，必须尽可能消除报告语言的模糊性和不确定性，控制语言中无关变量的干扰。

内省法对于了解和控制心理现象有一定的积极意义，但也有一些缺点，如观察结果要受人的注意规律的制约，主体难以在某种心理活动发生的同时又去注视、监督这种心理活动，重复验证比较困难等。

（二）实验研究

实验研究是在人为干涉与控制的条件下，通过操纵和控制影响事物发展的条件，以引起被试某种心理现象并发现其中规律性的方法。根据对无关变量的控制情况，实验又分为前实验（如单组初、复测法）、准实验（如非随机实验组，控制组初、复测法）和真实验（如随机实验组，控制组初、复测法）；根据实验的地点环境，实验可分为自然实验与实验室实验。

1. 自然实验

自然实验又称为现场实验，是指在日常生活和工作的情况下，适当控制条件，以引起某种心理现象并加以研究的方法。自然实验在管理心理学的研究中应用极多，如梅约在西屋电气公司的霍桑工厂进行的福利实验，通过提供或撤销某些福利措施，研究其是否对生产量产生影响，就是典型的自然实验。

自然实验的优点是结合日常生活和工作进行，缺点是不容易精密地控制实验条件。

2. 实验室实验

实验室实验是在专门的实验室内，运用一定的仪器和设备严格地控制实验条件，以研究心理现象的方法。

实验室实验的优点是能够严格控制各种无关变量对实验结果的影响，缺点是具有很强的“人造”色彩，与实际生活情境相去甚远。在研究比较复杂的社会活动时一般不宜使用。

上述两种实验方法的共同优点是主动性（研究者不必消极地等待，而可以主动诱导心理现象的产生）和可靠性（实验可以在同样的条件下重复进行，通过多次分析比较，可以准确地揭示因果关系）。

（三）测验研究

测验研究是一种介于经验研究与实验研究之间的方法。它的本质是先从一个定量的个体中收集有关某一问题的常模资料，据此编制出测验题目(标准化量表)作为尺度，去研究其他的个体。从内容上分，测验研究包括人格测验、能力测验、职业倾向测验、态度测验等。从测验类型上看，管理心理学中运用较多的是标准化测验和社会心理测量。

1. 标准化测验

标准化测验的常模资料必须从标准化样本中产生，应能代表将要研究的总体。韦氏智力测验量表、格塞尔个性量表、明尼苏达多项个性调查等均属于标准化测验。标准化测验的量表制定比较复杂，需要有较高的统计、抽样技术，主持人要经过专门训练，但量表一经制定，运用起来则非常方便，具有广泛的适用性。

2. 社会心理测量

社会心理测量是美国心理学家莫里诺(J. E. Moreno)于 20 世纪 30 年代创造的。他用非常简单的问卷向被试个别提出“你最愿意与谁合作”之类的问题，从而发现人与人之间的自发吸引力与群体聚合力等，并且用人际关系矩阵或社交测量图加以表示。社会心理测量在管理心理学中有着直接的应用，如研究团体或组织中某人或某群体的社会地位指数、受拒指数、吸引率、排斥率等。

第四节　管理心理学的产生与发展

20 世纪初，泰勒倡导的科学管理运动和闵斯特伯格开创的工业心理学是管理心理学形成的先驱，而真正推动管理心理学产生的是 1927 年由梅奥(Elton Mayo)主持的霍桑实验。直至 20 世纪 60 年代，管理心理学才真正成为一门独立的学科分支并被人们广泛地应用。

一、工业心理学的兴起

西方管理心理学研究的历史可以追溯到 20 世纪初，把心理学的知识开始应用于工业企业的是德国心理学家斯特恩(I. W. Stern)，他在 1901 年提出“心理技术学”这一概念。后来，心理学创始人冯特的学生，出生于德国、侨居美国、受聘于哈佛大学的美国心理学家闵斯特伯格开始进行心理技术学的具体研究工作。他在哈佛大学建立的心理学实验室是工业心理学的基地，他的研究要点是用心理测验等方法去识别最适合从事某种工作的人，并把他们安置在最适合的工作岗位上，同时研究在什么样的心理状态下，才能够使每个工人获得最大满意的产量，符合个人和企业双方利益；也研究疲劳和劳动合理化的问题。他于 1912 年出版了著作《心理学与工作效率》，被称为“工业心理学之父”。

在这一时期，相继又有一些心理学家将心理学应用于工业企业，他们根据人的个性心理差异，对员工的选拔、使用、培训和考核等问题进行研究，逐步形成了人事心理学。又有一些心理学家对设计符合人的生理和心理需要的工作环境、工作对象和工作程序进行研究，以减轻人的疲劳程度，防止意外事故的发生，使劳动合理化以提高劳动效率，形成了工程心理学或工效学。

工业心理学早期研究的主要内容是以个体为研究对象，研究成果主要是对工作中个体差异的测定、劳动合理化、改进工作方法、建立最佳工作条件等方面。研究者们研究的范围比较狭窄，还缺乏社会学和人类学的观点与论据，也未能注意到工作的社会环境、人际关系、领导和被领导的关系，以及组织机构本身所具有的社会性，后来，从霍桑实验开始，才加强了工业心理学研究的深度和广度。

二、霍桑实验与人际关系理论

梅奥是原籍澳大利亚的美国行为科学家，哈佛大学心理学教授。梅奥在哈佛大学任职期间，发起并领导了一系列科研项目，他通过霍桑实验提出的人际关系理论（或称人群关系理论），为管理心理学的形成奠定了实验和理论基础，在西方心理学界他被公认为工业社会心理学的创始人和管理心理学的先驱。

（一）霍桑实验

霍桑实验是于 1924 年至 1932 年在美国芝加哥郊外的西屋电气公司的霍桑工厂进行的，是一项由美国国家研究委员会赞助的研究计划。当时西方许多管理者认为，工作的物质环境（如通风条件、温度、照明）和福利的好坏，同工人的生产效率有明显的因果关系，因此，要缓和矛盾，提高生产效率，就必须改善环境，增加福利。

霍桑工厂是一个制造电话交换机的工厂，具有较完善的娱乐设施、医疗制度和养老金制度，但工人的生产效率仍很不理想。霍桑实验的中心课题就是要通过一系列实验来测定各种工作物质条件对生产效率的影响程度。

通过四个阶段历时近八年的实验，霍桑实验最后得出以下结论：

(1) 物质工作环境的变化与生产效率之间并不存在直接的因果关系。

(2) 休息时间、工作日、工作周的长短以及工资的支付方式等都不是影响生产效率的第一要素。

(3) 改善劳动者的士气（态度）与人际关系，使人们心情愉快地工作并对自己的工作感到满意，才是增加生产、影响工效的决定性因素。

(4) 正式组织内部存在自发形成的非正式群体，非正式群体有其特殊的规范，影响群体成员的行为。

相关链接

霍桑实验

霍桑实验分为四个主要阶段。

第一个阶段：车间照明实验（1924—1927 年）。该实验选择一批工人分为两组：一组为“实验组”，先后改变车间照明强度，让工人在不同照明强度下工作；另一组为“控制组”，工人在照明强度始终保持不变的条件下工作。实验者希望通过实验得出照明强度对生产效率的影响，但实验结果发现，照明强度的变化对生产效率几乎没有什么影响。

第二个阶段：继电器装配室实验（1927 年 8 月—1928 年 4 月），也称“福利实验”。主要实验各种工作条件的变动对小组生产效率的影响，以便更有效地控制影响工作效果的因素。材料供应、工作方法、工作时间、劳动条件、工资、管理作风与方式等各个因素对工作效率影响的实验，发现无论各个因素如何变化，产量都是增加的。其他因素对生产效率也没有特别的影响，而似乎是由于督导方法的改变，才使工人工作态度有所变化，因而产量增加。

第三个阶段：大规模的访问与调查（1928—1931 年）。两年霍桑实验在上述实验的基础上进一步开展了全公司范围的普查与访问，调查了 2 万多人次，发现所得结论与上述实验相同，即“任何一位员工的工作绩效，都受到其他人的影响”。

第四个阶段：接线板接线工作室实验（1931—1932 年）。该实验以集体计件工资制作为刺激手段，企图形成“快手”对“慢手”的压力以提高工作效率。公司给接线工规定的产量标准是焊合 7312 个接点，但他们完成的只有 6000～6600 个接点。实验发现，工人既不会超定额而充当“快手”，也不会因完不成定额而成“慢手”，当他们达到他们自认为是“过得去”的产量时就会自动松懈下来。原因是，生产小组无形中形成默契的行为规范，即工作不要做得太多，否则就是“害人精”；工作不要做得太少，否则就是“懒惰鬼”；不应当告诉监工任何会损害同伴的事，否则就是“告密者”；不应当企图对别人保持距离或多管闲事；不应当过分喧嚷，自以为是和热心领导，等等。

（二）人际关系理论

根据霍桑实验，梅奥于 1933 年出版了《工业文明中人的问题》一书。该书系统地提出了人际关系理论，主要归纳为以下几个方面。

1. 人是社会人，应从社会、心理角度调动人的积极性

传统管理把人假设为“经济人”，认为金钱是刺激积极性的唯一动力。霍桑实验认为，人是“社会人”，影响人的生产积极性的因素，除物质条件外，还有社会、心理因素。

2. 生产效率主要取决于职工的“士气”

传统管理认为，生产效率主要取决于工作方法和工作条件。霍桑实验认为，生产效率的提高和降低主要取决于职工的“士气”，而士气则取决于家庭和社会生活，以及企业中人与人之间的关系。

3. 企业组织内部存在着“非正式群体”

传统管理只注意正式群体问题，诸如组织结构、职权划分、规章制度等。而霍桑实验还注意到存在着某种非正式群体。这种无形的组织有其特殊的规范，影响群体成员的行为。

4. 新型的领导能力在于通过满足员工心理需要来达到提高生产效率的目的

新型领导在了解人们合乎逻辑的行为时，还须了解不合乎逻辑的行为，要善于倾听和沟通职工的意见，新型的领导艺术在于使正式组织满足职工经济需求的功能与非正式组织满足职工的社会心理需求之间保持平衡。

霍桑实验的结论以及在此基础上总结的人际关系理论，为管理理论和管理实践指出了新的方向，有力地冲击了传统的管理理论，使管理者认识到，人们的生产效率不仅受生理方面、物理方面等因素的影响，还要受社会环境、社会心理等方面的影响，作为一个领导者，不仅要具有组织、控制经营事业的能力，还必须具有能够满足职工的社会与心理需求，激发职工积极性和创造性的能力，以及控制具有不同心理特征的人组成的群体的能力。

人际关系理论的出现和逐渐闻名于世，引起了更多的管理学者和专家对人的行为的研究，如勒温创建的群体动力理论、莫雷诺创建的社交测量学和马斯洛创建的需求层次理论等，这些理论的形成和发展为管理心理学奠定了必要的理论基础。

三、管理心理学的形成与发展

第二次世界大战以后，由霍桑实验产生的人际关系理论和其他关于人的行为的理论开始真正影响到企业管理，许多企业都注重从社会学、心理学的角度来解决人的积极性的调动问题。1949 年在美国芝加哥大学召开的一次跨学科的讨论会上，大家都认为可以利用当时在自然科学和社会科学两方面所取得的成果来研究人的行为问题，经过讨论把这门综合性极强的学科定名为"行为科学"(Behavior Sciences)。从这时起，行为科学取代了人际关系学形成了行为科学学派。行为科学是对企业职工在生产中的行为以及这些行为产生的原因进行分析研究的学科，涉及职工的需要、动机、个性、情绪、态度，特别是人群之间的相互关系等。由于人的行为表现是多方面的，所以对人的行为的研究要涉及多种学科，主要有心理学、社会学、社会心理学、人类学、生理学等。

1958 年，美国斯坦福大学的莱维特正式开始用"管理心理学"(Management Psychology)代替原来所用的工业心理学、工业社会心理学等名称，管理心理学成为一门独立的学科。据莱维特本人的解释，他用"管理"去代替"工业"这个词的原意是想引导读者去思考这样的问题：如何领导、管理和组织一大批人去完成特定的任务。

1959 年，美国心理学家海尔(M. Haire)写了一篇论文，把工业心理学分为三个方面：人事心理学、人类工程学和工业社会心理学，这种划分得到学术界的普遍承认。

1961 年，美国《心理学年鉴》发表了一篇综述评论，评论的标题是"工业社会心理学"，由著名管理心理学家弗鲁姆和心理学家梅尔撰写。这篇评论指出，工业社会心理学应根据两个基本模型进行研究：以个体为分析单位，研究劳动的社会环境对个人动机、态度和行为的影响；以社会系统为分析单元，研究工业系统的结构和功能，企业中上下级的关系，生产班组和较大组织系统的社会心理问题。

1964 年，美国《心理学年鉴》发表了第二篇综述，标题是"组织心理学"(Organizational Psychology)，作者是著名管理心理学家莱维特等人。这篇综述介绍了从 1954 年至 1964 年管理心理学方面的研究成果。

不久，美国心理学协会工业心理学分会改名为工业和组织心理学会，其目的是既要研究个体差异的测定，更要研究组织行为，研究组织内人和群体的行为。

目前在西方比较流行的是把这个学科称为"组织行为学"(Organizational Behavior)。在美国的管理学院中，几乎所有的研究个体、群体行为的小组都起名为"组织行为学"小组；在西欧、北欧、日本等地区和国家均普遍应用组织行为学，每年出版大量相关的书籍。目前，此学科已经成为管理院校的大学生和研究生的必修课。

从工业心理学、人际关系理论、行为科学、管理心理学、组织心理学到现在的组织行为学，反映了这个研究领域的发展过程，其研究成果已被广泛地应用于各国企业的现代管理中。

四、管理心理学的未来研究方向

当前管理活动呈现日趋心理学化的态势，组织竞争中“心理资本”的概念已经出现，管理心理学在管理科学中的地位将日益重要。

理论界普遍认为，21 世纪管理心理学研究将面对的三大课题为：面向全球竞争的社会经济结构调整、科技创新和跨国公司迅猛发展带来的全球化。在这种新型的社会经济条件下，管理科学的发展迫切要求心理学家不断提供人们如何适应科技进步和社会变化的新知识，这显然需要我们从新的视角开展新型的管理系统中的心理学问题研究。目前，管理心理学的未来研究方向可以归纳为以下几点。

（一）管理心理学研究更加关注组织变革和发展

20 世纪 80 年代之前，管理心理学研究比较集中在个体理论的探讨，在激励理论、群体行为和领导行为理论的研究上产生了大量理论；进入 80 年代之后，随着经济全球化的潮流和经济结构的调整，促使研究的注意力全面转向整个组织层面，进入 21 世纪，对组织重组、战略管理、跨国公司或国际合资企业管理的研究已呈现强劲势头，对组织变革、组织发展、组织文化、学习型组织构建等问题更加关注。

（二）管理心理学研究更加强调对人力资源的系统开发

随着人类逐步迈进知识经济时代，技术创新已成为各国企业拓展市场、在竞争中取胜的关键。在这个系统中，具有高水平职业素质的人力资源，是技术创新和市场开拓的关键，因此，目前的管理心理学研究更加注意探索管理者决策、技术创新和员工职业匹配度，更加关注如何充分地利用和开发人力资源。科技进步和管理的复杂度对于员工素质提出了更高的要求，使得人力资源管理成为研究的又一热点，并由局部的、分散的研究转向整体系统的研究。目前，有关职业能力评估、个体对于组织的适应性和干预问题的研究等人力资源管理问题成为管理心理学中的热点问题。

（三）管理心理学研究领域不断拓展，积极为国家目标服务

管理心理学在研究领域方面已突破传统框架，不断拓展新的领域，延展至管理培训与发展、工作业绩评价、管理决策、组织氛围和组织文化、跨文化比较等新领域。不同于其他心理学分支的特征是，在拓展研究新领域时，各国政府出于自身在国际竞争中的国家安全和市场利益，也进行有计划的行为科学研究，这种研究更加关注国家目标，其热点在于：跨国公司和国际合资公司的比较研究、科技投入的行为研究、失业指导研究等。

五、管理心理学在我国的发展

中国古代就有丰富的管理心理学思想。荀子认为,“今人之性,饥而欲饱,寒而欲暖,劳而欲休,此人之情性也”。孟子则认为,“人之善也,犹水之下也”。虽然我国传统文化蕴涵着丰富的管理心理学思想,但这些思想基本上停留在经验和朴素的认知层面。

管理心理学作为一门独立的学科,是从西方引进中国的。1935—1937 年周先庚在中央研究院心理研究所与陈立合作,在北平南口机车厂进行了关于职工提合理化建议的调查研究,试图从心理学的角度摸索调动职工积极性的途径。这是中国最早的工业心理实验研究。1935 年我国著名心理学家陈立撰写并出版了《工业心理学概观》一书,第一次从环境、疲劳、休息、工作方法、事故与效率,以及工业组织、激励与动机等重要方面,系统论述了中国工业心理学和管理心理学的基本问题。从 20 世纪 50 年代开始,我国已逐步开展工程心理学和劳动心理学的研究。由于“文化大革命”的影响,20 世纪 60 年代我国学术界对西方正在迅速发展的工业与组织心理学知之甚少。直到 20 世纪 70 年代末,我国转向以经济建设为中心,工业部门感到需要运用心理学的知识调动企业管理者和职工的积极性,心理学界也感到需要开展有关生产管理中的心理学问题的研究,正是在这种改革开放的形势下,管理心理学才逐步得到发展。1980 年中国心理学会工业心理专业委员会的成立,标志着中国管理心理学的起步。中国行为科学学会成立于 1985 年(实际上是管理心理学会),迄今为止各省市基本上都成立了行为科学学会。

从 20 世纪 80 年代开始,我国有两个工业心理学的专门研究机构从事管理心理学的研究。一个是中国科学院心理研究所社会经济与心理行为研究中心(原名工业心理研究室);另一个是原杭州大学的心理学系(工业心理学专业,现已并入浙江大学心理与行为科学系)。它们均为博士学位授予单位。20 世纪 90 年代之后,随着我国人力资源管理热的兴起,全国许多高校的管理学院的部分教师开始从事管理心理学的教学和研究,一批硕士研究生和博士研究生以管理心理学领域作为学位论文的课题。从 80 年代起,我国陆续翻译出版了一批国外较有影响的著作,随后又出版了许多管理心理学和组织行为学的著作。

由于我国从 20 世纪 80 年代初期才开始引进、介绍西方的管理心理学,中国的管理心理学尚处于发展的初期,国内管理心理学的研究成果与西方发达国家特别是美国相比,在数量和创新性、社会影响等方面仍存在较大的差距,还不能为建立中国的管理心理学提供充分的客观依据。

实训模拟

模块一:案例分析与思考

报载:欧盟委员会 2003 年 9 月 8 日宣布,欧盟将从本月 30 日起实行更为严格的烟草警示规定,要求烟草生产厂家用黑色大号字体将警句印刷在白底香烟盒上,警句在烟盒正面所占面积不得少于30%，背面不得少于40%。警句包括：吸烟会造成慢性疾病和痛苦死亡及吸烟会引起性无能等14条。

你认为这种做法会有效吗？其心理依据是什么？

模块二：心理测验

管理能力测试

假如您真正了解了与管理工作有关的事项，是否仍想从事管理工作？自测一下，回答它。

测验一：变化

假如您已知道您的生活将发生如下变化，是否仍能愉快地从事管理工作？

1. 您将越来越多地涉及管理，而和技术的联系越来越少。

2. 一旦决定搞管理，就不能半途而废。即使您想再去搞技术，也是办不到的，因为技术的进步太迅速了。

3. 您将从一个可靠的领域，即一个对自己所做的事情有把握的领域，转向一个无论从可利用的人力还是工作条件都无把握的领域。

4. 您必须大大扩大知识面和兴趣范围，丝毫不能将兴趣集中于一点或致力于一个专业。

5. 您必须放弃您在专业上所取得的成绩，而为自己能渐渐支配更多的人，组织越来越多的活动及能够帮助其他专业人员取得成功而感到满足。

测验二：兴趣

1. 如果让您选择不同于现在工作的一个职业，您喜欢做一个：

A. 医生　　B. 勘探员

2. 您喜欢读关于哪一方面的书？

A. 地理学　　B. 心理学

3. 您喜欢怎样度过一个夜晚？

A. 做新家具　　B. 和朋友做游戏

4. 如果某人耽误您的时间，将怎么办？

A. 总是很耐心　　B. 往往会发火

5. 您喜欢做哪件事？

A. 会见陌生人　　B. 看展览

6. 您喜欢别人称赞您：

A. 善于合作　　B. 足智多谋

7. 每样东西都有一定的位置且各就各位，这对您：

A. 很重要　　B. 不怎么重要

8. 如果您强烈反对某个人，将怎么办？

A. 力求最大的统一，使争论最少

B. 将在价值、原则及政策上的分歧争论个水落石出

9. 您是否能容易地放下正在阅读的一个很有趣的故事？

A. 能　　　　　　　　　　　　B. 不能

10. 在一出戏中，您喜欢演哪个角色？

A. 富兰克林　　　　　　　　　B. 查理斯・凯特玲（工程师，电机的发明人）

测验三：适应

1. 您作出的从事管理工作的决定，是否与您的能力、兴趣、品质、个性和目标相一致？是否比您从事技术工作更加能施展您的才能？

2. 您是否具有从事管理工作的较强的能力和必要的条件？是否期待将来亲身投入管理工作中去？

3. 您肯定管理工作能使自己得到个人心理上的更大满足吗？

4. 您是否对本企业的情况有一个全面的了解？您熟悉您所在企业的不同部门的不同要求和不同管理方法吗？您是否很容易从这一部门转到另一部门呢？

5. 您已确立了今后5～10年的奋斗目标了吗？您肯定现在的工作更能达到您的目的吗？您意识到在管理阶层中，存在更强有力的竞争吗？您肯定自己能充分地正视这些竞争吗？

6. 您是否更注重人而不是工作？您更喜欢和别人在一起工作吗？您能很容易地找到合作者吗？您自愿帮助别人吗？您真正知道人们为什么在社会中如此表现吗？

7. 您的同事和朋友认为您友好和随和吗？假如您已意识到帮助别人时要牺牲个人利益，是否仍执意这样做？朋友请教您吗？您愿意得到别人的帮助吗？

8. 您能在变幻莫测的情况下灵活处世，在一时混乱的情况下泰然处之吗？当所有的情况都不能如愿以偿时，您仍能快乐吗？当对自己决定的后果尚无把握时，您觉得烦躁不安吗？

9. 您是否觉得信任他人且他人信任您？您能很容易地消除隔阂吗？

10. 您在工作中注重人和主观因素吗？您注重利用他人吗？您同样注重自己的下级吗？

11. 您是否注意自己的行为且试图解释过？您是否有时听见自己的言论像是来自别人的观点？您曾努力从别人的立场出发来寻求看待事物的方式吗？

12. 您是否觉得自己很善于广泛接触各种各样的人，并在使用人时尽可能发挥他们的作用？

测验四：管理

您赞成还是反对下列说法？

1. 每个专业人员有类似的个性和要求，应该同等对待，用一种方式去领导他们。

2. 对专业人员来讲，最重要的报酬是得到更多的钱。

3. 一个有能力的管理人员，初次见到一位专业人员便能对他作出评价。

4. 精神不振、消极散漫、牢骚满腹可以认为是由于没有竞争对手和兴趣引起的，而不是天生懒惰。

5. 管理人员应丝毫不去理会专业人员的情感。

6. 不要对专业人员的一项成果加以赞扬。因为那样的话，他们将很难领导且要求马上提薪。

7. 使专业人员提高工作效率的最有效方法是告诫他们随时有失去工作的危险。

8. 一组专业人员总比一个人能更完善地解决问题。

9. 若一个管理人员称职,那么他必须像每个专业人员一样熟悉其专业。

10. 了解本企业中每个人的个性,对防止士气低落大有益处。

11. 如果一个管理人员对某专业人员提出的问题答不上来,他应该说:"我不知道,我找一下答案告诉您。"然后继续做自己的事。

12. 在做与专业人员有关的决定时,管理人员总是应该让他们参与制定。

13. 专业人员对要求他们提建议的管理人员并不太尊重。

14. 知己和知彼同等重要。

15. 一个称职的管理人员,应该较注重参谋而并非监督。

16. 即使持反对意见,管理人员也应该执行其上级的旨意。

17. 管理人员千万不要授权给其管理下的专业人员。

18. 重要的是分清每个专业人员的贡献,而不是赞赏专业人员所在的集体。

19. 一般来说,专业人员要求"区别"对待。

20. 管理的最重要的作用之一是提供信息及减少挫折。

参考答案:

测验一:如果您的生活发生上述的 4~5 种变化仍能适应,那么您适合于管理工作。

测验二:适于搞管理工作的人,通常回答如下:1A,2B,3B,4A,5A,6A,7A,8A,9A,10A。

测验三:上述 12 个问题中,您有 6 个以上回答"是"吗?那就有可能领导一个棘手的企业。

测验四:下列说法较为正确:4,10,11,12,14,15,18,19,20。

模块三:管理游戏

谁在布后

简述:借着游戏来记参与者的名字和人数,不限场地,不限道具,一块大布。

适用范围:刚认识或不认识的人。

游戏方法:

1. 先让大家围成一个大圈逐一念出自己的名字。

2. 分成两组,各坐在场所的一边。

3. 老师和帮手把布拿着隔开两组人。

4. 每组在布拿起时各派出一人坐在布两边的中间。

5. 老师看两边都坐好人后,数到三,跟帮手一起把布放开。两边被派出的人必须很快地叫出对方的名字。叫的比较慢的就输了。一直持续下去。

模块四:复习思考

一、单项选择题

1. 管理心理学的研究内容包括(　　)、群体心理与组织心理和领导心理四个方面。

A. 组织文化　　B. 认知心理　　C. 激励心理　　D. 个体心理

2. 1927 年到 1932 年，以哈佛大学心理学家梅奥为首的一批学者，在美国西屋电气公司下属的霍桑工厂所进行的一系列实验总称为（　　）。

A. 电器实验　　B. 梅约实验　　C. 霍桑实验　　D. 系列实验

3. 需要是人缺乏某种必需的东西时，在内在心理上产生的一种具有紧张感的（　　）。

A. 生理状态　　B. 现实状态　　C. 客观状态　　D. 主观状态

二、多项选择题

1. 构成组织管理心理学理论系统的相关学科有（　　）。

A. 心理学　　B. 社会学　　C. 社会心理学　　D. 人类学

E. 政治学

2. 马斯洛的需要层次理论把人的需要归纳为（　　）。

A. 生理需要　　B. 安全需要　　C. 社交需要　　D. 尊重需要

E. 自我实现需要

3. 管理心理学的基本研究方法包括（　　）。

A. 观察法　　B. 实验法　　C. 调查法　　D. 测验法

E. 判断法

三、思考题

1. 管理心理学的研究对象是什么？

2. 管理心理学的研究内容包括哪些？

3. 管理心理学的研究意义是什么？

第二章 个性心理与管理

【学习目标】

1. 熟悉影响个性形成的因素；
2. 了解气质类型及其差异管理；
3. 掌握性格结构特征及其差异管理；
4. 掌握能力发展差异及在管理中的应用。

【开篇案例】

强佳计算机公司技术部的张强是位难得的人才。他到公司6年里，始终及时跟踪国际计算机市场上的技术行情，自行研制开发了与美国的大型计算机公司的产品不相上下的新机型，为强佳计算机公司占领了国内42%的市场份额。因此，公司任命他为技术部经理。张强上任后，一方面，仍然同以前一样兢兢业业，继续钻研计算机技术；另一方面，他还尽力避免自己陷于复杂的人际关系中，保持自己作为科研人员的相对独立性。但是上任一段时间后，因为他仍然沉迷于对计算机技术的研究，对技术部的管理跟不上，导致技术部的员工不团结，一盘散沙；此外，技术部内部还产生了不少人际关系的矛盾与冲突，有些还牵扯到张强本人。

第一节 个性概述

一、个性的概念

德国哲学家莱布尼茨(G. W. Leibniz,1646—1716)有一句名言:“世界上没有两片相同的绿叶”,我们同样可以说,世界上没有两个完全相同的人。即使是孪生子,长相可能极其相像,但在实际生活中所表现出来的行为方式、处世方法却不尽相同,这是由人的个性决定的。

“个性”一词的由来,最早可追溯到拉丁语 Persona,原意为希腊罗马时代戏剧演员在舞台上扮演角色时所戴的假面具,面具随人物角色不断变换,体现角色的特点和人物的性格(代表剧中人物的身份,表现人物的某种典型心理),类似于中国京剧中的脸谱。心理学沿用面具的含义,用以指一个人在人生舞台上,在他的行为模式中表现出来的内心活动,即一个人身上经常、稳定地表现出来的心理特点。

个性包括相互联系的两个部分:其一,个性心理特征,主要指气质、性格和能力;其二,个性倾向性,即个体对客观事物的意识倾向性,包括需要、动机、兴趣、爱好、信念、理想、世界观等。

二、个性的特征

(一) 整体性

一个现实的人具有多种心理成分和特质,如才智、情绪、愿望、价值观和习惯等,但它们并不是孤立存在的,而是密切联系并整合成为一个有机组织。一个现实的人的行为不仅是某个特定部分运作的结果,而且总是与其他部分紧密联系、协调一致进行活动的结果。精神分裂症是一种最常见的精神病,布洛伊勒(Bleuler,1911)在提出精神分裂症这个术语时便认为,精神分裂症是精神内部的分裂,他将统一性的丧失、精神的内部分裂视为此病的本质,可以将精神分裂症患者的心理与行为比喻为一个失去指挥的管弦乐团,得了这种病,患者的感觉、记忆、思维和习惯这类心理机能虽然不至于丧失,却是乱七八糟的。由此可见,一个正常人的心理是多样性的统一,是有机的整体。

(二) 稳定性

个性的稳定性表现为两个方面:一是跨时间的持续性。在人生的不同时期,个性持续性首先表现为自我的持久性,每个人的自我,在世界上不会存在于其他地方,也不会变成其他东西,昨天的我是今天的我,也是明天的我;过去的我通过现在的我,影响着我的现在和将来;虽然未来不能决定现在,但自我对未来的洞察力能决定现在的我,这就是自我的持续性。二是个性的跨情境一致性。所谓个性特征，是指一个人经常表现出来的稳定的心理与行为特征，那些暂时的、偶尔表现出来的行为则不属于个性特征。例如，一个外向的学生不仅在学校里善于交往，喜欢结识朋友，在校外也喜欢交际，喜欢聚会，虽然他偶尔也会表现出安静，与他人保持一定距离。

个性的稳定性并不排除其发展和变化。个性变化有两种情况：第一，个性特征随着年龄增长，其表现方式也有所不同。比如同是特质焦虑，在少年时表现为对即将参加的考试或即将考入的新学校心神不定，忧心忡忡；在成年时表现为对即将从事的一项新工作忧虑烦恼，缺乏信心；在老年时则表现为对死亡的极度恐惧。也就是说，个性特性以不同行为方式表现出来的内在秉性的持续性是有其年龄特点的。第二，对个人有重大影响的环境因素和机体因素，如移民、严重疾病等，都有可能造成个性的某些特征，如自我观念、价值观、信仰等的改变。不过要注意，个性改变与行为改变是有区别的，行为改变往往是表面的变化，是由不同情境引起的，不一定都是个性改变的表现，个性改变则是比行为更深层的内在特质的改变。

（三）独特性

个性的独特性是指人与人之间的心理与行为是各不相同的。由于个性结构组合的多样性，使每个人的个性都有其自己的特点。在日常生活中，我们随时随地都可以观察到每个人的行动都异于他人，每个人都各有其需要、爱好、认知方式、情绪、意志和价值观。

我们强调个性的独特性，并不排除人们之间在心理与行为上的共同性。人类文化造就了人性，同一民族、同一阶层、同一群体的人们具有相似的个性特征，文化人类学家把同一种文化陶冶出的共同的个性特征称为群体个性或众数个性。例如，许多研究表明，由于受传统儒家文化的影响，世界各地的华人都有不少相同的个性特征。但是，个性心理学家更重视的是人的独特性，虽然他们也研究人的共同性。

（四）社会性

个性的社会性是指社会化把人这样的动物变成社会的成员。个性是社会的人所特有的，又是在个体的遗传和生物基础上形成的，受个体生物特性的制约。从这个意义上也可以说，个性是个体的自然性和社会性的综合。但是人的本质并不是所有属性相加的混合物，或者是几种属性相加的混合物，构成人的本质的东西，是那种为人所特有的，失去了它人就不能称其为人的因素，而这种因素就是人的社会性。其实，即使是人的生物性需要和本能，也是受人的社会性制约的。例如，人满足食物需要的内容和方式是受具体的社会历史条件制约的。

因此，可以这样概括：个性是个人各种稳定特征的综合体，显示出个人的思想、情绪和行为的独特模式，这种独特模式是个体社会化的产物，同时又影响着个体与环境的交互作用。

三、个性理论

由于对个性实质的不同理解，形成了不同的个性理论。较有影响的有以下几种。

（一）结构理论

弗洛伊德的个性结构是以本能性欲为核心构成的。他认为个性由本我、自我、超我三部分构成。本我中的本能冲动是个性的原始倾向，是主体一切欲望和冲动的源泉，具有强大的非理性的心理能量。它按照快乐原则，急切寻找出路，一味追求满足。自我指个性中的意识结构部分，是来自本我经外部世界影响而形成的知觉系统。它代表理智与常识，处于本我与超我之间，按照现实原则，充当仲裁者，监督本我，适当满足，即指导行为采取社会允许的方式满足本我的需要。超我指个性中最文明、最道德的部分。它是社会道德规范的内化，表现为良心和自我理想，处于个性的最高层，按照至善原则，指导、监察、限制本我，达到自我典范，不让其有越轨行为，否则就给予惩罚。超我中有一部分处于无意识之中，另一部分则处于意识领域。如果上述三者保持平衡，就会实现个性的正常发展，否则，会导致个性障碍或神经疾患。

（二）特质理论

特质理论起源于20世纪40年代的美国，主要代表人物是美国心理学家奥尔波特和卡特尔。特质理论认为，特质是决定个体行为的基本特性，是个性的有效组成元素。

1. 奥尔波特的特质理论

高尔顿·威拉德·奥尔波特(Gordon Allport，1897—1967)是鉴于对弗洛伊德主义过于强调人的潜意识的怀疑和不满，以及心理学中的实验化倾向而提出的特质理论。系以个案研究法，从很多人的书信、日记、自传中，分析出各种具有代表性的个性特质。他认为特质是个性的基础，但他反对弗洛伊德虚幻式的个性结构看法，他认为个性特质是每个人以其生理为基础的一些持久不变的性格特征。奥尔波特于1937年首次提出了特质理论，他把人的特质分为两类。

(1) 共同特质

共同特质指在某一社会文化形态下，大多数人或一个群体所共有的相同特质。它是在共同的生活方式下形成，并普遍地存在于每一个人的身上。从共同特质看，个体间的差异只不过是个人所具备这种特质的多寡或强弱不同而已。

(2) 个人特质

它是个人所独有的个性特质。奥尔波特特别重视个人特质，他指出："严格地说，只有个人特质才是真实的特质。因为第一，特质是个人的而不是地区、社会的；第二，特质是以个人经验独特方式发展起来的动力倾向，所以共同特质不是真正的特质。"在世界上没有两个人的个人特质是完全相同的，即使两个人在共同特质上是相似的，但他们行为上所表现的，仍各具独特性。例如，有两个人的攻击性特质(共同特质)可能相似，但两人对人或对物作攻击表现时仍有差异，所以个人特质不能在个人间彼此比较。奥尔波特主张心理学家应该集中力量研究个人特质。奥尔波特认为个人所具有的个人特质并不是对一个人的个性起相同影响和作用的，他进而把个人特质按其对个性不同的影响和作用，区分为三个重叠交叉的层次：首要特质、中心特质和次要特质。

① 首要特质

首要特质是个人最重要的特质,往往只有一个。它在个性结构中处于支配地位,具有极大的弥散性和渗透性,影响到个人行为的所有方面。不过这种首要特质未必每个人都具有。有些人因具有单个首要特质而成为著名人物,如多愁善感可以说是林黛玉的首要特质,狡猾奸诈可以说是曹操的首要特质等。

② 中心特质

中心特质是个性的构件,每个人都有几个彼此相联系的中心特质构成其独特的个性。它虽然不如首要特质那样对行为起明显的支配作用,但本身对个性有一般意义的倾向。例如,为学生写操行评语时,所考虑到代表某个学生个性的那些特质(如准时、整洁、勤奋、诚恳等)即属于其个人的中心特质。奥尔波特认为,每个人所具有的中心特质一般在5~10种。由此可见,每个人的中心特质并不多。

③ 次要特质

次要特质是个体的一些不太重要的特质,只有在特殊情况下才会表现出来,除了亲近他的人,其他人很少知道。如一个人在外面很粗鲁,而在自己母亲面前很顺从,这里的顺从就是他的次要特质。

2. 卡特尔的特质理论

在所有的特质理论中,影响最大的当属由美国心理学家雷蒙德·卡特尔(Raymond B. Cattell)提出的16种根源特质,即16因子模型。卡特尔受化学元素周期表的启发,用因素分析法对人的特质进行了分析,他接受了高尔顿·威拉德·奥尔波特关于特质的概念,并在此基础上对特质概念进行了进一步的发展,提出了基于特质的一个理论模型。如图2-1所示,模型分成四层:个别特质和共同特质;表面特质和根源特质;体质特质和环境特质;动力特质、能力特质和气质特质。

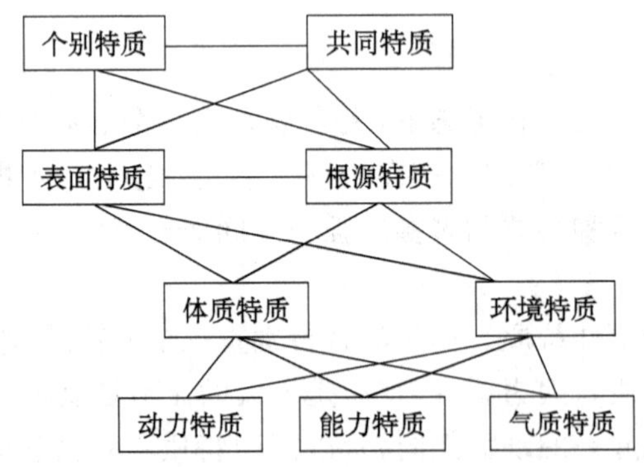

图2-1 卡特尔的特质层次结构

(1)个别特质和共同特质

卡特尔继承了奥尔波特对特质的分类,认为某个人独具的特质叫个别特质;所有的社会成员所共同具有的特质叫共同特质。

(2)表面特质和根源特质

表面特质是从外部行为直接观察到的特质。从表面看它们好像是一些相似的特征和行为,实际上却处于不同的原因。如,同样都是干家务活,在表面相似的行为中却可能有着不同的原因，可能是想让妈妈得到更多的休息，可能为了得到零花钱等。根源特质是指那些相互联系而以相同原因为基础的行为特质，如焦虑是害怕考试和体育比赛，这些是双腿发抖的同一原因，在这里焦虑就是一种根源特质。表面特质和根源特质既可能是个别的特质，也可能是共同的特质，它们是个性层次中最重要的一层。

(3) 体质特质和环境特质

在根源特质中又可以区分为体质特质和环境特质两大类。体质特质由先天的生物因素所决定，如兴奋性、情绪稳定性，而环境特质则由后天的环境因素决定，如焦虑、有恒性等。卡特尔提出了多元抽象变异分析，来确定各种特质中遗传与环境分别影响的程度。

(4) 动力特质、能力特质和气质特质

模型的最下层是动力特质、能力特质和气质特质，它们同时受到遗传与环境两方面的影响。动力特质是指具有动力特征的特质，它使人趋向某一目标，包括生理驱力、态度和情操。能力特质是表现在知觉和运动方面的差异特质，包括流体智力和晶体智力。气质特质是决定一个人情绪反应的速度与强度的特质。

3. 现代特质理论

近年来，一些研究者在个性的理论建模上达成了比较一致的共识，提出了几种有代表性的现代特质理论。

(1) 三因素模型

艾森克依据因素分析法提出了人格的三因素模型，这三个因素是：外倾性，它表现为内外倾的差异；神经质，它表现为情绪稳定性的差异；精神质，它表现为孤独、冷酷、敌视、怪异等偏于负面的人格特征。艾森克根据这一模型设计的个性维度如图 2-2 所示。

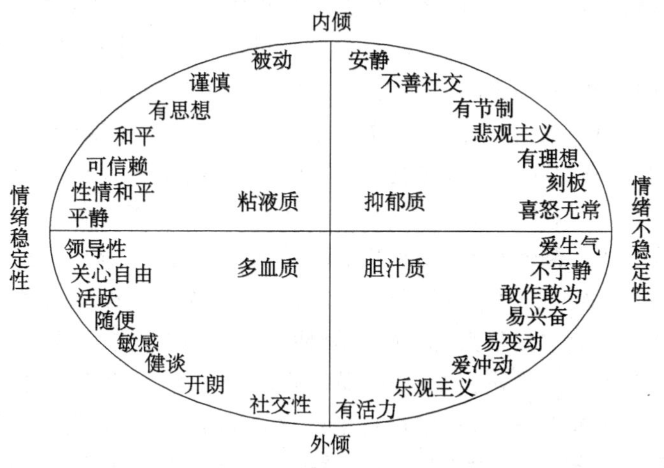

图 2-2　艾森克的个性维度

(2) 五因素模型

塔佩斯等运用词汇学的方法对卡特尔的特质变量进行了再分析，发现了五个相对稳定的因素，之后许多学者进一步验证了五种特质的模型，形成了著名的大五因素模型。这五个因素是：①开放性。具有想象、审美、情感丰富、求异、创造、智能等特质；②责任心。显示了胜任、公正、条理、尽职、成就、自律、谨慎、克制等特质；③外倾性。表现出热情、社交、果断、活跃、冒险、乐观等特质；④宜人性。具有信任、直率、利他、依从、谦虚、移情等特质;⑤神经质或情绪稳定性。具有焦虑、敌对、压抑、自我意识、冲动、脆弱等特质。1989年麦克雷和可斯塔编制了大五因素的测定量表。

(3) 七因素模型

尽管大五因子模型在多种语言文化(包括中国文化)中被证实具有良好的信度与效度,在一些国内研究中大五因子模型也表现出了良好的一致性,但仍有部分学者认为完全照搬该模式会带来文化理解上的偏差,因此国内的研究者王登峰等人(杨国枢、王登峰,1999;王登峰、崔红,2004)提出了适合中国人的个性结构模型——中国人的七因素模型。这七个维度分别为外向性、善良、行事风格、才干、情绪性、人际关系、处理态度。

四、个性的形成与发展

个性的形成与发展离不开先天遗传与后天环境的关系与作用。心理学家们认为,个性是在遗传与环境的交互作用下逐渐形成并发展的。

(一) 遗传与生理因素

所谓遗传,是指上一代染色体中包含的遗传性状传给下一代的现象。遗传包括种系遗传和个体遗传两种,而在心理学中讨论的问题,主要是个体遗传。在日常生活中,人们会发现,子女与父母之间往往不只是容貌、体形相似,而且性格、智力、兴趣也有某些相似之处,这主要受遗传的影响。遗传不仅在身体外形方面表现出某种相似之处,而且由于子女在父母言传、身教的影响下,他们会经常观察和模仿家长的行为,这样在子女身上会逐步表现出父母身上的某些个性特征。在现实生活中,人们容易看到,一些家庭为音乐世家、文学世家、教师世家;一些家庭几代人在性格、信仰、能力方面有很多相似之处。这就能说明遗传因素、相同的生活环境、政治文化背景对下一代个性形成的影响。

脑与个性也有着密切联系。研究发现,儿童和成人在面临不同类型的情感刺激时,额叶的脑电活动表现出不同的特点。进一步实验结果表明:右额叶脑电活动较多的人更容易表现出害羞、忧郁等抑制性特点,左额叶脑电活动较多的人更容易表现出高兴、好奇等非抑制性特点。关于脑与个性关系的研究成果还显示,额叶与个性的关系最密切。额叶受损,人的感知能力不会改变很大,但脾气、秉性、待人接物的方式、看待周围事物的态度等会发生巨大改变,即人的性格会变;额叶受损后,一般无法对将来作出计划和安排,很难完成有组织、有目的的复杂任务,难以对自己作出正确的评价,常表现固执己见和行为不合时宜,有时甚至饮食结构也会发生改变;额叶受损病人通常会表现为两种极端的个性,一种是情绪多变、易怒、异常兴奋、难以自控的冲动,有极强的攻击性;另一种是极度冷漠,对什么都漠不关心、毫无兴趣,不在乎自己的衣着、举止,做事马马虎虎,生活近乎一片空白。

延伸阅读

盖奇事件

盖奇原来是铁路建筑工程队的一名领班,他的工作是在铁路铺设的沿途炸掉阻塞通道的障碍物。1848年9月13日，正当他用一根铁锹把甘油炸药填塞到孔中时，炸药爆炸，铁锹从他的左颧骨下方穿入头部，然后从头顶飞出，落在身后二十几米处。盖奇颅骨的左前部几乎完全被损坏，但他并未失去知觉，在精心治疗下，十周后出院。随后，人们发现：他仍然可以走路、说话、工作，但他的脾气大为改变。他本是一个非常有能力、有效率的领班，思维机敏、灵活，对人和气、彬彬有礼，但现在变成一个粗俗无礼、对事情缺乏耐心，既顽固、任性，又反复无常、优柔寡断，他似乎总是无法计划和安排自己将要做的事情。

（二）环境因素

环境因素主要指家庭、学校和社会对一个人个性形成的影响。

1. 家庭环境

家庭因素对个性的影响是指家庭的经济与政治地位、父母的文化素养和言行、家庭成员之间的关系等，这些因素对一个人的个性形成与发展有重大影响。俗话说："父母是孩子的第一任老师"、"有其父必有其子"，就形象地说明了家庭因素对人的个性的影响。

研究发现，权威型教养模式的父母在子女的教育中表现得过于支配，孩子的一切都由父母来控制。在这种家庭环境中成长的孩子容易形成消极、被动、依赖、服从、懦弱，做事缺乏主动性，甚至会形成不诚实的个性特征；放纵型教养模式的父母对孩子过于溺爱，让孩子随心所欲，父母对孩子的教育有时出现失控的状态。在这种家庭环境中成长的孩子多表现为任性、幼稚、自私、野蛮、无礼、独立性差、唯我自尊、蛮横胡闹等；民主型教养模式的父母与孩子在家庭中处于一种平等和谐的氛围当中，父母尊重孩子，给孩子一定的自主权和积极正确地指导。父母的这种教育方式能使孩子形成一些积极的个性品质，如活泼、快乐、直爽、自立、彬彬有礼、善于交往、富于合作、思想活跃等。由此可见，家庭确实是"人类性格的工厂"，它塑造了人们不同的个性特质。

除了父母的教育以外，家庭成员的相互关系，特别是父母的关系对儿童的个性形成有重要的作用。和睦、互相尊重、互相理解和支持的家庭氛围，对孩子的个性有积极的影响；反之，父母间的争吵、隔阂、猜疑乃至关系破裂与离异会对儿童产生消极的影响。

孩子在兄弟姐妹间的排行，对儿童的个性也有一定影响。一般认为，家庭的长子个性多偏于保守，进取心较弱，缺乏自信心，易受人暗示，不善于表达感情，同时有较强的责任感、主动，善交际，喜欢照顾他人；而家庭中最小的孩子往往得到的关心比较多，容易形成娇惯任性、依从他人等个性特征。实际上，出生顺序对儿童个性的影响并不是由出生早晚决定的，而是由于父母家人对待孩子不同的态度以及孩子在家庭中的地位引起的。

延伸阅读

XYZ型：三种家庭教养模式①

Kagiticibasi(1990)依据家庭中两代人之间的"独立—依赖"关系，归纳出了三种典型的家庭教养模式。

---

① 彭聃龄．普通心理学(修订版)[M]．北京：北京师范大学出版社，2001：450.

X 型：家庭中父母与子女在物质与情感上的关系都是相互依赖的，亲子关系的取向是顺从，属于集体主义模式。如韩国与日本的母亲总是热心于保持与孩子的交互作用，母亲千方百计地要把自己与孩子“焊接”起来，她们认为母子的亲密关系是儿童健康发展的重要条件。在家庭教养中，母亲总是力图创造一种“关系上的协调”，但是她们却难以培养孩子的心理独立性。

Z 型：家庭中两代人之间在物质和情感上都是相互独立的，亲子关系的取向是独立，属于个人主义模式。如美国和加拿大的母亲认为母子间的分离与个体化是孩子个性健康发展的条件。所以，母亲尽力把自己与孩子分离开，以培养孩子的独立自主性，母亲在家庭关系中创设的是一种“个体上的协调”。但是，这也会带给双方情感上的孤独与失落。

Y 型：将上述两种模式辩证地综合在一起，强调在物质上的独立，在情感上的相互依赖。中国与土耳其的家庭近似这种模式。如土耳其(Phalet & Claeys，1990)的研究发现，土耳其青年既忠于家庭，又注重本人才能的自我实现。在具有集体主义文化基础的发展中国家，大规模的城市化和现代化背景下，家庭人际关系可能向 Y 型转化。

2. 学校教育

学校教育对人的个性形成，特别是对社会、事业、人的看法和态度的形成，对人的世界观、人生观、道德理想、奋斗目标的确立具有重要意义。学校对人的影响不同于家庭和一般社会环境，其影响不是偶然的、零碎的，而是系统的、有目的、有计划地进行的，包括学校领导、老师提出的要求、方向，加上必要的奖惩措施，课堂上传授的知识内容，学校环境和班集体的影响，同学之间的相互交往，还有老师对学生的态度等。中学阶段是青少年个性形成的重要时期，学校的文化知识、思想品质、行为规范的教育对学生良好个性的培养都有至关重要的影响。这些影响主要来自课堂教学、课外活动、班集体的风貌、师生关系与同学关系等。一个优秀的班主任和一个良好的班集体，对学生良好个性的培养起着直接的和潜移默化的作用，不同的班主任和班集体所培养出来的学生的个性往往会有很大差别，并且会影响学生的一生，因此选拔好班主任、建立好的班集体在学校工作中显得尤为重要。

3. 社会实践

社会实践对一个人个性培养和发展的作用也不容忽视，甚至最终决定一个人个性的形成。当一个人从家庭、学校到走上社会，为了适应日益扩大的生活领域和人际交往，在反复学习担当各种新角色、新工作应有的行为方式和对事物的态度的同时，形成和改变着某些个性特征。职业的种类、劳动报酬、荣誉、与领导和同事的关系都对个性的变化起着重要作用。如人际关系协调、领导信任、事业得心应手会使自己的才能得到充分的发挥，从而情绪饱满，容易显示出积极、主动、活泼、热情的个性。职业的不同也直接影响人的个性，如教师热情、冷静、有口才、思维敏捷、有条理；文艺工作者活泼、开朗、情感丰富、富于创造性等。

4. 社会文化

每个人都处于特定的社会文化之中，文化对个性的影响是极为重要的。社会文化塑造了社会成员的个性特征，使其成员的个性结构朝着相似的方向发展，而这种相似性又具有一个维系社会稳定的功能。社会文化具有对个性的塑造功能，还突出地反映在不同文化的民族都有其固有的民族性格上。人类学家米德(M. Mead)考察了新几内亚境内处在100英里以内的3个原始部落,发现社会文化对他们的个性特征有鲜明的影响。居住在山丘地带的阿拉比修族,崇尚男女平等的生活原则、成员之间互助友爱、团结协作,没有恃强凌弱和争强好胜,人与人之间一派亲和景象;居住在河川地带的孟都古姆族,生活以狩猎为主,男女间有权力与地位之争,对孩子处罚严厉。这个民族的成员表现出攻击性强、冷酷无情、嫉妒心强、妄自尊大、争强好胜等个性特征;居住在湖泊地带的张布里族,男女角色差异明显,女性是这个社会的主体,她们每天劳动,掌握着经济实权。而男性则处于从属地位,其主要活动是艺术、工艺与祭祀活动,并承担孩子的养育责任。这种社会分工使女人表现出刚毅、支配、自主与快活的性格,而男人则有明显的自卑感。米德指出:“第一个部落中的男人和女人们的行为就像我们期望中的女人们的行为;第二个部落中的男人和女人们的行为则像我们期望中的行为:第三个部落中的男人们的行为就像我们传统中的妇女那样——敏捷、卷发、去商店买东西,而女人们则精力旺盛、善于经营、对自己的配偶不盲目崇拜。”①

1967年,黄坚厚先生调查大学生660人,并与美国学生比较,发现中国大学生在顺从、秩序、求助、谦虚、慈善和坚毅等方面,表现较高的需要倾向;但在表现、省察、支配、变异和爱恋等方面表现较低的需要倾向。②

欧阳仑教授认为中国人的个性与中国的历史变迁、文化传统、经济状况和生产力发展水平等因素密切相关,中国人个性突出表现在以下几方面:第一是具有强大的民族凝聚力;第二是热爱和平,注重友谊;第三是勤劳、智慧的奋斗精神;第四是酷爱自由,不屈不挠;第五是具有民族自信心和自尊心。③

5. 自然物理条件

生态环境、气候条件、空间拥挤程度等物理因素都会影响到个性的形成与发展。比如气温会提高某些个性特征的出现频率:热天会使人烦躁不安等。但自然环境对个性不起决定性的作用,在不同的物理环境中,人可以表现不同的行为特点。

除了上述这些因素以外,年龄也会对一个人的个性产生影响,不同的年龄段,个性都会有明显的区别,这与人的思想发展、知识面扩大、经验的丰富有关。

第二节 气质与管理

一、气质的含义

气质是指人的心理活动的动力特点,即人在进行心理活动时或是在行为方式上,表现

① 米德. 三个原始部落的性别与气质[M]宋践,等,译. 杭州:浙江人民出版社,1988:2.

② 张春兴,杨国枢. 心理学[M]. 北京:三民书局,1984:414.

③ 中国心理学会. 当代中国心理学[M]. 北京:人民教育出版社,2001:104~106.

于情感和活动发生的速度、强度、稳定性、灵活性等动态性质方面的心理特征。在现实生活中我们很容易观察到，对待同一件事情，不同个体会出现不同的表达方式。如有的人脾气暴躁，易动感情，特别是当他的自尊心受到挫伤时，更容易发火；另一些人则冷静沉着，情绪发生得缓慢，不动声色，即使遭到非难，也可以冷静地思考，虽然内心不快，也不立刻爆发。有的人在行动上表现得伶俐、敏捷、活泼好动；有的人则反应比较迟钝，行动缓慢稳重。这些特征都是个性中的气质特征。对气质心理现象有如下理解：

（一）气质反映的是心理活动的动力方面的特征

气质主要反映了心理活动在速度、强度、稳定性和指向性等动力方面的特点。在心理活动的速度方面，主要表现为知觉、记忆、思维的速度和情绪变化的速度等；在心理活动的稳定性方面，主要表现为注意的稳定性和情绪的稳定性等；在心理活动的强度方面，主要表现为意志努力的强度和情绪体验的强度等；在心理活动的指向性方面，主要表现为内向或外向等特点。应当指出，人的心理活动的动力特点除了受气质影响外，还与人的心理活动的内容、目的、动机有关。例如，不论什么气质的人，遇到高兴的事，都会情绪高涨；遇到不愉快的事总会情绪低落。

（二）气质是一种典型的心理特征

气质使人的全部精神活动都染上独特的色彩，表现出与他人不同的典型特点。具有某种气质的人，会在不同情境中表现出相同性质的心理活动的动力特点。例如，一个性情急躁的人，在争论时，会情绪激动；在探究问题时会急不可待地要了解探究的结果。

（三）气质是一种稳定的心理特征

气质依赖于生物组织而存在，具有稳定性，所以在一般情况下，它不会因活动的情境发生变化而变化。在环境和教育的影响下，气质可能有所改变，但其变化很慢，相对于其他心理活动来说，几乎看不出其变化。俗话所说的"禀性难移"，即指气质具有稳定的、不易改变的特点。气质虽具有稳定性，但不是固定不变的。在生活过程、教育以及实践活动中形成的各种个性特征，对气质都会产生影响。后天所获得的暂时联系系统，可以掩盖神经系统的特性，并在长期影响下使其得到发展和改造，这使得气质具有一定程度的可塑性。

（四）气质具有天赋性

气质是与生俱来的，婴儿一生下来就存在着明显的气质差异。例如，有的婴儿生下来就哭声响亮，对外界刺激的反应迅速；有的则比较安静，对外界刺激的反应缓慢。这种心理活动的特点，在今后的游戏、学习、人际交往中都会表现出来。气质的天赋性还表现在气质特性与遗传有密切关系。同卵双生子的气质特点要比异卵双生子更相近，即使将他们一出生就分开抚养，他们仍然会保持原来的气质特点，变化不大。每个人出生时就具有某种气质，它受人的神经系统特性的影响。人的气质不受个人活动的目的、动机和内容的影响，在目的、内容不同的活动中，人的气质特征都会以同样的方式表现出来。例如，具有安静迟缓气质特征的人，无论在参加考试、当众演说或参加体育比赛时都会表现出来。所以人的气质是最稳定、最牢固的心理特征。当然人的气质也不是一成不变的，但是较之其他心理特征，它的变化要缓慢得多。

二、鉴定气质类型的心理指标

由于人的心理活动的动力特征从多方面表现出神经系统的基本特性，那么，在这些心理特征中就可以既从实验结果，又从生活指标来判断不同人的气质类型。心理学用以区分气质类型的心理指标有六项：感受性、耐受性、反应的敏捷性、可塑性、情绪的兴奋性、外倾性与内倾性。

感受性是指个体对外界刺激的感觉能力。它可以用人产生某种感觉所需要的最小刺激量来衡量。感受性是心理活动强度的重要指标。

耐受性是指个体耐受刺激作用的能力。它可以从个体耐受刺激的强度或作用时间两方面进行衡量。耐受性也是心理活动的强度的重要指标。

反应的敏捷性是指心理活动的灵活性。它一方面表现为在不随意活动中，能否迅速指向一定的对象；另一方面表现为随意性心理活动的速度或不同活动相互转换的速度。

可塑性是指个体根据外界事物的变化情况而改变自己适应性行为的可塑程度。可塑性强的人较容易对自己的思想、态度、行为进行改变，而较少出现不愉快的情绪反应；可塑性弱的人较难改变自己的思想、态度、行为，在改变时经常出现不愉快的情绪反应。

情绪的兴奋性是指在行为中表现出来的情绪的兴奋程度。情绪的兴奋性不仅反映个体的神经活动的强弱，还反映出个体兴奋与抑制的平衡性。例如，神经活动强的人，如果兴奋与抑制平衡，其强烈情绪就不表现出来；如果抑制水平低，其强烈情绪就会表现出来。

外倾性与内倾性。外倾性是情绪兴奋性强的体现，其心理活动和行为反应都倾向表现于外；内倾是情绪的抑制过程强占优势的反映，其心理活动和行为反应都不轻易表现出来。

三、气质的相关学说

（一）气质的体液说

古希腊最著名的气质学说是希波克拉底提出的气质体液说。希波克拉底认为，人体含有四种体液：血液、粘液、黄胆汁、黑胆汁，有机体的状态决定于这四种体液的适当搭配。这种观点经过不断演化，逐步形成了气质按体液特性可以划分为多血质、粘液质、胆汁质、抑郁质四种类型的学说。四种气质类型分化的原因是占优势的体液不同，血液占优势的称为多血质，粘液占优势的称为粘液质，黄胆汁占优势的称为胆汁质，黑胆汁占优势的称为抑郁质。

1. 多血质

多血质的气质特征是感受性低而耐受性高；不随意反应性强，易受外界刺激的影响；

具有较高的可塑性;情绪兴奋性高,反应迅速而灵活;外倾性明显。具有这种气质的人像春风一样,富有朝气。这种人乖巧伶俐,惹人喜爱;情绪丰富而外露,表情多变;活泼、乐观、好动、灵活,喜欢与人交往,有种"自来熟"的本事,但交情粗浅。语言表达力强而且富有感染力,思维灵活,行动敏捷,对各种环境适应力强,教育的可塑性强,但往往缺乏耐心和毅力,稳定性差,见异思迁。《水浒传》中的浪子燕青就是这种气质的典型人物。

2. 粘液质

粘液质的气质特征是感受性低而耐受性高;不随意反应性弱,不易受外界刺激的影响;可塑性较差;情绪兴奋性低,反应速度慢,具有稳定性;内倾性明显,外部表现较少。具有这种气质的人像冬天一样冰冷耐寒且缺乏生气。这种人安静稳重,沉默寡言,喜欢沉思,表情平淡,情绪不外露;自制力很强,不怕困难,忍耐力高;与人交往适度,朋友少但却知心。思维灵活性略差,但考虑问题细致而周到,这往往弥补了思维的不足。这种人平时总是四平八稳的,所以有时"火烧眉毛也不急",行为主动性比较差,经常是别人让做某事才会去做。《水浒传》中的豹子头林冲就是这种气质的典型人物。

3. 胆汁质

胆汁质的气质特征是感受性低而耐受性高;不随意反应性强,易受外界刺激的影响,反应迅速但不灵活;可塑性较低;情绪兴奋性高,抑制能力差;外倾性明显。具有这种气质的人像"夏天里的一把火",是种火暴脾气。这种人精力旺盛,争强好胜;做事勇敢果断,为人热情直率,朴实真诚。但思维活动常常粗枝大叶、不求甚解,遇事欠思量、鲁莽冒失,常常感情用事、刚愎自用,但表里如一。《水浒传》中的黑旋风李逵就是这种气质的典型人物。

4. 抑郁质

抑郁质的气质特征是感受性高而耐受性低;不随意反应性弱,不易受外界刺激的影响;可塑性较低,具有刻板性,不灵活;情绪兴奋性高,情绪体验深刻,反应速度慢;具有严重的内倾性。具有这种气质的人给人以"秋天落叶"般的无奈、忧愁的印象。这种人情绪体验深刻、细腻而又持久,主导心境消极抑郁,多愁善感,给人以温柔怯懦的感觉。聪明而富有想象力,自制力强,注重内心世界,不善交际,孤僻离群,软弱胆小,委靡不振。行为举止缓慢而单调,虽然踏实稳重,但却优柔寡断。《红楼梦》中的林黛玉就是这种气质的典型人物。

知识链接

看戏迟到

苏联心理学家巧妙设计了"看戏迟到"的特定问题情境,对四种典型气质类型的人进行观察研究。结果发现,四种典型气质类型的观众,在面临同一情境时有截然不同的行为表现,气质使其心理活动蒙上了一种独特的色彩。

胆汁质的人面红耳赤地与检票员争吵起来,甚至企图推开检票员,冲过检票口,径直跑到自己的座位上去,并且还会埋怨说,戏院时钟走得太快了。

多血质的人明白检票员不会放他进去,他不与检票员争吵,而是悄悄跑到楼上另寻一个适当的地方来看戏。

粘液质的人看到检票员不让他从检票口进去，便想反正第一场戏不太精彩，还是暂且到小卖部待一会儿，待幕间休息再进去。

抑郁质的人对此情境会说自己老是不走运，偶尔来一次戏院，就这样倒霉，接着就垂头丧气地回家了。

（二）气质的高级神经活动类型说

高级神经活动类型说是巴甫洛夫提出的，它认为人的气质是由人的高级神经活动类型决定的。巴甫洛夫用条件反射方法研究动物高级神经活动时发现，大脑皮层神经活动的兴奋与抑制过程具有三个基本特征。

1. 神经过程的强度

神经过程的强度即神经细胞和神经系统的兴奋与抑制的工作能力和耐力。兴奋与抑制能力强，其神经活动就是强型；兴奋与抑制能力弱，其神经活动就是弱型。

2. 神经过程的平衡性

神经过程的平衡性即兴奋与抑制在强度方面的相对均势或优势。兴奋与抑制的能力基本接近，就是平衡型；兴奋能力明显高于抑制能力，就是不平衡型。

3. 神经过程的灵活性

神经过程的灵活性即兴奋与抑制过程相互转化的速度。抑制与兴奋转换迅速的，为灵活型；抑制与兴奋转换慢的，为不灵活型。

巴甫洛夫根据神经系统这三个基本特征相互组合的特点，把高级神经系统活动划分为四种基本类型：强、不平衡型（兴奋型），强、平衡、不灵活型（安静型），强、平衡、灵活型（活泼型）和弱型（抑制型）。巴甫洛夫认为，上述四种神经系统的基本类型是动物和人共有的，因此，称之为一般类型。神经系统的一般类型就是气质的生理基础，气质是神经系统一般类型的心理表现。每一种高级神经活动类型都对应着一种气质类型（如表 2-1 所示），神经活动的兴奋型对应的气质类型是胆汁质；神经活动的安静型对应的气质类型是粘液质；神经活动的活泼型对应的气质类型是多血质；神经活动的抑制型对应的气质类型是抑郁质。

表 2-1 高级神经活动类型与气质类型对应关系

高级神经活动类型	强度	平衡性	灵活性	行为特点	气质类型
兴奋型	强	不平衡		攻击性强，易兴奋，不易约束，不可抑制	胆汁质
活泼型	强	平衡	灵活	活泼好动，反应灵活，好交际	多血质
安静型	强	平衡	不灵活	安静、坚定、迟缓、有节制、不好交际	粘液质
抑制型	弱			胆小畏缩，消极防御反应强	抑郁质

（三）气质的体形说

德国心理学家、精神病学家克瑞其米尔认为，人的身体结构与气质及所患精神病种类是紧密关联的，体形决定人的气质。经过总结，他把人的体形划分成三类：肥胖形、细长形和筋骨形。每一类体形易患的精神病分别为：肥胖形易患躁狂症；细长形易患精神分裂症；筋骨形易患癫痫症。

美国心理学家谢尔顿也是体形说的代表之一。他通过分析几千张大学生的照片，提出划分体形的三个维度：内胚叶型（柔软、丰满）、中胚叶型（发达、健壮）和外胚叶型（高大、细瘦），并发现气质与体形之间的相关达0.80。

由于人的体形在一生中不断变化，并且相关并不能说明因果关系，因此体形说并不具有很强的说服力。

（四）气质的血型说

血型说是日本学者古川竹二提出来的，他认为人的气质与血型有关。古川竹二根据人的血型将气质分为A型、B型、AB型、O型四种类型。他认为，A型的人温和、稳重、顺从；B型的人感觉灵敏、善于社交；AB型兼有A型和B型的特点；O型的人志向高远、好胜心强，比较霸道。事实上，并没有证据证明气质与血型有必然的联系。

（五）气质的活动特性说

气质的活动特性说是美国心理学家巴斯（A. H. Buss）1975年提出的。巴斯用活动性、情绪性、社交性和冲动性等反应活动的特性为指标，区分出四种气质类型。一是活动型。活动型的人总是抢先迎接新的任务，爱活动，不知疲倦；二是情绪型。情绪型的人觉醒程度和反应强度大；三是社交型。社交型的人渴望与他人建立密切的联系；四是冲动型。冲动型的人缺乏抑制能力。

（六）气质的激素理论

这种理论认为气质特点是由不同的内分泌腺所决定。根据内分泌腺的发达情况，把人分成各种类型：甲状腺型、脑垂体型、肾上腺型、副甲状腺型、性腺型。

尽管内分泌腺的活动与人的气质有一定的关系，但内分泌腺是在高级神经系统的调节下活动的，因此将气质简单归结为内分泌腺活动的结果是不合适的。内分泌腺的活动不是气质差异的唯一原因。

四、气质差异管理

（一）气质在管理中的实践意义

同一领域内可以找出不同气质类型的代表，不同领域内的杰出人物中也可以找出相同气质类型的代表。各种气质类型很难说绝对的好坏，但特定的岗位却有和气质是否匹配的问题，如有的岗位需要开拓性，有的职务需要一丝不苟的特性等。因此对不同职务、岗位，每种气质类型都有其积极的一面，也有其消极的一面，对于积极的要发展，消极的要抑制、改变。了解个体的气质，对管理工作的开展，人际关系的处理及工作效率的提高都有着重要的意义。

1. 气质是人的天性，并无好坏之分

在评定人的气质时不能认为一种气质类型是好的，另一种气质类型是差的。每一种气质都有积极和消极两个方面，在这种情况下可能具有积极的意义，而在另一种情况下可能具有消极的意义。如胆汁质的人可成为积极、热情的人，也可发展成为任性、粗暴、易发脾气的人；多血质的人情感丰富，工作能力强，易适应新的环境，但注意力不够集中，兴趣容易转移，无恒心等；抑郁质的人工作中耐受能力差，容易感到疲劳，但感情比较细腻，做事审慎小心，观察力敏锐，善于察觉到别人不易察觉的细小事物。

2. 气质不能决定一个人活动的社会价值和成就的高低

据研究，俄国的四位著名作家就是四种气质的代表，普希金具有明显的胆汁质特征，赫尔岑具有多血质的特征，克雷洛夫属于粘液质，而果戈理属于抑郁质。类型各不相同，却并不影响他们同样在文学上取得杰出的成就。气质只是属于人的各种心理品质的动力方面，它使人的心理活动染上某些独特的色彩，却并不决定一个人性格的倾向性和能力的发展水平。所以气质相同的人可以成为对社会作出重大贡献、品德高尚的人，也可以成为一事无成、品德低劣的人；可以成为先进人物，也可以成为落后人物，甚至反动人物。反之，气质极不相同的人也都可以成为品德高尚的人，成为某一职业领域的能手或专家。

3. 气质虽然在人的实践活动中不起决定作用，但是有一定的影响

气质不仅影响活动进行的性质，而且可能影响活动的效率。例如，要求作出迅速灵活反应的工作对于多血质和胆汁质的人较为合适，而粘液质和抑郁质的人则较难适应。反之，要求持久、细致的工作对粘液质、抑郁质的人较为合适，而多血质、胆汁质的人又较难适应。气质不能决定人们的行为，是因为人们可以自觉地去调节和控制。在一般的学习和劳动活动中，气质的各种特性之间可以起互相补偿的作用，因此对活动效率的影响并不显著。对先进纺织工人所作的研究证明，一些看管多台机床的纺织女工属于粘液质，她们的注意力稳定，工作中很少分心，这在及时发现断头故障等方面是一种积极的特性。注意的这种稳定性弥补了她们从一台机床到另一台机床转移注意较为困难的缺陷。另一些纺织女工属于活泼型，她们的注意比较容易从一台机床转向另一台机床，这样注意易于转移就弥补了注意易于分散的缺陷。

4. 气质影响人的职业适应性

一般来说，多血质和胆汁质的人容易适应迅速而需要灵活转换的工作，黏液质和抑郁质的人容易适应持久而细致的工作。在组织协同工作时，要注意选择不同气质类型的人互相搭配。苏联心理学家鲁萨洛夫(1982)发现在两个人的协同活动中，气质类型不同的两人配合要比气质类型相同的两人相配合能够取得更好的成绩。在一些特殊职业中(例如飞机驾驶员、宇航员、大型动力系统调度员或运动员等)，要经受高度的身心紧张，要求人们有极其灵敏的反应，要求人敢于冒险和临危不惧，对人的气质特性提出特定的要求。在这种情况下，气质的特性影响着一个人是否适合于从事该种职业。因此在培训这类职业的工作人员时应当测定人的气质特性，这是职业选择和淘汰的根据。

（二）气质差异理论在管理中的应用

1. 应用范围

尽管气质并不能决定一个人活动的社会价值和成就的高低，但它并不是毫无作用的。在涉及人的各种实践活动中，不能不考虑气质因素。

(1) 人机关系。不同气质类型的人适合于不同的工作、不同的岗位、不同的职位，这也是现代化大生产对气质的要求。例如，对飞机驾驶员、宇航员要求具备机智、勇敢、敏捷，身心能耐受高度紧张等气质特点；对从事组织人事管理工作的干部，除要求有为人民服务的思想品质以外，还应具备工作细致、善于交际、耐心、稳重等气质特点，这有利于团结人，彼此增强信任，调动他人的工作积极性。气质既然影响一个人对该种职业的适合性，因此在挑选和培训各种职业的工作人员时，尤其是挑选从事管理工作的人员时，就应该测定其气质，以有利于其工作的开展和提高工作效率。

(2) 人际关系。组织、群体内人际关系的状况是影响工作效率与工作成绩大小的一个重要因素。不同气质类型的人在处理人际关系时表现是不同的，一般来说胆汁质和多血质类型的人外倾性明显，容易与人相处，其人际关系可能较融洽，而粘液质和抑郁质类型的人内倾性明显，不太愿意与人交往，其人际关系可能较差。因此，在管理活动中，管理人员应当了解每一个员工与人际关系有关的气质特征，将不同气质类型的人适当搭配，充分利用气质互补原理，调整好关系，以利于群体中人际关系的健康发展。

(3) 思想教育。要想掌握思想政治工作的主动权，使工作做得更有效，就应该了解人的气质特征，针对不同气质类型的人和不同的特点，采取切合实际的教育方法。如对胆汁质气质类型的人进行有说服力的公开的严厉批评，会取得好的效果，但不要激怒他们；对多血质气质类型的人除了上面的方式外，还可以给他们更多的参政议政机会，通过参与活动，开展交心活动；粘液质气质类型的人接受不了公开、严厉、激烈的批评，这样会使其产生逆反心理，严重的可能造成心理障碍，因此做这部分人的思想工作要耐心细致，给予其思考问题的时间，让他们逐步提高思想认识；对抑郁质气质类型的人需给予更多的关怀和体贴，使他们感觉到集体的温暖；对于中间型和混合型气质类型的人则应采取多种教育方式并举，即采用综合方式。根据不同的时间、不同的地点，针对不同的情况，灵活掌握采用何种方式，以取得最佳的教育效果，切不可一刀切，把事情弄得更糟。

2. 应用的原则

(1) 气质绝对原则。气质在人的实践活动中不起决定性作用，它不代表能力的大小，也不代表道德水平的高低，但它有可能影响人们活动的效率。对于某些特殊的工作，要求从事这种工作的人必须具备相应的气质特征，即只有具有这种气质的人们才能从事这种工作，这就叫做气质绝对原则。如飞机驾驶员，当飞机降落时，在五分钟之内进行一百多个操作动作，注视仪表达一百多次，每次注视的时间只有0.4～0.6秒，这就要求飞行员反应迅速敏捷，具有多血质和胆汁质的人较为合适，而具有粘液质和抑郁质的人则较难胜任。实践证明，由于应用气质绝对原则选拔飞行员，其结果是使淘汰率从原来的2/3下降到1/3。反之，要求持久、细致的工作，具有粘液质和抑郁质的人较为合适，而具有多血质和胆汁质的人又较难适应。因此，对要从事某些特殊工作的人都要进行气质测验，从而降低淘汰率，有利于节约时间和降低成本。

（2）气质互补原则。一般来说，完成简单的、机械的工作任务时，由于主要表现为人与机器的关系，人与人之间不发生关系或关系甚少，具有相同气质的人在一起工作，能够取得较为理想的工作效率。而当完成复杂、灵活的工作，不仅存在人机关系，更多的是处理人与人之间的关系时，同类气质的人在一起工作效能反而变低，必须是具有不同气质类型的人有机地组合在一起，形成气质互补包容，才能取得较高的效率，更好地完成工作。

（3）气质发展原则。气质虽无好坏之分，但各种气质类型都有其积极的一面，也有其消极的一面，因此，正确认识每种气质类型特点，了解它对不同工作性质的长处和短处，人们就可主动地以其长处补其短处。气质虽然具有“天赋性”，一般很难改变，但在客观条件的影响下，气质特征会发生缓慢变化，这是一种量的变化，不是质的变化，比如随着年龄的增长，在教育与环境影响下，气质可以有一定程度的改变，但变化是比较缓慢、微弱的，它与个性的其他心理特征相比，更具有稳定性。

第三节　性格与管理

一、性格的含义

（一）性格的概念

性格是一个人在现实稳定态度和习惯化了的行为方式中所表现出来的个性心理特征。它是一个人的心理面貌的本质属性的独特结合，是人与人之间相互区别的主要方面。对性格的概念可有如下理解。

1. 性格与个体的态度和行为方式关系密切

性格首先表现为个体对现实的态度和相应的行为方式。在现实生活中，人们通过认知活动了解到现实世界的一定对象或活动与自己需要的关系：有的能满足自己的需要，有的妨碍自己需要的满足。在这种认识的基础上，人们会形成一定的态度，产生一定的情感反应和行为倾向：喜欢那些能满足自己需要的对象，并乐于从事自己喜欢的活动；讨厌那些妨碍满足自己需要的对象，不愿意从事自己不喜欢的活动。例如，人们在学习活动中，由于经常失败或遭到挫折，就会产生厌恶学习的情绪，在行为方式上就会表现出对学习活动的消极对待，如懒惰等。

2. 性格是个体稳定的心理特征

人的性格是个性心理特征的一个重要方面。它不是一个人一时性的偶然表现，偶然形成的态度和相应的行为方式还不能称为性格，只有当其巩固下来，成为对现实的稳定的态度或习惯化的行为方式时，才能称为性格。例如，一个学生因为偶然的原因而撒谎，我们就不能认定他“不诚实”，但如果他经常撒谎，则可以认定这个学生具有“不诚实”的性格。再如，一个人在受辱的情况下发了脾气，我们不能就此就断定他性格粗暴，对人不友善，但如果他经常发脾气，我们就可以推断他的性格中有粗暴的一面。

3. 性格是具有核心意义的心理特征

性格是个体在后天获得的，是现实生活中社会关系的反映。性格反映出一个人的道德品质及世界观，在个性中具有核心意义。一个人能力的高低、动作的快慢、情绪的急缓虽然也都属于人的个性特征，但并不体现一个人个性的本质，而性格涉及一个人对现实的稳固的态度和行为方式，就具有直接的社会意义，要受到社会的道德意义的评价。一个性格与社会进步相一致的人，无论其能力大小，气质类型如何，都可能对社会进步作出贡献；但如果这个人的性格是与社会进步相违背的，就会对社会产生危害，而且能力越强危害越大。因此，人的性格就有了好坏之分。例如，勤劳、勇敢、坚定、大公无私对社会有积极作用，就是优良的性格特征；而懒惰、怯懦、动摇、自私自利对社会有消极影响，就是不良的性格特征。

性格在个性中具有核心意义，还因为性格对个性的其他方面(如气质、能力等)具有制约和调节作用。性格中还有一些特征虽然与道德品质无直接联系，但对个体身心发展具有重要影响，如乐观与消极、勤奋与懒惰、勇敢与退缩、独立与顺从等。俗话说："勤能补拙"，就是说一个人能力可能差一些，但如果有勤奋这一优良的性格特征，也可以通过艰苦的努力达到理想的境界。因此，掌握了人的性格特征，就可以大致了解一个人整体的精神面貌。

（二）性格的结构及特征

性格具有一定的结构及特征。一般认为，性格包括四方面的特征。

1. 道德特征

道德特征又称态度特征，包括对人、对事、对己以及对物的态度。如对人是热情还是冷淡；对事是认真负责还是马虎敷衍等。这种对现实的态度以及与之相应的习惯化的行为方式表现在人的行为和活动之中，属于人对现实的态度的性格特征，主要是如何处理社会各方面关系的性格特征，即个人与社会的关系、个人与集体的关系、个人与个人的关系以及对待自己的态度等方面的性格特征。

(1) 表现为对社会、对集体、对他人态度的性格特征。属于这方面的性格特征，良好的表现主要有爱集体、正直、诚实、富于同情心、善于交际、亲切、有礼貌等；与之相反的性格特征是不热爱集体、阿谀奉承、冷酷无情、盛气凌人、生硬粗暴等。

(2) 表现为对工作和学习态度的性格特征。属于这方面的性格特征主要有勤劳或懒惰，认真负责或敷衍了事，细致或粗心，革新开拓或墨守成规，节俭或浮华等。

(3) 反映对行为调节客观表现的意志果断性特征。表现为一个人在困难或紧急条件下能否迅速、准确地作出抉择。例如，是坚决果断还是优柔寡断，是勇敢还是胆怯等。

(4) 反映对行为调节客观表现的意志坚韧性特征。表现为一个人能否以坚强的毅力把已作出的决定贯彻到底，以达到预期目标。例如，是恪守信念还是见异思迁，是威武不屈还是临阵脱逃，甚或投降变节等。

2. 理智特征

理智特征是指认知和智力方面的一些特点，如认知风格有独立性和依存性、冲动和沉思之分。

（1）在感知、注意等方面表现出来的性格特征

这方面的性格特征有主动观察型和被动观察型的差异。主动观察型在知觉过程中抵御环境干扰的能力较强，表现为在干扰下仍能根据自己的任务和兴趣坚持观察和判断，被动观察型则明显地易受环境的影响。有人曾做过这样的一项实验：让被试调节放在一个方框中的一根直棒，当方框放在倾斜位置时，让被试把直棒调节到垂直位置。测验结果表明，方框的倾斜在观察中对不同被试的调节活动有不同程度的影响，受影响小的被试属于主动观察型；反之则是被动观察型。感知、注意方面的个体差异性还可就观察分析的特点分为详细分析型和概括型，前者特别注意细节，后者多注意事物的整体性、轮廓感。就观察的速度和精确程度又有快速型和精确型之分，快速型往往不善于持续性的观察，而精确型在观察时则表现出敏锐而精细的判断力。

（2）在想象方面表现出来的性格特征

就想象的现实感而言，存在着幻想家与"冷静的"现实主义者之别，以及具有现实感的幻想家和脱离实际的幻想家之别；就想象的主动性而言，有所谓主动想象型与被动想象型之分；就想象的丰富性而言，有狭窄想象型与广阔想象型之分；在想象水平上存在着有创造力与机械模仿的差别。

（3）在记忆方面表现出来的性格特征

在记忆类型上有直观形象型与逻辑思维型之分；在识记过程上有快慢之分；在保持长久性上有长久保持与迅速遗忘之分。

（4）在思维方面表现出来的性格特征

在思维的深度上有深刻型与肤浅型之分；在思维的创造性上有独立型与附和型之分，前者善于独立地提出问题，后者则回避问题而宁可借用现成的答案或附和他人之见；此外，还有爱好分析和爱好综合的不同类型的差异。

3. 情绪特征

情绪特征是指情绪对活动影响以及对情绪的控制方面的特点，通常表现为情绪活动的强度、稳定性、持久性以及主导心境四个方面。

（1）情绪强度特征

表现为情绪对一个人的影响程度和情绪受意志控制的程度。因为情绪状态影响着人的全部行为，它或是成为鼓舞人行动的力量，或是成为消磨人意志的因素。无论是对于积极情绪或消极情绪，都有一个控制情绪的问题。在这里的强度特征常有控制力强与弱之分，有的人情绪活动一旦被引起就比较强烈，身体状态、工作和生活受其影响较大，同时他的意志对情绪活动的控制力较薄弱，他好像被情绪所支配；有的人情绪体验比较微弱，身体状态，工作和生活受其影响较小，同时他的意志对情绪活动的控制力较强，他好像"无动于衷"，不为情绪所左右。

（2）情绪稳定性特征

表现为一个人的情绪状态受外界条件变化而产生的起伏波动的程度。有的人不易为一般情境引起强烈的情绪反应，或是情绪活动的引起较缓慢，就是在成功或失败等重大事件面前，情绪波动也较平稳，对情绪的控制也比较容易，这就是情绪稳定的人性格特征的表现；有的人较容易引起情绪反应，甚至一些琐碎小事也能引起强烈的情绪，而且一经引

起情绪,意志的控制力又显得比较软弱,在成功面前易表现为忘乎所以,在失败面前易表现为垂头丧气,凡此都是情绪易激动的人性格特征的表现。

(3) 情绪持久性特征

表现为情绪活动的持续时间和对身体、工作和生活影响的久暂性质。比如,同样遇到悲伤的事件,多血质的人可能表现为当时难过异常,事后很快恢复平静,对身体、工作和生活的影响也消失得很快,好像什么痕迹也没留下;而抑郁质的人的悲伤情绪反应,可能持续相当长的时间,对身体、工作和生活的影响也较持久。

(4) 主导心境

心境本是一种微弱而持久的情绪状态,在一段时间内由一种心境支配人的言行和情绪,就是所谓的主导心境。表现在主导心境方面的性格特征是指,不同的主导心境在一个人身上的稳定表现的情况。主导心境有各式各样的表现,比如愉快的与忧伤的,不安的与安静的,朝气蓬勃的与郁郁寡欢的。有的人受主导心境支配时间长,也就是主导心境的稳定性大;有的人受主导心境支配时间短,也就是主导心境的稳定性小。

以上四个方面的情绪特征既是相互依存的,又是相对独立的。例如,情绪反应比较强烈,时常爆发情绪的人,有时有较持久的影响,或有较持久的主导心境;有时爆发快、消逝得也快,没有持久的影响,或是主导心境持续的时间也短。此外,上述情绪特征所具有的强度、速度、持久性等动态特点,既是鲜明的气质特征的表现,但是也要注意,相同的情绪特征,还可因气质的不同而有不同的表现,例如同样是情绪稳定,有的人表现出精神饱满,有的人则表现出平静安详。

4. 意志特征

意志特征是指对行为自觉调节方面的特征,主要包括四方面品质:自觉性、果断性、坚韧性、自制性。第一,行为是否具有明确的目的性、独立性与主动性,遇到困难能否不断地调整自己的行为,朝自己既定的目标前进;第二,一个人在生活中为了达到自己预定的目标,有时需要控制个人的内心冲动与外部行为,有时则需要激发自己的追求欲望或强制自己实施外部行为,这就需要自制力;第三,果断性就是个人在紧急或需作出决断时表现出来的意志特征。有的人在面临意想不到的情况时,表现出镇定、勇敢、临危不惧的性格特征,有的则表现出惊慌、胆怯、不知所措的性格特征。在面临重大选择时,有的能迅速根据情况作出判断,有的则表现出犹豫不决、优柔寡断,个体差异性较明显;第四,坚韧性是指恒心、耐力、毅力等。在工作和生活中,有人稍遇挫折就半途而废,做事虎头蛇尾,兴致所至则可废寝忘食,稍有不顺即打退堂鼓,表现出意志脆弱的特征。

上述性格的各个方面特征是相互联系、不可分割的,在每一个人身上结合为独特的整体,从而形成一个人不同于他人的、个人独有的"特征"、"标志"、"属性"或"特性"。性格并不是各种性格特征的散乱堆积,而是彼此关联、相互制约的一个整体。首先,就它们表现性格的重要意义而言,在上述四大性格特征中,性格的情绪特征和性格的意志特征是最主要的两大组成部分,而其中性格的情绪特征又显得更为重要。因为性格的情绪特征直接表现了一个人对周围事物所特有的、恒常的倾向,也是一个人的本质属性、品德和世界观的具体反映;其次,各种性格特征之间存在着一定的内在联系。例如,在对工作和学习态度特征方面表现出认真负责、勤奋踏实的人,一般在意志特征方面表现出有较好的坚持性和自制力，并且在性格的理智特征方面会有更多的主动观察和详细分析的特点等表现，这也就是性格的一贯性或一致性的含义。正是由于各种性格特征之间存在着这种内在联系，人们有时可以根据一个人的某种性格特征而判断他的另一些有关的性格特征。

二、性格类型

（一）MBTI 性格类型系统理论

世界上关于划分性格类型的理论有很多种，MBTI 性格类型系统理论是目前国际上最权威、最普遍使用的理论，已被翻译成十多种文字。近年来，全世界每年有 200 多万人次接受 MBTI 测试。据统计，世界前 100 强公司中有 89%的公司引入使用 MBTI 作为员工和管理层自我发展、改善沟通、提升组织绩效的重要方法。

MBTI 性格类型系统理论始于著名心理学家荣格的心理类型的学说，后经美国的 Katharine Cook Briggs 与 Isabel Briggs Myers 深入研究而发展成型。MBTI 性格类型揭示了一个人深层的“本我”、真实的我、自我的核心，最本能、最自然的思维、感觉和行为模式，而不是在别人面前所表现出来的表面的性格特征。一个人的 MBTI 性格类型是由遗传、成长环境决定的，约在 25 岁以后，性格类型很难改变，个别人在经历过特殊处境(如濒临死亡)后性格类型会有改变，只有性格偏好的程度会随着年龄的增长而有所变化。

MBTI 性格类型系统理论是一把深入、系统地了解人的本我的奇妙钥匙。它揭示了不同类型的人有不同的本能的、自然的思维、感觉和行为模式，同一种类型的人本能的、自然的思维、感觉和行为模式又是何其相似。从而使我们明白为什么不同的人对不同的事物感兴趣，为什么不同的人擅长不同的工作，人们为什么不能相互理解、有效配合。

通过了解自己和其他人的性格倾向，你可以更好地理解自己的优点、缺点，更容易接受自己；更好地理解和接受他人；能使你理解为什么人与人之间在思维、行为、观念、表现等方面存在差异，有助于你在工作、生活中更好地利用这种差异，接受其他观点的合理性，避免固执己见或者简单地判定某种做法的正确或错误，而不是因为存在性格的差异而苦恼。目前这种理论在全球范围得到了广泛的运用，企业利用它进行招聘选拔、人岗匹配、组织诊断、改善团队沟通及人际关系；职业人士利用它进行职业定位、职业生涯规划；老师学生利用它选择适合学习的专业，提高授课、学习效率；夫妻利用它融洽关系、增进感情。

MBTI 性格类型系统理论分为五个维度解释。

1. 我们与外界相互作用的程度以及自己的能量被引向何处

外倾 E：关注自己如何影响外部环境，将心理能量和注意力聚集于外部世界和与他人的交往上。例如，聚会、评论、聊天。

内倾 I：关注外部环境的变化对自己的影响，将心理能量和注意力聚集于内部世界，注重自己的内心体验。例如，独立思考、看书、避免成为注意的中心、听的比说的多。

2. 我们自然注意到的信息类型

触觉 S：关注由感觉器官获取的具体信息。例如，看到的、听到的、闻到的、尝到的、触摸到的事物。

直觉 N:关注事物的整体和发展变化趋势。例如,重视想象力和独创力,喜欢学习新技能、但容易厌倦,喜欢使用比喻,跳跃性地展现事实。

3. 我们做决定和得出结论的方法

思维 T:重视事物之间的逻辑关系,喜欢通过客观分析做决定和评价。例如,理智、客观、公正。

情感 F:以自己和他人的感受为重,将价值观作为判定标准。例如,对行为、对他人情感的影响敏感,认为圆通和坦率同样重要。

4. 我们喜欢以一种较固定的方式生活(或做决定),还是以一种更自然的方式生活(或获取信息)

判断 J:喜欢做计划和决定,愿意进行管理和控制,希望生活井然有序。例如,重视结果(重点在于完成任务)、按部就班、有条理、尊重时间期限、喜欢做决定。

知觉 P:灵活、试图去理解、适应环境、倾向于留有余地,任事情自由发展。例如,重视过程、随信息的变化不断调整目标。

5. 我们与其他人之间的相互作用方式

主导 A:倾向于主导别人。例如,积极主动、有决断力。

被动 B:倾向于被别人主导。例如,宁愿放弃也不愿和别人争论、容易相处。

(二)单一类型理论

单一类型理论认为,性格类型是依据一群人是否具有某一特殊性格来确定的。美国心理学家佛兰克·法利提出的 t 型性格是单一类型理论的代表。法利认为,t 型性格是一种好冒险、爱刺激的性格特征,依据冒险行为的性质,将 t 型性格分为 t+型和 t-型两种。当冒险行为朝向健康、积极、创造性的建设性方向发展时,就是 t+型性格,有这种性格的人喜爱漂流、赛车等运动项目;当冒险行为具有破坏性质时,就是 t-型性格,这种人有酗酒、吸毒、暴力犯罪等反社会行为。在 t+型性格中,又可依据活动的特点进一步分为体格 t+型和智力 t+型,极限运动员代表了体格 t+型,这种运动员通过身体运动来实现追求新奇、不断刷新纪录的动机,而一些科学家或思想家则代表了智力 t+型,他们的冒险精神主要表现在科学技术的探新上。

(三)对立类型理论

对立类型理论认为,性格类型包含了某一性格维度的两个相反的方向。

1. A—B 型性格

福利曼和罗斯曼描述了 A—B 性格类型,近年来人们在研究性格和工作压力的关系时,常使用这种性格类型。A 型性格的主要特点是性情急躁、缺乏耐心、成就高、上进心强、有苦干精神、工作投入、做事认真负责、时间紧迫感强、富有竞争意识、外向、动作敏捷、说话快、生活常处于紧张状态,但办事匆忙、社会适应性差,属于不安定型性格,具有这种性格特征的人易患冠心病。美国 20 世纪 60 年代进行的一次调查表明,在 257 位患有冠心病的男性患者中 A 型性格的人数是 B 型性格人数的两倍多。B 型性格的主要特点是性情不温不火、举止稳当,对工作和生活的满足感强,喜欢慢步调的生活节奏,在需要审慎思考和耐心的工作中，B 型人往往比 A 型人适应好，他们属于较平凡的人。对冠心病患者的调查表明，B 型性格只占患者的 1/3。

2. 内—外向型性格

瑞士著名人格心理学家荣格依据心理倾向来划分性格类型，最先提出了内—外向性格类型学说。荣格认为，当一个人的兴趣和关注点指向外部客体时就是外向性格，而当一个人的兴趣和关注点指向内部主体时就是内向性格。在荣格看来，任何人都具有外向和内向这两种特征，但其中一种可能占优势，据此可以确定一个人是内向还是外向。外向性格的特点是注意外部世界，情感表露在外、热情奔放、当机立断、独立自主、善于交往、行动快捷、有时轻率；内向性格的特点是自我剖析、做事谨慎、深思熟虑、疑虑困惑、交往面窄、有时适应困难。荣格认为，人的心理活动有思维、感情、感觉和直觉四种基本功能，结合两种心理倾向可以构成八种性格类型：一是外向思维型，这种人尊重客观规律和伦理法则，不感情用事；二是外向感情型，这种人对事物的评价往往感情用事，容易凭借主观判断来衡量外界事物的价值；三是外向感觉型，这种人以具体事物为出发点，容易凭借感觉来估量生活的价值，遇事不假思索、随波逐流，但善于应付现实；四是外向直觉型，这种人以主观态度探求各种现象，不接受过去的经验，只憧憬未来，容易悲观失望；五是内向思维型，这种人不关心外部价值，以主观观念决定自己的思想，感情冷淡、好独断、偏执，易被人误解；六是内向感情型，这种人情绪稳定、不露声色；七是内向感觉型，这种人不能深入事物的内部，在自己与事物之间常插入自己的感觉；八是内向直觉型，这种人不关心外界事物、脱离实际、好幻想。

（四）多元类型理论

多元类型理论认为性格类型是由几种不同质的人格特性构成的。我国古代很早就有人根据人的秉性对人进行划分，如刘沼将人划分为强毅、柔顺、雄悍、谨慎、坚韧、善辩、宽宏、清廉、坦诚、精细、质朴、机敏十二种类型；诸葛亮也曾将将领划分成仁、义、礼、智、信、步、骑、猛、大九种类型。《灵枢・论用篇》根据人之勇、怯不同性格，结合体态、生理特征等，将人分为勇者与怯者两大类型。心、肝、胆功能旺盛，体质健壮者勇，勇者气血畅行，可以防御或消除惊恐等精神刺激的不良影响，故虽逢外界刺激，事过则已，常不病；心、肝、胆功能衰减，体质孱弱者怯，怯者心虚胆怯，不仅易惊善恐，而且易致气血滞留，因而外界事物刺激引起的情绪反应保持时间也较久，易于情志致病。大体来说，属阳性体质者，阳盛于阴，在性格气质特征上多呈现自信、兴奋、多喜、无忧无虑、多怒、外向性等；属阴性体质者，阴盛于阳，在性格气质特征上多呈现抑郁、悲忧、沉静、内向性等。古代人们对各种类型人的性格特征进行了详尽的描述，其中有些看法至今仍有一定的借鉴意义。

德国心理学家斯普兰格按人类文化生活的六种形式及人们对这些生活形式的态度和价值标准，将人分成六种类型：一是经济型，凡事以经济价值为主要出发点，注重实效，如企业家；二是理论型，理论能力强而实际生活能力弱，表现出探究世界的兴趣，如哲学家、科学家等；三是审美型，把感觉事物的美当做人生价值，对现实生活不够关心，富于想象力，如艺术家；四是宗教型，以宗教信仰作为存在的最高价值，如宗教家；五是权力型，以追求权力、支配他人为追求目标，如政治家；六是社会型，以献身社会、服务社会、助人为乐为自我价值的最高体现，如社会活动家。与之相类似的分类有美国心理学家霍兰德的划分，他根据性格特征与职业选择的关系，把人的性格划分为六种：研究型、现实型、艺术型、社会型、企业型和常规型。

美籍心理学家弗洛姆则从精神分析学说出发，把性格分成三大类：一是创发性性格，这种性格是健康的，也是人类发展的一种理想境界或目标；二是非创发性性格，包括接纳型、剥削型、囤积型、平均型，是不够健康、有待发展的性格；三是变态性格，包括恋尸狂、自恋狂等。

培因根据人的智力、情感、意志三种心理机能在性格中何者居优势的特点，把人分为理智型、情绪型和意志型。

日本学者能正比古以人的血型为基础，将人们的性格划分为A型、B型、O型和AB型四种类型。它们的性格特征分别是：A型人倔强、理智、谨慎，责任心强，情绪易波动；B型人乐观热情、宽容随和、待人亲切、开朗坦诚、不够专心、易生畏难情绪；O型人较自信，坚定、冷静、富于实干、勤奋上进、较固执、不虚心；AB型是A型和B型的复合型，如AB偏B者，易有成就；如AB偏A者，显得孤僻、呆板。

弗洛伦斯·妮蒂雅在《性格解析》一书中将人的性格分为：活泼型（S型）、完美型（M型）、力量型（C型）、和平型（P型）四种，四种性格的基本特征如下：活泼型的人既外向、又乐观，他们情感外露、热情奔放，懂得把工作变成乐趣，能够从任何事情中发掘出兴奋；完美型的人懂得深思熟虑，文静、随和、喜欢独处。完美型的成年人是个思想家，他们对待目标严肃认真，强调做事情先后和组织，崇尚美感和才智，会为生活作长远且最好的安排；力量型的人永远充满动力和理想，他勇于攀登高不可攀的顶峰，总是对准目标前进，他们往往在自己的选择中达到顶峰；和平型的人是情感的缓冲器，拒绝过分欣赏力量型的优秀决定，对完美型的复杂计划也不过分认真，是我们中间伟大的促进平等者。

三、性格与气质的关系

性格与气质同属于个性心理特征，但它们之间有着严格的区别。首先，两者表现个性特征的角度不同。性格是从个体对待现实的态度和行为方式方面来表现其个性特征，而气质则是从心理活动的速度、稳定性与灵活性、强度与平衡性以及趋向性来表现个性差异的；其次，两者可塑性程度不同。气质较多地受制于生物学因素，体现着高级神经活动类型的自然表现，可塑性较小，变化较缓慢。而性格是后天形成的，由现实生活经历与个人实践决定，可塑性较大，虽然相对稳定，但较易改变；最后，两者的社会意义不同。气质所表现的只是心理活动特征，无好坏之分，而性格则直接体现于社会生活之中，具有社会内容与社会意义，本身具有社会评价的好坏之分。

气质与性格又相互制约、相互影响，有着密切的联系。一方面，气质影响性格的形成和表现。在性格特征形成的快慢速度和表现方面，无不明显带着各自气质类型的特点；另一方面，性格对气质也产生一定的影响。它在一定程度上掩盖和影响着气质，也可渐渐影响一个人某方面气质特征的改变。人为了适应社会，发展自我，往往学会控制自己，在现实生活中形成对社会的态度和习惯化了的行为方式，这种性格自我塑造的过程，往往也是对气质产生反作用的过程。

四、性格差异管理

（一）性格在管理中的实践意义

性格反映着人的生活，同时又影响着人的行为方式。因此，了解人的性格，把握其变化规律，并预测其行为，在管理活动中有着重大的意义。

1. 有利于管理者做好管理工作

管理者与被管理者相互了解性格，摸透对方为人处世的方式，不仅有利于管理者因人制宜、因事制宜地做好组织管理工作，而且有利于人们克服消极性格品质，培养良好的性格，促进人才的健康发展。

2. 有利于个人不断陶冶、完善自我

一个具有坚强果断性格的人，能果断地处理自己工作和生活中的各种问题，能自觉地克服困难，达到既定的目标。一个具有良好性格的人，不但有助于工作、学习，而且有助于心理健康；反之则会影响工作和学习，甚至有害于身心健康。一个人了解了自己性格中的良好品质和不良品质，就能自觉地陶冶自己的性格，促使性格向良好、健康的方向发展。

3. 有利于人际关系的协调和社会的稳定

在群体或组织中，常常由于性格的影响，使集体不够和谐，家庭不够和睦，甚至经常发生矛盾和冲突，造成社会的不安定。因此，一个人应该培养明快、开朗、朝气蓬勃的性格，促进工作顺利地进行，促使家庭生活、集体生活的幸福与和谐。

4. 有利于提高工作效率

首先，如果我们了解每位职工的性格，并尽量安排适合其性格特点的工作，无疑会调动职工的工作积极性，有助于提高工作效率；其次，管理者在考虑组织中职工的人才结构、年龄结构、专业结构、性别结构等时，同时注意职工中存在的性格差异，尽量做到最佳的性格结构组合，也有助于提高工作效率。

另外，为了加强管理，深入了解人的性格，还必须对人的性格进行鉴定。在一般情况下，人们经常依靠自己的经验去鉴定一个人的性格，如作家在观察人物、教师在评价学生时，都是这样做的。但是，比起能力或其他心理方面的鉴定，性格的鉴定存在着特殊的困难。性格鉴定的方法有很多，如观察法、谈话法、作品分析法、个案法、实验法等，但由于性格的复杂性，至今还没有一种有效鉴定性格的方法，为了使被鉴定的性格比较符合实际情况，多采用综合研究法。

（二）性格差异在管理中的应用

1. 在行为预测方面

由于性格是个人对现实稳定的态度和习惯化了的行为方式，所以，不同性格的人就会有不同的态度和不同的行为方式。在一件事情面前，一个人将会采取什么行动，根据个人的性格可以事先作出预测，这有助于合理地安排和分配工作任务。对员工性格的预测还有助于在工作中采取必要的预防性措施，使工作免于遭受损失，得以顺利进行。

2. 在人员选拔和录用方面

由于具有不同性格的人的行为方式不同，他们所适宜从事的工作也不一样，从事同一工作所获得的效益也有很大差别。一般来说，意志坚强、有坚定信念、积极向上、活泼外向、善于独立思考和解决问题的人，适合于从事管理岗位，独立地负责一个部门的工作，或从事外事接待、公共关系方面的业务；而性格内向、做事深思熟虑、办事谨慎、自我控制能力强的人适合当参谋人员，或从事研究、产品开发、内部管理工作；至于独立性差、易受暗示、遇事无主见的顺从型人员适合于从事一般的具体工作。

延伸阅读

世界著名公司偏爱的职业性格

微软：任用有冒险精神的人。要成为举世闻名的美国微软公司的员工绝非易事。你要对软件有浓厚的兴趣，还要有一定的理解力、丰富的想象力和敢于冒险的精神。他们宁愿冒失败的危险任用曾失败的人，也不愿意要一个处处谨慎却毫无建树的人。另外，工作中善于与人合作，也是微软招聘的条件。

英特尔：得3分的人也许更可取。英特尔在人们的印象中是一个不断推陈出新、升级换代的品牌，其创新精神在招聘过程中也有充分体现。美国英特尔公司在各高校招聘中，愿意招各科虽是3分却有创新意识的学生，最好在校期间完成过有创意的项目。

IBM：专用实事求是的人。世界上最大的电子计算机公司——美国IBM公司成功的经验之一是不录用恭顺的人，而是专用实事求是的人。IBM第二代领导人沃森说："最容易使人受骗上当的是言听计从、唯唯诺诺的人，我宁愿用那种脾气虽然不好，但敢于讲真话的人。作为领导者，你身边这样的人越多，办成的事业越多。"敢讲真话的人不迷信权威，不计较个人得失，实事求是，坚持科学原则，能很好地贯彻企业经营理念，树立良好的企业形象，推进企业各项工作的发展。

麦当劳：不以貌取人。麦当劳的管理者认为，企业首先应当是培养人的学校，其次才是快餐店。因为麦当劳是服务性行业，有优良职业道德的人才堪称为一流的员工。所以他们着力于寻求相貌平平但有吃苦耐劳和创业精神的人，并以公司自身的经验和"麦当劳精神"来培训自己的员工，这种极有主见的管理为麦当劳赢得了很大的成功。用这种精神培养出来的员工即使离开了，也应该是一个对社会有用的人，这种价值观使它的员工们努力为公司争取荣誉。

宝洁：热心社会活动者优先。如果你去宝洁公司应聘，常常会问到是否经常去参加学校的活动或组织过哪些活动，千万据实回答。因为考官会接着问你许多相关的细节问题，如活动的程序、内容、参加的人数、活动过程中的突发事件和你的应变方法等。以生产"飘柔"著称的宝洁公司对那些热心活动的应聘者总是特别的青睐。

世界银行：起码要跳过三次槽。对于经常需要考察、验资的银行人员来说，知己知彼非常重要。所以，至少要有三种以上不同行业的工作经历是世界银行招聘的基本条件。

海尔：赛马不相马。海尔集团认为每个人都有自己的优势和待开发的潜能。为此，海尔不搞"伯乐相马"，而是让群马奔腾，在竞争中使骏马、良驹脱颖而出。这种赛马机制真正体现了公开、公平、公正的原则，也形成了海尔集团特有的“人人是才，赛马不相马”的用人哲学。

东芝：重担子主义。日本株式会社认为，要尊重人就应委以重任，谁拿得起100千克，就交给谁120千克的东西。东芝奉行“重担子主义和适才适用”的用人路线，在企业内部招聘，让职员自己申请最能够发挥专长的职位，从而使企业繁荣昌盛，经久不衰。

松下：人才再生产。日本松下公司以生产电视和录像机器蜚声世界，在其成功的经营管理经验中，重要的一条就是重视对人才的培养和人才的“再生产”。公司建有36个实验室，培养了2.2万名研究员和工程师，使企业获得5.5万项专利产品。

3. 在思想教育方面

人的性格不同，接受别人意见的方式也不同。因此，在做思想工作时，要根据不同的性格，采取不同的方式，对症下药。对理智型的对象，要向他们提供大量事实真相的东西，设法使他们在工作中看到自身缺点和不足，而不能采取不留情面的激烈批评；对于内倾型性格的人则要注意批评的时间、地点、方式，尽量采用启发、暗示的方式，批评的同时也要指出其优点，采取间接方式达到使他们转变思想的目的。

4. 在群体成员的组合方面

一个群体要产生整体效能，就必须根据人才结构整体相关规律，使人才群体在知识、能力、年龄等硬结构形成互补状态，使气质、性格等软结构呈和谐趋势，把不同性格的人才有机组合成心理包容、性格叠合、刚柔并济、动静相宜的软结构，使之产生互补叠加效能。要特别注意“同型相斥”、“同层相抵”的现象。

第四节 能力与管理

一、能力及其类型

能力是指人们成功地完成某种活动而在主观上所必须具备的个性心理特征，直接影响着活动的效率，关系到能否保证活动的顺利完成。

按不同标准，能力可以有以下几种类型。

（一）一般能力和特殊能力

这是以能力所表现的活动领域的不同来划分的。一般能力是指在进行各种活动中必须具备的基本能力，它保证人们有效地认识世界，也称智力。智力包括个体在认知活动中所必须具备的各种能力，如感知能力（观察力）、记忆力、想象力、抽象思维能力、注意力等，其中抽象思维能力是核心，因为抽象思维能力支配着智力的诸多因素，并制约着能力发展的水平。

特殊能力又称专门能力，是顺利完成某种专门活动所必备的能力，如音乐能力、绘画能力、数学能力、运动能力等。各种特殊能力都有自己的独特结构，如音乐能力由四种基本要素构成：音乐的感知能力、音乐的记忆和想象能力、音乐的情感能力、音乐的动作能力。这些要素的不同结合，就构成不同音乐家独特的音乐能力。

一般能力和特殊能力相互关联。一方面,一般能力在某种特殊活动领域得到特别发展时,就可能成为特殊能力的重要组成部分。例如人的一般听觉能力既存在于音乐能力中,也存在于言语能力中,没有听觉一般能力的发展,就不可能发展言语和音乐的听觉能力;另一方面,在特殊能力发展的同时,也发展了一般能力。例如观察力属一般能力,但在画家的身上,由于绘画能力的特殊发展,对事物一般的观察力也相应增强起来。人在完成某种活动时,常需要一般能力和特殊能力的共同参与。总之,一般能力的发展为特殊能力的发展提供了更好的内部条件,特殊能力的发展也会积极地促进一般能力的发展。

(二) 再造能力和创造能力

这是按活动中能力的创造性大小进行划分的。再造能力是指在活动中顺利地掌握前人所积累的知识、技能,并按现成的模式进行活动的能力。这种能力符合学习活动的要求,人们在学习活动中的认知、记忆、操作与熟练能力多属于再造能力。创造能力是指在活动中创造出独特的、新颖的、有社会价值的产品的能力,它具有独特性、变通性、流畅性的特点。

再造能力和创造能力是相互联系的。再造能力是创造能力的基础,任何创造活动都不可能凭空产生。因此,为了发展创造能力,首先就应虚心地学习、模仿、再造。在实际活动中,这两种能力是相互渗透的。

(三) 认知能力和元认知能力

这是按活动的认知对象的维度划分的。认知能力是指个体接收信息、加工信息和运用信息的能力,它表现在人对客观世界的认知活动之中。元认知能力是指个体对自己的认知过程进行的认知和控制能力,它表现为人对内心正在发生的认知活动的认识、体验和监控。认知能力活动对象是认知信息,而元认知能力活动对象是认知活动本身,它包括个人怎样评价自己的认知活动,怎样从已知的可能性中选择解决问题的确切方法,怎样集中注意力,怎样及时决定停止做一件困难的工作,怎样判断目标是否与自己的能力一致等。

二、能力的结构

能力的结构问题是现代心理学中一个非常重要的研究课题,分析能力结构的因素对于深入理解能力的本质,合理设计、进行能力测量,科学地拟定能力培养的原则,都有着重要的意义。

(一) 二因素理论

英国心理学家斯皮尔曼(C. Spearman)运用因素分析的方法,提出智力结构的二因素理论。他认为智力包括两个因素,即一般因素,又称 G 因素;特殊因素,又称 S 因素。G 因素是每种心智活动所共同具有的,S 因素则因心智活动不同而各异,它指专门领域的知识。完成任何一项作业都是由以上两种因素决定的。例如,完成一个数学推理作业需要 G+S1,完成一个言语作业需要 G+S2,完成第三个作业则需要 G+S3,这几个测验的结果出现正相关,是由于每个作业中都包含有一般因素 G,但三者又不完全相关,是由于每个作业中都包含不同的、无联系的 S 因素。由此,斯皮尔曼得出 G 因素是智力结构的基础与关键,是一切能力活动的主体的结论,如图 2-3 所示。

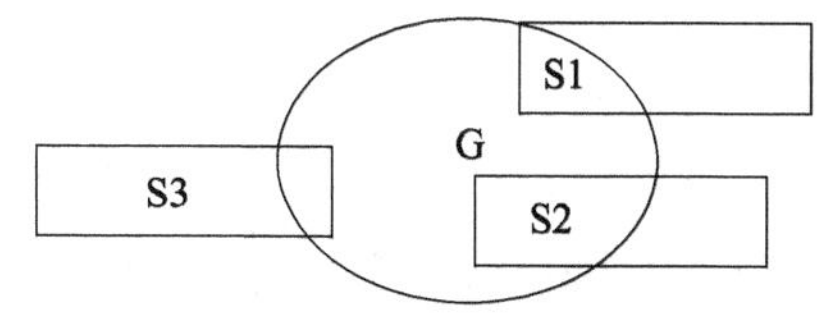

图 2-3　智力的二因素理论

(二) 群因素理论

美国心理测验权威瑟斯顿(L. Thurstone)认为智力活动都是依靠彼此无关的许多原始因素或原始能力构成的。他从 56 种不同的测验中概括出 7 种主要因素,分别是计算能力、言语理解能力、词的流畅性、记忆能力、演绎推理能力、空间知觉能力和知觉速度。瑟斯顿为此设计了基本智力测验来测量这 7 种因素,结果发现这些能力之间存在一定相关,这说明它们并非彼此独立,实际上又支持了斯皮尔曼的二因素理论,如图 2-4 所示。

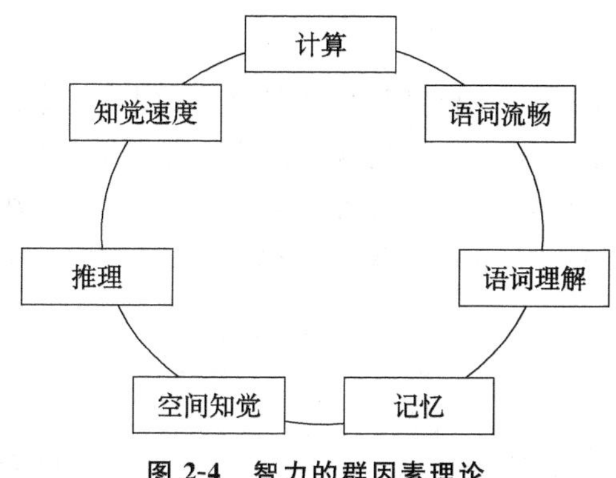

图 2-4　智力的群因素理论

(三) 三维结构模式理论

美国心理学家吉尔福德(J. P. Guilford)在二十余年因素分析研究的基础上,于 1967 年创立了智力的三维结构模式理论,认为智力结构应从操作、内容、产物三个维度去考虑。智力活动就是人在头脑里加工(即操作过程)客观对象(即内容),产生知识(即产物)的过程。智力的操作过程包括认知、记忆、发散思维、聚合思维、评价 5 个因素;智力加工的内容包括图形(具体事物的形象)、符号(由字母、数字和其他记号组成的事物)、语义(词、句的意义及概念)、行为(社会能力)4 个因素;智力加工的产物包括单元、类别、关系、系统、转换、蕴涵 6 个因素,这样,智力便由 4×6×5=120(种)基本能力构成。

1971 年,他把内容维度中的图形改为视觉和听觉,使其增为 5 项,智力组成因素变为 150 种。1988 年,他又将操作维度中记忆分为短时记忆和长时记忆,使其由 5 项变为 6 项,智力结构的组成因素便增加到 5×6×6=180(种)。吉尔福德认为每种因素都是独特的能力。例如学生对英语单词的掌握,就是语义、记忆、单元的能力;又如,说出鱼、马、菊花、太阳、猴等事物哪些属于一类,回答这类问题进行的操作是认知,内容是语义,产物是类别,如图 2-5 所示。

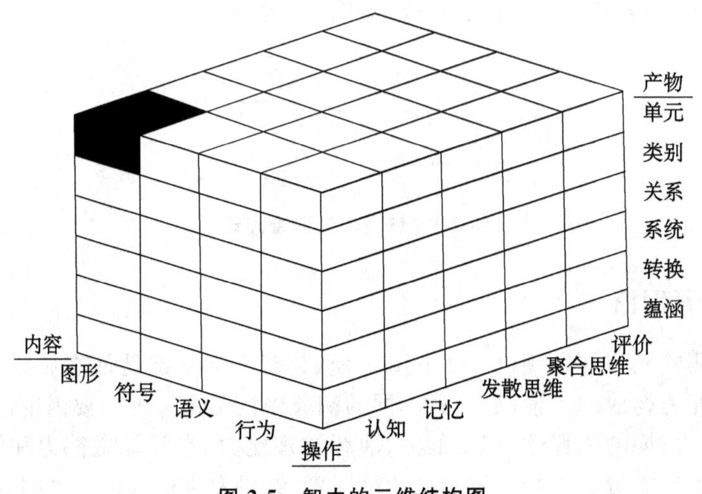

图 2-5 智力的三维结构图

（四）层次结构理论

美国心理学家阜南（Vernon）提出智力的层次结构理论。阜南把斯皮尔曼的一般能力因素作为最高层次；在这个层次之下包含了两大因素群，即言语和教育方面的能力因素、操作和机械方面的能力因素；第三层是小因素群；第四层是特殊因素。由此可见，阜南的智力层次结构理论是斯皮尔曼的二因素理论的深化，如图 2-6 所示。

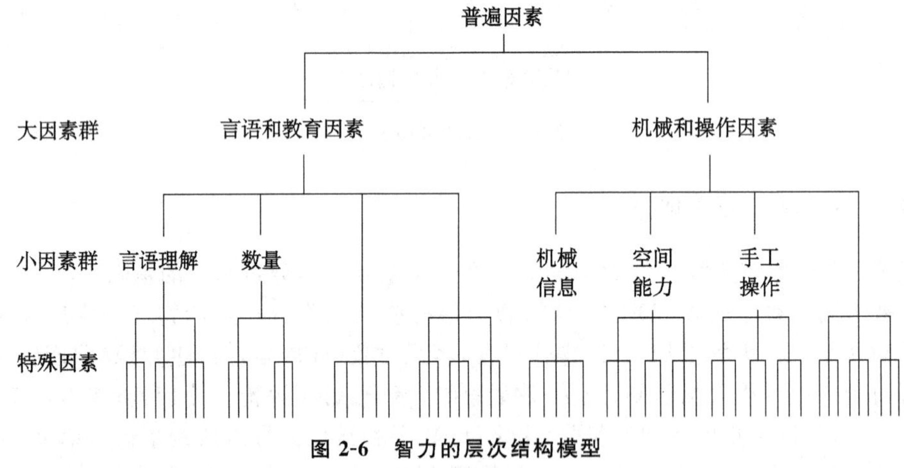

图 2-6 智力的层次结构模型

三、能力的发展差异

一个人的能力高低与他的年龄、职业、经验、受教育程度和先天素质都有着密切的关系，因此，能力在每个个体身上表现出差异是必然的。例如，从质量上看，人们的能力水平是有差异的，有的人能力强、有的人能力弱；从发展上看，人们能力的发展速度是有差异的，有的人早，有的人晚；从类型上看，人们的能力类型是有差异的，有的人记忆力好，有的人观察力强等。据心理学家们长期的研究结果看,能力的差异只存在于个体之间,与性别无任何必然联系,也就是说,能力只会形成个别差异,不会存在性别差异。能力的个别差异主要表现在以下几个方面。

(一)能力水平的差异

能力是一个人成才的重要因素,一般来说,一个成就高的人,总是具有较高的能力。在现实生活中,我们都会观察到这一现象。从整体上来看,人们的能力水平是不一致的,以一般能力的高低为例,人们在智力方面的个体差异是很明显的。心理学家经过大量的测验研究,得出一个共同结论,智力的个别差异在一般人口中是按常态分布的,如图 2-7 所示。

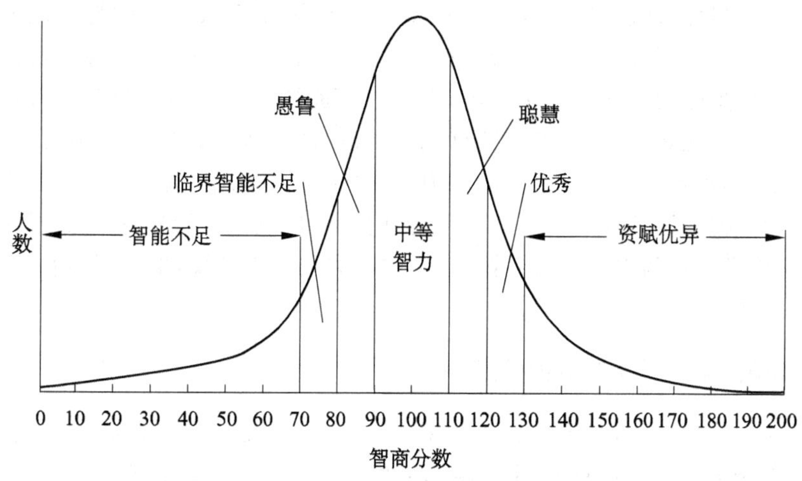

图 2-7 人类智商的理论分配

(二)能力类型的差异

能力类型的差异即某种能力方面的差异。从一般能力方面来看,有的人记忆力好,有的人记忆力差;有的人想象力丰富,有的人想象力贫乏;有的人思维敏捷,有的人思维迟钝等。即使是同一种能力强的人,也存在着个别差异。如记忆力好的人中,也存在记忆类型差异,有的人擅长视觉记忆,有的人擅长听觉记忆,有的人记得快忘得快,有的人记得慢却保持长久。能力的这种类型差异表现在特殊能力方面就更明显了,有的人擅长绘画,有的人擅长音乐,有的人有文学才能,有的人有技术才能,这种差异的存在是显而易见的。

(三)能力发展时间上的差异

能力发展时间上的差异即能力表现早晚的差异。能力不仅在类型上存在着差异,在发展速度上也是有差异的。有的人很早就显示出非凡的智力或某方面的能力,有的人却大器晚成,很晚才表现出来。造成能力个体差异的原因很多,除先天素质外,后天环境是更主要的原因。

四、影响能力发展的因素

制约能力发展因素的问题在历史上曾有过长期的争论，遗传决定论和环境决定论是其中两个极端对立的观点。现代心理学研究表明，不能证实能力的发展只是由遗传或环境单一因素所决定。20 世纪 20 年代后，越来越多的人认为，遗传因素和环境因素对能力的发展都很重要，主张遗传和环境的相互作用。

（一）遗传因素在能力发展中的作用

遗传就是父母把自己的性状即结构和机能特点传给子女的现象，一般认为基因是遗传的基本单元。遗传通过素质影响儿童的智力发展，素质是人的机体与生俱来的某些解剖生理特点，主要是神经系统、感觉器官和运动器官的解剖生理特点，特别是大脑的解剖生理特点。素质是能力发展的自然前提，没有这个前提，就不能发展相应的能力。例如：轻度脑发育不全的儿童，不可能发展计算能力；天生的盲人难以发展绘画能力。但是，素质本身不是能力，也不能决定一个人的能力，它仅仅提供能力发展的某种可能性。只有通过后天的教育和实践活动才能使发展的可能性变为现实性。例如，手指长可能发展打字的能力，也可能发展成为钢琴家，向哪一个方向发展取决于环境，取决于教育和实践活动，取决于社会需要。

（二）环境因素在能力发展中的作用

一般来说，大多数儿童的素质是相差不大的，其能力发展之所以有差异是由环境、教育和实践活动所造成的。在良好环境中生活的儿童，智力能发展得更好。

(1) 社会生产方式是环境因素中影响能力发展的最重要因素。生产力影响经济生活、科学文化水平和教育水平，从而影响人的能力发展。

(2) 营养是影响能力发展的一个重要因素，特别是幼年的营养直接关系到能力的发展。美国学者发现，刚出生的婴儿如果缺乏营养，会对以后的智力发展产生持久的影响；英国学者发现，缺乏营养的儿童，缺乏好奇心和探索精神，记忆力也差。因此，“在某种意义上说，智力是吃进去的”。

(3) 社会生活条件对能力发展的决定作用，通常是通过教育来实现的。近年来人们越来越认识到早期教育对儿童智力发展的重要性，早期教育不仅影响儿童当前智力水平，而且还影响他们以后智力的发展。

（三）实践活动和个性品质在能力发展中的作用

环境和教育是能力发展的外部条件。人的能力是在主体的实践活动中形成和发展起来的，离开了实践活动，即使有良好的素质，即使有良好的环境和教育，能力也不可能得到发展。例如，有经验的磨粉工人只要用手一摸，就能鉴别出面粉的粗细和质量；长期从事染色的工人能够辨别 40 多种浓淡不同的黑色，而一般人只能辨别三四种。

优良的个性品质推动人们去从事并坚持某种活动，从而促进能力的发展。我国心理学家的研究也表明，具有比较稳定的特殊兴趣，是促进某方面能力发展的一种极重要的因素。能力的发展是与意志性格分不开的，没有坚强的毅力，没有勤学苦练的精神，能力就难以发展。

五、能力差异在管理中的应用

（一）应用范围

1. 人事关系

能力是多方面的，既有强弱之分，又有方向之分。什么样的个性能力，就应该放在什么岗位上；有哪方面的能力，就应该做哪方面的工作。应使人适其职，职得其人，达到人事的和谐统一，切不可"张冠李戴"、"赶鸭子上架"和"乱点鸳鸯谱"。

2. 人际关系

一群优秀的个体并不一定能组成一个优秀的群体。"一流人才，组成二流群体，发挥三流功能"的现象是很多的。管理工作要重视人与人的协调、部分与整体的和谐。

（二）应用的原则

1. 能力阈限原则

从事某一种工作所需要的最起码的能力水平，叫做能力阈限。如果一个人不具备从事一种工作的起码能力，就不能保持人岗合理配置与协调，他会干得很吃力，而且工作也做不好，不仅给个人造成心理压力、丧失信心，也会影响事业，因此绝不能小材大用。

然而，大材小用也是不可取的，当一个人能力远远超过能力阈限，即从事某项工作感到很容易、不用费力时，就会造成人才的严重浪费。而且由于个体感到完成任务太轻松，不满足于已取得的成绩，或感到自己不受重用，有损于自尊心，由此积极性不高，完成任务的情况也必然不理想。例如，某专业研究生分到学校工作，最初，为熟悉学校职能情况分派在班里做班主任，做各项事务性的杂事，几个月、半年、甚至几个学期尚且可以，如果长此以往，仅仅是单一的事务性工作，就会影响其工作积极性；反之，如果在他担任班主任的同时，适当委派以课程教学或是参与科研课题之类的任务，使其不荒废业务能力的锻炼，就能保持他工作的积极性。因此，当一个人在某个岗位工作能力有富余时，就应及时调整到更复杂一些的岗位上，使其才华得到充分施展。

2. 能力适配原则

在安排员工的工作时，不仅要坚持能力阈限原则，而且要在选用人才时根据选拔对象的素质优势和能力所长安排工作、确定岗位，使其扬长避短、各尽所能，使组织位得其才、提高效益。这既有利于个人需要的满足和自我价值的顺利实现，也有利于事业的成功和社会的发展。

3. 能力互补原则

协调互补的能力是群体优化组合的重要基础。就拿一个领导班子来说，善于决策和富于组织能力、勇于开拓和不畏困难的管理者是帅才，是群体中的核心；另一些具有战术指挥和营运管理能力，具有坚强求实、勇于带头、泼辣大胆、勤于实干特点的是日常工作的中坚力量，是将才；还有那些具备严密逻辑思维能力和洞察预见能力，善于捕捉和收集信息，善于发现问题，长于研究分析，尤其是有预测前瞻性思维的，是干部群体中足智多谋的“思想库”。将这三种能力组合在一起，就是一个完整的、能力均衡的“智囊团”了。

4. 能力时效原则

人才学的研究表明，人才的创造力与年龄具有统计性相关规律。人在学习和创造的最佳年龄内学习和创造所取得成果的可能性（概率）最大、质量最高、数量最多、速度最快。心理学家认为，最佳年龄一般在25～40岁，人过了40岁就很难成才，通过对全世界的科学家调查统计结果也证明上述年龄是正确的。这就要求用人者一定要注意起用人才的时效观念，掌握人才的成长最佳年龄，实行“重点资助最佳年龄区的人才”的政策，克服论资排辈的恶习，这样就能大大提高人才使用的经济效益和社会效益。

尽管能力发展有早晚的差异，然而造成大器晚成的原因是多方面的，除了先天因素、后天环境、个人努力之外，还有一个主要的原因是人才被埋没。姜子牙并不是年轻时没有才华，八十多岁以后上天降下了能力，而是他早就有能力，却无用武之地。冯唐则明显是被社会所埋没的。在今天改革开放的年代，正是需要人才的时候，管理者的一个重要任务就是要及时发现有用之才，采取多种途径，使人才脱颖而出，争做当代伯乐。

实训模拟

模块一：案例分析与思考

谁适合当总经理

某电子电器工业公司是一个由十几家小厂组成的专业公司，公司行政领导班子由一正三副四个成员组成。总经理由于年事已高即将退休，需要物色一个合适的新总经理。该公司的上级主管部门经过一段时间的研究考察，认为现任三位副经理不宜提升，新的总经理需从下面挑选。各方面的意见最后集中到从李厂长和王厂长中选一个，下面是有关他们两人的资料。

李厂长，男，39岁，文化程度是大学本科（电子专业），中共党员，高级工程师。他工作积极努力，认真学习科学文化知识，并善于把学到的知识用来指导工作，为本厂的产品开发、产品的升级换代、提高质量、建立科学的检测手段等都作出了重要贡献。他提升为厂长后，对厂里进行了一系列的改革，加强了科学管理，使工厂的面貌大为改观，大大提高了经济效益，年创利和人均创利都在本系统居首位，职工收入也大幅度增加。全厂精神振奋，一派欣欣向荣景象。

李厂长性格开朗、精力充沛、善言谈、好交际，活动能力很强，积极开展横向联系，在全国十多个省市开设了两百多个经销点，三十多个加工企业，效益都很显著。他认为，要发展就要靠技术，因此，千方百计、不惜重金引进人才，至今该厂已有十多位外来的高级工程师和工程师。他还很重视产品的广告，每年要花几十万元广告费。他担任了市企业管理协会的理事，在协会中活动频繁，在各方面关系融洽，对厂里工作也有促进。

李厂长事业心强、一心扑在工作上，早出晚归、南来北往，一年到头风尘仆仆、不辞辛苦。该厂曾被评为市企业管理先进单位，李厂长获市优秀厂长称号，该厂产品也被评为市优质产品。但李厂长也有一个明显的缺点，就是骄傲自满、自以为是，常常盛气凌人，有时性情急躁，弄不好还会暴跳如雷，不大把公司的领导放在眼里，公司的"指令"常常被他顶回去，因此公司领导对他这一点颇为不满。各科室也不大愿意和他打交道，他同公司下属的其他几个兄弟厂关系也不融洽。这些厂的厂长们对他敬而远之，对上级表彰他颇有微词。他也不善于做思想工作，认为这是党支部的事。所以平时遇到思想问题，他都是作为"信息"告诉书记，要支部去做工作。他和几个副厂长关系处理得也不太好，领导几次协调都无济于事。

王厂长，男，37 岁，文化程度是大专(企业管理专业)，中共党员，有经济师职称。担任厂长已近 10 年，经历了该厂由弱到强、几起几落的整个过程。对电子行业的特点熟悉，自己又有动手设计的能力。他最大的特点是精于企业管理，他率先把计算机运用到企业管理中。他对整个厂的机构设置、行政人员的配备、岗位责任以及各级管理人员的职责都有明确的规定，每年考核两次，奖惩分明。因此，平时大家各司其职，他却显得很悠闲自在，常常上这个科室转转，到那个车间看看，以便了解情况，发现问题。公司及有关部门召开的会议，他从来不缺席，而有的厂长常常忙得脱不开身。他似乎比别的厂长"超脱"，令厂长们十分羡慕。

王厂长性格内向、沉稳，不喜欢大大咧咧地发议论，对什么事情总要深思熟虑，三思而后行，人们说他"内秀"。他对工厂今后五年的发展有一个远景规划，听起来切实可行，也颇鼓舞人心。对一些出风头的社会活动，他不太喜欢参加，但对各种开阔思路的业务技术讲座很感兴趣。他很善于做职工的思想工作，他认为企业职工的思想问题都是在生产过程中产生的，都和生产有关。一厂之长，要抓好生产怎么能不做思想工作呢。因此，对一些老大难问题，他从不推诿，都是亲自处理。他还要求各级行政干部做人的思想工作，并把它作为考核的内容。他和党支部、工会的关系都很好，积极支持他们的工作。他待人谦和、彬彬有礼，和工厂上下左右关系都不错，因此，他的人缘挺好，厂里进行民意测验，几乎异口同声称赞他。

和李厂长不同，他不喜欢花高价引进工程技术人员，他认为这些人中不乏见利忘义之徒，只能同甘、不能共苦，关键时刻还是要靠自己，宁愿多花些钱来培养自己厂里的技术人员。这几年来，厂里也确实培养了一批技术骨干，有些人还很拔尖。他也不喜欢高价做广告，他说我们的产品质量自己有数，我不能干这边排队卖、那边排队修的事。他把做广告的钱用来购买先进的技术设备，为提高质量服务，他说等质量到经得起"吹"的时候再做广告。但实际上他们厂的产品质量还是不错的。开箱抽查，合格率达 98%。

该厂是市企业管理先进单位、区文明单位，他本人则荣获市优秀厂长和局优秀党员称号。但也有不少人认为，王厂长缺乏开拓精神，求稳怕变、按部就班，工作没有多大起色。按照厂里的基础和实力，应该发展得更快些，可他们的效益都比不上李厂长所在的工厂。

和李厂长比，他就显得保守、过于谨慎、处世比较圆通、怕得罪人。王厂长听了这些议论，不以为然，依旧我行我素。

李厂长和王厂长谁当总经理更合适，上级领导部门至今议而未定。

思考题：

(1) 依据有关个性理论，对两位厂长的能力、气质、性格进行分析、比较。

(2) 通过对他们个性的分析比较，你认为谁当总经理更为合适，怎样才能做到“扬长避短”、“人尽其才”？

模块二：心理测验

气质类型测试

请认真阅读下列各题，对于每一题，你认为非常符合自己情况的记“＋2”，比较符合的记“＋1”，拿不准的记“0”，比较不符合的记“－1”，完全不符合的记“－2”。

(一) 题目

1. 做事力求稳妥，一般不做无把握的事。
2. 遇到可气的事就怒不可遏，想把心里话全说出来才痛快。
3. 宁可一个人干事，不愿和很多人在一起。
4. 到一个新环境很快就能适应。
5. 厌恶那些强烈的刺激，如尖叫、噪声、危险镜头等。
6. 和别人争吵时总是先发制人，喜欢挑衅别人。
7. 喜欢安静的环境。
8. 善于和别人交往。
9. 是那种善于克制自己感情的人。
10. 生活有规律，很少违反作息制度。
11. 在多数情况下情绪是乐观的。
12. 碰到陌生人觉着很拘束。
13. 遇到令人气愤的事能很好地自我克制。
14. 做事总是有旺盛的精力。
15. 遇到事情总是举棋不定、优柔寡断。
16. 在人群中从不觉得过分拘束。
17. 情绪高昂时觉着干什么都有趣，情绪低落时又觉得干什么都没意思。
18. 当注意力集中于一事物时，别的事很难使我分心。
19. 理解问题总比别人快。
20. 碰到问题总有一种极度恐怖感。
21. 对学习和工作有很高的热情。
22. 能够长时间做枯燥单调的工作。
23. 符合兴趣的事情，干起来劲头十足，否则，就不想干。
24. 一点小事就能引起情绪波动。
25. 讨厌那种需要耐心细致的工作。

26. 与人交往不卑不亢。
27. 喜欢参加热闹的活动。
28. 爱看感情细腻、描写人物内心活动的文艺作品。
29. 工作学习时间长了，常感到厌倦。
30. 不喜欢长时间谈论一个问题。
31. 愿意侃侃而谈，不愿窃窃私语。
32. 别人总是说我闷闷不乐。
33. 理解问题常比别人慢些。
34. 疲倦时只要短暂休息就能精神抖擞，重新投入工作。
35. 心里有话宁愿自己想，不愿说出来。
36. 认准一个目标，就希望尽快实现，不达目的誓不罢休。
37. 与别人学习或工作同样一段时间后，常比别人更疲倦。
38. 做事有些莽撞，不考虑后果。
39. 老师或他人讲授新知识、技术时总希望他讲的慢些，多重复几遍。
40. 能够很快忘记那些不愉快的事情。
41. 做作业或完成一项工作总比别人花时间多。
42. 喜欢运动量大的剧烈体育活动，或者参加文艺活动。
43. 不能很快地把注意力从一件事情转移到另一件事情上去。
44. 接受一个任务后，就希望迅速解决它。
45. 认为墨守成规比冒险强。
46. 能够同时注意几件事物。
47. 当我烦恼时，别人很难使我高兴起来。
48. 爱看情节起伏跌宕、激动人心的小说。
49. 工作态度认真严谨、始终一贯。
50. 和周围人的关系总是相处不好。
51. 喜欢复习学过的知识，重复做熟练的工作。
52. 喜欢做变化大、花样多的工作。
53. 小时候会背的诗歌，我似乎比别人记得清楚。
54. 别人说我“出语伤人”，可我并不觉得这样。
55. 在体育活动中，常因反应慢而落后。
56. 反应敏捷，头脑机智。
57. 喜欢有条理而不甚麻烦的工作。
58. 兴奋的事常使我失眠。
59. 老师讲新概念常常听不懂，但弄懂以后就很难忘记。
60. 假如工作枯燥，马上就会情绪低落。

（二）得分情况

胆汁质：2　6　9　14　17　21　27　31　36　38　42　48　50　54　58　总分（　　）

多血质：4　8　11　16　19　23　25　29　34　40　44　46　52　56　60　总分（　　）

粘液质:1 7 10 13 18 22 26 30 33 39 43 45 49 55 57 总分(　　)

抑郁质:3 5 12 15 20 24 28 32 35 37 41 47 51 53 59 总分(　　)

计分方法:

1. 如果某一项或某两项的得分超过20分,则为典型的该气质。

2. 如果某一项或某两项的得分在20分以下,10分以上,其他各项分数较低,则为该项一般气质。

3. 若各项得分均在10分以下,但某一项或某几项得分较其余几项为高(相差5分以上),则为略倾向于该气质(或几项的混合)。一般来说,正分值越高,表明该气质越明显;反之,分值越低越负,表明越不具备该项气质特征。

性格测试

性格分析是我们自己了解自己的有效方式。下面有40道题,请你在每一题四个答案中,选择一个你认为最合适的,填在括号里。

(一) 题目

1. (　　)

C. 冒险性——对新事物下决心做好

P. 适应性——轻松自如融入任何环境

S. 生动性——表情生动多手势

M. 分析性——准确知道所有细节之间的逻辑关系

2. (　　)

C. 说服性——用逻辑与事实服人

P. 在任何冲突中保持冷静,不受干扰

S. 娱乐性——充满乐趣与幽默感

M. 持久性——完成一件事后再接新事

3. (　　)

C. 强烈意识性——决心依自己的方式做事

P. 包容性——易接受他人的观点,不坚持己见

S. 社交性——认为与他人相处好玩,无所谓挑战与商机

M. 牺牲性——为他人利益愿意放弃个人意见

4. (　　)

C. 竞争性——把一切当成竞赛,总是有强烈的取胜欲望

P. 控制性——控制自己的情感,极少外露

S. 因个人魅力或性格使人信服

M. 体贴性——关心别人的感觉与需要

5. (　　)

C. 机智型——对任何情况都能很快地作出有效的反应

P. 保守型——自我约束情绪与热忱

S. 清新振作型——给旁人清新振奋的刺激

M. 敬仰型——对人诚实尊重

6. (　　)
C. 自立性——独立性强、机智,凭自己的能力判断
P. 满足性——容易接受任何情况和环境
S. 生气性——充满动力与兴奋
M. 敏感性——对周围的人和事十分在乎
7. (　　)
C. 积极——相信自己有转危为安的能力
P. 耐性——不因延误而懊恼,冷静且容忍功夫大
S. 推广——运用性格魅力或鼓励推动别人参与
M. 计划性——事先做详尽计划,依计划进行工作
8. (　　)
C. 确信——自信,很少犹豫
P. 害羞——安静,不易开启话匣子的人
S. 率性——不喜欢预先计划,或受计划牵制
M. 程序性——生活与处世均依时间表,不喜欢干扰
9. (　　)
C. 直言不讳——毫不保留,坦率发言
P. 迁就——愿改变,很快与人配合
S. 乐观——自信任何事都会好转
M. 井然有序——有系统、有条理地安排事情
10. (　　)
C. 强迫性——发号施令者,别人不敢造次反抗
P. 友善——不主动交谈,总是被动的回答者
S. 趣味性——时时表露幽默感,任何事情都能讲出惊天动地的故事
M. 忠诚——保持可靠、忠心、稳定
11. (　　)
C. 勇敢——敢于冒险,下决心做好
P. 外交——待人得体、有耐心
S. 愉快——带给别人欢乐,令人喜欢,容易相处
M. 细节——做事秩序井然,记忆清新
12. (　　)
C. 自信——自我肯定能力与成功
P. 坚持一贯——情绪平稳,反应永远能让人预料到
S. 振奋——始终精神愉快,并把快乐推广到周围
M. 文化性——对文学、艺术有特别的爱好
13. (　　)
C. 独立性——自给自足,自我支持,无须他人帮忙
P. 无攻击性——从不说或做引起他人不满与反感的事

S. 激发性——游戏般地鼓励别人参与
M. 理想主义——以自己完善的标准来设想或衡量事情
14.（ ）
C. 果断——有很快作出反应与结论的能力
P. 尖刻的幽默——直接的幽默近乎讽刺
S. 感情外露——忘情地表达出自己的感受，与人娱乐时不由自主地接触别人
M. 深沉——认真、深刻，不喜欢肤浅的谈话或爱好
15.（ ）
C. 行动者——闲不住，努力推动工作，别人跟随的领导
P. 调解者——避免冲突，经常居中调和不同的意见
S. 结交者——喜好周旋于宴会中，结交朋友
M. 音乐性——爱好且认同音乐的艺术性，不单是为了表演
16.（ ）
C. 固执者——不达目的不罢休
P. 容忍者——易接受别人的想法和方法，不愿意与人相左
S. 发言者——不断愉快地说话、谈笑，娱乐周围的人
M. 考虑周到——善解人意，能记住特别的日子，不吝于帮助别人
17.（ ）
C. 领导者——天生的带领者，不相信别人的能力如自己
P. 聆听者——愿意听别人想说的
S. 生趣——充满生机，活力充沛
M. 忠心——对理想、工作、朋友都有不言而喻的忠心
18.（ ）
C. 首领型——要求领导地位及跟随者
P. 知足型——满足自己拥有的，很少羡慕别人
S. 可爱型——讨人喜欢、令人羡慕，人们的注意中心
M. 制图型——用图表、数字来组织生活，解决问题
19.（ ）
C. 工作者——不停地工作，不愿意休息
P. 和所型——易相处，易说话，易让人亲近
S. 受欢迎者——聚会时的灵魂人物，受欢迎的宾客
M. 完美主义者——对己对人高标准，一切事情有秩序
20.（ ）
C. 勇敢型——大无畏，不怕冒险
P. 模范型——时时保持自己举止合乎认同的道德规范
S. 跳跃型——充满活力和生气
M. 平衡型——稳定，走中间路线

21.（　　）
C. 专横——喜欢命令别人，有时略显傲慢
P. 乏味——面上极少流露表情或情绪
S. 露骨——好表现，华而不实，声音大
M. 忸怩——躲避别人的注意力
22.（　　）
C. 无同情心——不易理解别人的问题与麻烦
P. 无热忱——不易兴奋，经常感到好事难成
S. 散漫——生活任性无秩序
M. 不宽恕——不易宽恕或忘记别人对自己的伤害，易嫉妒
23.（　　）
C. 逆反——抗拒接受别人的方法，固执己见
P. 保留性——不愿意参与，尤其当事物复杂时
S. 重复——反复讲同一件事或故事，忘记自己已重复多次，总是不断找话题讲话
M. 怨恨性——把实际或想象的别人的侵犯常放在心中
24.（　　）
C. 率直——直言不讳，不介意直接说出自己的看法
P. 惧怕——经常感到强烈的担心、焦虑、悲戚
S. 健忘——由于缺乏自我约束，不愿意记无趣的事
M. 挑剔——坚持做琐碎的事，要求注意细节
25.（　　）
C. 不善表达——很难用语言或肢体当众表达感情
P. 优柔寡断——很难下定决心
S. 好插嘴——滔滔不绝的发言者，不是好听众，不留意别人也在讲话
M. 无安全感——感到担心且无信心
26.（　　）
C. 不耐烦——难以忍受等待别人
P. 不愿意参与——无兴趣且不愿意介入团体活动或别人的生活
S. 难预测——时而兴奋，时而低落，承诺总难以兑现
M. 不受欢迎——由于强烈追求完美，而拒人于千里之外
27.（　　）
C. 固执——坚持依自己的意见行事
P. 犹豫不决——迟迟才有行动，不易参与
S. 即兴——不依照方法做事
M. 难以取悦——标准太高，很难满意
28.（　　）
C. 自负——自我评价很高，认为自己是最好的人选
P. 平淡——中间性格，无高低情绪，很少表露情感

S. 放任——容许别人(包括孩子)做他喜欢做的事,为的是讨好别人,让人喜欢自己
M. 悲观——尽管期待好结果,但往往先看到事物的不利之处
29.( )
C. 好争吵——易与人争吵,永远觉得自己是正确的
P. 无目标——不喜欢订目标,也无意订目标
S. 易发怒——有小孩子般的情绪,易激动,但事后马上又忘了
M. 冷落感——容易感到被人疏离,经常担心无安全感
30.( )
C. 莽撞——充满自信,坚韧不拔,但常不适当
P. 漠不关心——得过且过,以不变应万变
S. 天真——孩子般的单纯,不喜欢去理解生命的意义
M. 消极——往往看到事物的反面,而少有积极的态度
31.( )
C. 工作狂——为回报或成就感不断工作,耻于休息
P. 担忧——时时感到不确定、焦虑、心烦
S. 需要认可——如同艺术家,需要观众的掌声与接受
M. 孤独离群——感到大量时间需要独处
32.( )
C. 不圆滑老练——常用冒犯或未斟酌的方式表达自己
P. 胆怯——遇到困难退缩
S. 喋喋不休——难以自控,滔滔不绝,不是好听众
M. 过分敏感——被人误解时常感到冒犯
33.( )
C. 擅权——冲动地控制事情或别人,指挥他人
P. 多疑——事事不确定,又对事事缺乏信心
S. 生活紊乱——缺乏组织生活秩序的能力
M. 抑郁——很多时候情绪低落
34.( )
C. 排斥异己——不接受他人的态度、观点、做事方法
P. 无异议——对多数事情均漠不关心
S. 反复——善变,互相矛盾,情绪与行动不合逻辑
M. 内向——思想兴趣放在内心,活在自己的世界里
35.( )
C. 顽固——决心依自己的意愿行事,不易被说服
P. 含糊语言——低声说话,不在乎说不清楚
S. 杂乱无章——生活无秩序,经常找不到东西
M. 情绪化——情绪不易高涨,不被欣赏时很容易失落

36.（　　）

C. 统治欲——毫不犹豫地表示自己的正确或控制能力

P. 缓慢——行动、思想均比较缓慢，通常是懒于行动

S. 好表现——要吸引人，要做注意力的焦点

M. 怀疑——不易相信别人，探究语言背后的玄机

37.（　　）

C. 易怒——当别人不能合乎自己的要求，动作不够快时，易感到不耐烦而发怒

P. 懒惰——总是先估量每件事需要多少精力

S. 大嗓门——说话声与笑声总是令全场震惊

M. 孤僻——需大量时间独处，喜避开人群

38.（　　）

C. 喜操纵——精明处世，影响事物，使自己得利

P. 勉强——不甘愿的，挣扎，不愿意参与或投入

S. 不专注——无法专注或集中注意力

M. 猜疑——凡事怀疑，不相信别人

39.（　　）

C. 烦躁——喜新厌旧，不喜欢长期做相同的事

P. 拖延——凡事起步慢，需要推动力

S. 轻率——因无耐心，不经思考，草率行动

M. 报复性强——情感不定，记恨并力惩冒犯自己的人

40.（　　）

C. 狡猾——精明，总是有办法达到目的

P. 妥协——为避免矛盾，宁愿放弃自己的立场

S. 善变——像孩子般注意力短暂，需要各种变化，怕无聊

M. 好批评——不断地衡量和下判断，经常提出相反的意见

（二）评分标准

请你将每一道题中选择的字母作一个统计，并填在下面相应的括号里。例如，你有10题选择了C，那么就在C后面的括号里写上(10)。

C—（　　）　M—（　　）　S—（　　）　P—（　　）

注：S代表活泼型性格；M代表完美型性格；C代表力量型性格；P代表和平型性格。

每个人不可能只属于一种性格类型，都是多种性格的综合体。我们看自己的性格，只要看哪一项的得分比较多。比如你的得分是M较多，有15分，说明你是完美型占多的性格，但同时你的C得分也有10分以上，说明你是完美型与力量型性格占多的人。

1. 活泼型(S型)：让我们和活泼型一起快乐！活泼型的人在黑夜把自己高高挂在星宿上，把月亮带回家；迷恋生活的童话，总希望永远活得快乐。典型的活泼型，情感外露、热情奔放，他们懂得把工作变成乐趣，而且乐于与人交往。他们既外向、又乐观，能够从任何事情中发掘出兴奋。

2. 完美型(M型)：让我们和完美型一起统筹！即使在婴儿阶段，完美型的人似乎懂

得深思熟虑。他们文静、随和、喜欢独处。完美型的成年人是个思想家，他们对待目标严肃认真，强调做事情的先后和组织，崇尚美感和才智，会为生活作长远且最好的安排。如果这世界少了完美型的人，我们会少了诗歌、文学、哲学和音乐，埋藏我们性格深处的教养、品位、才干便会失去；世界可能少了很多工程师、发明家和科学家；我们的经济和资讯都会失去平衡。完美型的人是人类的灵魂、智慧、精神、核心。

3. 力量型(C型)：让我们与力量型一起行动！力量型的人永远充满动力和理想，他们勇于攀登高不可攀的顶峰，总是对准目标前进。当活泼型的人在说话，完美型的人在思考，力量型的人会进取。他有不二定律："现在就按我的方式去做！"你会发现，他的脾气最容易懂，并且是最好相处的。力量型的人能够坦诚与人交流，他知道一切将会妥当——只要他来负责。由于力量型的人是目标主导兼具有与生俱来的领导素质，他们往往在自己的选择中达到顶峰，大多数具有政治影响力的领导都是力量型的。

4. 和平型(P型)：让我们与和平型一起轻松！上天特别创造了和平型的人，他是情感的缓冲器，提供了稳定和平衡。和平型缓和色彩斑斓的活泼型；拒绝过分欣赏力量型的优秀决定；对完美型的复杂计划也不过分认真。和平型的人是我们中间伟大的促进平等者。他告诉我们："这没有什么了不起。"从长远来说，确实是这样。

模块三：管理游戏

真我风采

目的：互相了解个性

时间：10分钟

内容：用物件自我介绍

步骤：

组长说："从一件衣服，可看到真我流露，你身上的物品也不例外。"

1. 用几分钟在房中或自己身上找一样可以代表自己的物件。

2. 各人分享所选的物件，解释理由。例如，"我选这块手表，因为它代表我很有时间观念。"

3. 分享之后可互相赞赏。

模块四：复习思考

一、单项选择题

1. 一个人的主要行为特征是：有精力但沉着平稳，行为反应不灵活，情绪受抑制，行为的内倾明显，其气质类型是(　　)。

A. 多血质　　B. 胆汁质　　C. 粘液质　　D. 抑郁质

2. 以能力所表现的活动领域的不同来划分，可将能力划分为(　　)。

A. 再造能力与创造能力　　B. 一般能力与特殊能力

C. 认知能力与元认知能力　　D. 主要能力与次要能力

3. 具有高水平的专长，善于在活动中进行创造性思维，引发灵感，活动成果突出而优异的人属于(　　)。

A. 能力低下　　B. 一般能力　　C. 天才　　D. 才能

二、多项选择题

1. 个性具有(　　)等特征。

A. 整体性　　B. 稳定性　　C. 独特性　　D. 社会性

2. 奥尔波特将人的个人特质分成(　　)。

A. 表面特质　　B. 中心特质　　C. 首要特质　　D. 次要特质

3. 性格具有(　　)等结构特征。

A. 道德特征　　B. 理智特征　　C. 情绪特征　　D. 意志特征

三、思考题

1. 如何根据气质、性格、能力等个性差异进行针对性管理?

2. 请结合自己从小到大的生活经历,思考对你的性格影响最大的因素有哪些?

第三章 个性倾向性与管理

【学习目标】

1. 掌握工作动机的激发方法；
2. 熟悉员工兴趣管理；
3. 了解价值与态度的形成条件；
4. 掌握价值观与态度的转变途径。

【开篇案例】

在东京帝国饭店打工的女生

故事发生在日本，故事主角是一个利用假期到东京帝国饭店打工的女大学生。女大学生在这个五星级饭店里所分配到的工作是清洗厕所。当她第一天伸手进马桶刷洗时，差点当场呕吐。勉强撑过几日后，实在难以为继，遂决定辞职。但就在此关键时刻，女大学生发现和她一起工作的一位老清洁工，居然在清洗工作完成后，从马桶里舀了一杯水喝下去。

女大学生看得目瞪口呆，但老清洁工却自豪地表示，经他清理过的马桶，是干净得连里面的水都可以喝下去的。这个举动带给女大学生很大的启发，令她了解到所谓的敬业精神，就是任何工作不论性质如何，都有理想、境界与更高的质量可以追寻；而工作的意义和价值，不在其高低贵贱如何，而在于从事工作的人，能否把重点放在工作本身，去挖掘或创造其中的乐趣和积极性。

此后，再清洗厕所时，女大学生不再引以为苦，却视为自我磨炼与提升的道场，每次清洗完马桶，也总自问：我可以从这里舀一杯水喝下去吗？

假期结束，当经理验收考核成果时，女大学生在所有人面前，从她清洗过的马桶里舀了一杯水喝下去。这个举动同样震惊了在场所有人，尤其让经理认为这名女大学生是绝对必须延揽的人才。

毕业后，女大学生果然顺利进入帝国饭店工作。

第一节 需要与管理

一、需要概述

（一）需要及其形成条件

需要是由生理或心理上的缺失或不足所引起的一种内部紧张状态。它是机体自身或外部生活条件的要求在人脑中的反映，是人们在主观上能感受或体验到的不足之感和求足之感。其形成条件包括以下因素。

1. 生理或心理上出现某些必需因素的缺失或不足

当个体生理或心理上出现某些必需因素的缺失或不足时，个体与环境之间的平衡就会被打破，从而产生一种内部的紧张状态。如人饥饿时，人的味觉、胃的收缩、血液中的血糖及神经活动等发生变化，于是产生了进食的需要。

2. 指向一定的对象

需要是有机体缺乏某种东西时产生的一种主观状态，是个体对客观要求的主观反映，它总是指向能满足要求的对象。如学生为了实现老师和家长的期待，而产生学习的需要。没有对象的需要是不存在的。

（二）需要的特点

1. 对象性

需要总是对一定事物的需求或追求。如口渴了就有解渴的需求，其对象就是水；感到知识技能的贫乏就会有学习的需要，其对象就是书本、教师或其他学习活动。

2. 紧张性

导致这种紧张状态的原因是生理或心理上的缺失或不足。当个体在生理或心理上出现对某些必需因素的缺失或不足时，个体与环境之间的平衡就会被打破，从而产生一种内部的紧张状态。譬如，血液中的水分不足，就会感到口渴，从而产生喝水的需要；社会治安状况不好，就会感到人身安全得不到保障，从而产生安全的需要。如果需要得到满足，这种紧张状态就会消除，出现新的平衡状态。当个体在生理或心理上出现新的缺失或不足时，又会产生新的需要。

3. 驱动性

需要一旦出现，就会成为一种支配行为去寻求满足的力量，推动人去从事各种活动。正是从这个意义上，我们也说需要是推动人去从事各种活动的源泉或动因。由于需要是现实要求的反映，所以个人活动的最终原因与动力是社会实践。

4. 起伏性

已经形成的需要一般不会立即消失，然而它作为一种实际上起作用的力量总是断断续续的，时而呈活跃动态，时而转入潜伏的静态。一般性的需要表现最为明显，如人饿了就会到处找食物吃，而一旦饱了，即使再诱人的食物也往往引不起食欲。

5. 社会历史性

需要具有社会制约性，它是随历史的发展而发展，随满足需要的对象范围及方式的改变而改变。如古代人衣、食的对象不同于现代人，他们满足这些需要的方式和手段也不同于现代人。

6. 年龄特征

在各年龄阶段，人的主导需要是不同的。如幼儿需要游戏，少年儿童需要学习，青年需要成家立业等。

（三）需要的作用

需要是个体心理活动和行为的内部动力，其在人的活动、心理过程和个性中起着重要作用。首先，需要是保证人的正常生存和发展的基础，离开了一定的合理而基本的需要，如衣、食等日常需要和学习交往的需要，也就如同“植物人”而无法正常地生活和活动。其次，需要永远带有动力性，从而使人不会因暂时的满足而终止；人们在某些需要得到满足以后，又会产生新的需要，新的需要又会推动人们去从事新的活动；在活动中需要得到不断地满足，又会不断滋生新的需要。最后，需要对人的认知过程、情绪情感、意志影响很大。为了满足需要，个人必须对有关事物进行观察和思考，需要调节和控制人的认知倾向；情绪情感是以客观事物是否满足人的需要为中介，与人的需要毫无关系的事物，则不能引起人的情绪和情感；需要推动意志的发展，人为了满足需要，从事一定的活动，在克服困难中锻炼了意志；需要是个性倾向性的基础，个性倾向性的其他方面，如动机、信念等都是需要的变形。

二、需要的种类

（一）根据需要的起源，分为自然性需要和社会性需要

自然性需要与维持个体的生存以及种族繁衍相联系，是一种本能的需要。如人对空气、水分、食物、睡眠、性生活、安全、运动等的需要。自然性需要又称生物性需要或生理性需要，是人和动物都具有的一类需要。但人与动物在满足自然性需要的对象和方式上存在本质的差异。动物只有依靠自然界现成的天然物质来满足需要；而人的需要的满足则主要靠生产劳动生产满足需要的对象，其满足需要的水平受个体社会生活条件的制约，其满足需要的方式受文化习俗和个人特点的制约。

社会性需要与个体的社会生活相联系，是后天习得的需要。如人对劳动、交往、学习、审美、威信、道德等的需要。社会性需要是人类所特有的一类需要，它是从社会要求转化而来的。在社会生活中，社会不断向个体提出各种要求，当个体认识到接受这些要求的必要性时，社会的要求就会转化为个体的需要。

（二）按照需要对象的性质，分为物质需要和精神需要

物质需要是个体对生存和发展所必须的物质生活的需要，既包括对自然界产物的需

要，又包括对社会文化产品的需要。人体的物质需要既有自然性需要的内容，也有社会性需要的内容。例如，在对服装的需要中，既有满足人们防寒、防晒等自然性需要的内容，也有满足人们自尊、追求美的社会性需要的内容。

精神需要是个体对生存和发展所必需的精神生活的需要，如对劳动、交往、审美、道德、创造等的需要。随着社会的进步和社会生产力的发展，人类所特有的精神需要也在不断发展。人类对劳动和交往的需要是最早形成的精神需要，这些需要对人类历史的发展起着十分重要的作用。精神需要有高尚与低级趣味之分，高尚的精神需要可以使人不断取得进步，而低级趣味的精神需要则会消磨人的意志，使人走向歧途。

三、马斯洛的需要层次理论

1943 年，美国心理学家马斯洛提出了需要层次理论，这一理论流传甚广，目前已经成为世界各国学者普遍熟悉的理论。马斯洛认为，人的需要是有层次的，按照它们的重要程度和发生顺序，呈梯形状态由低级需要向高级需要发展。人的需要主要包括生理需要、安全需要、社会需要、尊重需要和自我实现的需要，需要总是由低到高逐步上升的，每当低一级的需要获得满足以后，接着高一级的需要就要求满足，如图 3-1 所示。由于每个人的动机结构发展情况不同，这五种需要在每个个体内所形成的优势动机也不相同。当然，这并不是说当需要发展到高层次之后，低层次的需要就消失了，恰恰相反，低层次的需要仍将继续存在，有时甚至还十分强烈。为此，马斯洛曾经指出，要了解员工的态度和情绪，就必须了解他们的基本需要。

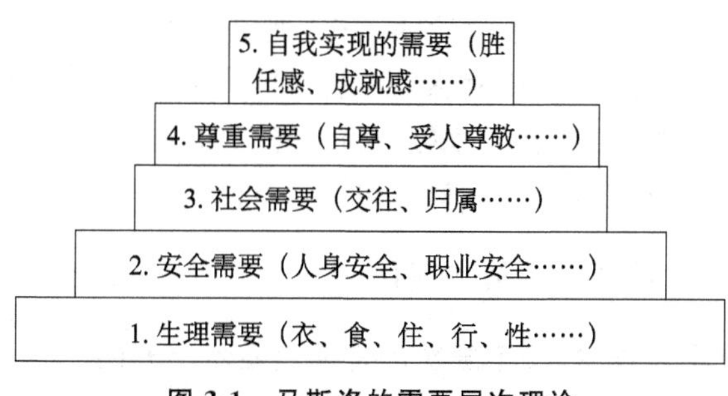

图 3-1　马斯洛的需要层次理论

（一）需要层次的基本结构

马斯洛的五个需要层次理论可以具体说明如下。

1. 生理需要

生理需要是人最原始、最基本的需要，它包括衣、食、住、行和性等方面的生理要求，是人类赖以生存和繁衍的基本需要，这类需要如果不能满足，人类就不能生存。从这个意义上说，它是推动人们行为活动的最强大动力。

2. 安全需要

当一个人的生理需要获得满足以后，就希望满足安全需要。例如，人们要求摆脱失业的威胁，解除对年老、生病、职业危害、意外事故等的担心，以及希望摆脱严酷的监督和避免不公正的待遇等。

3. 社会需要

社会需要主要包括社交的需要、归属的需要以及对友谊、情感和爱的需要。社会需要也叫联系动机，是说一个人在前面两种需要基本满足之后，社会需要便开始成为强烈的动机。人们一般都有社会交往的欲望，希望得到别人的理解和支持，希望同伴之间、同事之间关系融洽，保持友谊与忠诚，希望得到信任和爱情等。另外，人们在归属感的支配下，希望自己隶属于某个集团或群体，希望自己成为其中的一员并得到关心和照顾，从而使自己不至于感到孤独。"社会需要"是一种比"生理需要"、"安全需要"更细致、更难以捉摸的需要，它与一个人的性格、经历、受教育程度、所隶属的国家和民族以及宗教信仰等都有一定的关系。

4. 尊重需要

尊重需要即自尊和受人尊重的需要。例如，人们总是对个人的名誉、地位、人格、成就和利益抱有一定的欲望，并希望得到社会的承认和尊重。这类需要主要可以分为两个方面：一是内部需要。就是个体在各种不同的情境下，总是希望自己有实力、能独立自主，对自己的知识、能力和成就充满自豪和自信；二是外部需要。就是一个人希望自己有权力、地位和威望，希望别人和社会看得起，能够受到别人的尊重、信赖和高度评价。马斯洛认为，尊重需要得到满足，能使人对自己充满信心，对社会满腔热情，体会到自己生活在世界上的用处和价值。

5. 自我实现的需要

自我实现的需要也叫自我成就需要，是指一个人希望充分发挥个人的潜力，实现个人的理想和抱负。这是一种高级的精神需要，它可以分为两个方面：一是胜任感，表现为人总是希望干称职的工作，喜欢做有挑战性的工作，把工作当成一种创造性活动，为出色地完成任务而废寝忘食地工作；二是成就感，表现为希望进行创造性的活动并取得成功。例如，画家努力完成好自己的绘画，音乐家努力演奏好乐曲，指挥员千方百计要打胜仗，工程师力求生产出新产品等，这些都是在成就感的推动下而产生的。

（二）各层次需要发展变化的基本规律

1. 在人的心理发展过程中，五个层次的需要是逐步上升的

通常情况下，当低级的需要获得满足以后，就失去了对行为的刺激作用，这时追求更高一级的需要就成为驱使行为的动力。当人们进入高级的精神需要阶段以后，往往会降低对低级需要的要求。例如，成就需要强烈的人，往往把成就看得比金钱更重要，把工作中取得的报酬，仅仅看成衡量自己进步和成就大小的一种标志。这种人事业心强，有开拓精神，能埋头苦干，并敢于承担风险。

2. 人在不同的心理发展水平上，其动机结构是不同的

这一点我们可以从图 3-2 中看出。在图中，横坐标 OM 为心理发展水平方向，纵坐标 ON 为需要的相对强度，曲线 1、2、3、4、5，分别代表生理需要、安全需要、社会需要、尊重需要和自我实现的需要，A、B、C 三点分别代表不同的心理发展水平。我们可以从三个点上了解一个人的动机结构内容。从 A 点上可以看出，此人生理需要最为迫切，其次是安全需要，其他三种更高层的需要在这里还谈不上；从 B 点上可以看出，社会需要对此人的影响最大，其次是安全需要，再次是生理需要和尊重需要，最后是自我实现的需要；从C点上可以看出，此人的行为主要是由尊重需要所决定的，其次自我实现的需要也具有相当的影响力，而社会需要占第三位，安全需要和生理需要都不足以构成太大的推动力。由于人的需要会因时、因地、因不同情境因素的影响而改变，因此人的需要模式并不是固定不变的。

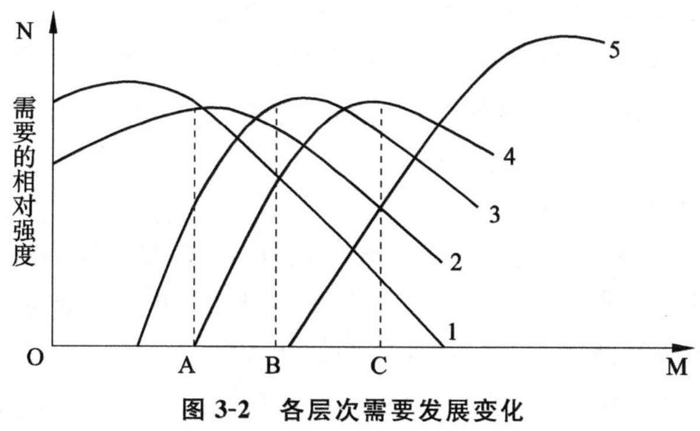

图 3-2 各层次需要发展变化

3. 人的需要具有主导性

在实际生活中，由于客观环境和个人情况的差异，在需要层次结构中，往往会有其中的某一种需要占优势地位。这种占优势地位的需要就称为主导性需要。根据主导性需要的不同，可以把人的需要结构分成下列几种典型的需要结构模式。

(1) 生理需要主导型。在生产力不发达，生活水平不高，衣、食、住、行和就业尚都困难的情况下，生理需要就成为最迫切、最突出的需要。

(2) 安全需要主导型。在某种特殊的情况下，如战争、洪水、地震、社会秩序混乱等，人们的安全需要就特别突出。

(3) 社会需要主导型。青年人到了一定的时期，就希望交往，渴望爱情；老年人退休以后，经常守在家里，就会感到寂寞、孤独，迫切需要交往，需要得到温暖和安慰。

(4) 尊重需要主导型。自尊心理许多人都有，所谓“士可杀而不可辱”，就强烈地反映了这种自尊的需要，苏联教育家马卡连柯曾经说过：“得不到尊重的人，往往有最强烈的自尊心。”许多事实证明，那些失足而决心悔改的青年人，自尊的需要往往格外强烈，他们更迫切地需要别人的信任和帮助。

(5) 自我实现主导型。有强烈事业心的人，自我实现的需要特别突出。马斯洛说：“是什么角色，就应该干什么事”、“最理想的人就是自我实现的人”。自我实现是心理发展水平的较高阶段，对于心理发展水平较高的人，管理者应该重视为发展他们的才能和特长创造适当的组织环境，并给予挑战性的工作。

（三）需要层次理论的价值

关于马斯洛理论的价值，目前国内外尚有各种不同的说法。我们认为，绝对肯定或绝对否定都是不恰当的，因为这个理论既有其积极因素，也有其消极因素。

1. 马斯洛理论的积极因素

(1) 马斯洛提出人的需要有一个从低级向高级发展的过程，这在某种程度上符合人类需要发展的一般规律。一个人从出生到成年，其需要的发展过程，基本上是按照马斯洛提出的需要层次进行的。当然，关于自我实现是否能作为每个人的最高需要，目前尚有争议。但他提出的需要是由低级向高级发展的趋势是无可置疑的。

(2) 马斯洛的需要层次理论指出了人在每一个时期，都有一种需要占主导地位，而其他需要处于从属地位，这一点对于管理工作具有启发意义。

(3) 马斯洛的需要层次理论的基础是他的人本主义心理学。他认为人的内在力量不同于动物的本能，人要求内在价值和内在潜能的实现乃是人的本性，人的行为是受意识支配的，人的行为是有目的性和创造性的。

2. 马斯洛理论的消极因素

(1) 马斯洛认为人的价值就是一种先天的潜能，而人的自我实现就是这种先天潜能的自然成熟过程，社会的影响反而束缚了一个人的自我实现。这种观点，过分强调了遗传的影响，忽视了社会生活条件对先天潜能的制约作用。

(2) 马斯洛的需要层次理论带有一定的机械主义色彩。一方面，他提出了人类需要发展的一般趋势；另一方面，他又在一定程度上，把这种需要层次看成固定的程序，看成一种机械的上升运动，忽视了人的主观能动性，忽视了通过思想教育可以改变需要层次的主次关系。

(3) 马斯洛的需要层次理论，只注意了一个人各种需要之间存在的纵向联系，忽视了一个人在同一时间内往往存在多种需要，而这些需要又会相互矛盾，进而导致动机的斗争。

四、需要层次理论在管理中的应用

在不同组织中的员工、不同时期的员工以及组织中不同员工的需要具有差异性，而且经常变化，因此，了解员工的需要是应用需要层次理论对员工进行管理的一个重要前提。

(一) 管理者应经常调研员工需要，并有针对性地进行管理

许多研究表明，高层管理人员和基本管理人员相比，更能满足他们较高层次的需求。因为高层管理人员面临着有挑战性的工作，在工作中他们能够自我实现；在另一方面，基本管理人员更多地从事常规的工作，满足较高层需要就相对困难一些。而且需要的满足根据一个人在组织中所做的工作、年龄、公司规模以及员工文化背景等因素的不同而有所差异，生产指挥系统的管理人员在安全、社交、尊重和自我实现方面比科室人员感到更大的满足，双方在尊重和自我实现的需要上的差距最大。在尊重和自我实现的需要方面，年轻员工(25 岁或以下)的要求比年长员工(36 岁或以上)更强烈。低层次的管理部门和小公司的管理人员比在大公司工作的管理人员更易有满足感。

(二) 管理者可通过提高薪水和激励性报酬满足员工的生理需要

在马斯洛的需要层次理论中，生理需要是人类最原始、最基本的需要。它包括摄食、饮水、睡眠、求偶等和生命延续有关的各种物质条件需要。体现在企业管理中，就是要向员工提供物质激励，来达到激励职工工作的目的。常见的物质激励有薪资激励、福利激励

和股权激励。生理需要是推动人们行动的强大动力，所以对待生活困难的基层员工和没有经济基础的新员工，提高薪水是他们的优先需要也是最好的激励手段。如日本 NTT 公司重视员工的薪资激励，每年为员工加薪一次，并为员工提供其他津贴。针对高级蓝领和白领，可以同时采取福利激励和股权激励。例如，微软公司的大多数工程师都能得到股票期权；惠普公司非常重视员工的物质激励，公司在每年的薪资福利调整前，都对市场价格因素及相关的、有代表性企业的薪资福利状况进行比较调查，以便使公司在制定薪资福利时，与其他企业相比能保持优势和具有竞争力。此项计划使员工的工作热情空前高涨。

（三）管理者可通过工作保障来满足员工的安全需要

安全需要是生理需要的延伸，也是人的基本需要，包括生命和财产的安全不受侵害，身体健康有保障，生活条件安全稳定等方面的需要。它可以分为两方面：一方面是指现在与未来生活安全需要都有所保障；另一方面是身体和心理的安全保健。安全的需要表现在企业管理中，管理者要为员工建立一个相对安全、稳定的工作大环境，这个大环境既包括物质环境也包括精神环境。如在工作中尽量保持员工身体的健康，远离职业病的危害；健全的申诉制度，对员工一视同仁，尽量让员工感受到公平；完善养老保险、医疗保险和失业保险制度，使员工面临疾病、年老和失业时不再恐惧；保证一个相对稳定的员工队伍，减少员工主动跳槽的机会，保持企业的稳定性和发展的连续性。如美国 SAS 软件公司为员工提供带薪休假、医疗保健、儿童照料、教育培训和保险等额外福利，解决了员工的后顾之忧，极大地提高了员工的满意度和生产效率。

（四）管理者可通过赢得人心来满足员工的社会需要

马斯洛认为，社会需要是指感情与归属上的需要，包括人际交往、友谊、为群体和社会所接受和承认等。人们的生活和工作都不是孤立进行的，人们希望得到所属团体的接纳、认同和关怀。同时，人还是一种有感情的动物，人们希望在社会生活中受到别人的注意，得到友情和爱情，如果得不到满足，就会导致精神不健康。哈佛大学教授梅奥主持的著名的霍桑实验，也证明了人们重视友谊、尊重、温情、关怀等社会交往需要的满足，实验验证了“得到满足的工人是出活的”的论点。这类需要体现在企业管理中，首先要求企业管理者通过各种手段建立和谐的工作氛围。比如，可以建立职工之家，组织旅游或娱乐活动等来增加团队的友谊和凝聚力。同时，要关心员工生活和疾苦，不仅要关心员工本人，还要关心员工家庭和亲人。员工的生老病死、红白喜事，企业都要有所表示，营造亲情管理的氛围，给员工以“家”的温暖。其次是制定并宣传企业奋斗目标和长远发展愿景，鼓舞员工士气。管理者必须告诉员工，他们正在追求什么和正在干什么，公司的目标和理想必须是激励人心的，共同的愿景会使企业上下团结起来，使员工在企业中找到归属感，战胜困难、创造辉煌。最后是建立教育培训制度。例如，摩托罗拉非常重视员工改善人际关系的培训。此类培训主要是使员工对人际关系问题有一个比较全面的认识。这包括：员工与员工之间的感情、交往；员工自己本身的社会关系和心理状况；员工对单位、整个组织的认同感或疏离感；以及组织内单位，部门与部门之间的关系等。

（五）管理者可通过沟通来满足员工渴望受到尊重的需要

尊重需要包括自尊心、自信心、能力、知识、成就和名誉地位的需要，能够得到别人的承认和尊重等。这类需要体现在企业管理中，首先要重视并学会倾听、交流和沟通。企业管理者要善于倾听，包括倾听员工的意见、建议、抱怨、批评甚至谩骂。倾听是一门艺术，它是交流和沟通的前提，只有用心倾听，才能实现心与心的交流与沟通。例如，在摩托罗拉公司，员工可以通过"总经理座谈会"、"业绩报告会"、"畅所欲言"或"我建议"等形式反映个人问题，进行投诉或提出合理化建议，与管理层进行直接沟通，通过沟通创造良好的尊重人才的工作氛围；其次要在给予员工物质奖励的同时加强精神激励和情感沟通。奖励可以是金钱，也可以是一句祝福的话语、一声亲切的问候。当员工过生日时，一张精美明信片、几句祝福问候语、一次简易生日 PARTY，都将会给员工极大的心灵震撼。当员工工作表现好时，不妨通过公开奖励、表彰和树立先进典范，来提高其"知名度"和"身价"。让他们在精神和物质上"名利双收"，满足员工渴望受到尊重的需要。

（六）管理者可通过授权来满足员工自我实现的需要

马斯洛认为，自我实现的需要是人类最高层次的需要，是人们要实现个人理想和抱负，最大限度地发挥个人潜力并获得成就的需要。因为高层次需要会增强激励的力量，同时得到更深刻的幸福感，所以更值得追求。这类需要体现在企业管理中，满足员工自我实现需要的途径就是有效授权。美国管理学家韦伯说：称职的管理者应该"只做自己该做的事，不做部属该做的事"。首先，通过有效授权可以提供自我展示的舞台，可以满足员工建功立业的理想和抱负。很多人才跳槽并非是为了个人收入，能否发挥最大潜能才是真正原因。美国哈佛大学 W. 詹姆斯教授在对员工激励的研究中发现，按时计酬的分配制度仅可以发挥20%～30%的能力，如果受到充分激励的话，员工的潜能可以发挥 80%～90%；其次，通过有效授权扩大企业民主决策范围，让更多的成员参与到决策过程中，改变员工被动机械听指挥的地位，使他们能够最大限度地发挥个人潜能；最后，有效授权体现在对员工实施权变管理，对待特殊的人才要破格提拔，为其潜在能力转化提供平台，推动企业发展。

第二节　动机与管理

一、动机概述

（一）动机及其产生

1. 动机的概念

动机(Motivation)一词来源于拉丁语 Movere，意思是移动、推动或引起活动。现代心理学将动机定义为推动个体从事某种活动的内在原因。具体来说，动机是引起、维持个体活动并使活动朝某一目标前进的内在动力，它是用来说明个体为什么要从事某种活动，而不是用来说明活动本身是什么或怎样进行的。例如，人的感知、记忆、学习和问题解决是受什么力量推动、调节和控制的？人为什么对某些事物感兴趣，而不喜欢别的事物？是什么力量使人们在十分艰难困苦的条件下仍坚持学习和工作？面对金钱，有的人拾金不昧，有的人抢劫行骗，有的人甚至谋财害命，其行为之迥异令人感叹，为何会有这样大的差别？不少家长为刺激子女学习，采取"高分换物质"的做法，但结果往往是物质越多、分数越少，为什么会这样呢？这些都是研究动机时需要解决的问题。

2. 动机的产生

动机是在需要的基础上产生的，当某种需要没有得到满足时，它就会推动人们去寻找满足需要的对象，从而产生活动的动机。例如，人体需要一个稳定的内环境，保持正常的体温，维持细胞内水与盐水的适当平衡等。当这些平衡发生变异或破坏时，人体内的一些调节机制会自动地进行校正。体温升高时，靠近皮肤的血管就会舒张，使热量散出，汗腺分泌汗液使体温下降。有机体的这种自动化的调节机制也维持着血液中氧与二氧化碳的水平、血糖浓度、血液的酸碱度(pH)等。在这种情况下，需要会引起有机体的自动调节机制的活动，但它还不是行动的动机。心理学家的研究表明：需要本身是主体意识到的缺乏状态，但这种缺乏状态在没有诱因出现时，只是一种静止的、潜在的动机，表现为愿望、意向。只有当诱因出现时，需要才能被激活，而成为内驱力驱使个体去趋向或接近目标，这时需要才能转化为动机。所谓诱因是指所有能引起个体动机的刺激或情境。诱因按其性质可分为两种：凡是能驱使个体去趋向接近目标者，称为正诱因，它可以是简单的，如食物、水等，也可以是复杂的，如名誉、地位等；凡是能驱使个体逃离或回避目标者，称为负诱因，如躲避危险、逃避灾难等。显然，诱因有时与行为目标是相同的，有时它只是帮助达到行动目标的条件。并且诱因正与负的性质，不是绝对化的，而是相对的。

（二）动机的功能

从动机与行为的关系上分析，动机具有以下几种功能。

1. 激活功能

动机是个体能动性的一个主要方面，它具有发动行为的作用，能推动个体产生某种活动，使个体由静止状态转向活动状态。如为了消除饥饿而引起择食活动，为了获得优秀成绩而努力学习，为了取得他人赞扬而勤奋工作，为了摆脱孤独而结交朋友等。动机激活力量的大小，是由动机的性质和强度决定的。一般认为，中等强度的动机有利于任务的完成。

2. 指向功能

动机不仅能激发行为，而且能将行为指向一定的对象或目标。如在学习动机的支配下，人们可能去图书馆或教室；在休息动机的支配下，人们可能去电影院、公司或娱乐场所；在成就动机的驱使下，人们会主动选择具有挑战性的任务等。可见，动机不一样，个体活动的方向和所追求的目标也不一样。

3. 维持和调整功能

动机具有维持功能，它表现为行为的坚持性。当动机激发个体的某种活动后，这种活动能否坚持下去，同样要受动机的调节和支配。动机的维持作用是由个体的活动与他所预期的目标一致程度来决定的，当活动指向了个体所追求的目标时，这种活动就会在相应动机的维持下继续下去；相反，当活动背离了个体所追求的目标时，这种活动的积极性就会降低，或者完全停止下来。有时，人们在成功的机会很小时，也会坚持某种行为，这是人的长远信念在起决定作用。

而在具体活动中，动机的上述功能的表现是很复杂的，因为影响动机的因素有很多，例如人的兴趣、价值观、意志、认知等。不同的动机可以通过相同的活动表现出来；不同的活动也可能由相同或相似的动机所支配，并且人的一种活动还可以由多种动机所支配。例如，学生按时复习功课、完成作业的活动，其学习动机可能是不同的。有的可能是为了父母，有的可能是为了可以考取高一级的学校，有的可能是出于个人的物质要求，有的可能是理解到自己对祖国的责任等。又如，成就动机可以促使人们在不同的学习领域（体育、音乐、美术等）进行积极的活动。因此，在考察人的行为活动时，就必须揭示其动机，只有这样才能对他的行为作出准确的判断。

二、动机的分类

（一）生理性动机和社会性动机

根据动机的性质，可以将动机分为生理性动机和社会性动机。生理性动机是以个体的生理需要为基础的动机，如觅食、饮水、睡眠、排泄、避险等动机都属于生理性动机。生理性动机能够推动人们的活动，从而满足个体的生理需要。

社会性动机是以人的社会性需要为基础的动机，如人有交往动机、学习动机、声誉动机、劳动动机等。

由于人是社会的实体，人生理需要的满足都要受到社会生活的影响，因而，人没有纯粹的生理性动机，其生理性动机也必然打上社会的烙印。

（二）内部动机和外部动机

根据动机的来源，可以将动机分为内部动机和外部动机。内部动机是由个体内在需要引起的动机，如有的儿童刻苦学习是因为他们在学习方面有强烈的好奇心、求知欲、责任心等，这种学习动机就是内部动机；外部动机是指人在外界的要求或外力作用下所产生的动机，如有的儿童学习就是为了父母和老师的表扬和奖励，避免受到批评和惩罚，这种学习动机就是外部动机。

一般来说，内部动机比较稳定，会随着目标的实现而增强，而外部动机则是不稳定的，往往会因目标的实现而减弱。

（三）有意识的动机和无意识的动机

根据动机的意识水平，可以将动机分为有意识的动机和无意识的动机。人的动机有一部分是发生在意识水平上的，也就是说能意识到自己的行为在追求什么样的目标。但是，在自我意识没有发展起来的婴幼儿身上，他们的行为动机都是无意识的。另外，在成年人身上也有无意识的或没有清楚意识到的动机，如定式、刻板印象等。

（四）主导性动机和辅助性动机

根据动机在活动中所发挥的作用，可以将动机分为主导性动机与辅助性动机。主导性动机是一个人动机中最强烈、最稳定的动机，在各种动机中处于主导和支配地位；而辅助性动机往往与一个人的习惯和兴趣相联系，它能强化和补充主导性动机。例如，对于一个喜欢看足球赛的学生来说，面临第二天的考试，他就会放弃晚上的精彩比赛，这时复习应考就成为他的主导性动机。

（五）近景性动机和远景性动机

根据动机引起的行为与目标之间的关系，可以将动机分为近景性动机与远景性动机。近景性动机是指与近期目标相联系的动机，远景性动机则是与较长远的目标相联系的动机。

三、动机强度和工作效率

动机和行为的关系不仅非常密切，而且十分复杂。一般而言，动机是行为的动因，其作用在于引发和维持人的某一行为，使人的行为指向一定的目标。动机的强度不同，行为的结果就会不同。生活中经常会有这样的情况：能力不相上下的人，取得的成绩却大不一样，甚至能力差的人比能力强的人工作得更好。这是由于动机的强度，或者说是由于动机的激发程度不同造成的。

工作效率与动机强度有密切联系。一般情况下，人们可能认为，如果动机强度不断增强，有机体的活动就会高涨，活动的效率也会较好。但是，事实并非如此。活动动机过低、对工作的态度冷漠，工作效率是低的，但当活动动机过强时有机体处于高度紧张的状态，其注意和知觉的范围变得过于狭窄，反而限制了正常活动，也会使工作效率降低。例如，在考试复习中做了充分准备的学生一心想考出个好成绩，但往往在考试中不能充分发挥实力，甚至不及格，就是因为其动机过强反而降低了效率。因此，为了使活动卓有成效，就应避免动机强度过低或过高。

在各种活动中都有一个动机最佳水平问题，动机最佳水平因课题的性质不同而不同。在比较容易的课题中，工作效率有随动机提高而上升的趋势；而在比较困难的课题中，动机最佳水平有逐渐下降的趋势，如图 3-3 所示。这种现象是耶克斯和多德森通过动物实验发现的，所以称为耶克斯—多德森定律。

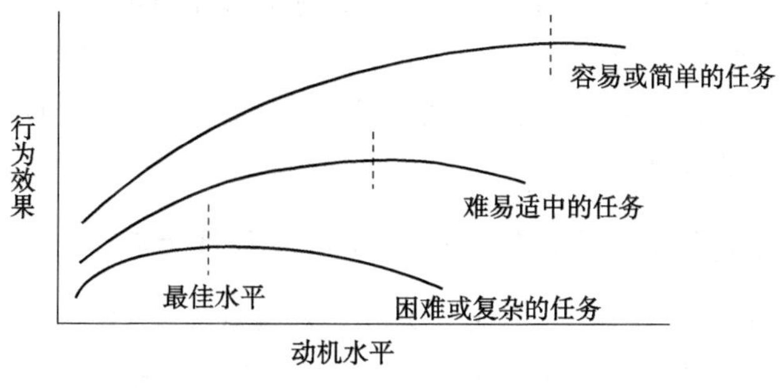

图 3-3　耶克斯—多德森定律

延伸阅读

怎样改变旧习惯

在讨论动机时，我们了解动机是行为的动力，而行为（习惯）一旦形成，通常不容易改变，这是因为：①旧的习惯不仅容易引起，也容易执行；②他们经常受到环境的暗示，也就是说，当我们发现自己处于某种环境中时，会自动地引发和执行旧习惯；③习惯通常与短期动机相一致。例如，喜欢吸烟的人，吸烟时会感觉很好。因此，尽管我们有很好的意图和计划，但我们还是经常会发现我们是过去的奴隶。

为了改变行为，我们需要做的一件事是，当我们已建立起一种新的习惯并最终将代替旧习惯时，要在一定程度上阻止已有的习惯发生。否则，我们将会发现，在我们有机会实践新习惯之前，我们已经自动地执行了旧习惯。举一些简单的事情，例如，当你进屋时，脱掉鞋子。如果你过去没有做过进屋脱鞋这件事，那么你要花很长的时间才能注意到自己正穿着鞋子在屋子里走来走去。阻止旧习惯的一种方法就是故意在你的门廊上丢下某件东西，例如一把伞，你就不得不停下来，这就是对你的一个提醒，即你需要换鞋。

四、管理中员工动机的激发

员工工作的动机无非两个方面：一是内在动机，也就是满足尊重、认可、欣赏、人际等心理需求而工作的动机，它可以推动员工自发主动、积极地去工作；二是外在动机，是员工为了实现获取丰厚物质报酬、改善生活条件等目标而工作的动机，它是员工更多地为了某种物质上的需求而被动地去工作，也就是说员工为了生存、为了满足基本的生活要求而无奈地投入工作。曾经看到这么一则小故事：很久以前，有一位猎人带着猎狗在树林里打猎。有一天，猎人发现了一只野兔，举枪射击，打中了兔子的一条腿，受伤的兔子落荒而逃。猎人命令猎狗追击，猎狗追了很久却空手而归。猎人问猎狗："你怎么空手回来了呢？"猎狗说："我已经尽力而为了。"兔子拖着受伤的腿跑回家，全家欢欣鼓舞，问兔子："你拖着受伤的腿，是怎么逃过猎狗追捕的呢？"兔子回答："我全力以赴地跑，猎狗尽力而为地追，所以我赢了。"

这则寓言故事给我们的启发是：内在动机的满足会促使员工全力以赴地投入工作，而外在动机的满足只能让员工尽力而为地工作。这就是内在动机和外在动机在员工工作状态、业绩表现方面截然不同的体现。由此，我们对于员工动机激发的重点应该是：在有效保障基本福利待遇的同时，强化内在动机的满足，那就是最大化地满足员工需要尊重、认可、欣赏等精神层面的需求。

（一）满足员工协作的需求动机，与之建立合作伙伴关系

管理者应着手建立自己与员工之间的绩效合作伙伴关系，与员工成为工作上的盟友而非权威的领导者，与员工共进退、站在同一条船上，让员工感觉到你不仅是他的上司，更

是他的老师和朋友。只有这样，员工才可能愿意敞开心扉与你交流，你才能真正了解员工的想法、有的放矢地开展工作，从而使你的每一项计划和指令都收到效果、产生收益。为此，管理者必须很好地定义自己和员工的绩效合作伙伴关系，成为帮助员工提高绩效水平的教练和伙伴，并在这一点上积极与员工沟通，与之达成认识上的共识；管理者必须让员工明白绩效合作伙伴关系对管理者和员工之间的关系意味着什么，对员工的进步会有什么样的帮助，以及这样做会给组织、团队带来什么好处；管理者必须告诉员工，作为绩效合作伙伴，自己将以怎样的风格进行工作，自己能为员工提供什么样的发挥空间以及能为员工提供什么样的支持和帮助等。通过绩效合作伙伴关系的建立和发展，管理者能很好地满足员工协作的需求，激发员工的参与欲望，使员工的才能在最大限度上得到施展，潜能在最大限度上得到发挥。

（二）满足员工满意的需求动机，学会用欣赏管理和开发员工

管理者的工作主要是将员工的工作表现反馈给员工，及时对员工的工作给予正面表扬和评价，让员工感觉到被尊重、被赏识，持续强化正面的行为，使之带来的影响产生倍数效应，不断挖掘员工的潜能。著名哲学家威廉·詹姆斯说人的本性是喜欢被人赏识的。认识到这一点对管理者的激励工作非常重要，只有正确认识这一点，我们才能学会欣赏员工，学会用欣赏管理和开发员工。而许多管理者恰恰忽略了这一点，认为反馈可有可无，认为员工应该知道自己对员工的评价。管理之父亨利·法约尔曾经做过这样一个实验：他挑选了20名技术水平相近的工人，把他们分成两组，每10人一组。然后，在相同的条件下，让他们同时进行生产，每隔一小时，他就会去检查一下工人们的生产情况。对第一组工人，法约尔只把他们各自生产的产品数量记录下来，并没有告诉工人他们的工作进展速度，而对第二组工人，法约尔不仅对生产的数量进行了记录，而且明确地告诉他们各自的工作进度。第一次考核完，法约尔根据考核的结果，在生产速度最快的两个工人的机器上各插了一面小红旗；速度居中的四个人，每人插了一面小绿旗；而最后的那四个人，则插了一面小黄旗。这样一来，每个工人对自己的生产速度到底如何就一目了然。实验表明，第二组工人的生产速度和效率明显高于第一组工人。可见，将员工的表现反馈给员工是非常重要的，不仅能帮助员工明确自己的努力方向，更能激发员工的工作动机，提高其工作效率。

（三）做好授权工作，激发员工的工作动机

授权是管理者的重要工作之一，员工只有责任没有权力，显然满足不了其自我实现的需求动机。许多管理者害怕授权，怕权力授出之后，自己的位置受到威胁、被下属所取代，其实完全没有必要。员工的成长实际上就是自己的进步，自己的每一点成绩都要通过员工的努力去体现，任何单打独斗都不是正常的管理者行为。一定意义上，授权也是对员工信任的表现，必须建立在对员工信任的基础上，做到用人不疑。管理者对员工任何的不放心与怀疑都会影响其授权的技巧和效果，因此要放手让员工发挥，不能畏首畏尾、瞻前顾后。授权的依据是员工的职务说明书，职责要求什么就授予什么样的权限，如果职务说明

书变动，相应的授权也应不断改变，以保证员工的职责和权限相一致。授权不是事必躬亲也不是撒手不管，而是根据员工的能力水平，从业务层面到职能层面逐步开展和深入。

第三节 兴趣与管理

一、兴趣的含义

兴趣是人们探究某种事物或从事某种活动的心理倾向，它以认识或探究外界的需要为基础，是推动人们认识事物、探究真理的重要动机。人生的成功是和个人兴趣紧密相连的，做自己真正感兴趣的事情才会离成功更近。获得诺贝尔物理学奖的华人丁肇中说过：兴趣比天才重要；爱因斯坦对物理学的浓厚兴趣使他提出了影响我们一个多世纪的相对论；化学家诺贝尔冒着生命危险研制炸药，终于取得了最后的成功。从心理学角度讲，兴趣是人的需要的心理表现，它使人对于某些事物优先给予注意，并带有积极的感情色彩。例如，对足球感兴趣的人，总是对足球赛事以及足球明星的刊物、消息等优先加以注意；对音乐感兴趣的人，总是对乐器以及有关音乐的书籍、刊物等优先加以注意，甚至报纸上有关音乐的报道，别人议论有关音乐的事，对他都有很大的吸引力，并总是以积极情绪去探究领会和掌握它。兴趣起源于个体的需要，在社会实践中形成，这种内在的个体心理倾向可以在人的心理和行为中发挥积极作用，使其长期专注于某一方向，作出艰苦的努力，取得令人瞩目的成绩。

人的兴趣都是以需要为前提和基础的，需要有直接与间接之分，兴趣也因此有直接兴趣与间接兴趣，它们的不同只在于是否对实践本身感兴趣。根据马斯洛的需要层次理论，当人们的生理需要或物质需要得到满足时，便会追求更高层次的精神满足，因此兴趣作为需要的延伸便表现为高层次的需要满足。在企业中，员工在工作中更倾向于拓展自己的兴趣，发挥所长，在工作的同时实现自我价值、个人成就感等目标。

兴趣往往与爱好紧密相连，当兴趣不是指向认识的对象，而是指向某种活动时，这种动机叫爱好，爱好不仅是对事物优先注意和向往的心情，更表现为某种实际行动。例如，对绘画感兴趣，继而由喜欢、观赏发展到自己动手学习，那么对绘画就有了爱好。兴趣是爱好的基础，当进一步发展成为从事实际活动的需要时，兴趣就演变为爱好。人的爱好比兴趣更具持久性，体现为积极地从事实践活动。兴趣这一内在动机促使员工进行与兴趣相关联的创新性尝试，这种尝试的不断进行会促使兴趣转变为爱好，并使员工各得其所，各尽所能，在各自的领域真正处于主导地位。兴趣与爱好是和人的积极情绪体验联系在一起的，当人们兴趣盎然地进行某种活动、获得某种认识时，他们常常体验到快慰和满意等积极情绪。

二、兴趣的品质

兴趣的品质主要包括以下几个方面。

（一）兴趣的倾向性

兴趣的倾向性是指人的兴趣是指向一定事物的。有的人对自然科学感兴趣，有的人对社会科学感兴趣，这就是人与人之间兴趣的倾向性不同。兴趣的倾向性不是天生的，其差异性主要是由于人后天的生活实践不同造成的。

（二）兴趣的广阔性

兴趣的广阔性指的是兴趣的广泛程度。如果一个人拥有广泛的兴趣，那么他的生活一定会丰富多彩，并且他也会拥有渊博的知识。例如我国汉代杰出的科学家张衡，正是由于他有着广泛的兴趣，才使他不仅在天文学、地理学、数学、机械学方面有所成就，而且在文学和绘画方面也很有造诣。他的文学作品在文学史上占有重要地位，同时他又是东汉六大画家之一。相反，如果一个人兴趣狭窄，就难免会知识贫乏、目光短浅、生活单调。但如果一个人的兴趣仅仅是广泛而无中心的话，则可能使其一无所长。

（三）兴趣的稳定性

兴趣的稳定性是指兴趣保持在某一或某些对象时间上的久暂性。有的人对事物的兴趣能够长时间保持稳定，可以做到数年乃至数十年如一日，不懈地努力和追求，最终取得成就。例如，居里夫人曾经说过："我的生活是不能离开实验室的。"与此相反，有的人则缺乏稳定的兴趣，做起事来半途而废、见异思迁，这种人是很难在工作和学习中作出成绩的。

（四）兴趣的效能性

兴趣的效能性是指兴趣推动认识深化过程所起的作用。有的人兴趣只停留在消极的感知水平上，喜欢听听音乐、看看绘画便感到满足，没有进一步表现出认识的积极性，去理解它、掌握它；有的人兴趣是积极主动的，表现出力求认识它、掌握它。因此，后者的兴趣效能高于前者。

三、"兴趣"的魅力

孔子曰："知之者不如好之者，好之者不如乐之者"，兴趣是乐趣的孪生兄弟，对有兴趣的事物人们总是乐此不疲。兴趣是成功的开始，而成功的体验则又会将兴趣转变成志趣或是矢志奋斗的理想。

（一）兴趣与幸福感

每个人对幸福的定义不同，但是兴趣却超脱于为求生存的功利目的。一般而言，兴趣并无功利的羁绊，是一种内在动力，驱使人们自觉、连续地进行某种活动。在这种情况下，一旦兴趣与职业联系起来，或者说一旦兴趣与专业联系起来，将大大促进其发展或成功，成为快乐与幸福的源泉。庄子《逍遥游》中的“无己”、“无名”、“无功”的境界所描述的正是自由地选择兴趣所指引的无功利之事，按照自己的理想和爱好做事做人，不为己忧，不为物喜。工作之所以为员工带来幸福感的原因之一就在于其提供了一个发掘兴趣、专注激情的空间，这是物质报酬很难涉足的境界。物质奖励作为保健因素，其激励作用仅仅在于预防员工产生不满的情绪，而兴趣直接关系到员工满意度的提升，使工作内容本身成为更有效、更充分的激励手段。拥有较高员工忠诚度的公司如惠普、3M 并没有提供给员工一流的丰厚物质回报，而是将企业建成寻求理想、一展所长的梦想之地。

（二）兴趣与使命感

任何一种兴趣都是由于参与这种活动而使人体验到情绪上的满足，这种满足伴随着一定的情感过程，由此产生的内在性激励会更持久、更经济、更有效。在企业内部，责任与兴趣相伴而生。兴趣源于为实现个人目标而进行的努力，责任则源于为企业创造价值和实现共同的愿景，当两者可以通过管理层的激励与工作设计形成融合时，员工就会被巨大的使命感驱策，以主人翁的精神迸发出积极奉献的动力，投入创新性的工作。

（三）兴趣与自我价值实现

马斯洛说:“音乐家必须演奏音乐，画家必须绘画，诗人必须写诗，这样才会使他们感到最大的快乐。什么样的角色从事什么样的事情，我们将这种需求称为自我实现。”自我实现是人们对完成与自己能力相称的工作的渴望，来源于对自己潜力充分发挥的内在需要。叶莺出任柯达全球副总裁，在柯达开拓中国市场的同时实现自我价值，其根本动力来自她对色彩世界的执著兴趣，对于“红酥手、黄藤酒”境界的向往与痴迷。自我价值的衡量来自内心的尺度，兴趣作为价值观的初级形式，不仅仅为如何衡量自我价值提供了标准，更能与自我价值和人生目标相结合，促使个体挖掘自身潜力，迸发出追求事业顶峰的激情和活力，真正成为激励的有效手段。

四、霍兰德的职业兴趣理论

美国职业咨询专家霍兰德于 1971 年提出了具有广泛社会影响的职业兴趣理论，也是对我国影响最大的一种职业生涯规划理论。霍兰德认为包括价值观、动机和需要等构成的职业兴趣是决定一个人选择何种职业的一个重要因素。它从 1959 年起，经过多次大规模的实验研究，发现个人的遗传因素和生活经历等形成了个人独特的个性，而个体所选择的生涯发展方向必须符合这种个性，才能最好地发挥潜能。这也是霍兰德职业兴趣理论的核心理念。

霍兰德的职业兴趣理论的核心假设是人根据其个性可以分为六大类，即现实型(R)、研究型(I)、社会型(S)、传统型(C)、企业型(E)、艺术型(A)，职业环境也可以分成相应的同样名称的六大类，如图 3-4 所示。具有现实型职业兴趣的人喜欢有规律的具体劳动和需要某种技能的工作。这种类型的人往往缺乏社交能力，这类职业包括机械工、电工、农民、森林工人、农场主等。第二种是研究型,具有这种兴趣的人喜欢智力、抽象、推理、独立定向的工作,他们会被吸引去从事那些较多认知活动(思考、组织、理解等)的职业。这种个性往往缺乏领导能力,这类职业有生物学家、化学家以及大学教授等。第三种是社会型,具有这种兴趣的人会被吸引去从事那些包含着大量人际交往内容的职业,而不是那些包含着大量智力活动或体力活动的职业,如心理咨询医生、外交工作者以及社会工作者等。第四种是传统型,具有这种兴趣的人会被吸引去从事系统且有条理的职业,具有良好的控制能力,相当保守,一般按常规办事。这类职业有办公室工作人员、会计、银行职员等。第五种是企业型,具有这种兴趣的人性格外向,喜欢冒险活动和担任领导角色,喜欢从事那些包含着大量以影响他人为目的的语言活动的职业。如管理人员、政治家、律师以及公共关系管理者等。第六种是艺术型,具有这种兴趣的人会被吸引去从事那些包含着大量自我表现、艺术创造、情感表达以及个性化活动的职业。这类职业的例子有艺术家、广告制作者以及音乐家等。

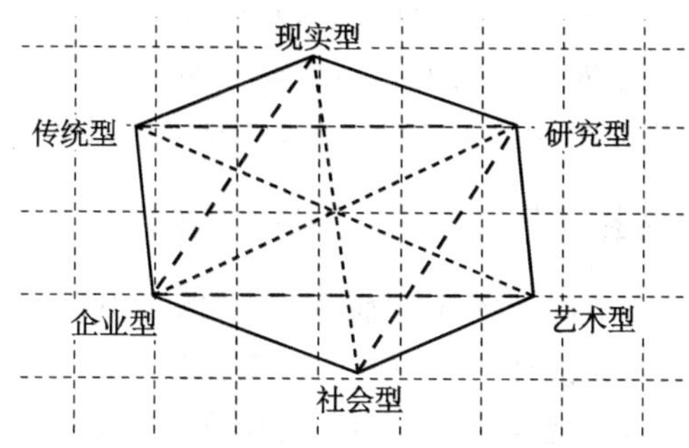

图 3-4 霍兰德个性与职业类型模型

霍兰德的理论实质在于工作者的个性类型与职业类型相适应。他认为,个性类型与职业环境的匹配是形成职业满意度、成就感的基础。人们会寻找适合自己的职业环境来充分发挥自己的能力、价值,表达自己的态度以及承担问题和责任。同一类型的工作者与同一类型的职业互相结合,便达到适应状态,这样工作者找到了适宜的职业岗位,其才能与积极性才能得以发挥。然而上述的个性类型与职业关系也并非绝对的一一对应。霍兰德在研究中发现,尽管大多数人的个性类型可以主要地划分为某一类型,但个人又有着广泛的适应能力,其个性类型在某种程度上相近于另外两种个性类型,则也能适应另外两种职业类型的工作。也就是说,某些类型之间存在着较多的相关性,同时每一类型又有种极为相斥的职业环境类型。比如,人的个性类型中很可能是同时包含着社会型、现实型和研究型这三种类型的。霍兰德认为,这些个性类型越相似或相容性越强,则一个人在选择职业时所面临的内在冲突和犹豫就会越少。

在霍兰德理论中,最理想的职业应该符合以下几个特点。首先,是一致性。即个性的代码在六边形中距离越近越好;其次,是分化性。即某人在六种类型上的表现大致相同;最后,是身份认定。即对自己的兴趣、目标以及天分具有明确而稳定的概念。符合这几个特点的个人如果能够顺利选择与此相符的职业环境,即个人与职业的适配性较高时,那么他未来的职业绩效、坚持度、工作满意度以及稳定度就会大为提高。霍兰德的职业兴趣理论是个体分析和了解自己职业兴趣的工具。

五、员工兴趣管理

如何有效地进行兴趣管理不仅要考虑到员工个体已经习得的价值标准和心理需求，企业作为外部环境依然可以通过恰当的管理方法和协调手段激发员工内在的成就欲望和责任感，实现兴趣管理的最终目标——兴趣与工作的完美结合。

（一）了解员工的兴趣

了解员工的兴趣所在是激励和管理兴趣的前提条件。企业一方面可以通过在招聘环节中搜集到员工的兴趣信息来实现；另一方面要充分地赋予员工挑战性的工作。招聘是企业了解员工的第一步，企业要关注的不仅仅是以往的工作经验、综合知识和专业技能，更要了解员工的兴趣所在，因而在招聘环节中设计一些心理测试和个性测试不失为好的选择。此外，赋予挑战性的工作将会激励员工不断地学习，与他人相互交流信息、共享知识，这种积极性可以激发员工对工作的极大兴趣与热情，发掘与以往不同的兴趣和潜力，拓展自己的技能，在自我挑战中寻找生活的乐趣，培养工作兴趣。

（二）让员工自由地选择工作岗位和参与目标的制定

将合适的员工放在最大限度发挥其才能的地方，达到岗位与人员的合理配置是人力资源工作的核心。企业可以允许员工在一定的权限范围内自由地选择所从事的岗位，这种信任感会激发员工仔细地审视自身优势和兴趣所在，更为审慎地选择自己擅长的有趣工作。员工的选择和意向可以充分显现员工的兴趣，为企业的工作和岗位设计提供依据。参与工作目标的制定同样是兴趣管理的有效手段，这不仅仅体现着目标管理的理念，更可以最大限度地诱发人的动机和行为。员工在选择目标时必然会充分考虑自己的兴趣和特长，激发工作的责任感，在提高效率的同时享受到兴趣带来的工作乐趣，目标的贡献和实现程度更是自我价值实现的源泉之一。

（三）适当的工作流动——从“鼹鼠”到“螺丝钉”

不可否认，部分员工并不了解自身的真正兴趣，恰当的岗位轮换可以让员工寻找到自身的潜力与兴趣所在。成为挪来挪去的“鼹鼠”并不是一件坏事，华为就非常提倡员工不定期的岗位轮换。如果某一职位与员工的兴趣和个性完全不符，一成不变的工作很可能造成创造力的丧失和过早的热情消磨。丰富的工作内容不仅可以充分地调动好奇心，更是发掘真正兴趣的必要方式。当员工在多彩的工作挑战中找到真正与自己兴趣相关的岗位后，就会从漫无目标的“鼹鼠”变成执著的“螺丝钉”，在岗位上深入探索。

（四）培养员工的兴趣

培养员工的兴趣首先要帮助员工了解各个岗位的具体工作要求，特别是在工作说明书中明确地阐明工作流程与内容。在工作过程中应积极地给予意见的反馈和信息交流，通过恰当的授权提高员工的工作自主性与独立性，增强员工的信心和积极性。此外，鼓励员工进行知识共享也是培养员工兴趣的必要一环，这不仅可以增强知识积累和流动性，更可以让员工了解企业各部门的运作状况，拓展兴趣的广度。兴趣无功利的羁绊，因而管理层及同事的认可与鼓励在帮助员工建立持久的工作热情和兴趣方面可以发挥巨大作用，体现出企业对于培养员工兴趣的重视与参与。兴趣作为个体的典型心理倾向，在很大程度上决定着员工的行为和努力程度，影响着员工是否能在工作中感到幸福和满意；作为心智的重要组成部分，兴趣还影响着管理层的激励手段尤其是精神层面的引导、激发和鼓励是否有效。如何才能通过有效的管理激发员工的兴趣成为管理层和学术界正在探索的课题，而充分的尊重和工作空间的给予是管理员工兴趣的出发点和不变的前提。

第四节　价值观与管理

处在社会环境中的人，其行为既要受到生活环境、经验、个人生理素质与个性心理特征的影响，更要受到其价值观与态度的影响。同时，每个人价值观与态度的形成和改变，还受到他人及整个社会环境的作用。因此，研究价值观与态度的构成、作用及其变化的规律性，有助于管理人员了解每个职工的价值观与态度，有的放矢地提高管理的绩效。

一、价值观概述

（一）价值观的含义

价值观是指一个人对周围的客观事物（包括人、物、事）的意义、重要性的总评价和总看法。对一个人来说，他认为最有意义、最重要的客观事物，就是最有价值的东西。比如，人们对金钱、友谊、权力、自尊心、工作成就以及对国家的贡献等的总评价和总看法就不尽相同，有的人把金钱看得最重要，有的人把对人民的贡献看得最重要，也有的人把自尊看得最有价值等。像这种对诸事物的看法和评价在心目中的主次、轻重的排列次序，就是价值观体系，价值观和价值观体系是决定人的行为的心理基础。

价值观是从出生开始在家庭和社会的影响下逐步形成的。一个人所处的社会生产方式及其经济地位对其价值观的形成有决定性的影响。当然，报刊、电视和广播等宣传的观点，以及父母、老师、朋友和英雄人物的观点与行为，对一个人的价值观也有不可忽视的影响作用。

价值观既有相对的稳定性和持久性，又处在发展变化过程之中。也就是说，在特定的时间、地点、条件下，人的价值观总是相对稳定和持久的。比如，对某种事物的好坏总有一个评价和看法。在条件不变的情况下，这种看法不会改变。但是，随着人们经济地位的改变，以及人生观和世界观的改变，这种价值观也会随之而改变。

（二）价值观的分类

格雷夫斯在对企业组织内的各种人员进行调查的基础上，把错综复杂的价值观按其表现形态的不同,归纳概括为七个等级。

第一级,反应型。这类人并没有意识到自己和周围的人是作为人类而存在,他们只是对自己基本的生理需要作出反应,而不考虑其他条件,类似于婴儿或脑神经受损伤的人。这类人在企业中很少见。

第二级,宗法式忠诚型。这是从父母或上级那里学到的价值观,其忠诚带有封建的色彩。这类人喜欢按部就班地看问题、做工作,依赖成性,服从习惯与权势,喜欢有一个友好而专制的监督和家庭似的和睦集体。

第三级,自我中心型。这类人性格粗犷,富有闯劲,为了取得自己所希望的报酬愿做任何工作,愿意尊敬严格要求的上级领导。

第四级,顺从型。这类人具有传统的忠诚努力和尽职的性格,勤勤恳恳、谨小慎微,喜欢任务明确的工作,重视安全和公平的监督方式。

第五级,权术型。这类人重视现实,好活动、有目标、喜欢成就和进展,喜欢玩弄权术的诡诈手法的工作,乐于奉承"有奔头"的上级。常通过摆布别人,篡改事实,以达到自己的目的。

第六级,社交中心型。这类人重视工作集体人际关系的和谐,喜欢友好的监督和人与人之间的平等关系,把善于与人相处和被人喜爱看作重于自己的发展。

第七级,存在主义型。这类人喜欢自由和创造性的工作以及灵活的职务,重视挑战性的工作和学习成长的机会,认为金钱和晋升是次要的。能高度容忍别人提出的模糊不清的意见和不同观点,对于制度的僵化和决策存在的问题,如人浮于事、官僚主义等不良现象,敢于直言不讳。

管理学家迈尔斯等在 1974 年对美国企业的一项调查研究中发现,一般企业成员的价值观分布于第二到第七级之间,而管理人员过去大多属于第四、五级,但现在属于第六、七级的人正逐步增多。

史布兰格则把人的价值观分为六类:一是理性的价值观,它以知识和真理为中心;二是美的价值观,它以外形协调和匀称为中心;三是政治性的价值观,它以权力地位为中心;四是社会性的价值观,它以群体和他人为中心;五是经济性的价值观,它以有效和实惠为中心;六是宗教性的价值观,它以信仰为中心。

阿尔波特根据史布兰格的价值观分类,对美国社会价值观的现状做了一个调查。他认为,没有哪一种类型的价值观是绝对的,一个人并不是只有一种价值观,实际上,人们的价值观是六种类型价值观的混合。他还发现,不同职业的人对这六种价值观的重视程度不同,形成不同的主次序列,反映了不同的价值体系。

(三)价值观的作用

价值观不仅影响个人行为,还影响群体行为和整个组织行为,进而影响企业的经济效益和管理的效果。首先,在同一个客观条件下,对于同一个事物,由于人们的价值观不同,就会产生出不同的行为;其次,在同一个组织中,有人注重工作成就,有人看重金钱报酬,也有人重视地位权力,这就是因为他们的价值观不同;最后,同一个规章制度,如果两个人的价值观相反,那么他们就会采取完全相反的行为。认为这个规章制度是合理的人就会认真贯彻执行、认为这个规章制度是错误的人就会拒不执行。而这种截然相反的行为，将对组织目标的实现起着完全不同的作用。因此，为了提高工作效率，管理者在选择组织的目标时，就必须考虑到与组织有关的各种人员和群体的价值观。同时，管理人员不仅应该去了解职工的价值观，还应该去探讨组织应建立什么样的价值观，以及如何去培养职工应该具有的与组织发展目标相一致的价值观，以此引导职工的行为。

二、态度概述

（一）态度的概念

态度是个体对人对事所持有的一种评价与行为的心理倾向。这里所指的评价是指人对态度对象认识的肯定或否定的看法，行为倾向则是指人的心理活动的准备状态，这种心理准备状态决定了人们对客观事物的喜恶情感和要采取的行为。所以，不同的态度便具有不同的认知和情感，而且还会影响其行为表现。

（二）态度的构成

作为一种心理倾向的态度，其组成有三个部分，即认知、情感和行为倾向。

认知成分也叫认识成分，它是主体对态度对象的理解、评论、赞成和反对。例如，“我认为学习心理学有助于协调人际关系”这句话，便表明了主体对心理学的理解与评价及赞赏观点。

情感成分是主体对态度对象所表现的好恶情感的体验。如“我热爱劳动”、“我讨厌虚伪”这两句话，便分别反映了主体对劳动和虚伪的不同的爱憎情感。

行为倾向成分指的是主体行为的思想倾向，它不是行为本身。它在态度中具有指导作用和动力作用，指导着人对事物的行为方向，并制约人的行为反应，决定人们采取哪些行为。如“我要向公司提一项合理化建议”。

上面的三种态度成分应是协调一致的，肯定的评价定会产生友善的情感反应，并带来亲近性的行为倾向。而且一经协调形成之后，这种态度将持续一段时间，不会轻易改变。在行为反应模式上也表现出规则性，从而使个体适应社会。

（三）态度的作用

态度的作用表现在各个方面，在此主要探讨其对工作行为的作用。

1. 态度影响对事物的评价和体验

由于我们的偏见可能对同一事物的本质作出不同的解释，提出不同的假设，那些与我们态度相冲突的事实，也会被合理化地加以取舍而使之适应我们的态度。这种合理化的过程保护了我们的态度不被改变。比如，一个管理者认为企业给员工提供了工作机会，他们就应感谢企业，并为企业支付给他们的工资作出应有的贡献；另一个管理者认为企业的工作需要有人去完成，把大家组织起来工作正是领导者的职能。这两种不同态度的管理者面对员工的不满和抱怨言行，就会作出不同的评价与解释，并作出不同的反应措施。前者更容易把职工的意见看成不支持自己的工作；后者则认为自己的工作没做好，而努力沟通自己与职工的认识。

2. 态度影响对矛盾与冲突的调解

许多人持有相互矛盾的观点，特别是某一群体内的人更容易对群体外部人员产生误解和偏见，这就妨碍了人们的交流与合作。但如果我们善于处理事实与维护自尊之间的关系，认识到处于不同地位受环境因素的局限，会使人的态度和观点带有片面性，我们就有可能对别人的观点持更宽容一些的态度，就能使自己做到既合理地作出反应，又不会受到别人的指责。像那些善于体贴他人，设身处地为别人着想的管理者，面对职工迟到、缺勤的行为，就会考虑到他可能是事出有因，并考虑为他解决一些个人困难。

3. 态度对外界事实的组织与选择作用

外界所存在的事实是大量的，我们总是以一定的方式为基础对事实作出分类和组织，通常，我们是以一定的态度为参照框架。当我们对一个事物持肯定态度时，就会更多地选择那些与态度一致的已知事实，而对不利的证据常常忽略，并不断以这些事实作为对已有态度的印证；相反，对我们不友善或不赞成的人或事，则会更多地发现存在的问题。

三、价值观与态度的形成和改变

（一）价值观与态度的形成条件

一个人的价值观与态度都是在其后天的生活环境中学习形成的，在这一过程中，有许多因素影响其发展以及最后的形成。在这众多因素中，个人的欲望满足程度、知识的获得与积累、个人在团体中的关系、个性特征等是较为重要的影响因素。

1. 个人欲望的满足程度对价值观与态度形成的影响

人的本性就是趋利避害，凡能满足个人欲望，有助于自己达到目标的对象，必然使人们产生喜欢和友善的态度；相反，对那些妨碍自己目标实现，使个人产生挫折感的对象，必然让人们产生厌恶的态度。良好态度的产生总是与欲望的满足相连，热情而周到的服务通常给人们留下良好的印象，进而对整个组织也会产生较高的评价，认为他们管理有方，员工训练有素；而工作中的挫折感和不公正感觉，会直接影响我们对工作甚至组织的看法，从而产生离职或调动的念头。特别是态度中的情感与行为成分，与欲望满足的关系更密切。

2. 知识的获得和积累对价值观与态度形成的影响

我们对某一事物所了解的知识的多少，决定我们对这一事物的态度。比如，对社会上产生的股票热和购买各种证券的热潮，就存在一个态度与观念的转变过程。在人们不了解其性质的时候，要么是采取观望态度，要么是盲目购买。只有人们真正认识到它的性质，主要是更多的知识积累和宣传教育，人们才会对其进行正确评价和认识，并具备客观的态度，以及形成对这一事物正确的价值观念，是赞同、支持，还是反对它。然而，从外界接收新知识，这只是问题的一个方面，我们原有的知识结构和背景，在态度形成中也起一定作用。

3. 个人在团体中的关系对价值观与态度形成的影响

社会环境和教育可以说是态度和价值观形成的一个重要条件，我们周围的任何事情或任何人都可能促进价值观和态度的形成。每一个体都是具体的社会成员，家庭、生活环境、学校、志同道合的小圈子，这些代表文化、专业范围和广泛社会联系的环境中所具有的基本信念是产生价值观和态度的源泉。此外，组织的管理方式、政府的政策、社会上的广告宣传以及社会舆论等，这些因素都是价值观和态度产生的社会性条件。

4. 个性特征对价值观与态度形成的影响

人的差异总是存在的，同样的事物，每个人对它的感受都是不一样的。这是因为人的个性特征不同：一些过分偏执和偏激的人，容易表现出对任何事或人都不太友善；而极少偏见，对其他人较友善的人，与他们的个人宽容性有密切关系。

（二）价值观与态度形成过程的理论

价值观与态度的形成与一个人的社会化过程是一致的。个体对社会环境努力作出反应，学习有效的社会行为方式，这一过程就是社会化。在我们的一生中，从家庭、学校到工作组织，主要的社会化场所发生转变；从生理成熟、社会阶层、职业到组织，主要的活动性质和方式也在变化。由于外界环境的变化，在社会化过程中，价值观、态度和行为的因素也会发生变化。在家庭和学校教育中更多地形成价值观与态度的基础，而工作环境中则更多地表现为行为的成分。

心理学家在对态度的大量研究中，创立了许多态度形成与改变的理论。在此仅介绍认知一致论中的认知失调理论、平衡理论、参与改变理论。

1. 认知失调理论

认知失调理论是美国心理学家费斯廷格于 1957 年提出的。他认为人的认知因素有许多(如思维、信念的基本单位等)，而这些认知因素有的相互独立、各不相干，有些则相互关联。如“书籍是人类进步的阶梯”与“我喜欢读书”这是两个相互关联的认知因素。但它们均与“今天下雨了”不存在任何关系。费斯廷格指出，在相互关联的认知因素之间存在两种情况：协调与不协调。当个体发现自己所具有的认知因素之间的不协调，也即失调时，会产生不愉快感，心理紧张、有压力，于是就引起排除不协调状态的动机。排除或减轻认知失调的方法有以下三种。

(1) 在认知不协调构成的两个因素中，选择改变其中一个，使失调趋于协调。例如，认知因素——“我爱好读书”与另一认知因素——“读书无用”是不协调的。此时，这个人可以改变认知因素——“读书无用”为“读书有益，书籍是人类进步的阶梯”，也可能改变认知因素“我爱好读书”为“我不再喜欢读书”，这样便可使失调转化为协调。

(2) 增加新的认知，以加强协调关系的认知系统。仍以前面的读书为例，可以加上“世界上许多科学家等有成就的人士都是由于勤奋读书而成才的”或“社会上有许多人不读书也当上万元户”这一认知因素。这些新的认知因素都能使原来不协调的强度得以降低或提高。

(3) 强调某一认知因素的重要性。假若不爱看书的学习者强调其价值体系中的经济因素，认为发财致富是人的最高价值体现时，便会坚持“读书无用”的态度。反之，他若坚信读书学习是人类个性得以发展、完善的必然途径的话，他就会使自己的学习态度更加端正、更加坚定。

认知失调对每个人来说都是经常发生的事，但失调是否立即引起态度的改变而趋向协调，还要看失调的程度。而失调的程度又由以下两个方面决定。一是看认知因素对个人的重要性(主要是价值观)如何。若与本人关系不大，即使认知处于不协调的关系中，也不会产生多大的失调。二是认知失调的程度，随着其失调关系中的认知因素的数量增加而增长。

总之，费斯廷格的认知失调理论告诉我们，若要改变某些人的态度，首先要改变和增强其认知中的不协调因素，造成其不协调形态，形成压迫感，促使个体产生解除这种不协调状态的动机，以迅速解决个体认知上的矛盾，达到心情上的舒畅，从而使改变后的态度与自己的行为保持一致。

2. 平衡理论

认知一致论中的另一理论是平衡理论，它是心理学家海德提出的解释态度改变和指导态度改变的重要理论。海德认为个体本身和外界环境是处在三角关系之中的，这个三角关系包括三个元素：自己、他人、其他事物或人，三个元素彼此也许是肯定关系，也许是否定关系。若三者处于肯定关系时，则呈现平衡状态；若三者处于否定关系时，则呈现不平衡状态。平衡状态形成的是稳定的态度，而不平衡状态所形成的态度是不稳定的。因为不稳定，便导致三角关系中的某种变化，使其趋向平衡状态。失去平衡，便引起心理的紧张与压力，于是产生恢复平衡的力量，由不平衡转化为平衡。其主要思想与认知失调理论相似。

海德根据三个元素构成的三角关系推导出八种模式，如图 3-5 所示。图中 P 表示对 O(一般指另一个人)持肯定或否定态度的人，P 对 X(一般指某一事物)有某种肯定或否定的倾向性，并且 P 能觉察 O 对 X 的倾向性，三者的平衡关系见图中的(1)～(4)。其中“＋”表示为赞成或肯定的倾向性，“－”表示为不赞成或否定的倾向性。

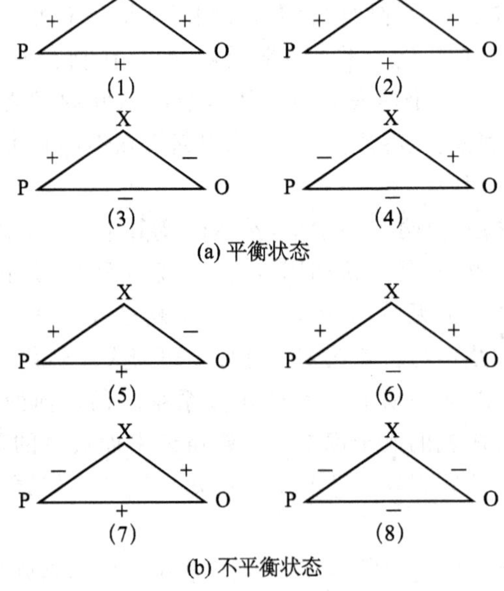

图 3-5 海德平衡理论

从P—O—X模式中，可得出以下两条规律：

(1) 平衡状态必须是三角形三边符号相乘为正。

(2) 不平衡状态必须是三角形三边符号相乘为负。

平衡理论告诉我们，在一定条件下，有很多解决认知不一致的途径。平衡理论侧重于人际关系对认知平衡的影响，而认知失调理论则强调个体通过对自身态度的调节达到认知平衡。

3. 参与改变理论

参与改变理论是著名心理学家勒温提出来的，他认为个体在群体中所从事的活动性质对其态度的形成与改变起着决定性的作用。他把人分为主动型和被动型两大类：主动型的人是主动参与群体活动，如政策、规范的制定，权力的执行等，因此，他们对群体中的制度、规范等就自觉遵守；而被动型的人参与群体活动是被动的，他们对权威、制度、政策等规范要求也能遵守。勒温通过实验证明，主动型的人由于采取的是主动参与、共同讨论、共同决策，因此态度改变很显著，速度也很快，执行也自觉；相反，被动型的人由于在群体活动中其行为是被动接受他人的告知，因此态度改变就很缓慢。

这一理论对我们在企业管理中的民主管理，无疑是一个有力的根据。在民主管理过程中，管理者一方面要针对不同的对象做好其思想工作；另一方面还要调动劳动者当家做主的主人翁的积极性。群体参与制定的规章制度、任务指标等，要求群体中的每个成员以自觉的态度遵守与完成。这样通过多种途径，促使人的态度得以改变。

（三）价值观与态度改变的途径

1. 价值观与态度改变的形式

态度的改变包括强度与方向两个方面。强度的改变也可称为一致性的改变，它是在态度表现的强度上，使原有的积极态度，变成更强烈的肯定；或使原有的消极态度，变成更强烈的反对。方向的改变又称为不一致性的改变，它是以一种新的态度来取代旧的态度，或是将本来反对的变为赞成，将本来喜欢的变为不喜欢。

价值观的改变则比态度的改变更难一些，通常要经历较长一段时间，或者是与一个人生活中发生的重大事件联系在一起。从个人来讲，生活环境的变化、家庭的变更、接受新的训练和增加工作等因素，都将影响到我们对事物的是与非、对与错、公正与不公正的评判标准。从整个群体乃至社会来看，生产技术的发展和社会变革，则影响到群体的共同价值。

2. 影响价值观与态度转变的因素

态度的转变是许多因素相互作用的结果，它涉及信息的传送者、信息和接收者三者的关系。我们每个人都企图按照自己的思想和行为去操纵、控制别人，在传送信息的过程中，常会使原信息发生改变；同时，我们又在抗拒外来的许多转变我们自己观点的努力，以求得自己价值观和态度的稳定。

(1) 信息的传送者。如果新的信息是由地位显赫、声望很高的人物提供的，我们就更容易考虑他的意见，并作出改变自己态度的举动。这就是为什么电视中的广告往往找一些有名望的人来做的原因。如果信息提供者在表达观点时，不使人感到他是为自己的利益这样做，他的这种努力并不是去获得某种私利，这种隐蔽的动机在改变人的态度上会产生较强烈的效果。因此，一个廉洁公正的领导者，更容易得到群众对他的爱戴，他对廉政的宣传也更容易被人们接受。

(2) 信息的特点。如果接收者是在无意识中听到的信息，并且在不同的场合下不断被重复，人们对这种信息更愿意去了解和理解。再有，先提供的信息和最后传达的信息，由于“首因效应”与“近因效应”的存在，也会在效果上优于中间呈现的内容。

(3) 信息的接收者。如果我们先改变信息接收者的环境和行为，其态度就容易改变。此外，信息接收者的个性特点也是要考虑的一个因素。一个独立性强，对自己控制较好的人，往往有个人的观点，这种人的态度是较难转变的；而对自身评估较低的人，他们的自尊程度也较低，容易与别人和团体保持观点上的一致，受从众心理的影响大，因此容易转变自己的态度。

3. 价值观与态度改变的方法与措施

(1) 以事实和说服方式的改变。劝导与说服是常用的改变态度的方法，它也包括议论、辩论等形式，通常是将两种不同的观点摆出来，让人们各自阐述赞成与不赞成的依据与态度。辩论探讨的结果是为达到一致性，改变一方的态度，或双方的态度都有所改变，形成新的态度上的一致。

(2) 通过群体的情感与压力促使态度改变。个人总是生活在群体中，因此，群体会影响个人态度的改变。在个人与群体的关系上，决定个体态度改变的因素主要有三个方面。第一，对群体成员身份的重视程度。越看重这种身份标志者，越不能接受批评或反对该群体规范的言论。第二，在群体中的地位。一个人在群体中的地位越高，越容易接受该群体的全部规范。第三，对群体规范的看法。当一个人认为群体的种种规范都是合理合法的，他就更容易接受这些规范。

(3) 通过行为手段改变态度。态度转变是以行为的改变作为证据的，通常态度转变的目的也是转变人的行为。在管理训练中经常使用的角色扮演技术，就是使一个人在所扮演的角色中对自己的态度进行转变，即让人们处在不同的地位上，设身处地地理解对方在这一角色上的心情和困难，从而改变自己原有的态度和认识。

实训模拟

模块一：案例分析与思考

我适合做什么

两年前，王浩是南京××学院大三的学生，因为快毕业了，所以一直在忙着找工作。王浩在大学里学的是计算机专业，专业课学得不错，自身也对计算机网络等方面很感兴趣，因为听同学说现在社会上做营销工作工资很高，所以一直想找营销方面的工作。前段时间到好几家公司参加面试全都落聘了，后来去一家保险公司面试又被淘汰。看到同学们都找到了满意的工作，王浩感到非常沮丧，觉得自己真没用，连最基本的面试都通不过。

班主任知道王浩的情况后，建议他到学校的心理辅导室去看看。在心理辅导室，心理辅导教师让王浩做一份职业测试，通过分析测试结果，辅导老师发现王浩的职业类型是RIC，即现实、研究、传统型。也就是说，王浩不适合从事营销方面的工作，而比较适合从事操作技术类工作。因此，辅导老师建议他从自己的专业入手，先找一份与专业较接近的技术类工作。初期就业，工资不是最重要的，重要的是先做一份自己感兴趣的、有能力做的工作。

王浩听从了辅导老师的建议，几天后在一家公司找到了一份网络维护的工作。两年后，王浩已经做到了该公司网络主管的位置，工资提高了，干起工作来也非常开心。

思考：这个案例给我们带来什么启示？

模块二：心理测验

霍兰德职业倾向测试题

本测验是以美国著名职业教育专家霍兰德的人才测评理论为基础，结合中国广大学生和工作者的实际而编制的。根据霍兰德的研究成果和后人的分析论证，按照不同的职业特点和个性特征，一般可以将人分为六类：现实型(R)、研究型(I)、艺术型(A)、社会型(S)、企业型(E)和传统型(C)，这六种类型的人具有不同的典型特征。每种类型的人对相应职业类型感兴趣，个性特征和职业需求应合理搭配。同时，人们在择业时主要受三个因素的影响：兴趣(你想做什么——兴趣倾向)、能力(你能做什么——个人经历)和个性(你适合做什么——个性倾向)。以此为依据，本套试题由三部分组成：兴趣倾向问卷、个人经历问卷和个性倾向问卷，分别对测评者的兴趣、能力和个性特点进行测评。通过对测评结果的综合分析，可以帮助测评者发现和确定自己的职业兴趣以及能力特长，使我们对与自身性格匹配的职业类别、岗位特质有更为明晰的认识，从而在我们就业、升学、进修或职业转向时，作出最佳的选择。

该测评适用于高中毕业生、在读大中专生、应届大中专毕业生以及已参加工作但渴望转行，需发现和确定自己的职业兴趣和能力特长的人士。

请根据对每一题目的第一印象作答，不必仔细推敲，答案没有好坏、对错之分。具体填写方法是，根据自己的情况每一题回答“是”或“否”。

1. 我喜欢把一件事情做完后再做另一件事。
2. 在工作中我喜欢独自筹划，不愿受别人干涉。
3. 在集体讨论中，我往往保持沉默。
4. 我喜欢做戏剧、音乐、歌舞、新闻采访等方面的工作。
5. 每次写信我都一挥而就，不再重复。
6. 我经常不停地思考某一问题，直到想出正确的答案。
7. 对别人借我的和我借别人的东西，我都能记得很清楚。
8. 我喜欢抽象思维的工作，不喜欢动手的工作。
9. 我喜欢成为人们注意的焦点。

10. 我喜欢不时地夸耀一下自己取得的好成就。
11. 我曾经渴望有机会参加探险。
12. 当我一个人独处时,会感到更愉快。
13. 我喜欢在做事情前,对此事情作出细致的安排。
14. 我讨厌修理自行车、电器一类的工作。
15. 我喜欢参加各种各样的聚会。
16. 我愿意从事虽然工资少但是比较稳定的职业。
17. 音乐能使我陶醉。
18. 我办事很少思前想后。
19. 我喜欢经常请示上级。
20. 我喜欢需要运用智力的游戏。
21. 我很难做那种需要持续集中注意力的工作。
22. 我喜欢亲自动手制作一些东西,从中得到乐趣。
23. 我的动手能力很差。
24. 和不熟悉的人交谈对我来说毫不困难。
25. 和别人谈判时,我总是很容易放弃自己的观点。
26. 我很容易结识同性别朋友。
27. 对于社会问题,我通常持中庸的态度。
28. 当我开始做一件事情后,即使碰到再多的困难,我也要执著地干下去。
29. 我是一个沉静而不易动感情的人。
30. 当我工作时,我喜欢避免干扰。
31. 我的理想是当一名科学家。
32. 与言情小说相比,我更喜欢推理小说。
33. 有些人太霸道,有时明明知道他们是对的,也要和他们对着干。
34. 我爱幻想。
35. 我总是主动地向别人提出自己的建议。
36. 我喜欢使用榔头一类的工具。
37. 我乐于解除别人的痛苦。
38. 我更喜欢自己下了赌注的比赛或游戏。
39. 我喜欢按部就班地完成要做的工作。
40. 我希望能经常换不同的工作来做。
41. 我总留有充裕的时间去赴约会。
42. 我喜欢阅读自然科学方面的书籍和杂志。
43. 如果掌握一门手艺并能以此为生,我会感到非常满意。
44. 我曾渴望当一名汽车司机。
45. 听别人谈“家中被盗”一类的事,很难引起我的同情。
46. 如果待遇相同,我宁愿当商品推销员,而不愿当图书馆管理员。
47. 我讨厌跟各类机械打交道。

48. 我小时候经常把玩具拆开，把里面看个究竟。
49. 当接受新任务后，我喜欢以自己的独特方法去完成它。
50. 我有文艺方面的天赋。
51. 我喜欢把一切安排得整整齐齐、井井有条。
52. 我喜欢做一名教师。
53. 和一群人在一起的时候，我总想不出恰当的话来说。
54. 看情感影片时，我常禁不住眼圈红润。
55. 我讨厌学数学。
56. 在实验室里独自做实验会令我寂寞难耐。
57. 对于急躁、爱发脾气的人，我仍能以礼相待。
58. 遇到难解答的问题时，我常常放弃。
59. 大家公认我是一名勤劳踏实的、愿为大家服务的人。
60. 我喜欢在人事部门工作。

职业个性的类型

计算方法：答对以下题号得 1 分，不对得 0 分；得分多者属于该类型。

现实型“是”(2,13,22,36,43)，“否”(14,23,44,47,48)

研究型“是”(6,8,20,30,31,42)，“否”(21,55,56,58)

艺术型“是”(4,9,10,17,33,34,49,50,54)，“否”(32)

社会型“是”(26,37,52,59)，“否”(1,12,15,27,45,53)

企业型“是”(11,24,28,35,38,46,60)，“否”(3,16,25)

传统型“是”(7,19,29,39,41,51,57)，“否”(5,18,40)

R：现实型

共同特点：愿意使用工具从事操作性工作，动手能力强，做事手脚灵活，动作协调。偏好于具体任务，不善言辞，做事保守，较为谦虚。缺乏社交能力，通常喜欢独立做事。

性格特点：感觉迟钝、不讲究、谦逊的。踏实稳重、诚实可靠。

职业建议：喜欢使用工具、机器、需要基本操作技能的工作。从事与物件、机器、工具、运动器材、植物、动物相关的职业有兴趣，并具备相应能力。如技术性职业（计算机硬件人员、摄影师、制图员、机械装配工），技能性职业（木匠、厨师、技工、修理工、农民、一般劳动）。

I：研究型

共同特点：思想家而非实干家，抽象思维能力强，求知欲强，肯动脑、善思考、不愿动手。喜欢独立和富有创造性的工作。知识渊博，有学识才能，不善于领导他人。考虑问题理性，做事喜欢精确，喜欢逻辑分析和推理，不断探讨未知的领域。

性格特点：坚持性强、有韧性、喜欢钻研。为人好奇、独立性强。

职业建议：喜欢智力的、抽象的、分析的、独立的定向任务，要求具备智力或分析才能，并将其用于观察、估测、衡量、形成理论、最终解决问题的工作，并具备相应的能力。如科学研究人员、教师、工程师、计算机编程人员、医生、系统分析员。

A:艺术型

共同特点:有创造力,乐于创造新颖、与众不同的成果,渴望表现自己的个性,实现自身价值。做事理想化,追求完美,不重实际。具有一定的艺术才能和个性。善于表达,怀旧,心态较为复杂。

性格特点:有创造性、非传统的、敏感、容易情绪化、较冲动、不服从指挥。

职业建议:喜欢的工作要求具备艺术修养、创造力、表达能力和直觉,并将其用于语言、行为、声音、颜色和形式的审美、思索和感受,具备相应的能力。不善于事务性工作。如艺术方面(演员、导演、艺术设计师、雕刻家、建筑师、摄影家、广告制作人),音乐方面(歌唱家、作曲家、乐队指挥),文学方面(小说家、诗人、剧作家)。

注:艺术兴趣高的人倾向于理想化,做事追求完美。在平常中,艺术的测试不指做艺术工作,而是工作中的艺术,倾向于将事情做得漂亮、有美感、有情调、锦上添花,追求完美。

S:社会型

共同特点:喜欢与人交往、不断结交新的朋友、善言谈、愿意教导别人。关心社会问题、渴望发挥自己的社会作用。寻求广泛的人际关系,比较看重社会义务和社会道德。

性格特点:为人友好、热情、善解人意、乐于助人。

职业建议:喜欢要求与人打交道的工作,能够不断结交新的朋友,从事提供信息、启迪、帮助、培训、开发或治疗等事务,并具备相应能力。如教育工作者(教师、教育行政人员),社会工作者(咨询人员、公关人员)。

E:企业型

共同特点:追求权力、权威和物质财富,具有领导才能。喜欢竞争、敢冒风险、有野心/抱负。为人务实,习惯以利益得失、权利、地位、金钱等来衡量做事的价值,做事有较强的目的性。

性格特点:善辩、精力旺盛、独断、乐观、自信、好交际、机敏、有支配愿望。

职业建议:喜欢要求具备经营、管理、劝服、监督和领导才能,以实现机构、政治、社会及经济目标的工作,并具备相应的能力。如项目经理、销售人员、营销管理人员、政府官员、企业领导、法官、律师。

注:工作中通常要求管理人员和销售人员要有较强的企业兴趣。企业兴趣强则做事目的性强,务实,推动性也较强;若企业兴趣弱,小于40%,则做事的推动性较弱,速度较慢。

C:传统型

共同特点:尊重权威和规章制度,喜欢按计划办事,细心、有条理,习惯接受他人的指挥和领导,自己不谋求领导职务。喜欢关注实际和细节情况,通常较为谨慎和保守,缺乏创造性,不喜欢冒险和竞争,富有自我牺牲精神。

性格特点:有责任心、依赖性强、高效率、稳重踏实、细致、有耐心。

职业建议:喜欢要求注意细节、精确度、有系统、有条理,具有记录、归档、根据特定要求或程序组织数据和文字信息的职业,并具备相应能力。如:秘书、办公室人员、记事员、会计、行政助理、图书馆管理员、出纳员、打字员、投资分析员。

注：传统型的人做事有耐心、细致，如果人的常规兴趣弱，小于20%，通常表现为做事较为粗心，容易丢三落四，不够踏实。

三位组合兴趣组型对应职业

说明：以分数的高低依次排列，得分居前三位组合构成其兴趣组型。寻找对应的职业，也比较适合你的兴趣。

RIA：牙科技术员、陶工、建筑设计员、模型工、细木工、制作链条人员。

RIS：厨师、林务员、跳水员、潜水员、染色员、电器修理、眼镜制作、电工、纺织机器装配工、服务员、装玻璃工人、发电厂工人、焊接工。

RIE：建筑和桥梁工程、环境工程、航空工程、公路工程、电力工程、信号工程、电话工程、一般机械工程、自动工程、矿业工程、海洋工程、交通工程技术人员、制图员、家政经济人员、计量员、农民、农场工人、农业机械操作、清洁工、无线电修理、汽车修理、手表修理、管工、线路装配工、工具仓库管理员。

RIC：船上工作人员、接待员、杂志保管员、牙医助手、制帽工、磨坊工、石匠、机器制造、机车（火车头）制造、农业机器装配、汽车装配工、缝纫机装配工、钟表装配和检验、电动器具装配、鞋匠、锁匠、货物检验员、电梯机修工、装配工、托儿所所长、钢琴调律师、印刷工、建筑钢铁工作、卡车司机。

RAI：手工雕刻、玻璃雕刻、制作模型人员、家具木工、制作皮革品、手工绣花、手工钩针纺织、排字工作、印刷工作、图画雕刻、装订工。

RSE：消防员、交通巡警、警察、门卫、理发师、房间清洁工、屠夫、锻工、开凿工人、管道安装工、出租汽车驾驶员、货物搬运工、送报员、勘探员、娱乐场所的服务员、起卸机操作工、灭害虫者、电梯操作工、厨房助手。

RSI：纺织工、编织工、农业学校教师、某些职业课程教师（诸如艺术、商业、技术、工艺课程）、雨衣上胶工。

REC：抄水表员、保姆、实验室动物饲养员、动物管理员。

REI：轮船船长、航海领航员、大副、试管实验员。

RES：旅馆服务员、家畜饲养员、渔民、渔网修补工、水手长、收割机操作工、搬运行李工、公园服务员、救生员、登山导游、火车工程技术员、建筑工作、铺轨工人。

RCI：测量员、勘测员、仪表操作者、农业工程技术员、化学工程技师、民用工程技师、石油工程技师、资料室管理员、探矿工、煅烧工、烧窖工、矿工、炮手、保养工、磨床工、取样工、样品检验员、纺纱工、漂洗工、电焊工、锯木工、刨床工、制帽工、手工缝纫工、油漆工、染色工、按摩工、木匠、农民建筑工、电影放映员、勘测员助手。

RCS：公共汽车驾驶员、一等水手、游泳池服务员、裁缝、建筑工作、石匠、烟囱修建工、混凝土工、电话修理工、爆炸手、邮递员、矿工、裱糊工人、纺纱工。

RCE：打井工、吊车驾驶员、农场工人、邮件分类员、铲车司机、拖拉机司机。

IAS：普通经济学家、农场经济学家、财政经济学家、国际贸易经济学家、实验心理学家、工程心理学家、心理学家、哲学家、内科医生、数学家。

IAR：人类学家、天文学家、化学家、物理学家、医学病理学家、动物标本制作者、化石修复者、艺术品管理者。

ISE：营养学家、饮食顾问、火灾检查员、邮政服务检查员。

ISC：侦察员、电视播音室修理员、电视修理服务员、验尸室人员、编目录者、医学实验室技师、调查研究者。

ISR：水生生物学者、昆虫学者、微生物学家、配镜师、矫正视力者、细菌学家、牙科医生、骨科医生。

ISA：实验心理学家、普通心理学家、发展心理学家、教育心理学家、社会心理学家、临床心理学家、目标学家、皮肤病学家、精神病学家、妇产科医师、眼科医生、五官科医生、医学实验室技术专家、民航医务人员、护士。

IES：细菌学家、生理学家、化学专家、地质专家、地理物理学专家、纺织技术专家、医院药剂师、工业药剂师、药房营业员。

IEC：档案保管员、保险统计员。

ICR：质量检验技术员、地质学技师、工程师、法官、图书馆技术辅导员、计算机操作员、医院听诊员、家禽检查员。

IRA：地理学家、地质学家、声学物理学家、矿物学家、古生物学家、石油学家、地震学家、声学物理学家、气象学家、原子和分子物理学家、电学和磁学物理学家、设计审核员、人口统计学家、数学统计学家、外科医生、城市规划家、气象员。

IRS：流体物理学家、物理海洋学家、等离子体物理学家、农业科学家、动物学家、食品科学家、园艺学家、植物学家、细菌学家、解剖学家、动物病理学家、作物病理学家、药物学家、生物化学家、生物物理学家、细胞生物学家、临床化学家、遗传学家、分子生物学家、质量控制工程师、地理学家、兽医、放射性治疗技师。

IRE：化验员、化学工程师、纺织工程师、食品技师、渔业技术专家、材料和测试工程师、电气工程师、土木工程师、航空工程师、行政官员、冶金专家、原子核工程师、陶瓷工程师、地质工程师、电力工程师、口腔科医生、牙科医生。

IRC：飞机领航员、飞行员、物理实验室技师、文献检查员、农业技术专家、生物技师、动植物技术专家、油管检查员、工商业规划者、矿藏安全检查员、纺织品检验员、照相机修理者、工程技术员、编计算程序者、工具设计者、仪器维修工。

CRI：笔记员、会计、记时员、铸造机操作工、打字员、按键操作工、复印机操作工。

CRS：仓库保管员、档案管理员、缝纫工、讲述员、收款人。

CRE：标价员、实验室工作者、广告管理员、自动打字机操作员、电动机装配工、缝纫机操作工。

CIS：记账员、顾客服务员、报刊发行员、土地测量员、保险公司职员、会计师、估价员、邮政检查员、外贸检查员。

CIE：打字员、统计员、支票记录员、订货员、校对员、办公室工作人员。

CIR：校对员、工程职员、海底电报员、检修计划员、发报员。

CSE：接待员、通信员、电话接线员、卖票员、旅馆服务员、私人职员、商学教师、旅游办事员。

CSR：运货代理商、铁路职员、交通检查员、办公室通信员、簿记员、出纳员、银行财务职员。

CSA：秘书、图书管理员、办公室办事员。

CER：邮递员、数据处理员、办公室办事员。

CEI：推销员、经济分析家。

CES：银行会计、记账员、法人秘书、速记员、法院报告人。

ECI：银行行长、审计员、信用管理员、地产管理员、商业管理员。

ECS：信用办事员、保险人员、各类进货员、海关服务经理、售货员、采购员、会计。

ERI：建筑物管理员、工业工程师、护士长、农场管理员、农业经营管理人员。

ERS：仓库管理员、房屋管理员、货栈监督管理员。

ERC：邮政局局长、渔船船长、机械操作领班、木工领班、瓦工领班、驾驶员领班。

EIR：科学、技术和有关周期出版物的管理员。

EIC：专利代理人、鉴定人、运输服务检查员、安全检查员、废品收购人员。

EIS：警官、侦察员、交通检验员、安全咨询员、合同管理者、商人。

EAS：法官、律师、公证人。

EAR：展览室管理员、舞台管理员、播音员、驯兽员。

ESC：理发师、裁判员、政府行政管理员、财政管理员、工程管理员、售货员、职业病防治、商业经理、办公室主任、人事负责人、调度员。

ESR：家具售货员、书店售货员、公共汽车驾驶员、日用品售货员、护士长、自然科学和工程的行政领导。

ESI：博物馆管理员、图书馆管理员、古迹管理员、饮食业经理、地区安全服务管理员、技术服务咨询者、超级市场管理员、零售商品店店员、批发商、出租汽车服务站调度。

ESA：博物馆馆长、报刊管理员、音乐器材售货员、广告商售画营业员、导游(轮船或班机上的)、事务长、飞机上的服务员、船员、法官、律师。

ASE：戏剧导演、舞蹈教师、广告撰稿人、报刊、专栏作者、记者、演员、英语翻译。

ASI：音乐教师、乐器教师、美术教师、管弦乐指挥、合唱队指挥、歌星、演奏家、哲学家、作家、广告经理、时装模特。

AER：新闻摄影师、电视摄影师、艺术指导、录音指导、丑角演员、魔术师、木偶戏演员、骑士、跳水员。

AEI：音乐指挥、舞台指导、电影导演。

AES：流行歌手、舞蹈演员、电影导演、广播节目主持人、舞蹈教师、口技表演者、喜剧演员、模特。

AIS：画家、剧作家、编辑、评论家、时装艺术大师、新闻摄影师、演员、文学作者。

AIE：花匠、皮衣设计师、工业产品设计师、剪影艺术家、复制雕刻品大师。

AIR：建筑师、画家、摄影师、绘图员、雕刻家、环境美化工、包装设计师、绣花工、陶器设计师、漫画工。

SEC：社会活动家、退伍军人服务官员、工商会事务代表、教育咨询者、宿舍管理员、旅馆经理、饮食服务管理员。

SER：体育教练、游泳指导。

SEI：大学校长、学院院长、医院行政管理员、历史学家、家政经济学家、职业学校教师、资料员。

SEA：娱乐活动管理员、国外服务办事员、社会服务助理、一般咨询者、宗教教育工作者。

SCE：部长助理、福利机构职员、生产协调人、环境卫生管理人员、戏院经理、餐馆经理、售票员。

SRI：外科医师助手、医院服务员。

SRE：体育教师、职业病治疗者、体育教练、专业运动员、房管员、儿童家庭教师、警察、引座员、传达员、保姆。

SRC：护理员、护理助理、医院勤杂工、理发师、学校儿童服务人员。

SIA：社会学家、心理咨询者、学校心理学家、政治科学家、大学或学院的系主任、大学或学院的教育学教师、大学农业教师、大学法律教师、大学工程和建筑课程的教师、大学数学教师、医学教师、物理教师、大学社会科学教师、生命科学教师、研究生助教、成人教育教师。

SIE：营养学家、饮食学家、海关检查员、安全检查员、税务稽查员、校长。

SIC：描图员、兽医助手、诊所助理、体检检查员、娱乐指导者、监督缓刑犯的工作者、咨询人员、社会科学教师。

SIR：理疗员、救护队工作人员、手足病医生、职业病治疗助手。

你的价值体系是什么

为了帮助你计算出你的价值观，给你 8 万元钱（假设）以及 34 个购买项目，对怎么用这笔钱，你有绝对的自由。请你在真心想拥有的项目后面，写下你愿意花多少钱，把 8 万元都花光。当然，你还可以根据你的喜好加上另外一些项目（比如“热爱朋友、宗教信仰”等），假如你能计算出你“买”了哪些价值观，你便知道自己的价值系统是什么，哪些东西对你是真正重要的。结果显示的价值观是你现在的价值观。五年前，你做的结果和现在的结果可能大不相同，有时还会完全相反；五年后，你所填的表想必也和现在的不同，这正反映出这些年来成长的轨迹。

购买的项目	花费的金额（自填）
1. 清除世界上现有的偏见。	
2. 帮助病人与穷人。	
3. 成为有名的人物（如电影名人、棒球英雄、太空人等）。	
4. 一个能使你的公司多赚三倍钱的企划案。	
5. 天天按摩并吃世界上最好的厨师烧的菜。	
6. 了解生活的意义。	
7. 一种能使大家不再贫穷或说谎的疫苗。	
8. 布置你工作的环境。	
9. 成为世界上最富有的人。	

购买的项目	花费的金额(自填)
10. 当总统。	
11. 一次最完美的恋爱。	
12. 一栋房子,有你喜爱的艺术品,室内外有世界最美的风景。	
13. 成为全世界最有吸引力的人。	
14. 活到一百岁而不曾生病。	
15. 接受一个天才精神分析家的精神分析。	
16. 一个为你私人所用的、收集名作最完备的图书馆。	
17. 送些礼物给父母、妻子、子女。	
18. 清除世界上不公平的事。	
19. 发现蕴藏100万盎司的金矿,把它送给你最关心的慈善机构。	
20. 被选为今年的杰出人物,受全世界报纸的赞扬。	
21. 精通你本行业的事情。	
22. 除了享受外,什么事都不必做,一切的需要和欲望都会自动地得到满足。	
23. 成为世界上最聪明的人。	
24. 一种把"真诚的血浆"渗入全世界每一个水源的设备。	
25. 能轻轻松松地做你想做的事情,一点儿也不匆忙。	
26. 一个充满着银元的大房子。	
27. 控制50万人的命运。	
28. 受到全世界人的热爱与崇拜。	
29. 有无限的车票、戏票,使你能观赏各地音乐、舞蹈和戏剧演出。	
30. 新的发型、任你选设计师裁制你的衣服,再给你两星期时间到美丽的温泉去洗温泉。	
31. 成为世界上最好的健康俱乐部的会员。	
32. 能免除心理困扰的药物。	
33. 拥有一台全能的计算机,要什么情报就有什么情报。	
34. 和你的家人一块儿去旅游。	

34个项目中的每一个项目都和某一个价值观关联:

1和18——公平　　2和19——人道主义
3和20——认可　　4和21——成就
5和22——快乐　　6和23——智慧
7和24——诚实　　8和25——自主
9和26——经济　　10和27——权力
11和28——爱　　12和29——美感
13和30——外表的吸引力　　14和31——健康
15和32——情绪方面的圆满　　16和33——知识
17和34——热爱家庭

请你写下花钱的项目,记下项目的号码、花费的金额以及关联到的价值观。你在哪三个价值观上花了最多的钱呢？例如某人花费的情况如下。

在单个项目上花了最多钱的三个项目是

项目号码	价值观
1.	
2.	
3.	

下面是相关价值观的定义：

公平	不偏不倚的
人道主义	关心别人的利益
认可	能使人觉得自己重要
成就	完成事情
快乐	满足、喜悦
智慧	良好的品位和判断
诚实	坦白、廉正
自主	独立的能力
经济	物质的占有;财富
权力	对别人的控制权、影响力;权威
爱	温情;温暖地相处
美感	为了美的缘故而欣赏美
外表的吸引力	关心个人身体的外观
健康	关心个人身体的健康
情绪方面的圆满	免于焦虑;心灵平静
知识	真实或情报的追求
热爱家庭	乐于为家庭奉献,孝敬父母,深爱妻子,热爱子女

模块三:管理游戏

补句练习

一、把下列句子补写完整,越完整越好

1. 当我第一次来到这个课堂,我想(　　)。
2. 这学期我最关心的是(　　)。
3. 在剩下的大学时光里,我将(　　)。
4. 我现在面对的最大挑战是(　　)。
5. 人活着就是应该(　　)。
6. 最令我感到高兴的事情是(　　)。
7. 记忆中最尴尬的经历是(　　)。
8. 我被提问过的最有用的问题是(　　)。
9. 管理者最重要的品质是(　　)。
10. 在(　　)的时候,我学得最多。

二、指导

老师在课堂上和学生讨论以上问题的答案，注意同学们的答案有何相似以及不同之处（即个性差异）。

（资料来源：毕雪阳．管理心理学[M]．上海：上海财经大学出版社，2010.）

模块四：复习思考

一、单项选择题

1. 个性倾向性的核心是（　　）。

A. 世界观　B. 信念　C. 理想　D. 兴趣

2. 世界观是一个人对整个世界的总的看法和态度，它是个性倾向性的（　　）。

A. 一般表现　B. 重要表现　C. 集中表现　D. 突出表现

3. 耶克斯—多德森定律表明，较难课题最适宜动机强度（　　）。

A. 最强　B. 中等　C. 较弱　D. 没有一定强度

4. 诗人歌德对文学有研究，而且对自然科学也很热爱，经常弹钢琴、吹笛子、练习击剑等。这说明他的兴趣具有（　　）。

A. 高尚性　B. 广阔性　C. 效能性　D. 稳定性

5. 动机、兴趣产生的基础是（　　）。

A. 感知　B. 实践　C. 需要　D. 财物

二、多项选择题

1. 人们在群体中可以获得的需要和满足有（　　）。

A. 安全需要　B. 情感需要

C. 尊重和认同需要　D. 完成任务的需要

E. 实现组织目标的需要

2. 人的价值观体系来源有（　　）。

A. 遗传　B. 民族文化　C. 家庭教育　D. 社会舆论

E. 大众传播

3. 在霍兰德理论中，最理想的职业应该符合（　　）特点。

A. 一致性　B. 共同性　C. 分化性　D. 身份认定

三、思考题

试述社会主义市场经济条件下，大学生应坚持什么样的人生价值取向？

四、案例题

杰出的华裔学者李开复博士在谈到兴趣对他的事业成功时，这样写道：找到自己真正的兴趣，爱好并不是一件很容易的事，有时还要经过许多反复和波折，不过，一旦发现了兴趣所在，每个人都可以在激情的推动下走向成功。

拿我自己来说，我读高中的时候一心想做个数学家，刚进入大学时又打算当一名出色的政治家，可直到大二时我才逐渐发现，自己无法全身心地喜爱数学和政治，学习成绩也只在中游徘徊。与此同时，我接触并喜欢上了计算机，每天疯狂地编程，很快引起了老师、同学的注意。终于，大二的一天，我做了一个重大的决定：放弃此前一年多在全美前三名的哥伦比亚大学法律系已经修成的学分，转入哥伦比亚大学默默无闻的计算机系。我告诉自己，人生只有一次，不应浪费在没有快乐、没有成就感的领域。当时也有朋友对我说，改变专业会付出很多代价，但我对他们说，做一个没有激情的工作将会付出更大的代价。那一天，我心花怒放、精神振奋，我对自己承诺，大学后三年的每一门功课都要拿A。如果不是那天的决定，今天的我就不会在计算机领域取得这样的成就；如果不是那天的决定，今天的我很可能只是美国某个小镇上一名既不成功又不快乐的律师。

（资料来源：李开复．做最好的自己[M]．北京：人民出版社，2005：137．）

问题：请结合李开复博士的事例分析兴趣的内涵、性质和功能。

第四章 心理过程与管理

【学习目标】

1. 了解影响知觉准确的因素；
2. 熟悉情绪来源及表达方式；
3. 掌握情绪管理办法；
4. 熟悉挫折管理及意志力培养方法。

【开篇案例】

称赞与批评 2∶1 最合适

高明的主管有很高 EQ、AQ 和 IQ，懂得如何通过恰当的情商管理手段“带人、带心”。

某一天，张总突然接到员工小李的电话，“我买了机票，要去泰国玩，现在向你辞职”。张总有些惊讶，但还是以平和的口气说：“我给你两个星期的假，玩完之后再来上班。”小李说：“不用啦，即使回来，我也不想回你这里来上班了。”

张总极为气愤，但他没有忘记反思，问题出在哪里呢？后来他才想起，前些天小李曾交了一份企划案，张总十分不满意，而且还训斥他：“你怎么可以做出这样的东西，还好意思交给我？你真是大学毕业生吗？”

5 月 22 日，在复旦大学管理学院的“卓越女性课程”的“女性管理者的情商管理”课上，心理专家张怡筠博士以这样一个小案例开始了她的讲课。“小李刚刚工作半年，显然有极低的逆境商数 AQ(Adversity Quotient)，即抗挫能力。与这样的员工打交道时，主管应有一定的技巧。”

除了 AQ 之外，还有 IQ(智商)、EQ(情商)。在许多跨国公司，招聘时都会寻找“3Q very much”人。张怡筠说：“作为管理者，具备这 3Q 尤其是 EQ 特别重要，只有这样，才能处理好员工的各种情绪，成为带人、带心的优秀管理者。”

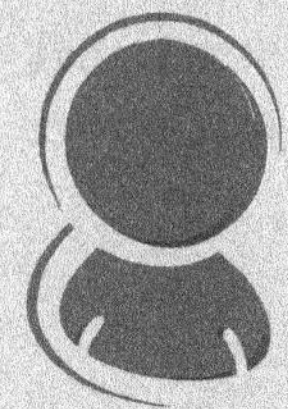

第一节 知觉与管理

我们经常看到，对同一个人、同一件事、同一个问题，不同人的观点差别很大。为什么会形成这种差别呢？一种可能是价值观或个性心理不同，不同价值观或个性心理的标准不一样，对同一事实的看法可能截然相反，难以调和，此所谓“道不同不相为谋”；另一种可能是价值观标准相同，但对同一个对象，大家捕捉到的信息不一样，从而得出了不同的结论，“盲人摸象”就是这种情况。人们拥有的信息来源于对客观事物的认知过程和心理过程，而认知过程是从人脑对客观现实的反映——感觉与知觉开始的。一切较高级、复杂的心理活动过程，都以感觉与知觉为基础，即在感觉与知觉所获得的材料基础上才能产生。不同的人知觉过程不一样，所以人们的决策和行为是以他对现实的知觉为基础的，而不是以现实为基础的。

一、感觉与知觉

（一）感觉的概念

感觉是人们对客观事物个别属性的反映，是客观事物个别属性作用于感官，引起感受器官活动而产生的最原始的主观映像；另一方面，感觉是主体对客体个别属性的觉察，且常受主体高层次心理活动的制约，如注意、知觉、情绪、心境等均对人们的感觉产生重要影响。

（二）感觉的特性

1. 感觉的适应

感觉具有随环境和条件变化而变化的特点。例如，刚进浴池感到水热，泡一段时间就不再感觉那样热了，这是皮肤感觉的适应。据研究，除痛觉之外各种感觉都有适应问题。刚入暗室，什么也看不见，等一会儿就看清了，这是暗适应；自暗室突然走出来，光亮刺眼，什么也看不见，等一会儿又看清了，这是光适应；入芝兰之室 ，久而不闻其香，入鲍鱼之肆，久而不闻其臭，则是嗅觉适应。

当一种强度不变的刺激持续作用于感觉器时，传入神经纤维的冲动频率逐渐下降，引起的感觉逐渐减弱或消失，这一现象称为感受器的适应现象。适应是所有感受器官的一个功能特点，但不同感受器有很大的差别，嗅觉感受器最容易适应。

2. 感觉对比

感觉对比是某一感受器由于不同的刺激背景而引起感受性程度变化的现象。例如同样的白色在黑色背景上比在灰色背景上显得更白，如图 4-1 所示，这是同时对比。这样的感觉对比现象，在日常生活中是常见的。轻松的音乐可缓解焦虑情绪，有些优雅乐曲可以减轻某些疼痛。

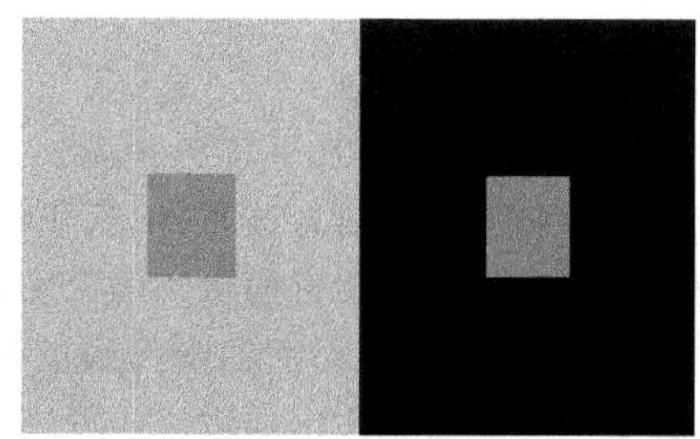

图 4-1　同时对比

左手泡在热水里，右手泡在凉水里，然后同时放进温水里，结果左手感觉凉，右手感觉热，这也属于同时对比。

吃过螃蟹再吃虾，就感觉不到虾的鲜味，这是继时对比。即不同的刺激先后作用于某一感受器而产生的对比现象。例如，图 4-2 中有上、下两排 4 个圆，凝视上排两个圆数秒钟，然后立刻转看下排两个圆，虽然它们为同一颜色（黄色），但一开始看起来好像是不同颜色的两个圆。

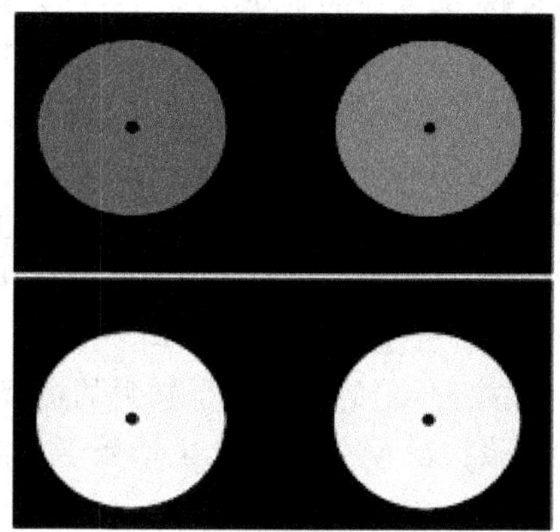

图 4-2　继时对比

影响感受性变化的还有联觉。比如，同是一个黄瓤西瓜挤出的汁，一杯加入食用红色素，一杯不加，不知者品尝起来，大都感到红色西瓜汁更甜，这叫视—味联觉。又如，红、橙、黄色往往引起温暖感、接近感、沉重感；而绿、蓝、紫色，则往往引起凉爽感、深远感和轻快感。正因为如此，同样大小的房间，墙壁、地板、家具等颜色不同，会产生大小、冷暖乃至兴奋、压抑等不同感觉。

3. 感受性的补偿与发展

人一出生就具备各种感觉器官和初步感觉能力，从而为各种感觉能力的发展奠定了基础。由于实践活动不同，某些感觉能力的发展水平也有差异。有经验的管钳工人，只要用手一握螺纹钢管，就可判断粗细的细微差别。一般人对黑布只能分出深黑、浅黑等几个等级，而有经验的染布工人则可以把黑布按深浅程度区分为 43 个等级。残疾人的感受性补偿是惊人的，盲人的触觉和听觉格外灵敏。所以说，人的感受性通过实践训练是可以发展的。

（三）知觉的概念

知觉是人脑对直接作用于感觉器官的客观事物各种属性、各个部分及其相互关系的整体反映。它以感觉为基础，是人脑对感觉信息选择、组织和解释的过程。但是知觉又与感觉不同，感觉是人脑对直接作用于各感觉器官的事物的个别属性的反映，知觉是人脑对直接作用于各感觉器官的事物的整体反映。因而知觉反映的是客观事物的整体属性，是多种感觉协同活动的结果，也是对感觉信息作出的进一步处理。

（四）知觉的特征

1. 知觉理解性

(1) 定义

知觉理解性是指在知觉过程中，人根据自己已有的知识经验对客观事物进行解释，并用词语加以概括与标志以赋予其意义的组织加工过程。人在感知知觉对象时，总是用以往的知识经验对所获得的感觉信息提出假设、推断并作出最佳的解释，然后把它们标示出来。比如，在听一段音乐的时候，非专业的听众会听出“好听”或者“不好听”，更进一步地能听出这段音乐里表达出了怎样一种感情，而专业的音乐学习者则能听出其中每个乐章代表的不同含义，这段音乐使用了多少种乐器进行演奏，甚至听几遍就能学会并演奏这段旋律。这是听觉上的例子，在视觉和其他感觉中也是如此。

在视觉上，我们看到图 4-3 中不规则的墨块，一下子看不出这是什么，但是在以往的经验上，我们曾经见过“狗”这种动物，便会反映出这是狗。因为知觉的理解受到已知经验的很大影响，容易形成知觉定式。知觉定式是指个体由于已有知识经验、动机或暗示等形成的某种知觉期望，有准备地按照特定的方式进行知觉的过程。这是一种自上而下的信息加工过程。有时候（常为实验状态下）定式的产生依赖于先前刺激呈现的时间长短，如果过长，被试会产生疲劳效应，定式作用消失。

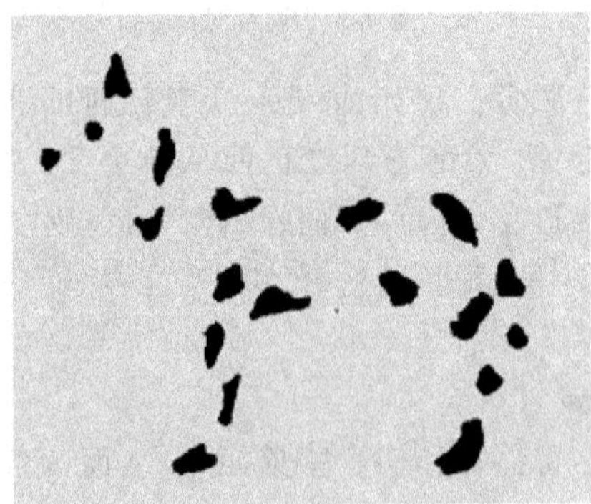

图 4-3　知觉理解性

(2) 特点

① 知觉理解性是以人已有的知识经验为前提对信息进行加工处理的。因此当人无法用过去的知识经验对所感知的事物进行理解和解释，那么知觉理解性就会降低。

② 知觉理解性受语言指导的重要影响。同样是听音乐内容的例子，如果一个专业音乐人向听众说明，在这一段音乐中，哪一个乐章讲述了一个怎样的故事，表达了一种怎样的情绪，那么非专业的听众再自己听一遍，也会感觉到这样一种情绪存在。

2. 知觉选择性

(1) 定义

知觉选择性是指人受自己的需要和兴趣等因素的影响，有意或无意地把某些刺激信息或刺激的某些方面作为知觉对象，而把其他事物作为背景进行组织加工的过程。然而，知觉对象与知觉背景之间的关系是相对的，在一定条件下，它们可以相互转换。这一特点在图像上表现为通过不同的直觉选择，不同的图形可以成为知觉对象，也可以成为知觉背景。

图 4-4 是一幅奇妙的图画，以玫瑰花为知觉对象时，画框是知觉背景，以玫瑰花为知觉背景时，可以看到画中的一对恋人。然而，由于细节的巧妙运用，玫瑰花、恋人和画框三者之间又分不清对象和背景的差别。

图 4-4 知觉选择性

(2) 特点

① 受客观刺激物特点的影响。第一，刺激物强度大、对比明显、颜色鲜艳则容易成为知觉对象；活动性的刺激物在相对静止的背景上容易成为知觉对象。第二，刺激物在空间上接近、连续或形状相似时，容易成为知觉对象。第三，刺激物符合“良好图形”原则时，容易成为知觉对象，比如对称、连续或结构简单的图形。第四，刺激物轮廓封闭或趋于闭合时，容易成为知觉对象。

② 知觉选择性受人的主观因素的影响。比如我们在看图 4-4 时，如果是喜欢玫瑰花的人，则趋于将玫瑰花作为知觉对象，如果是正处于热恋中的人，则趋于将图中的恋人作为知觉对象。

3. 知觉整体性

(1) 定义

知觉对象都是由不同属性的许多部分组成的，人们在知觉它时却能依据以往经验组成一个整体。知觉的这一特性就是知觉整体性(或完整性)。知觉并非感觉信息的机械相加，而是源于感觉又高于感觉的一种认知活动。当人感知一个熟悉的对象时，只要感觉了它的个别属性或主要特征，就可以根据经验而知道其他属性或特征，从而整体地知觉它。如果感觉对象是不熟悉的，知觉会更多地依赖于感觉，并以感知对象的特点为转移，而把它知觉为具有一定结构的整体。

如图 4-5 所示，乍看之下只是四条线段和四个缺角的圆，但是中间却形成了一个白色的正方形，这也是一种"主观轮廓"的知觉。

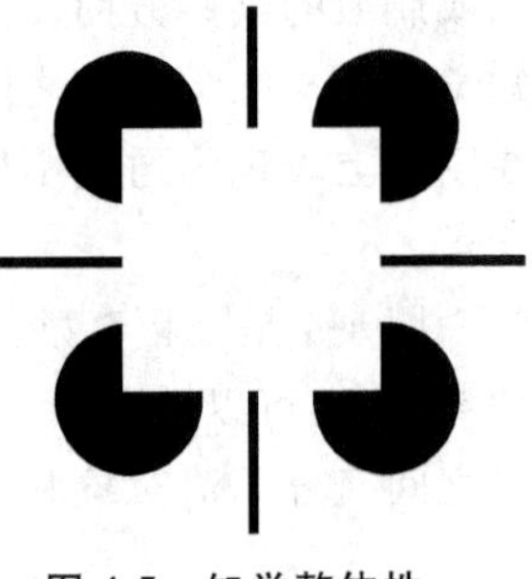

图 4-5 知觉整体性

(2) 特点

① 知觉整体性不仅与刺激物本身的特征及各部分之间的成分密切相关，还受到人的主观状态，特别是人原有的知识经验的影响。如果我们没有"正方形"这个概念，那么也不会形成图中的白色正方体。

② 刺激物的各个部分、各种属性对整体知觉的作用不同。

4. 知觉恒常性

(1) 定义

知觉恒常性是指人在一定范围内，不随知觉客观条件的改变而保持其知觉映像的过程。它是人长期实践活动的结果，也是人认知世界的需要。

(2) 种类

在视觉范围内，知觉恒常性有：大小恒常性、形状恒常性、方向恒常性、明度恒常性和颜色恒常性等。在不同角度、不同距离、不同明暗度的情境之下，观察某一熟知物体时，虽然该物体的物理特征(大小、形状、亮度、颜色、方向等)因受环境影响而有所改变，但我们对物体特征所获得的知觉经验，却倾向于保持其原样不变。

综上所述，知觉的四种特性有一些共同点：它们的形成都受到人的主观因素和以往经验的影响，同时也受到刺激物本身特点的影响，两者是相互作用的。这些知觉的特性既是人在认知和实践的过程中形成的，也是人类认知世界的重要方法。

二、社会知觉

作用于人的信息有两大类：一类是自然界中的机械、物理、化学和生物等方面的信息，属于非社会性信息；另一类是由人的社会生活实践所构成的社会现象的信息，包括担任社会角色并具有人性的人、人际关系和群体以及各种社会结构和社会事件等，属于社会性信息。对非社会性信息所形成的知觉，通常被称做物知觉(Object Perception)或一般知觉(General Perception)，而对社会性信息所形成的知觉就是社会知觉(Social Perception)。

（一）社会知觉的概念

社会知觉的研究始于20世纪40年代。此前，心理学家大多局限于对物知觉的研究过程，忽视了知觉主体本身的欲望、价值、情感等因素对知觉的影响。1947年，心理学家布鲁纳最先提出“社会知觉”的概念，指出知觉不仅决定于客体本身，也决定于知觉者的目的、需要、态度与价值观，即指明知觉者的社会决定性。因此，社会知觉是个体在生活过程中对别人、对群体及对自己的知觉。它不仅是对人的外部特征（如外貌、姿势、行为举止等）的知觉，而且要知觉判断人的内部动机、兴趣、性格和心理状态等，从而形成对人的整体认识、印象和评价。

（二）社会知觉的分类

1. 对他人的知觉

对他人的知觉是指对他人的需要、动机、情感、观点、信念、性格等内部心理状态的知觉。这种知觉主要是通过一个人的仪表、风度、表情、姿态、言谈、行为举止等外部特征，来认识这个人的需要、动机、情感、观点、信念、性格等心理特点与内在品质，即“听其言观其行而知其人”。这种知觉受以下条件制约。

（1）知觉对象的外部特征

知觉对象的外部特征包括一个人的仪表、风度、表情、姿态、言谈、行为举止等。例如，西装革履的人往往给人留下一种正派、大方、素雅、严谨、拘谨、循规蹈矩的印象；而牛仔装或运动装（休闲便装）则给人活泼、热情、随便、不拘小节、不拘礼节、马虎、充满活力等印象。人的外貌特征也是如此。在初次交往中，一个人面貌端正、言谈高雅、举止端庄往往给人留下良好的印象；反之，五官不正、言谈粗俗、举止轻浮的人则往往给人留下不良的印象。

（2）知觉者的知觉组织结构

知觉者的知觉组织结构是指一个人在知觉他人时所特有的观点、态度，即站在什么角度，用什么标准来观察、衡量对方。知觉者的知觉组织结构不同，知觉的结果也不相同。例如，在观察、了解同一个人时，有的人侧重于道德品质，有的人着眼于其智力特征，结果每个人所得的印象各不相同。

2. 人际知觉

人际知觉是指人与人之间相互关系的知觉，它是社会知觉最核心的部分。在人际知觉中，比较明显地受到人的情感因素的影响。例如，在工作、学习和生活中，人们互相接触、互相观察，而且彼此之间形成一定的态度，产生各种各样的情感。如敬仰、爱慕、信赖、同情或鄙视、憎恶、猜疑、反感等。产生这些情感是由于多因素的影响。如彼此接近的程度，彼此交往的深度，彼此在志向、兴趣、性格、修养乃至年龄等方面的相似性等。

3. 角色知觉

角色知觉是指个体对于自己所处的特定社会与组织中地位的知觉。角色是在涉及他人的社会活动中社会对某一特定对象所期望的一种行为模式，它反映一个人在社会系统中的地位以及相应的权利、义务、权力和职责。个人对自己的角色知觉，对其行为有重大影响。例如，在家里是扮演儿女角色，到学校扮演学生角色，课外活动(演出)则扮演歌唱家的角色，到市场上采购则扮演消费者的角色。

4. 自我知觉

自我知觉是指对自己的心理和行为状态的知觉，即通过对自己行为的观察而形成的对自己的思想、情感、能力、性格、道德水平等的认知。自我知觉对于个体行为的基本形态以及生活态度具有决定性的作用。一般来说，一个能够全面、正确地认识自己的人，比较不容易发生行为失当(失轨)的现象，但是人并非在任何情况下都能正确认识自己的心理状态。例如，在顺利的情况下，往往过高地估计自己的水平(得意忘形)；而在受挫的情况下，往往对自己的能力、水平产生怀疑。

在自我观察的自我知觉中，一个人观察别人与观察自己是有区别的。这种区别在于：第一，人们观察自己时所掌握的信息要比观察别人时更多，例如，一个人虽然工作成绩并不显著，但却作出了最大的努力，这在自己看来是心中有数的，如果别人观察他的行为就不一定能够了解；第二，观察自己与观察别人有熟悉和陌生的区别，对自己行为的知觉比对别人更熟悉，这主要是因为自己对自己的知识、经验和过去的经历要比对别人知道得更多些；第三，在知觉别人时自己是观察者、别人是被观察者，而在自我知觉时，自己既是观察者又是被观察者。

尽管自我知觉与对别人的知觉有上述区别，但这并不是说自我知觉一定比对别人的知觉更正确。有人在企业中曾做过一个实验，设计了四种情境，让工人解释在每种情境下积极工作或者能坚持工作的动机。第一种情境：给予很高的报酬，但工作比较单调乏味；第二种情境：报酬并不是很高，但工作很有趣味；第三种情境：报酬不高，工作也很乏味；第四种情境：报酬很高，工作也很有趣。实验结果：在第一、第二种情境中，绝大多数工人均能解释自己积极工作的原因。指出在第一种情境中之所以积极工作是因为有很高的报酬；在第二种情境中是因为工作很引人入胜。但是在第三、第四种情境下，对自己能坚持或积极工作的原因往往不能作出正确的解释。虽然以上这个实验研究的主要目的在于研究内在奖励和外在奖励对人的工作积极性的作用。但这也表明，自我知觉不是在任何情况下总是正确的，故真正做到“有自知之明”并非易事。

三、影响知觉正确的主要因素

(一) 知觉的主体因素

在知觉的主体方面，影响个体对别人认知的主要因素是其动机、经验和情感。一个人是否具有同别人交往、认识别人的动机，以及这种动机的强弱，对于他认识别人具有重要影响。阿特金森用速视器向被试快速显示四张一组的画片，每组画片之中有一张是人物面孔，而另外三张则是萝卜、饭锅等类似人头的画面。要求被试回答“看见了什么”？结果表明，交往动机强的人，对于人物面孔知觉得更为迅速、清楚。佩皮通的实验也证明，对于同一个人，交往动机强的被试比交往动机弱的被试认为他更为亲切。

人是根据自己的经验从一个陌生人的衣着打扮推断他的民族、性别、年龄、职业与性格特征的。人已有的知识经验将影响其知觉的选择性和对知觉对象的理解，缺乏有关的经验是不可能凭借人的外部形象推断内部特点的。巴格贝用速视器向被试分别呈现同样的图片，图片的一侧绘有棒球比赛图，而另一侧则绘有斗牛图，尽管给所有的被试都是左右两眼同时看着两种不同图景，结果却大不相同。美国人被试有 84％说看到了棒球比赛，而西班牙人被试有 85％说看到了斗牛。一个人的经验不仅影响他对别人的认识，而且也影响他对别人的感情。一个陌生人，仅仅由于他的相貌同我们所厌恶的人的面貌相像，就可能会成为我们所不喜欢的人。

人们自己当时的情感、情绪状态，对于他对别人表情的识别有明显影响。什芬包尔把被试分成两组，观看同一组照片，甲组在观看喜剧片之后立即被要求观看照片并说出照片上人物的表情，被试倾向于认为照片上人物的表情是喜悦的；乙组在观看乏味的、令人生厌的录像之后观看照片，却认为照片上人物的表情是厌恶的。由此可见，人们往往把自己的情绪、情感投射到别人身上，认为别人的面孔表现的是同自己体验的一样的情绪、情感。换句话说，人们倾向于用自己当时的情绪状态，解释判断他人的面部表情。事实表明，不仅一个人对他人个性特征的认识影响他对此人的好恶感，而且反过来，一个人对他人的好恶感，也影响他对此人的个性特征的认识。

（二）知觉的客体因素

在知觉过程中，知觉对象本身的内在因素也会对知觉产生影响。对于优点多的知觉对象倾向于作出积极、肯定性的判断；知觉对象知名度大小也直接影响着知觉者的社会认知。对知名度大的对象，知觉者无形中会把他看成有魅力的人；知觉对象的复杂程度也对人们的社会知觉造成影响。简单的事物易知觉，复杂的事物则给知觉者带来困难；知觉对象的特征也是影响知觉的一个重要因素。空间或时间上较接近的、相似的、具有连续性、封闭性的对象易被组合，往往会产生错觉，对表面相似实质并不相关的对象做因果判断。

（三）知觉的情境因素

在人际知觉中，除去知觉的主体、客体之外，知觉的情境也具有重要作用。一个人所处的环境以及他同什么人为伍，是同王公贵族、百万富翁还是同平民百姓、流浪汉在一起，深刻影响着别人对他的认识和评价。西格尔的研究表明，同一个男人，当他和一个美丽的女人坐在一起时，人们认为他是和气友好、富有自信心的；而当他坐在一个丑陋的女人旁边时，人们对他的知觉印象就大不相同了。人们对知觉情境的理解能够转移到知觉对象的身上，影响着对知觉对象的认知。例如，人们看到西装笔挺、手拿高级公文包进出银行大楼的人，就倾向于认为他不是银行高级职员就是公司经理；不是来存款就是来取款，人们一般不会想到他是来偷钱或是抢钱的。

为什么情境对于认识一个人会具有如此重要的作用呢？这是因为，人们的行为是由情境所要求、所规定的。出席生日晚会的人，必须面带笑容、举杯祝贺；参加追悼会的人必须愁容满面，而且要在一定位置采取一定姿势站立。既然行为是由情境决定的，那么，人们根据情境判断人的行为，或者认识一个人、判断一个人的时候，依赖于他所处的环境，也就不难理解了。

制约人际知觉的因素和条件除去主体、客体以及情境方面之外，交往时间的长短也是一个重要因素。为了深入认识一个人，总是需要时间、需要接触、需要共同活动的。俗话说："路遥知马力，日久见人心。"然而，在人际交往时间长短、彼此熟悉程度与相互认识、理解的准确性之间并不存在正相关。交往时间很长，彼此十分熟悉的人，很容易过高估计对方个性的积极方面，而难以察觉第三者一眼就能看出的弱点，人对人恰如其分的认识与理解，并不需要很长时间和过分亲密。

四、知觉偏差与管理

在现实生活中，人们往往由于受到主客观条件的限制而不能全面地看待问题，尤其是看待别人时，往往受到各种偏见的影响而造成社会知觉的歪曲，对别人的行为作出错误的归因判断。研究在社会知觉过程中产生的各种偏见和归因，对于做好人的管理工作具有重要的意义。

（一）首因效应

首因是指一个人在同他人初次接触时所形成的最初印象。首因效应指的是在社会认知过程中，最先的印象对人的认知具有极其重要的影响。它往往是通过对别人外部特征的知觉，进而取得对他们的动机、感情、意图等方面的认识，最终形成关于这个人的印象。这些外部特征包括人的面部表情、身体姿态、眼神、仪表等。如某人在初次会面时给人留下了良好的印象，这种印象就会在很长一段时间内左右人们对他以后的一系列心理与行为特征进行解释。由于首因效应的存在，使得人们对他人的知觉往往表现出这样的倾向，即当人们只获取了有关他人的少量信息时，就力图对他人的另外一些特征进行推理、判断，以期形成有关他人的统一、一致的印象。

S. E. 阿希是最早进行有关首因效应对认知影响的社会心理学家。1946 年，他以7 种描述个人人格特征的词为刺激物，以大学生为被试研究了有关人格印象的形成过程。这7 种人格修饰语为"精干、坚信、健谈、冷酷/热情、机智、进取、有说服力"。实验分 A、B 两组进行，除第四个人格修饰语不同外（A 组为冷酷、B 组为热情），给予两组被试的刺激语没有区别，提示的方式、时间间隔、重复次数也一概相同。实验结果发现，两组被试都很快根据 7 种人格修饰语描述了该人的人格形象，但两组的印象大相径庭。不仅 A 组被试说该人是个"冷型"的人，B 组被试说该人是个"热型"的人；而且两组被试都咬定，在这7 种人格修饰语中，最关键的是冷酷或热情。而阿希将这个词抽出后，用另 6 个词进行的实验表明，两组被试此时形成的印象转变为中性的了，已不再具有前述褒贬性质。① 据此，阿希得出这样两条结论：其一，印象形成是所有人格要素综合作用的结果；其二，在这些人格

① Asch, S. E. Forming impressions of personality. Journal of Abnormal and Social Psychology. 1946：41，258-290.

要素中有一种是左右印象形成的主要因素，最早出现的中心词（如冷酷/热情）决定第一印象。

两年以后，另一位社会心理学家A. S. 卢钦斯对阿希的观点提出了批评。他认为，决定人们对他人认知的关键因素与其说是“中心词”，不如说是人们的知觉顺序。换言之，第一印象是由人们所先接触的人格修饰语所决定的。[①] 在他的实验中，转了两段描写一个名叫吉姆的男孩生活片段的文字，第一段文字将吉姆描写成热情、外向的人，说吉姆与朋友一起去上学，他走在洒满阳光的马路上，与店铺里的熟人说话，与新结识的女孩子打招呼等；第二段文字则相反，把他描写成冷淡而内向的人，说吉姆放学后一个人步行回家，他走在马路的背阴一侧，没有与新近结识的女孩子打招呼等。卢钦斯把两段文字加以组合：第一组，描写吉姆热情外向的文字先出现，冷淡内向的文字后出现；第二组，描写吉姆冷淡内向的文字先出现，热情外向的文字后出现；第三组，只显示描写吉姆热情外向的文字；第四组，只显示描写吉姆冷淡内向的文字。卢钦斯让四组人分别阅读一组文字材料，然后回答一个问题：“吉姆是一个什么样的人?”结果发现，第一组中有78%的人认为吉姆是友好的，第二组中只有18%的人认为吉姆是友好的，第三组中认为吉姆是友好的人有95%，第四组只有3%的人认为吉姆是友好的。第一组和第二组条件下，相同的内容，只因顺序不同，人们对吉姆的印象差别竟然如此之大！也就是说，信息呈现的顺序影响了对人的整体看法，先呈现的信息比后呈现的信息有更大的影响作用。

对某人的第一印象一旦形成，就会影响到人们对他以后一系列行为的解释。第一印象既有积极的作用，也有消极的作用，在实际生活中有重要的积极意义。一位新上任的管理人员若在他的下属中获得较为满意的印象，就能为日后彼此间接触交往、搞好人际关系和进行有效管理打下良好的基础。良好的第一印象也有助于建立管理人员的威信。一般来说，“新官上任三把火”，这就是新的领导要特别重视第一印象，要想方设法给下属留一个好印象，为今后工作的顺利开展创造有利条件。

第一印象比较持久，但在形成对他人的正确印象的能力方面有下述局限性。

首先，第一印象的形成会不同程度地受到周围不同环境或事物的影响，而很少会单纯地根据人们的观察去直接形成印象。例如，在一个豪华餐厅中遇到一个人，与在一个普通饭馆里遇到一个人，这两种环境下形成的第一印象会有很大的差别。第一印象是根据被观察对象的有限行为形成的，因而是不全面的，带有一定的片面性。

其次，第一印象是高度个性化的反映，从而有可能歪曲被观察对象的印象。第一印象仅从偶然的交谈中，而不去全面考察被观察对象的个性、智力等，因而可能形成片面形象。它会造成认知上的惰性，形成对被知觉对象的固定看法。如果第一印象非常强烈，由此而认为该人很好，那么就会一直认为此人很好；反之，第一印象很坏，则一直认为此人不好。

最后，第一印象在实际生活中会造成“先入效应”，这会给管理人员带来认识上的片面性。这种先入为主的第一印象是好的时候，就会看不到别人的缺点；反之，就会看不到别

① Luchins, A. S. Forming impressions of personality: A critique. Journal of Abnormal and Social Psychology, 1948:43,318-325.

人的优点。作为一个管理者既不能忽视第一印象的积极作用,同时,也要克服第一印象的消极影响,要从全面、客观、变化发展中考察被知觉对象,最终获得正确的人际知觉。

资料链接

一个新闻系的毕业生正急于寻找工作。一天,他到某报社对总编说:"你们需要一个编辑吗?""不需要!""那么记者呢?""不需要!""那么排字工人、校对呢?""不,我们现在什么空缺也没有了。""那么,你们一定需要这个东西。"说着他从公文包中拿出一块精致的小牌子,上面写着"额满,暂不雇用"。总编看了看牌子,微笑着点了点头,说:"如果你愿意,可以到我们广告部工作。"这个大学生通过自己制作的牌子表达了自己的机智和乐观,给总编留下了美好的"第一印象",引起其极大的兴趣,从而为自己赢得了一份满意的工作。这种"第一印象"的微妙作用,在心理学上称为首因效应。

(二) 近因效应

近因即最近的印象,近因效应是指最近的印象对人的认知具有重要的影响。印象形成中的近因效应,最早是由卢钦斯 1957 年在《降低第一印象影响的实验尝试》一文中提出的,在该文中,他以另一种方式重复了前面提到的关于首因效应的经典实验。具体的做法是:在让被试阅读有关吉姆性格的两段描写文字之间,有一时间间隔。即先阅读一段后,让被试做数学题或听历史故事,再读第二段。实验结果与前述实验正好相反,这时对被试进行的吉姆性格的评价起决定作用的已不是先阅读的那段材料,而恰恰是后阅读的那段材料。

在社会知觉中既存在首因效应,又存在近因效应,那么如何解释这一似乎矛盾的现象呢?换言之,究竟在何种情况下首因效应起作用,何种情况下近因效应起作用呢?社会心理学家对此进行了多种解释,具体来说有以下几种看法。卢钦斯认为,在关于某人的两种信息连续被人感知时,人们总倾向于相信前一种信息,并对其印象较深,即此时起作用的是首因效应。而在关于某人的两种信息断续被人感知时,起作用的则是近因效应。也有人指出,认知者在与陌生人交往时,首因效应起较大作用,而认知者与熟人交往时,近因效应则起较大作用。怀斯纳则认为,首因效应和近因效应究竟何者起作用,取决于认知主体的价值选择和价值评价。他在 1960 年的一项实验中,使用了两套刺激语做实验,一套是阿希实验的 7 种人格修饰语,另一套是测验被试选择能力和比较能力的测验表,让被试对两套刺激语进行评价,然后计算被试对人物人格修饰语的评价值和测验表中各项内容评价值之间的关系。结果发现,被试对人物性格特点的评价取决于对测验表各项内容的评价,即被试究竟喜欢哪一种人格特点取决于他们的价值观念。

首因效应和近因效应是考核中最常见的社会认知偏差,对于管理均有重要影响。例如,在对员工进行绩效考核时,由于直接或间接的第一印象对人的影响非常深刻,使考核者只关注被考核者的最初印象,对其后来的表现视而不见,或只凭在第一印象中获取的少量信息,就力图对被考核者的其他特征和表现加以推测与判断。这种认知偏差,多见于人才聘用、引进之时以及新进人员的考核中。近因效应是与首因效应截然相反的时间效应偏差，它指最近的印象对人的认知所产生的重要影响。考核评定人员对考核对象近期的表现关注较多，而忽视了他们以往的表现。如果某人最近一段时间工作表现突出，考核的意见就比较好；反之，考核意见就差。一般来说，在考核不太熟悉的人时，首因效应起较大的作用；而考核身边的人或熟悉的人时，近因效应则会起更大作用。

在管理中应该把首因效应和近因效应结合起来对人、对事进行感知。首先，要预防两种效应的消极影响，既不能“先入为主”，也不能不看过去、只看现在。而应该以联系发展的态度感知事物，把对人、对事的每一次感知，都当作我们认知事物过程中的一个阶段，避免形而上学的片面性。其次，要在一定条件下，发挥两种效应的积极作用。讲话、办事、接触人、做具体工作都要善始善终，不能使人感觉“无头无尾”、“虎头蛇尾”或“蛇头龙尾”。

（三）晕轮效应

晕轮效应是指在知觉过程中，通过获得知觉对象某一行为特征的突出印象，而将其扩大成为整体行为特征的认知活动，它是一种“以偏概全”的评价倾向。即在社会认知时，人们常从所认知到的特征泛化推及未被认知的特征，从局部信息形成一个完整的印象，根据一个人的个别品质作出对其全面的评价。

好恶评价是印象形成中最重要的方面，在知觉他人时，人们往往根据少量的信息将人分为好或坏两种，如果认知对象被标明是“好”的，他就会被“好”的光圈笼罩着，并被赋予一切好的品质；如果认知对象被标明是“坏”的，他就会被“坏”的光圈笼罩着，他所有的品质都会被认为是坏的。后者是消极品质的晕轮效应，也称扫帚星效应（Forked-tail Effect）。心理学家戴恩等人（K. Dion，et al.，1972）曾用实验证实了晕轮效应的存在。他们让被试者看一些人的照片，这些照片看上去分别是无魅力的、中等的和有魅力的，然后，研究者让被试评定这些人的特点，而这些特点原本可能与有无魅力是无关的，但评定的结果却显示，有魅力的人得到了最高的评价，无魅力的人得到了最低的评价。

晕轮效应的错误在于：第一，它容易抓住事物的个别特征，习惯以个别推及一般，就像盲人摸象一样，以点带面；第二，它把并无内在联系的一些个性或外貌特征联系在一起，断言有这种特征必然会有另一种特征；第三，它说好就全部肯定，说坏就全部否定，这是一种受主观偏见支配的绝对化倾向。

在考核中由于晕轮效应的作用，一个人某方面的优缺点常常可以形成光环扩张到其他方面，而这些优缺点一旦被夸大，其他方面的优缺点就会隐退到光环的背后。晕轮效应主要出现于干部的选拔和职工的年度考核中。首先，管理人员可能选用一种品质作为基础来判断员工其他方面的表现。例如，如果某人全年无一次旷工、迟到行为，那么，很可能由此就会认为他的生产率也高、工作质量也好、工作勤勉。其次，管理人员评价员工时往往把某些品质联系起来。例如，可能认为进取心强的人必然精力充沛，能控制别人，必有成就；待人友好的人，必然是热情、慷慨的，且富有幽默感。

晕轮效应的启示：第一，正确利用晕轮效应，能达到事半功倍的效果；第二，在看待他人、评价他人和使用人才时，要避免发生晕轮效应而产生偏差和失误；第三，警惕偶像崇拜或个人崇拜。

资料链接

一位毕业生在应聘时，当被问及英语水平情况，她便用英语熟练地与考官交谈起来，从而引起招聘者的极大兴趣，当场便与她拍板“成交”。毕业生在求职应聘中，如果能够巧妙地运用这种晕轮效应，把自身的优势充分地展现出来，一定会给招聘考官留下深刻的印象，赢得对方的赏识，取得面试的成功。在运用这一效应时要注意的是，不能刻意制造“光环”效果，那种虚妄作出的行为，只会适得其反。

（四）定式效应

定式效应也称刻板印象，是指社会上对于某一类事或人产生的一种比较固定、概括和笼统的看法。人们把在头脑中形成的对某类知觉对象的形象固定下来，并对以后有关该类对象的知觉产生强烈影响。比如，中国人勤劳勇敢，美国人敢于冒险；北方人豪爽率直，南方人精明算计；商人唯利是图、教师文质彬彬、农民朴实憨厚；已婚员工比未婚员工更稳定；无奸不商等，这些都是定式效应的例子。

定式效应是我们在认识他人时经常出现的一种现象，其一经形成就很难改变。因此，在日常生活中，一定要考虑到定式效应的影响。例如，市场调查公司在招聘入户调查的访员时，一般都应该选择女性，而不应该选择男性，因为在人们心目中，女性一般来说比较善良、较少攻击性、力量也比较单薄，因而入户访问对主人的威胁较小。而男性，尤其是身强力壮的男性如果要求登门访问，则很容易被拒绝，因为他们更容易使人联想到一系列与暴力、攻击有关的事物，使人们增强防卫心理。但是，“人心不同，各如其面”，定式效应毕竟只是一种概括而笼统的看法，并不能代替活生生的个体，因而“以偏概全”的错误总是在所难免。

（五）投射效应

古代一位喜欢吃芹菜的人，总以为别人也像他一样喜欢吃芹菜。于是一到公众场合就向别人热情推荐芹菜，成为一个众所周知的笑话。但是生活中每个人都免不了犯类似这样的错误，这种“以己度人”的现象心理学上称为投射效应。即在人际认知过程中，人们常常假设他人与自己具有相同的属性、爱好或倾向等，常常认为别人理所当然地知道自己心中的想法。

投射效应常使人们对他人的知觉产生失真现象。人们倾向于按照自己是什么样的人来知觉他人，而不是按照被观察者的真实情况进行知觉。心理学家罗斯做过这样的实验来研究投射效应，在80名参加实验的大学生中征求意见，问他们是否愿意背着一块大牌子在校园里走动。结果，48名大学生同意背牌子在校园内走动，并且认为大部分学生都会乐意背，而拒绝背牌的学生则普遍认为，只有少数学生愿意背。可见，这些学生将自己的态度投射到其他学生身上。

投射效应的表现形式是多种多样的，主要有以下两种。

（1）感情投射。即认为别人的好恶与自己相同，把他人的特性硬纳入自己既定的框框中，按照自己的思维方式加以理解。比如，自己喜欢某一事物，跟他人谈论的话题总是离不开这件事，不管别人是不是感兴趣、能不能听进去。引不起别人共鸣，就认为是别人不给面子，或不理解自己。

(2) 认知缺乏客观性。比如，有的人对自己喜欢的人或事越来越喜欢，越看优点越多；对自己不喜欢的人或事越来越讨厌，越看缺点越多。因而表现出过分地赞扬和吹捧自己喜欢的人或事，过分地指责甚至中伤自己所讨厌的人或事。这种认为自己喜欢的人或事是美好的，自己讨厌的人或事是丑恶的，并有把自己的感情投射到这些人或事上进行美化或丑化的心理倾向，失去了人际沟通中认知的客观性，从而导致主观臆断，并陷入偏见的泥潭。

投射效应是一种严重的认知心理偏差，辩证地、一分为二地去对待别人和对待自己，是克服投射效应的良方。

第二节 情绪与管理

“人非草木，孰能无情”，人在认识周围世界的同时，往往会表现出自己的态度。表现态度的过程，就是情绪、情感的过程。

一、情绪及其分类

(一) 情绪及相关概念

1. 情绪

情绪是人对客观事物的态度体验及相应的行为反应，也是客观事物与人的需要之间关系的反映。这一概念包括以下三层含义。

(1) 客观事物是产生情绪的来源。任何情绪都不是自发的，而是由某种事物引起。引起情绪的客观事物包括发生在主体周围的人和事，也包括主体自身的生理状态等。

(2) 情绪由客观事物引起，但客观事物本身不直接决定情绪，情绪的产生是以客观事物是否满足主体的需要为中介。当客观事物满足了人的需要时，就会引起快乐、满意等积极肯定的情绪；当客观事物不能满足人的需要时，就会引起生气、苦闷、不满、憎恨等消极否定的情绪；当客观事物只能部分满足需要时，就会产生喜忧参半、百感交集、啼笑皆非等多种情绪交织的情况。

(3) 情绪不是态度本身，而是一种主观的态度体验。

2. 情绪与情感的关系

情绪是与个体的需要相联系，具有较大的情境性、激动性和暂时性。它常常难以控制，也很难假装，如高兴时手舞足蹈，愤怒时暴跳如雷；情感是与社会需要相联系，以内心体验的形式存在，比较内隐，具有较大的稳定性、深刻性和持久性。

情绪和情感有区别，但在具体的人身上很难区分，它们总是相互依存，不可分割。稳定的情感是在情绪的基础上形成的，同时又通过情绪反应得以表达，离开情绪的情感是不存在的；情绪也离不开情感，情绪的变化往往反映情感的深度，在情绪发生的过程中，常常深含着情感。

3. 情商

情商又称情绪或情感商数，用 EQ(Emotional Quotient)表示。正式提出"情感智商"这一术语的是美国耶鲁大学的彼得·沙洛维和新罕布什尔大学的约翰·梅耶。他们将情感智商描述为由三种能力组成的结构：准确评价和表达情绪的能力，有效调节情绪的能力，将情绪体验运用于驱动、计划和追求成功等动机和意志过程的能力。

1993 年沙洛维和梅耶对情感智商又作了进一步研究，把它定义为社会智力的一种类型，并对其应包含的能力内容作了重新的界定，即区分自己与他人情绪的能力，调节自己与他人情绪的能力，运用情绪信息去引导思维的能力。

1995 年，美国作家戈尔曼(D. Goleman)出版了《情感智商》一书，一时间情感智商这一概念在世界各地得到了广泛传播。戈尔曼认为情感智商包括五个方面的能力，即认识自身情绪的能力、妥善管理情绪的能力、自我激励的能力、认识他人情绪的能力和人际关系的管理能力。如今 EQ 在国外已被纳入正式教育。

我国学者都认同的 EQ 主要包括五大因素：自我意识、自我激励、情绪控制、人际沟通和挫折承受能力。

(二) 情绪分类

1. 情绪的基本分类

关于情绪的类别，长期以来说法不一。我国古代有喜、怒、忧、思、悲、恐、惊的七情说；美国心理学家普拉切克(Plutchik)提出了八种基本情绪：悲痛、恐惧、惊奇、接受、狂喜、狂怒、警惕、憎恨；还有的心理学家提出了九种类别。虽然类别很多，但一般认为有四种基本情绪，即快乐、愤怒、恐惧和悲哀。

快乐是指一个人盼望和追求的目的达到后产生的情绪体验。由于需要得到满足，愿望得以实现，心理的急迫感和紧张感解除，快乐随之而生。快乐有强度的差异，从愉快、兴奋到狂喜，这种差异与所追求的目的对自身的意义以及实现的难易程度有关。

愤怒是指个体所追求的目的受到阻碍，愿望无法实现时产生的情绪体验。愤怒时紧张感增加，有时不能自我控制，甚至出现攻击行为。愤怒也有程度上的区别，一般的愿望无法实现时，只会感到不快或生气，但当遇到不合理的阻碍或恶意的破坏时，愤怒会急剧爆发，这种情绪对人的身心的伤害也是明显的。

恐惧是指个体企图摆脱和逃避某种危险情境而又无力应付时产生的情绪体验。所以，恐惧的产生不仅仅由于危险情境的存在，还与个人排除危险的能力和应付危险的手段有关。一个初次出海的人遇到惊涛骇浪或者鲨鱼袭击会感到恐惧无比，而一个经验丰富的水手对此可能已经司空见惯，泰然自若。婴儿身上的恐惧情绪表现得较晚，可能是与他对恐惧情境的认知较晚有关。

悲哀是指一个人失去心爱的事物时，或理想与愿望破灭时产生的情绪体验。悲哀的程度取决于失去的事物对自己的重要性和价值。悲哀时带来的紧张的释放，会导致哭泣。当然，悲哀并不总是消极的，它有时能够转化为前进的动力。

2. 情绪的状态分类

情绪状态是指在一定的生活事件影响下，一段时间内各种情绪体验的一般特征表现。根据情绪状态的强度、紧张度及持续时间的长短，可以将其分为心境、激情和应激。

（1）心境

心境是一种微弱、平静和持久的情绪状态，它具有弥散性和长期性。生活中我们常说“人逢喜事精神爽”，指发生在我们身上的一件喜事让我们很长时间保持着愉快的心情；但有时候一件不如意的事也会让我们很长一段时间忧心忡忡、情绪低落，这些都是心境的表现。

心境具有弥散性，它不是关于某一事物特定的体验，而是一定时间内的情绪基调，即以同样的态度体验对待一切事物。它成为人们内心世界的背景，每时每刻发生的心理事件都受这一情绪背景的影响，使之产生与这一心境相关的色调。如一个在单位受到表彰的人，觉得心情愉快，回到家里同家人会谈笑风生，遇到邻居会笑脸相迎，走在路上也会觉得秋高气爽；而当他心情郁闷时，在单位、在家里都会情绪低落，无精打采，甚至会“对花落泪，对月伤情”。古语中说人们对同一种事物，“忧者见之而忧，喜者见之而喜”，也是心境弥散性的表现。

心境的长期性是指心境产生后会在相当长的时间内主导人的情绪表现。虽然基本情绪具有情境性，但心境中的喜悦、悲伤、生气、害怕却要维持一段较长的时间，有时甚至成为人一生的主导心境。如有的人一生历尽坎坷，却总是豁达、开朗，以乐观的心境去面对生活；有的人总觉得命运对自己不公平，或觉得别人都对自己不友好，结果总是保持着抑郁愁闷的心境。

导致心境产生的原因很多，生活中的顺境和逆境，工作、学习上的成功和失败，人际关系的亲与疏，个人健康的好与坏，自然气候的变化，都可能引起某种心境。但心境并不完全取决于外部因素，还同人的世界观和人生观有联系。一个有高尚的人生追求的人会无视人生的失意和挫折，始终以乐观的心境面对生活，陈毅元帅的《梅岭三章》可以说就是这种心境的体现。

心境对人们的生活、工作和健康都有很大的影响。心境可以说是一种生活的常态，人们每天总是在一定的心境中学习、工作和交往，积极良好的心境可以提高学习和工作的绩效，帮助人们克服困难，保持身心健康。消极不良的心境则会使人意志消沉，悲观绝望，无法正常工作和交往，甚至导致一些身心疾病。所以，保持一种积极健康、乐观向上的心境对每个人都有重要意义。

（2）激情

激情是一种爆发强烈而持续时间短暂的情绪状态。人们在生活中的狂喜、狂怒、深重的悲痛和异常的恐惧等都是激情的表现。和心境相比，激情在强度上更大，但维持的时间一般较短暂。

激情具有爆发性和冲动性，同时伴随有明显的生理变化和行为表现。当激情到来的时候，大量心理能量在短时间内积聚而出，如疾风骤雨，使得当事人失去了对自己行为的控制力。《儒林外史》中的范进听到自己金榜题名，狂喜之下，竟然意识混乱，手舞足蹈，疯疯癫癫；有些人在暴怒之下，双目圆睁，咬牙切齿，甚至拳脚相加。但这些激情在宣泄之后，人又会很快平息下来，甚至出现精力衰竭的状态。

激情常由生活事件所引起，那些对个体有特殊意义的事件会导致激情，如考上大学、找到满意的工作等；出乎意料的突发事件会引起激情，如多年失去音信的亲人突然回归，常会欣喜若狂。另外，违背个体意愿的事件也会引起激情，中国古书中记载，春秋战国时期的伍子胥过昭关，因担心被抓回楚国，父仇不能报，一夜之间竟然愁白了头。可见，不同的生活事件会引起不同的激情。

激情对人的影响有积极和消极两个方面。一方面，激情可以激发内在的心理能量，成为行为的巨大动力，提高工作效率并有所创造。如战士在战场上冲锋陷阵，一往无前；画家在创作中，尽情挥洒，浑然忘我；运动员在报效祖国的激情感染下，敢于拼搏，勇夺金牌。但另一方面，激情也有很大的破坏性和危害性。激情中的人有时任性而为，不计后果，对人对己都会造成损失。一些青少年犯罪，就是在激情的控制下，一时冲动，酿成大错。激情有时还会引起强烈的生理变化，使人言语混乱，动作失调，甚至休克。所以，在生活中应该适当地控制激情，多发挥其积极作用。

(3) 应激

应激是在出乎意料的紧迫与危险情况下引起的高速且高度紧张的情绪状态，它最直接的表现即精神紧张。如在日常生活中突然遇到火灾、地震，飞行员在执行任务中突然遇到恶劣天气，旅途中突然遭到歹徒的抢劫等，无论天灾还是人祸，这些突发事件常常使人们心理上高度警醒和紧张，并产生相应的反应，这都是应激的表现。

人在应激状态下常伴随明显的生理变化，这是因为个体在意外刺激作用下必须调动体内全部的能量以应付紧急事件和重大变故。这个生理反应的具体过程为：紧张刺激作用于大脑，使得下丘脑兴奋，肾上腺髓质释放大量肾上腺素和去甲状腺素，从而大大增加通向体内某些器官和肌肉处的血流量，提高机体应付紧张刺激的能力。加拿大心理学家塞里(Seley)把整个应激反应过程分为动员、阻抗和衰竭三个阶段：首先是有机体通过自身生理机能的变化和调整做好防御性的准备；其次是借助呼吸心率变化和血糖增加等调动内在潜能，应对环境变化；最后当刺激不能及时消除，持续的阻抗使得内在机能受损，防御能力下降，从而导致疾病。

应激的生理反应大致相同，但外部表现可能有很大差异。积极的应激反应表现为沉着冷静、急中生智，全力以赴地去排除危险，克服困难；消极的应激反应表现为惊慌失措、一筹莫展，或者发动错误的行为，加剧了事态的严重性。这两种截然不同的行为表现，既同个人的能力和素质有关，也同平时的训练和经验积累有关。如果接受过防火演习和救生训练，遇到类似的突发事故，也能正确及时地逃生和救人。

3. 根据情绪的演化过程或刺激类型分类

情绪根据其演化过程或刺激类型可以分为六类。

(1) 原始的基本情绪：快乐、愤怒、悲哀、恐惧(具有高度的紧张性)；

(2) 由感觉刺激引发的情绪：疼痛、厌恶、轻快(温和、强烈)；

(3) 由自我评价引发的情绪：成功感、失败感、骄傲与羞耻、内疚与悔恨；

(4) 与别人有关的情绪：爱与恨；

（5）与欣赏有关的情绪：惊奇、敬畏、美感、幽默感；

（6）最为持久的情绪状态：心境。

除此以外，我国心理学家林传鼎从总结古代情绪分类的角度，将情绪分为了18类：安静、喜悦、贪欲、忧愁、愤激、恐惧、恭敬、烦闷、惊骇、爱抚、哀怜、悲痛、愤怒、傲慢、嫉妒、惭愧、耻辱、憎恶；黄希庭从情绪的时间序列性或刺激物属性的角度，将情绪分为情调、激情、心境、应激、情操5类。

二、情绪的功能

每个人都具有各种各样的情绪，不管何种情绪，只要一经产生，便会影响整个认知过程，使整个认知过程都感染上情绪的色彩。情绪积极时，认知过程也积极；情绪消极时，认知过程也消极。情绪对认知的影响，主要表现在情绪具有动机性功能、信号性功能、感染性功能三方面。

（一）情绪的动机性功能

情绪的动机性功能是指情绪能激发人的认知和行动的动机。情绪在个体的生存适应和人际交往过程中起着十分重要的作用，它与动机的关系十分密切。这主要体现在以下两个方面：第一，情绪能够以一种与生理性动机或社会性动机相同的方式激发和引导行为。有时我们会努力去做某件事，只因为这件事能够给我们带来愉快与喜悦；第二，情绪也可能与动机引发的行为同时出现，情绪的表达能够直接反映个体内在动机的强度与方向。由此，情绪可以被视为动机潜力的指标，它是指个体追踪行动变化的能力，可以被来自环境的挑战而激发，对动机潜力的认识可以通过对情绪的辨别与分析来实现。例如，当个体面对一个应激场面时，动机潜力会发生作用，促使个体作出特定的行为（如逃跑），对这个动机潜力的分析可以由对情绪的分析获得。面对应激场面时，个体的情绪会发生生理的、体验的和行为的三方面的变化，这些变化会告诉我们个体在应激场合动机潜力的方向和强度。

（二）情绪的信号性功能

情绪的信号性功能是指情绪是人的思想意识的自然流露，各种各样的表情都具有一定的信号意义，这种信号有助于人与人之间的相互了解，即使在语言互不相通的情况下，凭借表情，人们也是可以交流的。在教学过程中，伴随着师生各自的认知过程与相互之间的认知过程，在这样的认知过程中，教学信息或信号是中介，师生之间的教与学活动是情绪认知活动，教师有必要从学生的表情去了解学生的学习状况，以便获得反馈信号，从而反思并改进自己的教学方法；学生也有必要从教师的表情去了解教师对教学信息的反应以及教师对学生学习的认可程度。因此，情绪的信号性功能在认知过程中起着不可缺少的作用。

（三）情绪的感染性功能

情绪的感染性功能是指人们之间感情的沟通需要情绪的感染，人接受客观事物所带来的刺激而引发的情绪体验也具有渲染性。情绪的感染性功能充分说明，人们在认知过程中会以情动情,情境交融,引发人们对认知过程的集中注意或分散注意,从而影响认知的效率。

情绪对认知过程的影响既有积极的一面,也有消极的一面,这取决于人们认知过程的心境状态。由于心境对认知的影响是弥散性的,它不仅影响认知过程的质量,而且还影响认知过程的效率。因此,心境的积极状态和消极状态会以不同的方式影响认知的各种过程。鲍尔(Bower,1981)等一系列研究表明,与心境一致的材料比,与心境不一致的材料更容易记忆,这种现象称为心境一致性记忆效应。鲍尔对这种现象的解释是,情绪也像其他东西一样可以作为回忆的线索,即一种心境(如高兴)产生时在心理出现的记忆(或事件)是和这种情绪联结在一起的,因而也间接地与其他情绪(如愉快、欢乐等)一致性的记忆联结在一起。产生这种效应的原因,可能是经过精细加工,在记忆中,情绪一致性的材料就更多地联结在一起;也可能是心境一致性的材料与自我有密切关系;或者可能是心境加强了记忆联结的强度。由此可知,情绪直接影响着记忆的识记、保持、再认和重现等记忆的基本过程。

三、情绪管理

情绪管理(Emotion Management)是指通过研究个体和群体,对自身情绪和他人情绪的认识、协调、引导、互动和控制,充分挖掘和培植个体和群体的情绪智商,培养驾驭情绪的能力,从而确保个体和群体保持良好的情绪状态,并由此产生良好的管理效果。这个名词最先由因《情绪智商》(*Emotional Intelligence*)一书而成名的丹尼尔·戈尔曼(Daniel Goleman)提出,认为这是一种善于掌握自我、调节情绪,对生活中矛盾和事件引起的反应能适可而止的排解,能以乐观的态度、幽默的情趣及时地缓解紧张的心理状态。

(一)情绪管理理论

20世纪60年代初,美国心理学家阿尔伯特·艾里斯(Albert Ellis)提出了"情绪ABC理论"。该理论的宗旨是:以理性的思维方式和观念代替不合理的思维方式,进而改善由非理性观念带来的情绪问题。

情绪ABC理论中,A是缘起事件(Activating Event),B是信念(Belief),C是情绪与行为的结果(Emotional and Behavioral Consequence)。影响我们的并非事件本身,而是我们对此事的解释。因此即使发生的事情相同,若我们所持的信念不同,便会产生不同的情绪反应。所以艾里斯认为,人们应该为他们的情绪负责,因为情绪是由他们的想法制造出来的。我们如果能驳斥非理性的信念,以合理信念取而代之,人就会有新的情绪产生,就会拥有较好的情绪反应。

例如,有四个女人同样遭遇失恋,第一个人的态度是这样的:"算了,旧的不去,新的不来,再找一个说不定比他更好!"然后挥一挥衣袖,难过一两个星期,一切就过去了。第二个人想:"我对你这么好,你怎么可以说分手就分手呢?"她自怨自艾,茶不思寝不寐,每天都生活得很痛苦,不论读书或工作,都弄得一团糟。第三个人很可怕:"你不要我了,我死给你看!"带着遗书去跳楼了。第四个人最恐怖,她要报复对方:"好!你不要我,我也不会让你好过!"然后跑到男方家大吵大闹,甚至带着硫酸,要把对方毁掉。同样一件事,但四个人的想法、态度、行为各不相同。

阿尔伯特·艾里斯认为，人情绪的好坏是由想法和信念所决定的。遇到负面的事情，通常人会产生很多不合适的想法，这种思维方式导致犹豫、焦虑、悲观、压抑、恶毒等不良情绪，只要去除这些不正确的想法，才可以改变人的情绪，甚至行为。也就是说，越是以正面、乐观的想法去面对问题，越是能产生愉悦、快乐的情绪，而不会被非理性的理念所控制。

延伸阅读

晴雨在我心

在我国民间曾流传这样一个故事：有位老太太有两个女儿，女儿都出嫁了，大女儿家开伞店，小女儿家开洗衣店。老太太天天为女儿忧愁，为什么呢？在雨天，担心小女儿家洗的衣服晒不干；在晴天，担心大女儿家的雨伞卖不出去。总之，每天都有让她忧愁的事。后来，一个人跟她说："老人家，您好福气啊！下雨天，您大女儿家生意兴隆；大晴天，您小女儿家生意好做。对您来说，哪一天都是好日子。"老太太转念一想，不禁眉开眼笑了。

（二）情绪管理的内容

1. 情绪的自我觉察能力

情绪的自我觉察能力是指了解自己内心的一些想法和心理倾向，以及自己所具有的直觉能力。自我觉察，即当自己的某种情绪刚一出现时便能够察觉，它是情绪智力的核心能力。一个人所具备的、能够监控自己的情绪以及对经常变化的情绪状态的直觉，是自我理解和心理领悟力的基础。如果一个人不具有这种对情绪的自我觉察能力，或者说不认识自己真实的情绪感受的话，就容易听凭自己的情绪任意摆布，以至于作出许多很遗憾的事情。伟大的哲学家苏格拉底的一句"认识你自己"，其实道出了情绪智力的核心与实质。

2. 情绪的自我调控能力

情绪的自我调控能力是指控制自己的情绪活动以及抑制情绪冲动的能力。情绪的自我调控能力是建立在对情绪状态自我觉知的基础上的，是指一个人如何有效地摆脱焦虑、沮丧、激动、愤怒或烦恼等因为失败或不顺利而产生的消极情绪的能力。这种能力的高低，会影响一个人的工作、学习与生活。当情绪的自我调控能力低下时，就会使自己总是处于痛苦的情绪旋涡中；反之，则可以从情感的挫折或失败中迅速调整、控制、摆脱而重整旗鼓。

3. 情绪的自我激励能力

情绪的自我激励能力是指引导或推动自己去达到预定目的的情绪倾向的能力，也就是一种自我指导能力。它是要求一个人为服从自己的某种目标而产生调动与指挥自己情绪的能力。一个人做任何事情要成功的话，就要集中注意力，学会自我激励、自我把握，尽力发挥出自己的创造潜力，这就需要具备对情绪的自我调节与控制能力，能够对自己的需要延迟满足，压抑自己的某种情绪冲动。

4. 对他人情绪的识别能力

这种觉察他人情绪的能力就是所谓同理心，也即能设身处地地站在别人的立场，为别人设想。越具同理心的人，越容易进入他人的内心世界，也越能觉察他人的情感状态。

5. 处理人际关系的协调能力

处理人际关系的协调能力是指善于调节与控制他人情绪反应，并能够使他人产生自己所期待的反应的能力。一般来说，能否处理好人际关系是一个人是否被社会接纳与受欢迎的基础。在处理人际关系的过程中，重要的是能否正确地向他人展示自己的情绪情感，因为，一个人的情绪表现会对接受者即刻产生影响。如果你发出的情绪信息能够感染和影响对方的话，那么，人际交往就会顺利进行并且深入发展。当然，在交往过程中，自己要能够很好地调节与控制住情绪，所有这些都需要人际交往的技能。

（三）情绪管理的方法

1. 自我情绪管理

（1）体察自己的情绪。经常要提醒自己注意：我的情绪是什么？例如，当你因为朋友约会迟到而对他冷言冷语，问问自己：我为什么这么做？我有什么感觉？如果你觉察你已对朋友三番五次的迟到感到生气，你就可以对自己的生气做更好的处理。有许多人认为人不应该有情绪，所以不肯承认自己有负面的情绪，但人是一定会有情绪的，压抑情绪反而更不好，学着体察自己的情绪，是情绪管理的第一步。

（2）适当表达自己的情绪。再以朋友约会迟到的例子来看，你之所以生气可能是因为他让你担心，在这种情况下，你可以婉转地告诉他："你过了约定的时间还没到，我很担心你在路上发生意外。"试着把"我很担心"的感觉传达给他，让他了解他的迟到会带给你什么感受。什么是不适当的表达呢？例如，你指责他："每次约会都迟到，你为什么都不考虑我的感受？"当你指责对方时，也会引起对方负面的情绪，他会变成一只刺猬，忙着防御外来的攻击，没有办法站在你的立场为你着想，他的反应可能是：路上堵车嘛，我有什么办法，你以为我不想准时吗？如此一来，两人便开始吵架，别提什么愉快的约会了。因此，如何适当表达情绪是一门艺术，需要用心地体会、揣摩，更重要的是，要学会在生活中运用。

（3）以适宜的方式疏解情绪。疏解情绪的方法很多，有些人会痛哭一场，有些人找三五好友诉苦，另有一些人会逛街、听音乐、散步或逼自己做别的事情，以免老想不愉快的事，比较糟糕的方式是喝酒、飙车，甚至自杀。疏解情绪的目的在于给自己一个理清想法的机会，让自己好过一点，也让自己更有信心去面对未来。如果疏解情绪的方式只是暂时逃避痛苦，而后需承受更多的痛苦，这便不是一个适宜的方式。有了不舒服的感觉要勇敢面对，仔细想想，为什么这么难过、生气？我应该怎么做将来才不会重蹈覆辙？怎么做可以降低我的不愉快？这么做会不会带来更大的伤害？从这几个角度去分析，选择适合自己且能有效疏解情绪的方式，你就能够控制情绪，而不是让情绪来控制你。

2. 员工情绪管理

（1）招聘、录用环节注重应聘者的情绪管理能力

在现在的人力资源管理中，招聘和录用是很重要的一环，决定了未来企业的人力资源质量。在情绪管理越来越受到重视的今天，在招聘和录用环节对应聘者进行情绪管理能

力考察显得很有必要，同时，现在人事测评技术的发展，比如情商测试，也使之成为可能。虽然相对于智商、空间机械能力以及运动能力等测试，情商测试在企业人力资源管理中的信度和效度尚缺乏实证，但是情商测试的理论依据是可靠的，而且情商对于个人成就的关联性已被各种实验研究所证实，因此某些情绪方面的能力在企业人力资源管理中可以进行尝试性的测评。比如，让被测试者身处设定的环境里，面对一些现实性的冲突和问题，从情绪变化、语言表情等方面的情绪反应中评估其情绪管理能力等。但这种测试必须在被测试者没有意识到的状态中进行，否则，被测试者的情绪状态真实性就会下降。

（2）把行业特点、工作的物理条件和员工个人能力相匹配

行业特点和工作的物理条件对员工的情绪会产生很大影响。在实际的环境中，因为行业的性质特点是无法改变的，所以要做的就是把工作的物理条件和行业特点、工作性质匹配起来，使物理条件尽力地符合行业特点和工作性质。比如说，IT行业是高脑力劳动，工作性质是不确定性和挑战性，强调员工的个人能力发挥和团队合作，因此在IT行业中，工作的物理条件应该设置成开放式的，在办公用具的摆放、员工工作物理空间、墙体颜色等方面就设置得相对宽松，个人空间大，利于团队交流等。又如广告业中，工作的特点就是创新和个性化，因此墙体的颜色应刷成利于激发灵感的颜色。但是仅仅做好物理条件还是不够的，因为个人之间的差别，工作还应该因人而异，使员工在一个舒适的环境中发挥自己的最大潜能。

（3）把提高员工的情绪管理能力列入人力资源管理的培训内容

目前的人力资源管理培训多是关于技能或者知识的培训，情绪管理能力的培训较少。但是因为情绪管理能力具有后天可培养性、可塑造性，因此，在人力资源规划中，应该将员工情绪管理能力的培训作为一项重要内容。例如，怎样观察自己和他人的情绪、怎样对待情感波动、如何战胜压力和焦虑、如何积极交往、如何跟同事共享成功喜悦、如何培养相互的信任感、如何激励自己与他人等。

（4）加强对员工的人文关怀

对员工的人文关怀应包括两方面：一是工作当中的关怀；二是日常生活中的关怀。首先，工作的软环境中，企业应建立透明、合理、公平、健全的管理制度，公平对待每一位员工，选择符合大多数员工情感特点和需要的管理方式，以此规避由于不良管理产生的负面情绪。此外，还要给员工创造一个宽松的情感交流环境，如经常举办员工聚会和定期的娱乐活动，以增进情感交流等；提供咨询服务，如聘请情绪指导专家或心理医生，以便帮助员工释放工作中积累的紧张情绪等。其次，员工在日常生活中所产生的负面情绪会对其个人甚至团队产生很大的消极影响，因此，企业应该为员工建立良好的福利条件，或者通过其他方式来关怀员工的个人生活。

（5）加强企业文化建设和管理者的情绪处理能力

企业中每个员工遇到的情绪问题和情绪管理能力是不同的，如果企业有一个能激励员工为之奋斗的目标愿景，一种被员工认同的价值观和追求的精神，也就是说企业文化是和谐的话，那么这个企业就有可能激励员工超越个人情感，营造属于企业的精神力量，激励他们以高度一致的情绪去达成企业的愿景。相反，如果企业文化是冲突的，那么负面情绪就会大量产生。另一方面，员工的工作是在管理者的领导下进行的，如果管理者的情绪

处理能力较差，那么当员工情绪出现问题时，管理者就很难帮助员工解决问题。所以，员工的情绪管理能力与企业文化和管理者的情绪处理能力是密切相关的。

总而言之，情绪管理作为人力资源管理的一个重要方面，在企业管理中越来越受到普遍关注。企业应该多管齐下，不仅要在看得见的"硬件"方面改进，还要在看不见的"软件"方面下工夫，不断提高管理员工情绪的能力。这样，一方面可以降低员工绩效的波动幅度；另一方面可以不断地吸引优秀人才，同时还可以为企业培养卓越的管理者，实现企业持续发展的战略目标。

资料链接

秀才赶考

有位秀才第三次进京赶考，住在一个经常住的店里。考试前两天他做了三个梦：第一个梦是梦到自己在墙上种白菜；第二个梦是下雨天，他戴了斗笠还打伞；第三个梦是梦到跟心爱的女友躺在一起，但是背靠着背。

这三个梦似乎有些深意，秀才第二天就赶紧去找算命的解梦。算命的一听，连拍大腿说："你还是回家吧。你想想，高墙上种菜不是白费劲吗？戴斗笠打雨伞不是多此一举吗？跟女友躺在一张床上了，却背靠背，不是没戏吗？"

秀才一听，心灰意冷，回店收拾包袱准备回家。店老板非常奇怪，问："不是明天才考试吗，今天你怎么就回乡了？"

秀才如此这般说了一番，店老板笑了："哟，我也会解梦的。我倒觉得，你这次一定要留下来。你想想，墙上种菜不是高种吗？戴斗笠打伞不是说明你这次有备无患吗？跟你女友背靠背躺在床上，不是说明你翻身的时候就要到了吗？"

秀才一听，更有道理，于是精神振奋地参加考试，居然中了个探花。

第三节　意志与管理

一、意志及其特征

（一）意志的概念

意志是自觉地确定目的，并根据目的来支配、调节自己的行动，克服各种困难，从而实现目的的心理活动。

人的行动主要是有意识、有目的的行动。在从事各种实践活动时，通常是根据对客观规律的认识，先在头脑里确定行动的目的，然后根据目的选择方法、组织行动、施加影响于客观现实，最后达到目的。例如大学生进高等师范院校学习，立志从事教育事业，这首先要确定行动目的，然后根据这个目的顽强地刻苦学习，参加体育锻炼，克服各种困难，争取在德、智、体几方面都得到发展，成长为合格的人民教师。在这些行动过程中，不仅意识到自己的需要和目的，还以此调节自己的行动以实现预定的目的。意志就是在这样的实际行动中表现出来的。

（二）意志的特征

人的意志行动有如下三个特征。

1. 意志行动是自觉地确定目的的行动

意志是在有目的的行动中表现出来，这个目的是自觉的、有意识的。动物有各种各样的行为，但动物没有意志，意志是人类所独有的。毛泽东同志讲过："思想等等是主观的东西，做或行动是主观见之于客观的东西，都是人类特殊的能动性。这种能动性，我们名之曰'自觉的能动性'，是人之所以区别于物的特点。"人之所以不同于动物，是由于人具有根据自觉的目的去行动的能力。目的在意志行动中起着极其重要的作用。它既能发动符合于目的的某些行动，同时又能制止不符合目的的另一些行动。目的越高尚，目的的社会意义越大，产生的意志力也越大，常言说："伟大的目的产生伟大的毅力。"

目的的确定，不是凭主观任意决定的，而是受客观现实的制约。人的目的是否能实现，要看人的目的和行动是否符合客观现实的情况和社会历史发展的规律。如果符合，人的目的就有可能达到。现实的客观规律是不以人们的意志为转移的，人们不能改变它、消灭它。当人们还未掌握客观规律时，人们的行动就带有一定的盲目性。如果违反了客观规律，人们的意志就不能实现。但是，当人们一旦认识了自然和社会的规律以后，人们就能摆脱对自然和社会的盲目性，从而获得自由，人们就能真正自由地发挥主观能动作用，自觉地改造客观现实。唯心主义者的"意志自由论"认为，意志是一种既与人脑无关，又与周围环境无关的精神力量。他们把意志看作脱离现实而独立存在，可任意"创造"一切的绝对自由的力量。这是对意识能动性的恶意歪曲。这种鼓吹意志的绝对自由是极其荒谬的，其目的在于为反动统治阶级的罪行辩护，并掩盖其反动本质。科学心理学认为，目的的确定是受客观规律制约的，只有按客观规律行动，才能获得真正的自由。

2. 意志行动是与克服困难相联系的行动

意志行动是有目的的行动，目的的确定与实现，通常会遇到种种困难，而困难的克服过程也就是意志行动的过程。困难有两种：内部困难和外部困难。内部困难是指人在行动时有相反的要求和愿望的干扰。例如，当要实现某种计划时，缺乏饱满的信心，畏缩不前，这对计划的实现是十分不利的。计划一经确定，就必须满腔热情，信心百倍，勇往直前，要有不达目的绝不罢休的英勇气概；外部困难是指外在条件的障碍，如缺乏必要的工具和工作条件，或来自他人的讥讽和打击等。困难的性质和程度有轻有重，意志行动有的简单、有的复杂，因此意志力的水平也就有强有弱。在执行计划时，有时由于情况的变化，计划必须加以修改和调整，预定的目的才能实现。

3. 意志行动是以随意动作为基础

人的行动都是由简单的动作组成的，动作可分为不随意的和随意的两种。不随意动作主要是指那些不由自主的动作。它们在出现以前，人并不是有意识地要那样做的。比如，眼受到强光的刺激，瞳孔立即缩小；手碰到刺，立即缩回。至于随意动作，它们都是由意识指引的动作，是在生活实践中学会了的动作，它们是意志行动的必要组成部分。如果没有掌握这些必要的随意动作，意志行动就无法实现。有了随意动作，人们就可根据目的去组织、支配和调节一系列的动作，组成复杂的行动，从而实现预定的目的。

二、意志的基本品质

一个意志明确而又坚强的人，主要具有如下几方面的基本品质。

（一）自觉性

自觉性是指一个人对于自己的行动目的的正确性和重要性有充分的认识，尤其是清楚地意识到行动效果的社会意义。人们根据对客观现实发展规律的认识，自觉地确定行动的目的，有步骤地组织自己的行动，以实现预期的目的，从而改造客观现实，同时也改造自己的主观世界。这样就能减少行动的盲目性，正确地发挥人的主观能动性。一个具有辩证唯物主义世界观的人，能够根据马克思列宁主义的立场、观点和方法，来调节自己的行动。

与自觉性相反的品质是意志的动摇性和独断性。动摇性是指一个人没有以正确的认识为基础，也没有意识到自己行动的真正意义，因而极易轻信别人，易受外界势力的干扰，轻易改变自己原来的决定，甚至采取违反自己原来的观点和信念的行动。独断性是动摇性的另一个极端，是指一个人经常毫无理由地拒绝考虑别人的任何劝告，顽固地拒绝接受别人的任何意见，或者不顾现实情况的变化，一意孤行，即所谓“独断专行”、“固执己见”。其结果是到处碰壁，一事无成。

（二）果断性

果断性是指一个人善于明辨是非，适时采取决定并执行决定。所谓适时，即指在需要立即行动时，当机立断、毫不犹豫，甚至在危及生命时也敢坚持真理、大义凛然。但在不需要立即行动或情况发生改变时，又能立即停止执行或改变已作出的决定。果断性是以勇敢和深思熟虑为前提的。

与果断性相反的品质是优柔寡断和草率决定。前者往往患得患失，踌躇不前；后者则懒于思考、轻举妄动，凭一时冲动鲁莽从事，结果是完不成任务，达不到目的。这就是意志薄弱的表现。

（三）坚持性

坚持性包括充沛的精力和坚韧的毅力。在达到一定目的的行动过程中，必须具有充沛的精力和顽强的毅力。毅力不仅表现为坚持的决心，而且含有顽强奋斗的品质。在意识到行动的正确性和重要性之后，不因一时失败而气馁，也不因有所成功而骄傲。缺乏精力和毅力，就不可能完成艰巨的任务。

与坚持性相反的品质是顽固、执拗，对自己的行动不做理性检查，而一意孤行，另一种是见异思迁、虎头蛇尾，偶遇小挫折便望而却步。

（四）自制性

自制性是指一个人在意志行动中善于控制自己的情绪、约束自己的言行。自制性表现在两方面：第一，善于促使自己去执行已经采取的决定，并能战胜与执行决定相对抗的一切因素；第二，善于克服盲目的冲动和消极的情绪。一个有自制性的人能自觉地控制和调节自己的行动。马卡连柯（A. C. Makarenko）说过："坚强的意志——这不仅是想什么就获得什么的那种本事，也是迫使自己在必要时放弃什么的那种本事。没有制动器就不可能有汽车，而没有克制也就不可能有任何意志。"

延伸阅读

英国麦当劳的故事

英国有 1.35 万家麦当劳，拥有它的人是一个叫琼森的人。当初琼森是一个打工者，根本无法具备麦当劳总部所要求的 75 万美元现款和一家中等规模以上银行信用卡支持的苛刻条件，只有 5 万美元存款的琼森决意要在英国创立麦当劳事业。5 个月他也只借到 4 万美元，面对巨大的资金落差，琼森没有放弃，偏要迎难而上。

于是，他叩响了伦敦银行总裁办公室的大门。在听完他的表述后，银行总裁说，让我考虑考虑吧。琼森心头掠过失望，但他立刻镇定下来说：可否让我告诉你我那 5 万美元的来历？银行总裁回答"可以"。"那是我 6 年来按月存款的收获，我每月坚持存下 1/3 的工资，雷打不动，从未间断。6 年里，无数次面对过度紧张或手痒难耐的尴尬局面，我都咬紧牙关挺了过来。我立下宏愿，存够 10 万美元开创自己的事业，现在机会来了，我要提前开创事业。"

送走琼森后，总裁立即驱车前往那家银行，亲自了解琼森的存钱情况。果然 6 年来琼森风雨无阻地准时存钱。总裁听完后大为动容，立即打通琼森家的电话，告诉他伦敦银行可以毫无条件地支持他创建麦当劳事业。

三、挫折管理与意志力培养

在遇到挫折时，意志力强的人能够自觉控制和调节自己的心理和行为，面对现实找出失败的原因，施展所有的本领来对付困难，善始善终地将计划执行到底，直至目标实现。意志力强的人对挫折的适应能力、承受能力都较强，并能将挫折进一步转化为促进目标实现的积极因素，进一步增进自己的自信心；意志薄弱的人往往缺少信心和主见，对自我的控制和约束力较差，在遇到挫折时容易改变行为的方向、回避现实，采取消极的应对方式，其结果不仅严重影响既定目标的实现，同时还进一步降低自信心，降低对挫折的承受与适应能力，甚至出现意志消沉和精神障碍。

（一）挫折管理

在管理工作中充分理解和认识挫折员工挫折产生的原因及其防卫机制，有三个作用。

一是有利于提高管理者的工作预见性，从而有效地防止一些恶性事件的发生；二是有益于管理者帮助下属矫正其异常行为，提高心理成熟度；三是有利于提高员工工作积极性、主动性，增强员工的归属感，提高员工绩效乃至企业绩效。一般而言，挫折管理应包含以下几个方面的内容。

1. 管理者应及时了解并排除造成挫折的根源

企业的各级管理人员对员工的情绪应有敏锐的观察，应把职工的种种异常行为，如抱怨、发牢骚、吵架等看作存在问题的征兆，及时了解情况，找出根由、予以解决、防患未然。企业领导者还可以借助经常性的员工满意度调查，及时发现员工心中的挫折、压力、不满等负面情绪，以便有针对性地采取行动。

发现员工的挫折以后，还应帮助员工积极寻找产生挫折的原因。心理学研究表明，把个体成功或失败的行为归因于何种因素，对其后的工作积极性有着重要的影响。若把成功归因于内部因素，如努力、能力强等，能够使人感到自豪和满意。把失败归因于内部因素，会使人感到内疚和无助。而把失败归因于外部因素，则使人感到气愤和充满敌意。若把失败归因于稳定因素，如任务难和能力差，会降低其后在工作中的积极性。相反，若把失败归因于不稳定因素，如运气不好或不够努力等，则可能会提高以后的工作积极性，若不给予足够的重视，下次可能会犯同样的错误。

管理者对员工工作的失败，应尽量引导他们将其归因于内部的不稳定因素（如努力不够），而不宜归因于内部的稳定因素。同时，归因时应尽量淡化外部因素，以免引起员工的不满和找借口，这对管理是不利的。

2. 管理者对受挫折的员工应宽容相待，并适当采取心理疏导

人的行为总是从一定的动机出发，经过努力达到一定的目标。如果在实现目标的过程中，碰到了困难、遇到了障碍，就会产生挫折，继而挫折会产生各种各样的行为，表现在心理上、生理上会有所反应。所以，员工的动机受阻是导致挫折产生的根本原因。因此，我们可以通过心理疏导，对于员工不合时宜的、在当前条件下无法满足的需求、动机进行引导，使员工自觉地调整不适当的目标，这样可以有效地避免员工挫折感的产生。

请心理学家进行“心理咨询”也是一种行之有效的方法。但是这种方法目前在国内还难以做到，因此可以考虑采用“精神宣泄疗法”。这是一种心理治疗的方法，主要是创造一种环境，让受挫者被压抑的情感自由地表达出来。人在受挫折以后，其心理会失去平衡，常常以紧张的情绪反应代替理智行为。这时只有让紧张的情绪发泄出来，才能恢复理智状态，达到心理平衡。从这个意义上讲，管理者应该积极倾听职工的抱怨、牢骚，让他们有气发泄出来、有话说出来，待不满的情绪发泄出来以后，员工才会心平气和。

我们还可以通过企业内人力资源部门的管理人员或其他相关人员，对受挫员工进行面谈，了解员工的真实想法，帮助他们分析产生挫折感的原因，为其提供克服挫折的方法，使受挫者的不良情绪及时得以排除，达到心理平衡。另外，改变环境也是应对挫折相当有效的方法，其主要方式有两种：一是把员工调离原来的工作岗位；二是改变环境的心理氛围，给受挫者以广泛的同情和温暖。通过对员工进行岗位调动，或者加强对员工的培训，以及通过打造企业奋发向上、积极进取的氛围和工作环境，能够使员工感受到企业组织的关心、同情和温暖，从而减轻或消除员工的挫折感。

3. 要帮助受挫员工成长

员工遭遇挫折后，自我实现的需要得不到满足，因而也就得不到有效的激励，工作积极性得不到提高。解决此问题的最好办法就是创造良好的学习条件，帮助员工发展，或者采取相应措施对其作出补偿。这样既可以使员工从挫折的阴影中尽快走出来，还能够让他尽快树立新的奋斗目标，转移其关注焦点，将能量转移到有建设性的工作当中，这无论对员工还是对企业来说，都是最希望看到的结果。比如现在很多组织推行扁平化，大大压缩管理层级，管理岗位相应减少，加上职业发展通道单一，从而会使相当一部分员工的晋升受阻。对于这一部分员工，可以实行"双轨制"，即将技术岗位和行政管理岗位分开，技术岗位可以通过技能学习、技能鉴定而提高技术等级，而技术等级与薪酬等级、培训等紧密挂钩，从而可以有效避免技术人员一窝蜂地往行政管理岗位挤的现象，能够在一定程度上降低受挫员工的数量，而且还有助于提升员工的技术水平。也可以通过绩效考核、年功等获得提薪的机会，对晋升受阻的员工提供一种补偿，降低或消除员工因晋升受阻而产生的挫折感，使员工能够在岗位上踏踏实实地干下去。

（二）意志力的培养

1. 强化正确的动机能够激发毅力

人们的行动都是受动机支配的，而动机的产生则起源于需要的满足。人都有各自的需要和追求，只是由于人生观的不同，不同的人总是把不同的追求作为自己最大的满足。斯大林说过，伟大的目的产生伟大的毅力。从奥斯特洛夫斯基和张海迪身上，我们可以充分地看到，崇高的人生目的怎样有力地激发出坚韧的毅力。

2. 培养兴趣能够激发毅力

有人说兴趣是毅力的门槛，这句话是有道理的。法布尔对昆虫有特殊的爱好，他在树下观察昆虫，可以一趴就是半天；诺贝尔奖获得者丁肇中说，我经常不分日夜地把自己关在实验室里，有人以为我很苦，其实这只是我兴趣所在，我感到"其乐无穷"的事情，自然有毅力干下去了。当然，人的兴趣有直观兴趣和内在兴趣之分，但两者是可以转换的。例如，有的人对学外语兴味索然，可他懂得学好外语是国家发展的需要，对这个需要他有兴趣，因此他能强迫自己坚持学外语。在学的过程中，对外文的兴趣也能够渐渐培养起来，这反过来又能进一步激发他坚持学外语的毅力。一个人一旦对某种事物、某项工作发生内在的稳定兴趣，那么令人向往的毅力就会不知不觉地来到他身边。

3. 从小事做起可锻炼大毅力

李四光向来以工作坚韧、一丝不苟著称，这与他年轻时就锻炼自己每步走零点八米这类的小事不无关系；道尔顿平生不畏困难，看来从他五十年天天观察气象而养成的韧性中受益匪浅。高尔基说："哪怕是对自己的一点小小的克制，也会使人变得强而有力。"生活一再昭示，人皆可以有毅力，人皆可以锻炼毅力，毅力与克服困难相伴。克服困难的过程，也就是培养和增强毅力的过程。毅力不很强的人，往往能克服小困难而不能克服大困难，但积极克服小困难之小胜也能使人具备克服大困难之毅力。

4. 由易入难，既增强信心又锻炼毅力

有些人很想把某件事情善始善终地做完，但往往因为事情的难度太大而难以为继。

对毅力不太强的人来说，在确定自己的奋斗目标、选择实现这一目标突破口时，一定要坚持从实际出发，由易入难的原则。美国学者米切尔·柯达说过："以完成一些事情来开始每天的工作是十分重要的，不管这些事情多么微小，它会给人们一种获得成功的感觉。"这种感觉无疑有利于毅力的激发。意志力的培养不是一天两天能够实现的，这需要一个长期的过程，长跑的目的不在于你能够跑多长，而在于它是否能够帮助你养成坚强的意志力。

实训模拟

模块一：案例分析与思考

"凶杀案"目击者自述

一天傍晚，我在一家超级市场购物。忽然，从拐角处跑出一个七八岁的小女孩，她边回头边高喊："住手，住手！你要把他弄死了！你要把我爸爸弄死了！"我放下自己的东西，向那边跑去。一转弯，我看到一幅吓人的情景：地板上躺着一个男人，他身上压着另一个人，上面那个人个子高大，简直像个恶魔！他掐住受害人的喉咙，将头往地板上撞，到处是殷红的血。我急忙赶去叫商店经理。

当我和经理回到"杀人现场"时，警察也到了，费了好长时间才弄清真相。原来地上的男人患有糖尿病，使用胰岛素后产生反应而昏了过去，摔倒时碰破了头，造成了"满地是血"的现象。上面那人是正在购物的顾客，看到病人跌倒慌忙上前察看伤情，想设法帮助病人，给他松领口。

如果后来我没有返回现场，我会出庭作证见到了谋杀犯，初次见到"谋杀犯"时的震惊至今使我心有余悸。几分钟之前，我在光天化日之下把他当成一个巨大的、凶狠可怕的怪物。其实，此人的个子相当矮。

思考题：

(1) 哪些感知因素使"我"觉得有人在行凶？

(2) 小女孩对"我"的感知起了什么作用？

(3) 你认为法庭上亲眼目睹者的证词可靠性如何？

(4) 当你同朋友、父母发生争执时，你认为自己的观点都正确吗？有哪些因素会影响你的观点？

(5) 你有过类似的体验吗？

模块二：心理测验

国际标准情商测试题

这是一组欧洲流行的测试题，可口可乐公司、麦当劳公司、诺基亚公司等世界500强众多企业，曾以此为员工 EQ 测试的模板，帮助员工了解自己的 EQ 状况。共 33 题，测试时间 25 分钟，最大 EQ 为 174 分。假如你已经预备就绪，请开始计时。

第 1～9 题：请从下面的问题中，选择一个和自己最切合的答案。

1. 我有能力克服各种困难：__________

A. 是的　　B. 不一定　　C. 不是的

2. 如果我能到一个新的环境，我要把生活安排得：__________

A. 和从前相仿　　B. 不一定　　C. 和从前不一样

3. 一生中，我觉得自己能达到我所预想的目标：__________

A. 是的　　B. 不一定　　C. 不是的

4. 不知为什么，有些人总是回避或冷淡我：__________

A. 不是的　　B. 不一定　　C. 是的

5. 在大街上，我常常避开我不愿打招呼的人：__________

A. 从未如此　　B. 偶然如此　　C. 有时如此

6. 当我集中精力工作时，假使有人在旁边高谈阔论：__________

A. 我仍能用心工作　　B. 介于 A、C 之间　　C. 我不能专心且感到愤怒

7. 我不论到什么地方，都能清晰地辨别方向：__________

A. 是的　　B. 不一定　　C. 不是的

8. 我热爱所学的专业和所从事的工作：__________

A. 是的　　B. 不一定　　C. 不是的

9. 气候的变化不会影响我的情绪：__________

A. 是的　　B. 介于 A、C 之间　　C. 不是的

第 10～16 题：请如实回答下列问题，将答案填入右边横线处。

10. 我从不因流言飞语而气愤：__________

A. 是的　　B. 介于 A、C 之间　　C. 不是的

11. 我善于控制自己的面部表情：__________

A. 是的　　B. 不太确定　　C. 不是的

12. 在就寝时，我常常：__________

A. 极易入睡　　B. 介于 A、C 之间　　C. 不易入睡

13. 有人侵扰我时，我：__________

A. 不露声色　　B. 介于 A、C 之间　　C. 大声抗议，以泄己愤

14. 在和人争辩或工作出现失误后，我常感到震颤，精疲力竭，不能继续安心工作：__________

A. 不是的　　B. 介于 A、C 之间　　C. 是的

15. 我常常被一些无谓的小事困扰：__________

A. 不是的　　B. 介于 A、C 之间　　C. 是的

16. 我宁愿住在僻静的郊区，也不愿住在嘈杂的市区：__________

A. 不是的　　B. 不太确定　　C. 是的

第 17～25 题：在下面问题中，每一题请选择一个和自己最切合的答案。

17. 我被朋友、同事起过绰号、讥讽过：__________

A. 从来没有　　B. 偶尔有过　　C. 这是常有的事

18. 有一种食物使我吃后呕吐：__________

A. 没有　　B. 记不清　　C. 有

19. 除去看见的世界外，我的心中没有另外的世界：__________

A. 没有　　B. 记不清　　C. 有

20. 我会想到若干年后有什么使自己极为不安的事：__________

A. 从来没有想过　　B. 偶尔想到过　　C. 经常想到

21. 我常常觉得自己的家庭对自己不好，但是我又确切地认识他们的确对我好：__________

A. 否　　B. 说不清楚　　C. 是

22. 我每天一回家就马上把门关上：__________

A. 否　　B. 不清楚　　C. 是

23. 我坐在小房间里把门关上，但我仍觉得心里不安：__________

A. 否　　B. 偶尔是　　C. 是

24. 当一件事需要我作决定时，我常觉得很难：__________

A. 否　　B. 偶尔是　　C. 是

25. 我常常用抛硬币、翻纸、抽签之类的游戏来猜测凶吉：__________

A. 否　　B. 偶尔是　　C. 是

第26～29题：下面各题，请按实际情况如实回答，仅须回答“是”或“否”即可，在你选择的答案下打“√”。

26. 为了工作我早出晚归，早晨起床我常常感到疲惫不堪：

是__________ 否__________

27. 在某种心境下，我会因为困惑陷入空想而将工作搁置下来：

是__________ 否__________

28. 我的神经脆弱，稍有刺激就会使我战栗：

是__________ 否__________

29. 睡梦中我常常被噩梦惊醒：

是__________ 否__________

第30～33题：本组测试共4题，每题有5种答案，请选择与自己最切合的答案，在你选择的答案下打“√”。

答案标准如下：

1	2	3	4	5
从不	几乎不	一半时间	大多数时间	总是

30. 工作中我愿意挑战艰巨的任务。1　2　3　4　5

31. 我常发现别人好。1　2　3　4　5

32. 能听取不同的意见，包括对自己的批评。1　2　3　4　5

33. 我时常勉励自己，对未来充满希望。1　2　3　4　5

参考答案及计分评估：

计分时请按照计分标准，先算出各部分得分，最后将几部分得分相加，得到的分值即为你的最终得分。

第1～9题，回答一个A得6分，回答一个B得3分，回答一个C得0分。计____分。

第10～16题，回答一个A得5分，回答一个B得2分，回答一个C得0分。计____分。

第17～25题，回答一个A得5分，回答一个B得2分，回答一个C得0分。计____分。

第26～29题，回答一个"是"得0分，回答一个"否"得5分。计____分。

第30～33题，从左至右分数分别为1分、2分、3分、4分、5分。计____分。

总计为____分。

测试后如果你的得分在90分以下，说明你的EQ较低，你常常不能控制自己，极易被自己的情绪所影响。很多时候，你轻易被激怒、动火、发脾气，这是非常危险的信号——你的事业可能会毁于你的暴躁。对于此最好的解决办法是：能够给不好的东西一个好的解释，保持头脑冷静，使自己心情舒畅。

如果你的得分在90～129分，说明你的EQ一般，对于一件事，你不同时候的表现可能不一，这与你的意识有关，你比前者更具有EQ意识，但这种意识不是常常都有，因此需要你多加注重、时时提醒。

如果你的得分在130～149分，说明你的EQ较高，你是一个快乐的人，不易惊恐担忧，对于工作你热情投入、敢于负责，你为人更是正义正直、同情关怀，这是你的长处，应该努力保持。

如果你的EQ在150分以上，你就是一个EQ高手，这会是你事业有成的一个重要前提条件。

模块三：管理游戏

小　实　验

1. 实验步骤。

实验材料：胡萝卜、鸡蛋、咖啡豆，3个烧杯。

实验过程：煮3烧杯开水，分别把胡萝卜、鸡蛋和咖啡豆放进3个烧杯里，同时煮15分钟。

实验结果：胡萝卜变软，鸡蛋变硬，咖啡豆散发香气。

实验启示：如果把开水比作挫折，那么

胡萝卜：原来健康强壮，面对挫折后变得软弱、自卑。

鸡蛋：原来善良、内心敏感，面对挫折后变得麻木、冷漠(或更坚强)。

咖啡豆：能坦然、从容地面对挫折，并积极改变挫折。

2. 老师引导学生讨论：当你遇到挫折时，你会怎么做？

模块四:复习思考

一、单项选择题

1. 在社会知觉的偏差中,由获得个体某一行为特征的突出印象,进而将此扩大成为他的整体行为特征的心理效应称(　　)。

A. 首因效应和近因效应　　B. 第一印象效应　　C. 晕轮效应　　D. 定式效应

2. (　　)是指当一个人预测将会有某种不良后果产生,或模糊的威胁出现时的一种不愉快情绪,表现为紧张不安、忧虑、烦恼、害怕。

A. 抑郁　　B. 恐惧　　C. 强迫　　D. 焦虑

3. 当一个人在爱情问题上受到挫折后并未消沉,而是更加努力学习和工作,使工作作出了显著的成绩。这种行为反应是(　　)的行为反应。

A. 坚持原有目标　　B. 升华
C. 反向　　D. 放弃

二、多项选择题

1. 以下属于社会知觉的有(　　)。

A. 对他人的知觉　　B. 人际知觉　　C. 自我知觉　　D. 角色知觉

2. 根据情绪状态的强度、紧张度及持续时间的长短,可以将其分为(　　)。

A. 心境　　B. 恐惧　　C. 激情　　D. 应激

3. 以下属于积极的心理防卫机制的有(　　)。

A. 攻击　　B. 替代　　C. 反向　　D. 幽默

三、思考题

举例说明影响知觉准确性的因素。

四、案例题

美国前陆军部部长斯坦顿有一天怒气冲冲地来到美国总统林肯的办公室,向他诉说有一个少将居然用羞辱的话指责他。林肯深表同情,并建议他写一封内容深刻的信来回敬那个家伙,可以狠狠地骂他一顿。斯坦顿立即写了一封措辞激烈的信,以泄心中的愤怒,并请林肯看这封信。林肯高兴地说:"对了,对了,就是要这个,好好地训他一顿!"但当斯坦顿把信叠好装进信封的时候,林肯却叫住他,问道:"你要干什么?"斯坦顿有些不解地回答:"寄出去啊","不要胡闹"!林肯大声地说。这封信不能发,快把他扔到炉子里去烧掉。

问题:林肯为什么要斯坦顿烧掉这封信?联系你曾经历过的情境,你从中受到什么启示?

第五章 群体心理与管理

【学习目标】

1. 掌握群体心理的含义；
2. 掌握群体凝聚力与生产率的关系；
3. 掌握群体沟通的影响因素及沟通技巧；
4. 掌握群体冲突的类型；
5. 掌握提高群体决策的管理方法。

【开篇案例】

时代华纳公司群体决策

2000年春季，时代华纳最终完成了它与美国在线的合并。就在批评者纷纷指责这场并购活动会带来难以驾驭的市场垄断时，你一定以为时代华纳的管理层会很在意自己在公众面前的形象。但是，它在4月30日作出的决策使它的形象黯然失色。

当时，时代华纳正在与沃尔特·迪士尼公司重新谈判，确定时代华纳公司使用迪士尼有线电视的3个频道需要支付多少费用，以及迪士尼公司是否会更新时代华纳转播ABC新闻网的权利(ABC隶属于迪士尼公司)。谈判在5个月前就开始了，但一直没有结果，最后期限被延长了7次。时代华纳公司与迪士尼公司谈判者之间的仇恨越来越深。到4月底时，它们终止了面对面的对话，相互之间的沟通仅仅通过传真方式来进行。

4月26日，离最后一次谈判的截止日期仅差5天，也是时代华纳在ABC拥有转播权的到期日，ABC向时代华纳公司发了一份传真，通报说，截止日期之后，迪士尼公司希望时代华纳在1个月的扫描时段里继续转播ABC；节目直到5月24日，这段时间电台测查观众的意见以决定要选择的广告公司的类型。时代华纳公司过去一直坚持的是8个月的延长期。这封传真的口气使时代华纳公司的一些高层经营者火冒三丈。他们感到ABC公司以一种命令的口吻在进行谈判。

在时代华纳内部，高层经营者们开始考虑在他们提供有线电视服务的 350 万用户中终止 ABC 节目。一些人认为终止节目相当冒险。由于有线电视公司并不十分普及，而且常被视为实行价格垄断，所以，一些时代华纳的高层人士担心，受到指责的会是他们自己而不是迪士尼公司。其他人则认为，迪士尼公司是问题的导火索。如果时代华纳公司能有效地传达这一信息的话，迪士尼公司应该会受到更多指责，至少也会受到同样程度的指责。同时，他们怀疑，ABC 公司会因此而失去每天 300 万美元的广告收入。他们盘算着，对 ABC 信号的封锁，可能会最终使迪士尼公司同意时代华纳的条款。

4 月 30 日，星期日，依然没有达成协议，两家公司之间越来越多的是简短传真，没有一方改变他们的要求。上午 8:30，迪士尼的高层人士察觉到，时代华纳采用 ABC 节目对他们进行威胁将会成为现实，尽管他们感到难以置信。同时，时代华纳的高层人士也相信迪士尼注意到了这一点。"显然他们并不认为我们会妥协，我们也不认为他们会让我们妥协"，弗雷德·德斯勒(Fred Dessler)说，他是时代华纳公司的副总裁，同时又是谈判小组的领导人。

最后，由于没有收到迪士尼方面的妥协协议，时代华纳的高层人士认为自己没有退路了。时代华纳有线电视公司的总裁打电话给公司 CEO 杰拉尔德·莱文(Gerald-Levin)，告诉他说他们要让工程师终止 ABC 信号。莱文支持了这项决策。5 月 1 日中午 12:01，ABC 的屏幕出现了静止状态，而且，在蓝色屏幕上打出了一行黄色亮字："迪士尼公司将 ABC 信号移走。"

24 小时之内，纽约市市长对时代华纳公司这种挤垮竞争对手的垄断行为进行了抨击。迪士尼公司急派公司律师至联邦通信委员会(FCC)华盛顿办公室，要求委员会出面强制时代华纳公司转接信号。事件的情况很快明了，在辩论过程中，FCC 站在迪士尼一边。第二天星期二，纽约《时代周刊》发表了一篇文章，指出 AOI 与时代华纳的合并，对迪士尼公司的威胁是真实存在的。现在，时代华纳的高层管理者越来越清晰地发现，在这场战争中，他们正在失去公众的关注和支持。

周二下午，在 ABC 信号终止了 39 小时之后，时代华纳公司召开了一个新闻会议，并通报说它给迪士尼公司提供 6 个月的延长谈判期。第二天，FCC 指出，时代华纳在扫描时段终止 ABC 信号是违反法律的。

时代华纳公司的高层人士事后承认他们犯了错误。他们说他们对法律的理解存在歧义，并且错误地假定这项活动应由迪士尼公司负责："为什么我们现在决定要表明态度呢？"德斯勒问道，"我们以为这是一个恰当时机，但它使我们一发而不可收拾"。

第一节　群体心理概述

一、群体的含义及特征

人不能离群索居。一个现实中的人，总是要生活在一定的社会环境中，依从于经济和政治地位、种族或民族、社区、年龄、性别、职业、血缘、兴趣、信仰等诸多方面因素的影响，总要与别人形成一定的社会关系，参加一定的群体生活。而且，一个人通常不只属于一个群体，一般都同时是若干群体的成员。

（一）群体的含义

对于这个概念，有着多种解释，没有统一的定义。在英文中，“群体”称为“Group”，日文中叫“集团”，而在我国，更多的说法是“群体”，也有的叫“团体”，有时还称为“集体”。虽然名称不一，但从实质上来看，其所包含的内容大致是相同的。

群体是相对于个体而言的，但不是任意几个人就能构成群体，并不是个体的简单集合，几个人偶然坐在火车上的邻近座位上，几十个人在海滨游泳戏水，都不能称为群体。群体是指两个或两个以上的人，为了达到共同的目标，通过一定的社会关系而结合起来，共同活动、相互作用的人群。这里的“一定的社会关系”指群体联结起来的制度、文化、心理等，在不同的组织和社会环境下是不同的。

美国心理学家霍曼斯(G. C. Homons)经过研究认为，任何一个群体的社交行为，都包括以下三个因素。

1. 任务活动因素

任务活动因素也就是人们所从事的工作活动，这种活动属于浅层外显活动，一般容易为他人所觉察。例如，交谈、工作、学习、社交等，它常常是组织衡量一个人工作效率的依据。

2. 相互作用因素

相互作用因素就是在完成任务时，人与人之间的行为影响。例如，彼此之间语言行为和非语言行为的相互沟通和接触，以及对他人的活动进行分析，他人的行为与自己的关系等。

3. 情感活动因素

情感活动因素即个人之间以及个人与群体、个人与活动之间的情感反应。这种因素是属于深层的内隐的因素，一般不易直接观察到，但是，可以通过活动特点和他人的相互作用的方式等来了解，可进一步加深相互之间的认识，有利于更加密切地配合。

以上三个因素之间的关系可以用一句话来概括：三个因素互为双向反应。后来许多研究者也认为，群体的存在，一般都离不开这三个因素，首先，必须有共同活动的内容，没有共同活动的内容，群体就不可能存在下去；其次，活动的成败又取决于人们对活动的认识，态度和情感，同时为了使活动顺利进行而又必须得到人们的相互协作和密切的配合；最后，在群体中，人们的感情交往占有重要地位，它不仅与活动的顺利进行有关，而且与人们之间的交往有关，交往产生感情，感情促进交往和协作。如一个学习班级，有共同的任务，同学间相互交流，大家有同学情谊。情感有正面的，也有负面的。例如，认同、归属属于正面情感，而不喜欢、讨厌等属于负面情感。

只有三个因素发挥作用，才是群体。一群等候乘车的人是不是一个群体？不是，这只是人的集合。那么什么时候一群人会变成群体呢？比如说有小偷，候车的人一起把他抓住，又比如汽车失火了，乘客们相互帮助。在这种情况下，有共同的任务，有相互作用，有情感投入，就形成了一个群体。

（二）群体的特征

群体作为一种由人组成的有机组合体，时时刻刻都对个体和组织产生着影响，并由此体现出自身的特征，其本质特征表现如下。

1. 成员们的目标共同性

群体之所以能够形成，是以若干人的共同活动目标为基础的，正是有了共同的目标，他们才能走到一起并彼此合作，以己之长，补他人之短，以他人之长，补自己之短，使群体爆发出超出单个个体之和的能量。群体的这一特性，也是群体建立和维系的基本条件。

2. 群体自身的相对独立性

群体虽然是由一个个的个体所构成的，但一个群体，又有自己相对独立的一面。它有着自身的行为规范、行动计划，有自己的舆论，而这些规范、计划和舆论，不会因为个别成员的去留而改变。

3. 群体成员的群体意识性

作为一个群体，它之所以能对各个成员产生影响，并能产生出巨大的动力，就是因为群体中的每个成员都意识到自己是生活在某一个群体里，在这个群体中，成员之间在行为上相互作用，相互影响，相互依存，相互制约。在心理上，彼此之间都意识到对方的存在，也意识到自己是群体中的成员。

4. 群体的有机组合性

群体不是一个个个体的简单组合，而是一个有机的整体，每个成员都在这个群体中扮演一定的角色，有一定的职务，负一定的责任，并以做好自己的工作而配合他人的活动，使群体成为一个凝聚着强大动力的活动体。

二、群体心理与群体心理学

（一）群体心理

1. 群体心理的含义及特征

所有复杂的管理活动都涉及群体，没有群体成员的协同努力，组织的目标就难以实现。因此我们认为群体心理就是指群体成员之间相互作用、相互影响下形成的心理活动。

群体心理具有以下四个特征。

(1) 认同意识。不管是正式群体的成员还是非正式群体的成员，他们都有认同群体的共同心理特征，也即不否认自己是该群体的成员。他们对自己群体的目标有一致的认识，认同群体的规范，在此基础上产生自觉自愿的行动，并且对重大事件和原则问题保持共同的认识和评价。当然，每个群体内部的认同程度是不一样的，一般来说大群体内部的认同程度相对要低一些，而小群体内部的认同程度相对要高一些。

(2) 归属意识。不管是正式群体的成员还是非正式群体的成员，他们都有归属于群体的共同心理特征，也即具有依赖群体的要求。但是，归属意识里面有个自愿感和被迫感的问题。非正式群体成员的归属意识是自愿的归属意识，而正式群体成员的归属意识则不确定，可能是自愿的，也可能是被迫的：个人的优势在正式群体中得不到充分的发挥，就可能对归属于该群体产生被迫感。这是一种和被迫感并存的归属意识。在这种情况下，该成员首先考虑的不是我应该为群体做些什么，而是考虑我归属于这个群体了，群体应该为我负责。所以同样是归属意识，自愿的归属增强凝聚，而被迫的归属增强离散。

(3) 整体意识。由于认同群体，归属于群体，不管是正式群体的成员还是非正式群体的成员都有或深、或浅、或强、或弱的整体意识，即意识到群体有其群体的整体性。但是这种整体意识程度不同，行为表现不同。一般来说，整体意识越强，维护群体的意识也越强，行为具有和群体其他成员的一致性；反之，整体意识越弱，维护群体的意识也越弱，行为具有或强或弱的独立性。但是也有相反的情况。正因为整体意识强，所以在发现群体其他成员的行为有害于整体时采取反对态度，和其他群体成员的行为不一致；正因为整体意识弱，所以采取不负责任的态度，和群体其他成员的行为保持一致。所以整体意识和行为一致是两个相互联系的问题，但不是同一个问题。不能简单地把行为独立性强的人等同于没有整体意识或整体意识不强。

(4) 排外意识。所谓排外意识，是指排斥其他群体的意识。群体具有相对独立性，群体成员具有整体意识，这就必然在不同程度上产生排外意识。只要班组奖金高，不管车间是否发得出奖金；只要车间奖金高，不管企业是否发得出奖金。这是群体成员普遍会产生的心理。排外意识是和群体成员把自己看做哪一个群体的成员：或者说更倾向于把自己看做哪一个群体的成员相联系的。倾向于把自己看做班组群体的成员，他就会排斥车间以上的群体；倾向于把自己看做车间群体的成员，他就会排斥企业以上的群体，同时他更横向地排斥同级的其他群体。越是把自己看做小群体的成员，排外意识就越强烈。因此，“外人”也就更难进入小群体。这反过来也说明，人们往往更重视小群体的利益。

2. 群体心理的类型

在不同的群体中会产生不同的群体心理，比如，家庭心理、工作群体心理、集体心理、阶级心理、民族心理等都是不尽相同的。组织行为学更关注工作群体心理与集体心理。

(1) 工作群体心理。除家庭外，工作群体是极其重要的。由于工作群体的目的是生产和协作，所以也就形成了一些不同于其他群体的心理特点。

① 工作群体不是靠情感，而是靠群体目标来维系的，每个成员的目标和群体目标是一致的。没有群体目标，就不可能组成工作群体。在工作群体中，人际关系虽然不是主要的，但它对工作目标的实现有着重要的影响，人际关系密切，成员工作就愉快，工作效率就

高；而人际关系紧张，就容易使成员协作失调，降低工作效率，从而干扰目标的实现。

② 工作群体的等级体系和权力，不是自然形成的，而往往是由组织规定的。能力强，威信高，就容易被任命为群体的领导者，居群体的最高地位。然而，这种体系和权力是可以变化的，它完全排除了家庭的那种固定性。

③ 工作群体是个人或多或少地自愿加入的，并不是天然规定的。正因为如此，如果个体在工作群体中感到人际关系良好。心情愉快，工作富有挑战性，各种需要能得到满足，并且能获得较高的报酬和奖励，那么他就继续参加这个群体。相反，他就有可能脱离这个群体，而去参加其他的群体。总之，工作群体对人的吸引不如家庭那么大，归属感也不如家庭那么强烈。人们之所以加入这一群体，主要是为了满足物质利益的需要，带有强烈的动机性。

④ 工作群体的互动远不如家庭那么深刻。工作群体中成员的互动，主要发生在工作和生产中。人们在互动中，往往不把自己的内心世界全部暴露出来，所以，这种互动是浅薄的，对人的了解是不全面的，往往只知其一，不知其二。总之，工作群体的互动，由于情感投入比较少，所以只能是一种表面性的，它很少深入更深的层次。

(2) 集体心理。集体成员是由符合社会利益而又具有个人意义的共同活动联结起来的。集体是群体发展的最高层次，具有自己的独特特征。

① 集体成员之间的关系是平等的。因为集体是指摆脱了人剥削人、人压迫人的人们的共同体。

② 集体是为了达到社会所赞同的目的的人们联合体。它通过具有普遍社会意义的共同目的把人们联结在一起，正是这一点，把集体同其他类型的群体区别开来。

③ 集体通过共同活动的过程直接把人们联系起来。在集体中，个人之间的联系是以有个人意义和社会价值的共同劳动内容为中介的。

④ 集体具有完整性。即集体是共同活动的系统，它具有自己的组织、职能和分工，有一定的领导和管理机构。

⑤ 集体能保证个人精神需要的满足和才能的全面发展。在这里，个性的发展与集体的发展是一致的。

社会主义条件下的集体，有别于其他群体，有着自己独特的心理特征。主要表现在下列几个方面。

① 集体对达到有社会意义目的的指向性。即社会所规定的目的和集体所提倡的目的，可以被其成员所接受，并转化为每个成员的目的，同时努力达到社会、集体、个人目的的一致。当然，这种指向性并非自发产生的，而是需要一定的宣传和教育。

② 集体的团结性。集体的团结性，表示着集体成员在思想、政治、道德和知、情、意上的统一。这种统一，首先是建立在组织统一的基础上，其中价值定向的统一，是这种团结性的指标之一。但这种团结性必须与达到社会意义目的的指向性相结合，只有如此，才具有集体的意义。

③ 在集体成员的业务交往范围内，集体主义的相互关系占主导地位，而在个人交往的范围内，则是人道主义的相互关系占主导地位。

④ 集体主义的自我组织性。即集体的决定，在于达到集体的目的和捍卫集体的利

益。这种自我组织性是自觉的，并非外力压迫所致。

3. 群体心理的形态

（1）群体归属心理

群体归属心理是个体自觉地归属于所参加群体的一种情感。有了这种情感，个体就会以这个群体为准则，进行自己的活动、认知和评价，自觉地维护这个群体的利益，并与群体内的其他成员在情感上产生共鸣，表现出相同的情感、一致的行为以及所属群体的特点和准则。例如，一个大学生在社会上表明自己身份时，总是说我是某个学校的，到了学校，则强调是某个系的，到了系里，又表明是某个班的。这种表现校、系、班身份的意识，就是归属感的一种具体表现。群体的归属感，由于群体凝聚力的高低不同，其表现的程度也就不同。群体凝聚力越高，取得的成绩越大，其成员的归属感也就越强烈，并以自己是这个群体的成员而自豪。所以，先进群体成员的归属感比落后群体成员的归属感要强烈。另外，一个人在一生中可以同时或先后参加几个不同的群体，他对这些群体都会产生归属感，而最强烈的归属感是对他生活、工作和其他方面影响最大的那个群体。一般来讲，人们对家庭的归属感要比对工作群体的归属感强烈得多。

（2）群体认同心理

群体认同心理，即群体中的成员在认知和评价上保持一致的情感。由于群体中的各个成员有着共同的兴趣和目的，有着共同的利益，同属于一个群体，于是在对群体外部的一些重大事件和原则上，都自觉保持一致的看法和情感，自觉地使群体成员的意见统一起来，即使这种看法和评价是错误的，不符合客观事实，群体成员也会保持一致，毫不怀疑。例如，某个成员与群体外的他人发生矛盾冲突，那么群体内的其他成员就会与本群体的这个成员的意见保持一致，认为他说的对而批驳对方。

一般来讲，群体中会发生两种情况的认同，一种认同是由于群体内人际关系密切，群体对个人的吸引力大，在群体中能实现个人的价值，使各种需要得到满足，于是成员会主动与群体发生认同，这种认同是自觉的。另一种认同是被动性的，是在群体压力下，为避免被群体抛弃或受到冷遇而产生的从众行为。后一种认同是模仿他人，受到他人的暗示影响而产生的，尤其是在外界情况不明，是非标准模糊不清，又缺乏必要的信息时，个人与群体的认同会更加容易。

（3）群体促进心理

在现实生活中我们常常可以看到，个人单独时不敢表现的行为，在群体中则敢于表现，一个人单独很少做的事情，在群体中却做了。这就是说，个人在群体中变得胆大起来。这是由于归属感和认同感使个体把群体看作强大的后盾，在群体中无形地得到了一种支持力量，从而鼓舞了个人的信心和勇气，唤醒了个人的内在潜力，作出了独处时不敢做的事情。并且当群体成员表现出与群体规范的一致行为，作出符合群体期待的事情时，就会受到群体的赞扬，从而使个体感到其行为受到群体的支持。这种赞扬和支持，主要体现在个人心理的感受上，一个动作，一个眼神，一种表情，甚至仅仅是同伴在场，都可以成为促进作用而被个体体会到，从而强化其行为。

然而，群体的这种鼓励作用并不是同等地发生在每个成员身上，有的受到的支持力量较大，有的则较小，还有的则感受不到支持，甚至还会产生干扰作用。因此，一个群体能否对其成员产生促进作用，要受成员个人一定条件的制约。这些条件表现为：第一，群体成员必须服务本群体的规则，热爱自己的群体，为群体的利益服务，而不能成为群体的越轨分子；第二，个人与群体认同，并希望得到群体的保护和支持，成为个人利益的维护者。如果缺乏这两个条件，这种作用就不会发生，有时反而会产生阻碍作用，使个人在群体中降低活动效率。

延伸阅读

谢里夫的群体规范实验

20世纪30年代，谢里夫将游动现象用于遵从行为研究而进行了一项研究。他利用游动错觉的特点，首先告诉被试者黑暗环境下的光点在运动，然后让大家判断一个光点运动的距离。由于人们一般没有游动错觉的知识，因而就作出了各种各样的距离判断。随后谢里夫再让一位实验助手以肯定性的口吻指出距离判断的尺度，结果发现经过几次实验之后，被试者的距离判断越来越接近于实验助手所作出的距离判断。这一错判现象的社会心理学依据是：所有被试者由于处在一种不能确信自己的情境中，因而，被试者只好慢慢地遵从他人的判断。该实验的结论是，人们在不知情不能确信自己的情境中，出现了一种遵从行为。而这种遵从行为是由于缺乏必要的信息所引起的，而不是盲目的服从。

谢里夫的研究又称为自动移动光效果研究，这个研究的生理基础是人的神经系统会对昏暗灯光过度补偿，对静止的灯光产生移动错觉的心理现象，对此，被试者并不知晓。研究人员让被试者分别在个人和群体两种情境下对移动的距离作出判断。结果发现，虽然最初个人环境下的判断彼此差异很大，但随着在群体情境中实验的进行，个人对自己的判断不断地调整和修正，最后越来越接近群体判断结果的平均值，并且这个判断标准会固定下来，并在以后的判断中发挥作用。这个实验结果显示了在模糊情境下群体依赖、群体压力的存在和群体规范的形成，同时显示，群体的影响或者说压力能够超越群体，出现在没有群体的环境中。谢里夫的研究让我们看到了群体压力和群体规范对人们的认知行为所产生的巨大影响力。

（二）群体心理学

1. 群体心理学的含义

群体心理学是研究结成群体的人们的心理现象、心理活动的社会心理学分支。社会群体生活是人们的基本生活方式，因此，人们在社会生活中的群体心理，就成为社会心理学研究的主要组成部分。

2. 群体心理学中有关群体的研究

(1) 早期群体心理学研究

社会心理学研究群体问题已有很长的历史。早期社会心理学偏重于研究民族、群众这样一些大型群体问题，M. 拉察鲁斯和 H. 斯坦塔尔是民族心理学的直接创建者。1859年，他们创办了《民族心理学和语言学》杂志，发表了文章“民族心理学序言”，认为社会心理学的任务是从心理方面认识民族精神的本质，揭示民族精神活动的规律。W. 冯特发展了民族心理学思想，提出民族心理学应当采用不同于作为实验科学的生理心理学的方法，即通过分析文化产品——语言、神话、风俗习惯、艺术等来研究民族心理问题，并于 1900 年出版了 10 卷集的《民族心理学》。关于群众心理学，G. 塔尔德于 1890 年出版了《模仿律》，认为只有借助于模仿的思想，才能解释人的社会行为。1891 年，S. 西格尔出版了《犯罪的群众》。1895 年，G. 勒邦发表了《群众心理学》。他认为，群众是冲动的、无理性的、缺乏责任感的、愚蠢的，个体一旦参加到群众之中，由于匿名、感染、暗示等因素的作用，就会丧失理性和责任感，表现出冲动的、凶残的反社会行为。1908 年，W. 麦独孤发表《社会心理学导论》，提出社会行为本能理论，以人天生有结群本能来解释人们的结成群体问题。这些早期学者提出的有些思想，如模仿、个性消失、群众极端化等观点，直到现在，还在社会心理学中具有一定影响。

（2）小型群体问题研究

第一次世界大战后，实验方法进入社会心理学，致使社会心理学中的群体研究转而侧重于小型群体问题，群体心理学几乎成了小群体心理学。围绕小群体问题的研究大致可以归纳为几个方面：社会促进和社会抑制、顺从、群体凝聚力及其测量、群体领导问题；群体思维、群体决策、群体极端化等。

有关小群体问题的研究，大都遵循三个方向进行：

① 社会测量学派。社会测量学是由 J. L. 莫雷诺所倡导的，着重测量群体成员之间在情感方面的人际关系，以及个人对群体其他成员的肯定评价或否定评价水平。

② 小群体研究中的社会学派。代表人是 E. 梅奥。他在霍桑实验的基础上，提出人际相互关系理论。这一研究方向主要是分析小群体中的两类群体结构——正式结构和非正式结构，揭示这两类群体结构在群体管理中的相互关系的意义。

③ 群体动力学派。代表人是 K. 勒温。他把场论应用于小群体研究，认为群体所具有的某些特征并不是它的各个部分之和。群体不是人们的简单集合，而是一个动力整体，是一个系统，其中某一部分的变化也会导致其他部分的状态发生变化。因此，不能借助于分析群体中的个体情况来达到对整个群体的分析。此外，也还有些小群体研究是在精神分析、相互作用论的观点指导下进行的。

（3）苏联群体心理学研究

自 20 世纪 60 年代初以来，苏联社会心理学迅速发展。苏联社会心理学比较重视群体心理学研究。这是由于，在社会主义社会中，比较强调群体生活，注重集体主义精神，从而群体问题就成了社会主义国家社会心理学中一个具有独特性的问题。苏联社会心理学强调要以历史唯物主义的原理为指导，把这一总的要求具体化于群体心理学研究中，具体表现为这样一些观点：

① 应当研究实际生活中的现实的群体，而不是去研究人为的、冒充的实验室群体。

② 应当在现实社会关系的背景下分析群体问题，而不能孤立地进行研究。

③ 要从活动原则出发分析群体问题，如群体从事共同活动，它是共同活动的主体，群众中的心理、关系依从于群体共同活动的进展情况。

④ 要从发展的角度分析群体，把它划分为不同的发展水平：松散群体，联合或合作群体，集体，反社会的团伙等。

以 A. B. 彼得罗夫斯基为代表的人际关系活动中介理论是具有代表性的苏联群体心

理学理论。这一理论的基本出发点是:群体共同活动的目的、价值、内容是群体内部的过程、相互作用、人际关系的基础,后者以前者为中介。正是通过共同活动,群体才得以形成、发展并产生大量的人际关系现象。彼得罗夫斯基从这种理论观点出发,来说明有关群体的各种问题,如群体的类型、集体、团结性(凝聚力)等。

第二节 群体凝聚力与管理

一、群体凝聚力概述

(一) 群体凝聚力的含义

群体凝聚力(Group Cohesiveness)又称群体内聚力,是指群体对成员的吸引力和成员对群体的向心力以及成员之间人际关系的紧密程度综合形成的,使群体成员固守在群体内的内聚力量。这种内聚力量包括群体对其成员的吸引力,以及群体成员之间的相互吸引力两个方面。可以划分为以下几种类型。

1. 自然凝聚力

一般来说人们都有归属的需要,如果一个人单独生活,就会萌生一种怅然若失的感觉,而回到群体中,就会充满信心和力量。这就是说群体自然而然对个人产生了一种吸引力,人生活在一定的社会关系网中,就必然与社会发生各种各样的相互关系,人需要交际,需要友谊和爱,需要归属和尊重。但是一个人对于社会而言确实太小了,力量太微弱,他必然依赖一定的群体,才能更好地生活。简而言之,人有社会属性,不能脱离群体而单独生活,每个人都需要别人,这就是团结的自然凝聚力。

2. 工作凝聚力

人需要依赖工作而生存。每个人都有获得良好工作的愿望,都希望在工作中发挥自己的特长。同时,在现阶段,劳动还作为人们谋生的一种手段,人们必须依赖工作而求得生存、发展。因此,群体所承担的任务和通过工作所要达到的目标,对群体成员都会产生强烈的吸引力。

3. 领导凝聚力

成功而有威望的领导者本身就是一种吸引力,在一个群体里,领导要经常和群体成员发生各种各样的关系。群体所承担的任务,需要领导去组织、指挥,需要成员执行、完成。因此,领导者的行为直接影响群体凝聚力。一个民主型的领导者,使群体内部的意见得到良好的沟通,群体人际关系和谐,成员心情舒畅,凝聚力就强。一个专制型的领导,群体内部就不易沟通,群体成员就会感到压抑,对工作也会感到乏味和无聊,因而群体凝聚力也差。一个放任型的领导,对群体成员无所约束,群体凝聚力也差。一个仁慈而专断型的领导,事无巨细、事必躬亲,结果将是领导在时凝聚力强,领导一旦离开这个群体,群体就会陷入瘫痪,凝聚力大大减弱。因此,领导是形成群体凝聚力的一个重要因素。

4. 情感凝聚力

一个群体的成员长期在一起工作和学习，朝夕相处，群体内各个成员之间，成员与领导之间，领导与领导之间彼此了解，就可能建立融洽、接纳的人际关系，群体就有一种吸引力。显然，这种吸引力是以情感为基础产生的，属于情感凝聚力，协调融洽人际关系，不仅满足了人们的各种心理需要，而且减轻了人们的紧张感。如果人们在工作中心情舒畅，就会同心协力以达到组织目标。相反，人际关系不好，人与人之间关系紧张，相互猜忌，彼此戒备，必然会内部矛盾多多，影响团队工作任务的完成，增加内耗。

（二）群体凝聚力的影响因素

较强的群体凝聚力能够促进成员之间的自信与安全，控制和调整成员之间的关系，并能保持群体的整体性和协调性。如果一个群体丧失了凝聚力，不再能吸引它的成员，那么它本身就失去了存在的意义。决定群体成员之间是否会相互吸引以及决定群体凝聚力高低的因素主要有下列几个。

1. 成员素质

成员素质主要包括群体成员的依赖性、群体成员相处的时间等因素。

(1) 群体成员的依赖性。个人参加某群体是因为他觉得该群体能满足其经济、政治、心理等方面的各种需求。一般来说，群体对成员各种需要的满足程度越高，群体对他就越有吸引力，群体的凝聚力也就越大。

(2) 群体成员相处的时间。人们相处的时间长短，是其能否成为朋友的一个条件。如果人们在一起的时间比较长，他们就会更加友好。他们会自然地相互交谈，增加彼此之间的沟通和交流，并开展其他交往活动。而这些相互作用通常又能发现大家共同的兴趣，增强相互之间的吸引力。

2. 内部影响因素

内部影响因素主要包括加入群体的难度、群体成员的同质性、群体的领导方式、群体内部的奖励方式、目标的达成、信息的沟通、过去的经验等要素。

(1) 加入群体的难度。一般来说，加入群体的难度越大、可能性越小，其中成员的凝聚力越强。群体成员经过激烈的竞争之后才进入这个群体，他们所具有的一些共同竞争经历则会增强群体的凝聚力；相反，如果加入一个群体非常容易，则该群体往往不会产生很强的凝聚力。

(2) 群体成员的同质性。群体成员的同质性即指群体成员之间的共同点和相似性。例如，群体成员有共同的奋斗目标、理想、信念，相同的需要、动机、兴趣与爱好，共同的民族与文化背景或相似的个性倾向性及个性心理特征等都是群体成员的同质性。如果群体成员有这些共同或相似之处，则成员之间的行为表现容易达成一致，群体的凝聚力就更强。

(3) 群体的领导方式。群体的领导们有其各自的领导方式，而不同的领导方式又会对群体凝聚力的大小产生不同的影响。心理学家勒温（Kurt Lewin）和怀特（White）等人经过实验发现，采用“民主型”领导方式的小组比采用“专制型”和“放任型”领导方式的小组成员之间更友爱，思想更活跃，态度更积极，群体凝聚力更高。此外，群体的领导班子团结与否，会直接影响群体的凝聚力。实践证明，领导班子不团结，群体便会失去核心，凝聚力则降低；反之，领导班子团结一致，主要领导者有较强的人格魅力，众望所归，成员就会紧密地团结在领导班子周围，产生较强的凝聚力。

(4) 群体内部的奖励方式。群体内部的奖励方式对群体成员会产生不同的心理影响，进而影响到群体的凝聚力。只强调个人成功，对个人进行奖励，势必造成群体成员之间的矛盾。研究证明，个人和群体相结合的奖励方式易增强成员的集体意识和工作责任，有利于增强群体的凝聚力。

(5) 目标的达成。有效地达到目标会使其成员产生自豪感，增强凝聚力，而凝聚力反过来又会促进目标的达成。此外，研究和实践表明，如果把个人目标和群体目标有机结合起来，群体中每一个成员的任务都是为着同一个目标，而这同一个目标的实现又能促进个人目标的达成，这样群体的凝聚力会增强。

(6) 信息的沟通。一般来说，信息沟通渠道越畅通，成员相互间的隔阂和矛盾越少，凝聚力越高；相反，相互间缺乏联系，沟通不畅，成员彼此间产生意见后不能得到有效的交流，易产生隔阂和疏远，凝聚力就相对较弱。

(7) 过去的经验。过去的成功经验能唤起成员的荣誉感，强化成员对群体的向心力，提高凝聚力；相反，过去的失败经验则会降低群体对成员的吸引力，从而削弱凝聚力。

3. 外部影响因素

外部影响因素主要包括群体规模、群体地位、外部压力等要素。

(1) 群体规模。群体规模的大小与凝聚力通常成反比。群体规模过大，成员之间相互接触的机会则会相对减少，彼此之间的关系也会比较淡薄，易造成意见分歧，从而降低群体的凝聚力。若群体规模过小，群体力量不足，又会影响任务的完成。因此，群体的规模，应既能保证群体的工作机能，又能维持群体的凝聚力。一般来说，群体规模以 7 人左右为宜。

(2) 群体地位。如果群体一贯有成功的表现，具有较高的社会地位，它就容易建立起群体合作精神来吸引和团结群体成员，而且群体成员由于其所在群体的高地位也会有一种自豪感。一般来说，成功的企业与不成功的企业相比，更容易吸引和招聘到新员工。

(3) 外部压力。外部压力也是影响群体凝聚力的一个重要因素。研究证明，当群体遭到外部压力时，群体成员会尽释前嫌，紧密地团结起来一起抵抗外来威胁，从而有利于增强群体成员的团结精神，提高群体的凝聚力。例如，一个国家民族矛盾尖锐，受到外来侵犯时，阶级矛盾便趋于缓和，会出现团结起来一致对外的局面；一个企业面临激烈竞争的威胁，为了在竞争中求得生存和发展，也需要团结一致，齐心协力，增强群体的凝聚力。但是这种现象并不是无条件的。如果全体成员认为他们的群体无力应付外部攻击，群体作为安全之源的重要性就会降低，群体凝聚力也就很难提高。此外，如果群体成员认为外部攻击仅仅是因为群体的存在而引起的，只要群体放弃或解体就能终止外部攻击，群体凝聚力就可能降低。

二、群体凝聚力的计算方式

测量群体凝聚力高低的心理学方法有几种。一种是让群众中的每一成员对其归属感或整个群体作出评价。最流行的评定凝聚力的方法是运用社会测量问卷测定一个群体内部的友谊模式和强度。费斯廷格、S. 沙赫特和 K. 巴克 1950 年曾以此方法进行评价群体凝聚力的研究。在其他一些研究中也提出诸如“你认为群体应该多长时间聚集一次”之类的问题。此外，心理学家多伊奇(Deutsch)曾提出一个计算凝聚力的公式：

$$群体凝聚力=\frac{成员之间相互选择的数目}{群体中可能相互选择的总数目}$$

这个公式可用于实际测定。

三、群体凝聚力与管理

(一) 群体凝聚力与生产效率的关系

研究影响群体凝聚力的主要因素，目的在于运用和创造这些因素，增强群体凝聚力，提高工作效率。那么，群体凝聚力与生产效率的关系如何，是否凝聚力越高生产效率也越高？这是心理学家十分关注的一个问题。

研究表明，群体凝聚力与生产效率之间并不存在这种正相关的关系。凝聚力高，可能提高生产效率，也可能降低生产效率。其关键在于群体规范的性质和水平，即群体共同指定的生产指标的性质和数量。在一个凝聚力高的群体里，成员的行为高度一致，个人有较强的服从群体规范的倾向。如果这个群体目标与组织目标不一致，则凝聚力与生产效率之间成负相关；反之，群体目标与组织目标一致，则二者成正相关。前者凝聚力越高，生产效率越低；后者凝聚力越高，生产效率越高。

相关链接

沙赫特的群体凝聚力与生产效率关系实验

一般人们会认为，凝聚力高的群体比凝聚力低的群体更有效，但是我们不能简单地说，凝聚力高的群体生产绩效就一定高，凝聚力与生产效率的关系比较复杂。社会心理学家斯坦利·沙赫特(Stanley Schachter)对此作了一项经典的研究，这对于我们在组织管理中理解和应用群体凝聚力很有启发。

该实验的理论假设为：不能简单地认为高凝聚力群体的绩效就一定高，低凝聚力群体的绩效就会低。绩效在很大程度上与群体被引导的方式有关。

沙赫特等将被试分成五个组做棋盘实验，在严格控制的条件下检验群体凝聚力和对群体成员的诱导这两个因素对生产效率的影响。他们在实验中以凝聚力和诱导作为实验的自变量，将生产效率作为因变量，选择了两个凝聚力强的实验组A、B，两个凝聚力弱的实验组C、D，以及一个对照组E，同时制作棋盘。工作的前十六分钟五个组的工作效率基本相同，然后对A、C两组提出“提高生产量”的要求作为积极诱导，对B、D两组提出“不要工作太快”的要求作为消极诱导，对E组不做任何要求。

A组：高凝聚力，积极诱导；B组：高凝聚力，消极诱导；

C组：低凝聚力，积极诱导；D组：低凝聚力，消极诱导；

E组：对照组，不做任何要求。

实验结果：

A 组高凝聚力，在积极诱导下，生产效率明显提高；

B 组高凝聚力，在消极诱导下，生产效率明显抑制；

C 组低凝聚力，在积极诱导下，生产效率有所提高，但是没有 A 组明显；

D 组低凝聚力，在消极诱导下，生产效率有所抑制，但是没有 B 组明显；

E 组由于没有诱导，生产效率没有什么改变。

由实验结果发现，两种诱导产生明显不同的效应，极大地影响了凝聚力与生产效率的关系：

① 无论凝聚力高或低，积极诱导都提高了生产效率，而且高凝聚力组生产效率更高；

② 消极诱导则降低了生产效率，高凝聚力组的生产效率更低；

③ 高凝聚力条件比低凝聚力条件易受诱导因素的影响，在积极诱导下，高凝聚力组生产效率更高；

④ 群体凝聚力越高，其成员就越能遵循群体的规范和目标；

⑤ 如果群体倾向于努力工作、争取高产，那么高凝聚力的群体的生产效率就更高；

⑥ 如果内聚力很高，群体却倾向于限制更多的生产，甚至与其他群体闹矛盾，那么就只会大大降低生产效率；

⑦ 对群体的教育与引导是关键的一环，不能只从加强成员之间的感情来提高凝聚力。

（二）群体凝聚力与管理

群体凝聚力是无形的精神力量，是将一个群体的成员紧密地联系在一起的、看不见的纽带。群体的凝聚力来自群体成员自觉的内在动力，来自共识的价值观，是群体精神的最高体现。一般情况下，高群体凝聚力带来高群体绩效。

群体凝聚力在外部表现为群体成员对群体的荣誉感及群体的地位。群体的荣誉感主要来源于工作目标，群体因工作目标而产生、为工作目标而存在。因此，必须设置较高的目标承诺，以较高的工作目标引领群体前进的方向，使群体成员对工作目标达成统一和强烈的共识，激发群体成员对所在群体的荣誉感。同时，引导群体成员个人目标与工作目标的统一，增大群体成员对群体的向心力，使群体走向高效。

群体凝聚力在内部表现为群体成员之间的融合度和群体的士气。人是社会中的人，良好的人际关系是高效群体的润滑剂。因此，必须采取有效措施增强群体成员之间的融合度和亲和力，形成高昂的群体士气。群体是开放的，在不同阶段都会有新成员加入，高群体凝聚力会让群体成员在短期内树立起团队意识，形成对群体的认同感和归属感，缩短新成员与群体的磨合期，在正常运营期间，促使群体的工作绩效大幅提高。

第三节　群体沟通与管理

奈斯比特说："未来竞争是管理的竞争，竞争的焦点在于每个社会组织内部成员之间及其与外部组织的有效沟通之上。"可见，在工作中，对管理者来说，良好的沟通对任何群体和组织的工作效果都是十分重要的，沟通是保持群体凝聚力的黏合剂。如果群体内部的各个成员无法相互沟通并与外界沟通，那么这个群体便不能生存。

一、沟通的概念与类型

（一）沟通的概念

在中国，沟通一词本指开沟以使两水相通，《左传·哀公九年》有曰："秋，吴城邗，沟通江淮。"后用以泛指使两方相通连，也指疏通彼此的意见。《大英百科全书》中解释，沟通是用任何方法，彼此交换信息，即指一个人与另一个人之间用视觉、符号、电话、电报、收音机、电视或其他工具为媒介，所从事交换信息的方法。《韦氏大辞典》认为沟通就是文字、文句和消息之交通，思想或意见之交换。

不同学科领域对沟通的研究视角是不同的，管理心理学是研究组织内的个人、群体以及作为整体的组织的心理及行为规律的学科。因此，管理心理学研究的沟通，是为了特定目的，在活动过程中通过某种途径和方式，发送者有意识或无意识地将一定的信息传递给接收者并寻求反馈以达到相互理解的过程。具体来说沟通的含义可以从以下几个方面来理解。

(1)"有意识或无意识"是说明沟通不仅是在正式的组织或个人之间有计划地进行，而且还包括无计划的非正式的沟通。

(2) 按某种途径和方式则说明了沟通必须借助某种媒介，包括话语、书面、仪表、仪态等各种因素。

(3) 将一定的信息从发送者传递给接收者是整个沟通的主体部分。这里的信息可以是常规的通知、消息，也可以是某种观点、思想。

(4) 获取理解说明了沟通是一种双向的行为，必须是发送者和接收者双方之间的互动，并且整个过程中包括反馈这一环节。

这里的沟通已经超越了单个个体的范围，上升到了由多个人组成的群体层面。因此，从沟通行为的主体多元化出发，我们完全可以认为沟通和群体沟通具有相同的意义。显然，从组织层面来看，群体沟通包括了组织内的个人与个人、个人与群体以及群体与群体之间的沟通。

沟通不同于一般的信息交流，它具有社会性、选择性、主动性、互动性、符号性以及干扰性等特性。

(1) 社会性。沟通是在社会环境中产生和发展的，沟通行为本身就是一种社会性行为，沟通双方不仅仅是交流信息，而且彼此交换内心状态，表达各自对同一事物的看法和思想感情。

(2) 选择性。沟通的选择性体现在发送者必须正确传递的内容、通道、方式、时机、归宿(即接收者)等，才能达到预期目的。接收者根据自己的知识、经验、个性等对传递来的信息存在着选择性和选择性理解等。

(3) 主动性。沟通过程的每一参与者都是积极的主体，这就要求沟通的双方都具有积极性，而不能将其中的一方认为是被动的客体。因而一方在向对方发送信息时，必须判定其情况，分析其动机、目的等。

（4）互动性。沟通是一个双向、互动的反馈过程，沟通所产生的影响是沟通中的一方为了改变对方的行为而对对方的心理产生作用。也就是说，沟通不仅是为了传递信息，而且在于期望唤起或影响接收者特定的反应或行为，从而达到彼此相互了解、相互认知以及相互影响的效果。

（5）符号性。沟通双方的任何信息交流都是通过符号形式，如语言、文字、图片、手势等来进行的。当沟通双方都认识这些符号，并理解其所表达的意义时，沟通才能有效地进行。只有统一的意义体系才能够保证沟通双方相互理解。

（6）干扰性。一般而言，仅有一次沟通并不能顺利地实现沟通双方的最初意愿，这是因为在沟通的过程中存在多种干扰，从而影响了沟通的有效性。

（二）沟通的重要性

通用电气公司总裁杰克·韦尔奇说："管理就是沟通、沟通再沟通。"沃尔玛公司总裁萨姆·沃尔顿说："沟通是管理的浓缩。"可见，沟通管理在组织发展中的作用。沟通的重要性主要体现在以下几个方面。

1. 基本的信息传达功能

信息是人与组织得以生存的手段。存在的情况和性质都通过信息方式表达出来，对组织信息的判断、控制，都以信息方式表达。只有信息的传达，才可以进行管理。所以，沟通具有最基本的信息的传达功能。

2. 工作离不开沟通

沟通是人和组织得以生存的手段。成功的组织除了本身努力之外，很大程度在于它们是否拥有必要的信息和完成工作的技巧，而这些信息的获得又取决于在技能学习过程中沟通的质量。

3. 情感功能

对很多员工来说，工作群体是主要的社交场所，员工通过群体内的沟通来表达自己的挫折感和满足感。因此，沟通提供了一种释放情感的情绪表达机制，并满足了员工的社交需要。

4. 控制功能

沟通可以通过几种方式来控制员工的行为。员工们必须遵守组织中的权力等级和正式指导方针。比如，他们首先要与直接上级主管交流有关工作方面的不满和抱怨，要按照工作说明书工作，要遵守公司的政策法规等。通过沟通可以实现这种控制功能。另外，非正式沟通也控制着行为。比如，当工作群体中的某个人工作十分勤奋，并使其他成员相形见绌时，其他人会通过非正式沟通的方式控制该成员的行为。

5. 激励功能

沟通可以通过下面的途径来激励员工：明确告诉员工做什么、如何来做，没有达到标准时应如何改进。具体目标的设置、实现目标过程中的持续反馈以及对理想行为的强化这些过程都有激励作用，而这些过程又都需要沟通。

6. 冲突源于沟通

生活或工作中的一些冲突一定程度上源自沟通不当。这就是说，由于沟通的问题，导致了组织、人际关系和家庭的问题。良好的沟通能减少群体内的冲突与摩擦，促进工作人员之间、员工与管理层之间的和谐和信任。减少工作的重复和脱节，从而避免人力、物力、财力以及时间上的浪费。良好的沟通还能提高员工的满意度，增加他们工作的质与量。

（三）群体沟通的类型

现实中群体的沟通不是单一渠道和单一形式的沟通，而是把各种沟通方式组合起来，形成了沟通网络。沟通可以按照不同的标准划分为不同类型，一般是从沟通的组织、沟通的流向、是否收到反馈以及沟通的方式四个角度对沟通进行分类。

1. 正式沟通和非正式沟通

按照组织管理系统和沟通体制的规范程度，可以分为正式沟通和非正式沟通。

(1) 正式沟通。正式沟通一般指在组织系统内，依据组织明文规定的原则进行的信息传递与交流。例如组织与组织之间的公函来往、组织内部的文件传达、召开会议、上下级之间的定期情报交换等。

美国心理学家亚利克斯·贝弗拉斯于 1948 年进行了用交流网络来模拟大群体沟通过程的研究，发现在正式沟通渠道中存在 5 种典型的沟通网络，即链式、环式、轮式、Y 式、全通道式(如图 5-1 所示)。

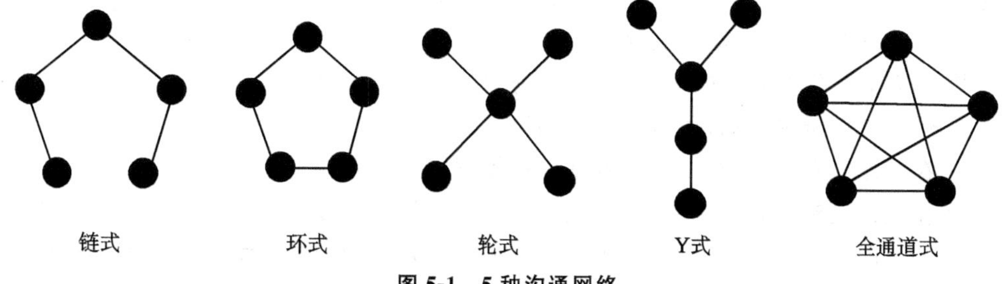

图 5-1　5 种沟通网络

链式是一个平行网络，其中居于两端的人只能与内侧的一个成员联系，居中的人则可分别与两人沟通信息。在一个组织系统中，它相当于一个纵向沟通网络，代表一个五级层次，逐渐传递，信息可自上而下或自下而上进行传递。这种信息沟通具有传递速度快的特点。但是，它没有横向联系，成员的满意程度低，只适合组织庞大、需分层授权管理的企业。

环式表示各成员之间依次联系沟通。这种沟通网络具有群体士气高、满意感强的特点，但信息传递速度慢，效率不高。在委员会之类的群体中可以采用此种沟通形式。

轮式表示主管人员居中，分别与若干下级发生联系的沟通。这种沟通传递迅速、易控制。在这种企业中，速度与控制往往比士气、创造性更受重视，居中心地位的主管因情报多，有较大的权力，因而比较自信和有自主性，心理上也比较满足。但是，由于缺乏联系，各下级成员之间互不了解，信息闭塞，成员满意程度低，有利于保密，不利于协作。

Y 式表示逐级传递，最上层有多个主管。这种沟通网络传递信息速度较快，但成员满意程度不高，尤其是多头领导，要求不一，不利于下级正常开展工作。

全通道式表示组织内每个人都可以与其他成员直接地、自由地沟通，并无中心人物，所有的成员都处于平等地位，但由于缺乏中心人物，没有权威，信息传递速度也慢。委员会开会时即属于这种沟通网络。

上述五种沟通形态和网络，都有其优缺点。作为一名主管人员，在管理工作实践中，要进行有效的人际沟通，就需发挥其优点，避免其缺点，使组织的管理工作水平逐步提高。总体来说，正式沟通的优点在于：沟通效果好，易于保密，具有较强的约束力，可以使信息保持权威性。一般重要的信息通常都采用这种方式沟通。其缺点在于：由于依靠组织系统层层传递，因而沟通速度缓慢，过于刻板，容易延误时间，造成信息的失真或扭曲。

(2) 非正式沟通。非正式沟通渠道指的是正式沟通渠道以外的信息交流和传递，是与组织内部明确的规章制度无关的沟通方式。它不受组织监督，自由选择沟通渠道。它是正式沟通的有机补充。非正式沟通能更灵活迅速地适应事态的变化，省略许多烦琐的程序，并且常常能提供大量的通过正式沟通渠道难以获得的信息，真实反映员工的思想、态度和动机。

非正式沟通是未经计划的，其沟通途径是通过组织内的各种社会关系。其形式如非正式的会议、闲聊、走动式交谈、吃饭时进行的交谈等。非正式沟通的好处是形式多样、灵活，不需要刻意准备；沟通及时，问题发生后，马上就可以进行简短的交谈，从而使问题很快得到解决；容易拉近主管与员工之间的距离。

非正式沟通有一种可以事先预知的模型。心理学研究表明，非正式沟通的内容和形式往往是能够事先被人知道的。它具有以下几个特点：

① 消息越新鲜，人们谈论的就越多。

② 对人们工作有影响的人或事，最容易引起人们的谈论。

③ 最为人们所熟悉的，最多为人们谈论。

④ 在工作中有关系的人，往往容易被牵扯到同一传闻中去。

⑤ 在工作上接触多的人，最可能被牵扯到同一传闻中去。

对于非正式沟通这些特点，管理者应该予以充分和全面的考虑，以防止起消极作用的“小道消息”。通过利用非正式沟通，为组织的目标服务。

人们之所以采用非正式沟通，可以说是人们天生的需求。通过这种沟通途径来交换或传递信息，常常可以满足个人的某些需求。例如人们由于某种安全的需求，乐意探听有关人事调动之类的消息；朋友之间交换消息，则意味着相互的关心和友谊的增进，借此更可以获得社会需求的满足。这种消息对于组织成员来说，往往是他们最感兴趣可又是最缺乏的消息。因此，对依靠非正式沟通可以获得这种信息的环境，组织成员是会感到满意的。因此，非正式沟通的优点在于：沟通方便，内容广泛，方式灵活，沟通速度快，可用以传播一些不便正式沟通的信息，而且由于在这种沟通中比较容易把真实的思想、情绪、动机表露出来，因而能提供一些正式沟通中难以获得的信息。但非正式沟通也有一定的缺点：难以控制，传递的信息不确切，容易失真、被曲解，并且，它可能促进小集团、小圈子的建立，影响员工关系的稳定和团体的凝聚力。如果能够对企业内部非正式的沟通渠道加以合理利用和引导，就可以帮助企业管理者获得许多无法从正式渠道取得的信息，在达成理解的同时解决潜在的问题，从而最大限度提升企业内部的凝聚力，发挥整体效应。

在非正式沟通中可以注意以下技巧。

① 以询问代替命令。美国心理学家雷德以他多年的管理经验告诫管理者："对下属不能用命令的方式，而要用询问的方式。"喜欢下命令的管理者似乎很少考虑这个问题，他们理所当然地认为下属一定能够做好他们所要求的事情。但实际上，命令一个人做某件事情是容易的，但接受命令的这个人是否愿意做好某件事却是不确定的。作为管理者，最好能够采取询问的方式对待下属，这样既可以了解下属内心的真实想法，又可以让下属感觉更舒服一些。

② 态度要平等。一般来说，人们在与自己同等级、同层次的人讲话时，行为举止都会比较自然、大方，而在与比自己地位高的人交往时，就可能会感到紧张，表现得比较拘谨，并且自卑感增强；相反，在与社会地位低于自己的人讲话时，就会表现得比较自信，甚至比较放肆。只有留意这些细微的言行举止，才能在无意中消除上下级之间的隔阂。在与下属交谈的时候，平等的态度是很重要的。平等的态度，除说话本身的内容外，还可以通过语气、语调、表情、动作等细节体现出来。所以，不要以为是小节，纯属个人的习惯，不会影响到上下级的谈话。实际上，小节往往关系到下属是否敢向你靠近。世界著名的谈话艺术专家费尔特先生，曾经教人谈话时应该注意下列一些问题。他说道："你应该时常说话，但不必说得太长。少叙述故事，除了真正贴切而简短之外，总以绝对不讲为妙。和人谈话，同时也要注意到态度。切忌妄自尊大，平常的话要避免争论。谈话最好要一般化，勿作自我的宣传，把自己捧上天去。外表应该坦白而率直，内心应该谨慎而仔细。"

③ 避免无聊的空谈。管理者与下属谈话时，要尽可能让每一次谈话都能保持中心点，也就是所谓的谈话目的，其目的就是能够促进你和对方的关系。你必须使他觉察到你是一个有思想、有观点的人，而绝非是个糊涂虫。单单无聊地空谈，是绝不能使对方对你有一点良好印象的。

④ 进行愉快的沟通。在进行任何谈话时，管理者都必须记住，切不可以谈到会触怒他人的话题上去。因为凡是在你面前听你讲话的人，一定会从你的语言中窥测你的个性，同时也在留意你日后是否会说他的坏话。

延伸阅读

杰克·韦尔奇的非正式沟通管理

美国通用(GE)电气公司执行总裁杰克·韦尔奇(Jack Welch)被誉为"20世纪最伟大的经理人"之一。在他上任之初，GE公司内部等级制度森严、结构臃肿，韦尔奇通过大刀阔斧的改革，在公司内部引入"非正式沟通"的管理理念，韦尔奇经常给员工留便条和亲自打电话通知员工有关事宜，在他看来，沟通是随心所欲的，他努力使公司的所有员工都保持着一种近乎家庭式的亲友关系。使每个员工都有参与和发展的机会，从而增强管理者和员工之间的理解、相互尊重和感情交流。一些企业和组织在公司的网站上设立了相关论坛、BBS公告等多种非正式的沟通渠道。在这些渠道当中，组织成员的沟通一般是在身份隐蔽的前提下进行的。所以，这些沟通信息能够较为真实地反映组织成员的一些思想情感和想法。对于组织领导者来说,掌握了解这些信息资料有利于他们日后的管理沟通工作。

2. 语言沟通和非语言沟通

按沟通的方式划分,可以分为语言沟通和非语言沟通两种方式。

(1) 语言沟通。语言沟通是指以语词符号为载体实现的沟通,主要包括口头沟通和书面沟通。口头沟通是指借助语言进行的信息传递与交流。口头沟通的形式很多,如会谈、电话、会议、广播、对话等。这种沟通的最大优点是发送者能够立即得到反馈,能了解所传达的信息是否被准确理解。口头沟通是一种双向沟通,参加沟通的双方既是发送者又是接收者。口头沟通的缺点在于:没有书面沟通准备得充分,也没有信息交流的记录,而且信息传递的人数越多,信息失真的潜在可能性也越大。书面沟通是指借助文字进行的信息传递与交流。书面沟通的形式也很多,例如,通知、文件、通信、布告、报刊、备忘录、书面总结、汇报等。书面沟通具有全面直观、更具逻辑性、更清晰的优点,而且信息可以长期保存,随时核实,不易出现信息被曲解的情况。然而,书面沟通需要的时间较长,获得反馈不及时,不便于随时修改。

(2) 非语言沟通。非语言沟通是相对于语言沟通而言的,是指通过身体动作、体态、语气语调、空间距离等方式交流信息、进行沟通的过程,包括身体语言沟通、辅助语言沟通等,如声调、音量、手势、体态、脸色、动作等。一般研究表明,人们的沟通至少有2/3是通过非语言的方式进行的。

3. 单向沟通和双向沟通

沟通按照是否进行反馈划分,可以分为单向沟通和双向沟通两种方式。

(1) 单向沟通。单向沟通是指发送者和接收者两者之间的地位不变(单向传递),一方只发送信息,另一方只接收信息。单向沟通中双方无论语言或情感上都不要信息的反馈。如作报告、发指示、下命令等。单向沟通的速度快,信息发送者的压力小,并易于保持传出信息的权威性,适用于任务急、工作简单、无须反馈的情形。但是接收者没有反馈意见的机会,不能产生平等感和参与感,不利于增加接收者的自信心和责任心,不利于增加接收者的自信心,不利于建立双方的感情,且较难把握沟通的实际效果。

(2) 双向沟通。双向沟通中,发送者和接收者两者之间的位置不断交换,且发送者是以协商和讨论的姿态面对接收者,信息发出以后还需及时听取反馈意见,必要时双方可进行多次重复商谈,直到双方共同明确和满意为止,如交谈、协商等。双向沟通的优点是沟通信息准确性较高,接收者有反馈意见的机会,产生平等感和参与感,增加自信心和责任心,有助于建立双方的感情。然而,发送者随时可能受到接收者的批评与挑剔,因而发送者心理压力较大,同时信息传递速度慢,易受干扰且缺乏条理。

4. 上行沟通、下行沟通和平行沟通

按照沟通的方向划分,可以分为上行沟通、下行沟通和平行沟通三种方式。

(1) 上行沟通。上行沟通是指下级的意见向上级反映,即自下而上的沟通。上行沟通的目的就是要有一条让管理者听取员工意见、想法和建议的通路,同时,上行沟通又可以达到管理控制的目的。上行沟通的作用在于:提供员工参与管理的机会;减少员工因不能理解上级下达的信息造成大的失误;营造民主管理文化,提高企业创新能力;缓解工作压力。有效的上行沟通尽管有很多途径，诸如意见箱、小组会议、反馈表等，但这些途径真正发挥作用关键在于营造上下级之间良好的信赖关系。我们应明白：有效的上行沟通与组织环境和工作氛围直接相关，努力形成和谐的工作氛围是沟通工作的重要内容。

(2) 下行沟通。下行沟通是指信息的流动是由组织层次的较高处流向较低处，通常下行沟通的目的是为了控制、指示、激励及评估。其形式包括管理政策宣示、备忘录、任务指派、下达指示等。有效的下行沟通并不只是传送命令而已，应能让员工了解公司之政策，计划之内容，并获得员工的信赖、支持，因而得以有效的期待，同时有助于组织决策和计划的控制，达成组织之目标。

(3) 平行沟通。平行沟通，又称横向沟通，指的是与平级间进行的与完成工作有关的交流。平行沟通具有很多优点：第一，它可以使办事程序、手续简化，节省时间，提高工作效率。第二，它可以使企业各个部门之间相互了解，有助于培养整体观念和合作精神，克服本位主义倾向。第三，它可以增加员工之间的互谅互让，培养员工之间的友谊，满足员工的社会需要，使员工提高工作兴趣，改善工作态度。但是其缺点表现在，平行沟通头绪过多，信息量大，易于造成混乱。此外，平行沟通尤其是个体之间的沟通也可能成为员工发牢骚、传播小道消息的一条途径，造成涣散团体士气的消极影响。在与上行、下行、平行沟通三种沟通中，平行沟通是最为困难的。在公司里面，让总经理非常头疼的一件事是部门之间的不协调：用着公司的资源，还互相不配合，却把精力用在互相扯皮、互相推诿上。平行沟通中最大的问题是我和你不谈。与财务部有疙瘩，我向采购部、向营销部讲，我和别人都讲，我就和你当事人不讲，或者即便是讲了，对方也不积极响应，可以不买你的账，你说要财务部办理报销，我就不报销，我说账上没钱，这款付不了。所以大家感觉部门之间沟通难，实际上是因为这种沟通不是真心，不是发自肺腑之言。因此，在平行沟通中应注意主动、双赢、协作、关心、谦让以及体谅。

二、沟通的机制与影响因素

（一）沟通的机制

沟通由四个基本要素构成，即信息的发出者、接收者、信息的内容以及传递的通道。各式各样的沟通过程都可以用如图 5-2 所示的沟通模型来反映，这一模型包括 7 个组成部分：信息源、编码、信息、通道、解码、接收者和反馈。

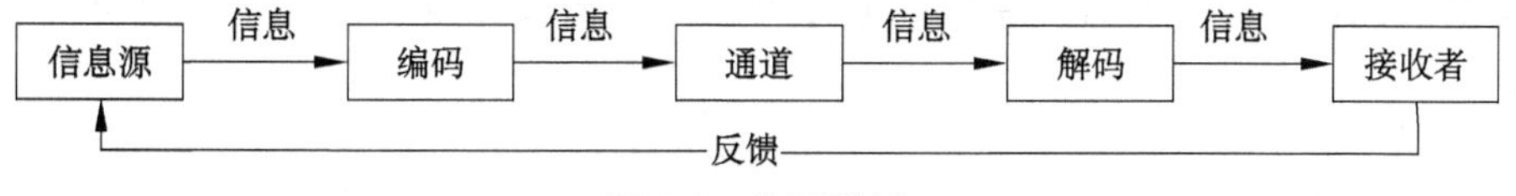

图 5-2　沟通模型

简单地说，沟通就是传递信息的过程。在这个过程中至少存在着一个发送者和一个接收者，即发出信息一方和接收信息一方。信息在二者之间的传递过程，一般经历 7 个环节。

(1) 发送者需要向接收者传递信息或者需要接收者提供信息。这里所说的信息是一个广义的概念,它包括观点、想法、资料等内容。

(2) 发送者将所要发送的信息译成接收者能够理解的一系列符号。为了有效地进行沟通,这些符号必须适应媒体的需要。例如,如果媒体是书面报告,符号的形式应选择文字、图表或照片;如果媒体是讲座,就应选择文字、投影胶片和板书。

(3) 发送的符号传递给接收者。由于选择的符号种类不同,传递的方式也不同。传递的方式可以是书面的,如信、备忘录等;也可以是口头的,如交谈、演讲、电话等;甚至还可以通过身体动作来表述,如手势、面部表情、姿态等。

(4) 接收者接收符号。接收者根据发送来的符号的传递方式,选择相应的接收方式。例如,如果发送来的符号是口头传递的,接收者就必须仔细地听,否则,符号就会丢失。

(5) 接收者将接收到的符号译成具有特定含义的信息。由于发送者翻译和传递能力的差异,以及接收者接收和翻译水平的不同,信息的内容和含义经常被曲解。

(6) 接收者理解被翻译的信息内容。

(7) 发送者通过反馈来了解他想传递的信息是否被对方准确地接收。一般来说,由于沟通过程中存在着许多干扰和扭曲信息传递的因素(通常把这些因素称为噪声),这使得沟通的效率大为降低。因此,发送者了解信息被理解的程度也是十分必要的。沟通过程图中的反馈,构成了信息的双向沟通。

(二) 沟通的影响因素

围绕沟通的机制,影响沟通的因素有以下三个方面:

(1) 从信息发送者看,与发送者的可信性、魅力、权威等个人品质有关。如果信息发送者是可信的,具有魅力的,权威的,那么接收者对信息的个人解释程度就小,信息畸变的程度就弱,信息可以更好地传递和被执行。但是,如果信息接收者认为信息发送者是不可信的,没有权威,也没有什么魅力,则会有更大的自我化解释,带来信息畸变。

(2) 从信息接收者看,信息接收者的同理心、人格、智力、性别等个人品质也影响着信息。如果信息接收者具有同理心,能够从对方的角度思考问题,具有信任他人的性格,则更能接收信息;反之,如果具有多疑人格等,则会对信息有较大的个人化解释。

(3) 从信息本身看,信息的内容以及信息的传达方式,也影响了信息的传递。如果信息内容以确定的方式表达,对相关的概念给予准确的定义,行文严谨,则信息发生畸变的可能性就小;反之则大。同时,信息的排列方式,如纵向或横向的排列也影响着人的解释,带来信息理解的差异。

总之,沟通过程中,影响沟通的因素非常多。沟通要围绕信息的准确性来控制相关因素。

三、沟通障碍

所谓沟通障碍,是指信息在传递和交换过程中,由于信息意图受到干扰或误解,而导致沟通失真的现象。在人们沟通信息的过程中,常常会受到各种因素的影响和干扰,使沟通受到阻碍。

（一）沟通的组织障碍

在管理中，合理的组织机构有利于信息沟通。但是，如果组织机构过于庞大，中间层次太多，那么，信息从最高决策传递到下属单位不仅容易产生信息的失真，而且还会浪费大量时间，影响信息的及时性。同时，自上而下的信息沟通，如果中间层次过多，同样也浪费时间，影响效率。

有的学者统计，如果一个信息在高层管理者那里的正确性是100%，到了信息的接收者手里可能只剩下20%的正确性。这是因为，在进行这种信息沟通时，各级主管部门都会花时间自己甄别接收到的信息，一层一层的过滤，然后有可能将断章取义的信息上报。此外，在甄选过程中，还掺杂了大量的主观因素，尤其是当发送的信息涉及传递者本身时，往往会由于心理方面的原因，造成信息失真。这种情况也会使信息的提供者望而却步，不愿提供关键的信息。因此，如果组织机构臃肿，机构设置不合理，各部门之间职责不清，分工不明，形成多头领导，或因人设事，人浮于事，就会给沟通双方造成一定的心理压力，影响沟通的进行。

相关链接

沟通漏斗

一支团队要共同完成一项任务，必须配合默契。一个企业要发展壮大，员工之间必须达成有效的合作，合作的默契源于沟通，是对沟通的升华。在工作中尽可能减少沟通漏斗，才能达到更好的理解，才能更出色地完成工作；还能避免他人不全面的或错误的理解影响人际关系。

沟通漏斗呈现的是一种由上至下逐渐减少的趋势，因为漏斗的特性就在于“漏”。对沟通者来说，如果心里想的是100%的东西，那么在众人面前、在开会的场合用语言表达心里100%的东西时，这些东西已经漏掉了20%，说出来的只剩下80%了。而当这80%的东西进入别人的耳朵时，由于文化水平、知识背景等关系，只剩下了60%。实际上，真正被别人理解了、消化了的东西大概只有40%。等这些人遵照领悟的40%具体行动时，已经变成20%了。因此，一定要掌握一些沟通技巧，争取让这个漏斗漏的越来越少。

（二）沟通的个人障碍

1. 个性因素所引起的障碍

信息沟通在很大程度上受个人心理因素的制约。个体的性质、气质、态度、情绪、见解等的差别，都会成为信息沟通的障碍。

2. 知识、经验水平的差距所导致的障碍

在信息沟通中，如果双方经验水平和知识水平差距过大，就会产生沟通障碍。此外，个体经验差异对信息沟通也有影响。在现实生活中，人们往往会凭经验办事。一个经验丰富的人往往会对信息沟通做通盘考虑，谨慎细心；而一个初出茅庐者往往会不知所措。特点是信息沟通的双方往往依据经验上的大体理解去处理信息，使彼此理解的差距拉大，形成沟通的障碍。

3. 个体记忆不佳所造成的障碍

在管理中，信息沟通往往是依据组织系统分层次逐次传递的，然而，在按层次传递同一条信息时往往会受到个体素质的影响，从而降低信息沟通的效率。

4. 对信息的态度不同所造成的障碍

这又可分为不同的层次来考虑。一是认识差异。在管理活动中，不少员工和管理者忽视信息的作用的现象还很普遍，这就为正常的信息沟通造成了很大的障碍。二是利益观念。在团体中，不同的成员对信息有不同的看法，所选择的侧重点也不相同。很多员工只关心与他们的物质利益有关的信息，而不关心组织目标、管理决策等方面的信息，这也成了信息沟通的障碍。

5. 相互不信任所产生的障碍

有效的信息沟通要以相互信任为前提，这样，才能使向上反映的情况得到重视，向下传达的决策迅速实施。管理者在进行信息沟通时，应该不带成见的听取意见，鼓励下级充分阐明自己的见解，这样才能做到思想和感情上的真正沟通，才能接收到全面可靠的情报，才能作出明智的判断与决策。

6. 沟通者的畏惧感以及个人心理品质也会造成沟通障碍

在管理实践中，信息沟通的成败主要取决于上级与上级、领导与员工之间的全面有效的合作。但在很多情况下，这些合作往往会因下属的恐惧心理以及沟通双方的个人心理品质而形成障碍。一方面，如果主管过分威严，给人造成难以接近的印象，或者管理人员缺乏必要的同情心，不愿体恤下情，都容易造成下级人员的恐惧心理，影响信息沟通的正常进行。另一方面，不良的心理品质也是造成沟通障碍的因素。

四、沟通技巧

所谓沟通技巧，是指管理者具有收集和发送信息的能力，能通过书写、口头与肢体语言的媒介，有效与明确地向他人表达自己的想法、感受与态度，也能较快、正确地解读他人的信息，从而了解他人的想法、感受与态度。沟通技巧涉及许多方面，如简化运用语言、积极倾听、重视反馈、控制情绪等。虽然拥有沟通技巧并不意味着成为一个有效的管理者，但缺乏沟通技巧又会使管理者遇到许多麻烦和障碍。

面对市场日益复杂多变的竞争环境，顺畅的沟通是组织保持活力的有效保障。提升组织沟通效率既需要外部的力量，比如商学院的教育水平、职业化的人力资源供给等，更需要企业从内部改善沟通的环境及机制。针对这些情况，要有效改善组织沟通，应从以下几个方面入手。

（一）组织应重视沟通者自身沟通技巧的提高

提高组织沟通者自身的沟通技巧是改善组织沟通的根本途径。因为沟通者自身就是组织沟通的行为主体，他们的文化知识水平、知识专业背景、语言表达能力和组织角色认识等因素直接影响（制约）沟通的进行。所以，本文认为目前的企业应该注重以下几点。

1. 调整沟通心态

随着现代社会信息网络和通信技术的高速发展，人与人之间的沟通方式因此也变得多样、丰富，即使两个人相隔千山万水，他们之间的交流沟通也会相当容易。表面上来看，人们之间的沟通联络的确是越来越频繁了。实际上呢？大多数的沟通已成为一种社会物质利益所驱使的表层化的行为，其效果是可想而知的。“开诚布公”、“推心置腹”、“设身处地”都是悠久的中华文化所积淀的闪光词汇，或许正是大多数现代企业沟通者所缺乏的一种沟通心态。所以，现代企业的组织沟通者不仅要做好企业运作的程序化信息沟通，同时也应重视组织成员之间的心灵沟通。

2. 学会倾听

倾听是沟通改善的一个重要方面。可是，在人们长期的传统思维中，“沟通”是一种富有“动作性”的动感过程。自然而然，“倾听”这一“静态”过程就被许多沟通者忽视了。但倾听恰恰是沟通行为中的核心过程。因为，倾听能激发对方的谈话欲，促发更深层次的沟通。另外，只有善于倾听，深入探测到对方的心理以及他的语言逻辑思维，才能更好地与之交流，从而达到沟通的目的。所以，一名善于沟通的组织者必定是一位善于倾听的行动者。

3. 注重非言语信息

据有关资料表明，在面对面的沟通过程中，那些来自语言文字的社交意义不会超过35％，换而言之，有65％是以非言语信息传达的。非言语信息包括沟通者的面部表情、语音语调、目光手势等身体语言和副语言信息。非言语信息往往比言语信息更能打动人。因此，如果你是组织沟通的信息发送者，你必须确保你发出的非言语信息强化语言的作用。如果你是组织沟通的信息接收者，你同样要密切注视对方的非言语提示，从而全面理解对方的思想、情感。

（二）有目的的健全组织的沟通渠道

沟通渠道对组织沟通效率的提高具有重要的决定意义。所以作为一个组织，要充分考虑组织的行业特点和人员心理结构，结合正式沟通渠道和非正式沟通渠道的优缺点，设计一套包含正式沟通和非正式沟通的沟通通道，以使组织内各种需求的沟通都能够准确及时而有效地实现。目前，大多数企业的组织沟通还是停留在指示、汇报和会议这些传统的沟通方式上。它们不能顺应社会经济的发展、组织成员心理结构以及需求层次的变化，而采用因人制宜、因时制宜的有效沟通方式。从而使得组织成员的精神需求不能得到充分满足，譬如，它们自我价值的实现和对组织的归属感、集体荣誉感和参与感的满足。

定期的领导见面和不定期的群众座谈会就是一种很好的正式沟通渠道，它也能切实地解决上述存在的问题。在非正式沟通渠道方面，近年来采用的郊游、联谊会、聚会等形式是非正式沟通的良好方式。这些渠道既能充分发挥非正式沟通的优点，又因它们都属于一种有计划、有组织的活动而能够易于被组织领导者控制，从而大大减少了信息失真和扭曲的可能性。同时随着社会科学技术的进步，电子网络技术也已被运用于组织的沟通领域。这正是组织沟通领域的变革和飞跃。电子网络因其快速、准确的特点，极大地提高了组织沟通的效率。另外，网络也因其“虚拟性”——这一特点，为非正式沟通提供了良好的沟通平台。

（三）注重组织沟通反馈机制的建立

没有反馈的沟通不是一个完整的沟通，完整的沟通必然具备完善的反馈机制。否则，沟通的效果会大大降低。但是目前很多组织仍没有重视沟通反馈的作用。

反馈机制的建立首先应从信息发送者入手。信息发送者在传递信息后应该通过提问以及鼓励接收者积极反馈来取得反馈信息。另外，信息发送者也应仔细观察对方的反应或行动以间接获取反馈信息。因为反馈可以是有意的，也可以是无意的。所以，信息接收者不自觉流露出的震惊、兴奋等表情，都是反馈信息的重要组成部分。作为信息接收者，在沟通反馈中实际上处于主体地位，但他们往往会因为信息发送者（通常是上级管理者）的权力威慑，而不能客观准确地作出信息反馈。这就需要信息接收者端正沟通心态，以实事求是的态度对待信息沟通，尤其是信息反馈。信息发送者也应积极接受信息接收者的反馈信息，使得组织沟通成为真正意义上的双向沟通。

（四）注重组织沟通环境的改善

组织沟通是在一定环境下进行的，沟通的环境是影响组织沟通的一个重要因素。这种环境包括组织的整体状况、组织中人际关系的和谐程度、组织文化氛围和民主气氛、领导者的行为风格等。

组织中和谐的人际关系是优化沟通环境的前提。平时组织领导者可以多开展一些群体活动（球赛、观看演出、聚餐等），鼓励工作中员工之间的相互交流、协作，强化组织成员的团队协作意识。这些措施一定程度上都能起到促进人际关系和谐的作用。另外，组织成员之间也应相互尊重差异，促进相互理解，在此前提下的人际沟通也将会更有效地改善人际关系。

组织中民主的文化氛围和科学的领导者作风是良好的沟通环境的核心要素。所以，组织者应致力于营造一种民主的组织氛围，组织领导者也应适当地改善自己的领导风格和水平。

组织的沟通环境还包括地理环境的因素。当组织采用会议沟通时，会议地点选在非常正式的会议室与选在一个风景旅游区相比，其沟通效果是大不一样的。世界著名 GE 公司前 CEO 杰克·伟尔奇在他的自传中曾提到，在他上任开始，为了更好地与他的领导班子交流以创造出新的工作氛围，他邀请了 14 位高层管理人员到 Laurel Valley 静养了两天。最后他们在那里的交流达到了预想的效果。所以，组织沟通者应根据具体的沟通需求来选择恰当的沟通场所。如果，沟通者需要传达某项执行决议或上层决策时，最好选择比较正式的场所，以增强信息的传递和执行效果。而沟通者若要与组织成员协商、讨论某个难以达成共识的问题，或交流私人感情时，最好选择气氛比较轻松的环境。这样便于沟通的顺利进行，同时也可以有效地避免沟通僵局的形成。

延伸阅读

自我沟通，良好心境

柏拉图说："决定一个人心情的，不在于环境，而在于心境。"这位哲人能够在任何环境中都乐观积极，保持良好的心境，就是保持良好自我沟通的结果。心里想的什么样子，看到的就是什么样子，这就是自我信息的传送。同时，正确积极的认识和信息的摄入又会通过自我反馈促进良好心境的形成，最终形成自我沟通和心境的良性循环。

早年间，英国有位哲人，单身时和几个朋友一起住在一间只有七八平方米的小房子里，每天却总是乐呵呵的。别人问："那么多人挤在一起，还有什么值得开心呢？"他说，朋友们住在一起，随时可以交流思想、交流感情，难道这不是值得高兴的事吗？

过了一段时间，朋友们都成了家，先后搬了出去，屋内只剩下他一个人，但他每天仍非常快乐。又有人问："一个人孤孤单单，有什么好高兴的？"他说："我有这么大的空间，还有那么多的书可以看，悠然闲适，怎不令人高兴？"

数年后，经济条件改善了，他搬进了楼房，住一楼，仍是每天乐呵呵的。有人说："住一楼烦都不够烦的呢！"哲人却说："一楼，进门就是家，还可以在空地上养花、种草。这些乐趣多好呀！"又过了一年，这位哲人把一楼让给一位家里有偏瘫老人的邻居，自己搬到顶楼。朋友又问："先生，住顶楼有哪些好处？"他说："好处多了！每天上下楼几次，有利于身体健康；看书、写文章光线好；没有人在头顶上干扰，白天黑夜都安静。"

第四节　群体冲突与管理

如果群体内部或群体之间沟通不畅，就有可能发生冲突。冲突是一种常见的社会现象，对任何群体和组织来说都是备受关注的问题。

一、冲突的含义及种类

（一）冲突的含义

为了使群体有效地完成组织目标和满足个人需要，必须建立群体成员和群体之间的良好和谐关系，即彼此间应相互支持，行动应协调一致。但是，现实的情况是，个人间存在着各种差异，群体间有不同的任务和规范，对同一个问题就会有不同的理解和处理，于是就会产生不一致，或是不能相容。也就是说，冲突在组织或群体内是客观存在的。

冲突可以定义为：个人或群体内部，个人与个人之间，个人与群体之间，群体与群体之间互不相容的目标，认识或感情，并引起对立或不一致的相互作用的任何一种状态。该定义强调了三个方面。

（1）冲突是普遍的现象，它可能发生于人与人之间，人与群体之间，群体内部的人与人之间，群体与群体之间，等等。

（2）冲突有三种，目标性冲突，即冲突双方具有不同的目标导向时发生冲突；认识性冲突，即不同群体或个人在对待某些问题上由于认识、看法、观念之间的差异而引发的冲突；感情性冲突，即人们之间存在情绪与情感上的差异所引发的冲突。

(3) 冲突是双方意见的对立或不一致，以及有一定程度的相互作用，它有各种各样的表现形式，如暴力、破坏、无理取闹、争吵等。

关于冲突对群体行为的影响，存在着三种主要观点。

(1) 冲突的传统观点(20 世纪 30 年代至 40 年代)，这是冲突的早期观点，认为所有的冲突都是不良的、消极的、它常常作为暴乱、破坏、非理性的同义词，冲突是有害的，是应该避免的。比如霍桑试验所作的结论就把冲突单纯地看成由于沟通不良，人际间缺乏坦诚和信任，管理者对员工的需求和抱负不敏感所带来的破坏性后果。

(2) 人际关系观点(20 世纪 40 年代至 70 年代中叶)，这种观点认为冲突是任何群体与生俱来，不可避免的结果，但它并不一定是坏的，存在着对群体工作绩效产生积极影响的潜在可能性，这种观点建议要接纳冲突，使它的存在合理化。

(3) 相互作用观点(20 世纪 70 年代以后)，这种观点代表当代思想，认为冲突不仅可以成为群体内的积极动力，某些冲突对于群体的有效工作是必不可少的，融洽、和平、安宁、合作的组织容易对变革的需要表现出冷漠、静止和迟钝。这一理论的主要贡献在于：鼓励冲突，即鼓励管理者维持一种冲突的最低水平，从而使群体保持旺盛的生命力，善于自我批评和不断创新。

(二) 冲突的要素

舒尔茨研究冲突形式，认为冲突所具有的共同要素有以下几点。

1. 情境的互相依赖

冲突产生于一定的情境，没有共同的情境，是无法产生冲突的。当然，冲突的情境在一定程度上依赖于个人主观的解释，只有那些认为彼此有关的人，才有可能产生冲突。

2. 缺乏资源

不管是有形的资源还是无形的资源，在双方皆有所需求时，就视为资源竞争，若是面临资源有限的情况，即有可能产生冲突现象。冲突与资源的稀缺性是有关系的，当这种稀缺性消失后冲突也随之消失。

3. 目标不一致

不管是明确表示的目标还是隐匿的目标，在组织成员皆各有所求，但又无法整合时，冲突也就随之而生。

(三) 冲突的种类

1. 心理冲突

(1) 双趋冲突。当两个目标都是自己想实现的，但一个目标的实现会使另一个目标无法实现，就会产生双趋式冲突。如《孟子・告子上》："鱼，我所欲也；熊掌，亦我所欲也，二者不可得兼，舍鱼而取熊掌者也。"鱼和熊掌我要兼得，于是出现双趋冲突。

(2) 双避冲突。双避冲突又称负负冲突，指同时有两个可能对个体具有威胁性、不利的事发生，两种都想躲避，但受条件限制，只能避开一种，接受一种，在作抉择时内心产生矛盾和痛苦。如前有狼后有虎的两难境地。如在大学之中，有的学生既不想用功读书，又怕考试不及格，于是出现的"二者必居其一"的心理冲突。

(3) 趋避冲突。趋避冲突又称正负冲突，是心理冲突的一种，指同一目标对于个体同时具有趋近和逃避的心态。这一目标可以满足人的某些需求，但同时又会构成某些威胁，既有吸引力又有排斥力，使人陷入进退两难的心理困境。如大学生既想担任学生干部使自己得到实际锻炼，又怕占时太多，影响学习的这种两难选择。

(4) 双重趋避冲突。双重趋避指当个体面临两个甚至两个以上目标而每个目标都有积极和消极两方面时发生的冲突。

2. 人际冲突

人际冲突是指两个或更多社会成员间，由于反应或希望的互不相容性而产生的紧张状态。一般是个人与个人之间的冲突。个人之间之所以发生冲突，主要是由于生活背景、教育、年龄和文化等的差异，而导致对价值观、知识及沟通等方面的影响，因而增加了彼此相互合作的难度。

3. 任务型冲突

任务型冲突关系即因为组织的任务理解不同而产生的冲突。

4. 策略型冲突

策略型冲突即因做事的方式与策略不同所引发的冲突。

5. 结构型冲突

结构型冲突是指部门间的相互依存职能目标不同所引起的冲突。

（四）冲突的作用

根据相互作用的观点，认为冲突都是好的或都是坏的看法显然并不恰当也不符合实际情况，因此我们有必要来具体分析冲突的积极作用和消极作用。

1. 冲突的积极作用

首先，解决冲突的过程有可能激发组织中的积极变革。人们为了消除冲突，就要寻求改变现有方式和方法的途径。寻求解决冲突的途径，不仅可以导致革新和变革，而且可能使变革更容易为下属所接受，甚至为员工所期望。

其次，在决策的过程中有意地激发冲突，可提高决策的有效性。在群体决策过程中，由于从众压力或由于某权威控制局面，或凝聚力强的群体为了取得内部一致，而不愿考虑更多的备选方案，就可能因方案未能列举充分而造成决策失误，如果以提出反对意见或提出多种不同看法的方式来激发冲突，就可能提出更多的创意，提高决策的正确性和有效性。

最后，冲突可能形成的一种竞争气氛，促使员工振奋精神、更加努力。引起一个或多个目标发生冲突的竞争，也有一定好处，如果员工觉得在工作绩效方面存在着一种竞争气氛，就可能振奋精神，以求得在竞争中名列前茅。

延伸阅读

鲶鱼效应

挪威人喜欢吃沙丁鱼，尤其是活鱼。市场上沙丁活鱼的价格要比死鱼高许多。所以渔民总是千方百计地想办法让沙丁鱼活着回到渔港。可是经过种种努力，绝大部分沙丁鱼还是在中途因窒息而死亡。但却有一条渔船总能让大部分沙丁鱼活着回到渔港。船长严格保守着秘密。直到船长去世，谜底才揭开。原来是船长在装满沙丁鱼的鱼槽里放进了一条以鱼为主要食物的鲶鱼。鲶鱼进入鱼槽后，由于环境陌生，便四处游动。沙丁鱼见了鲶鱼十分紧张，左冲右突，四处躲避，加速游动。这样沙丁鱼缺氧的问题就迎刃而解了，沙丁鱼也就不会死亡了，一条条沙丁鱼活蹦乱跳地回到了渔港。这就是著名的“鲶鱼效应”。

鲶鱼效应对于“船长”来说，在于激励手段的应用。船长采用鲶鱼来作为激励手段，促使沙丁鱼不断游动，以保证沙丁鱼活着，以此来获得最大利益。在企业管理中，管理者要实现管理的目标，同样需要引入外来优秀人才，增加内部人才竞争程度，从而促进企业内部“血液循环”的良性发展。

2. 冲突的消极作用

冲突也可能带来严重的后果。

首先，冲突可能分散资源。冲突可能分散人们为实现目标而作出的努力，组织的资源不是主要用来实现既定目标，而是消耗在解决冲突上，时间和金钱就是常被分散到消除冲突中去的两种重要资源。

其次，冲突有损员工的心理健康。有一些研究表明，置身于对立的意见中，会造成“敌意”、紧张和焦虑。随着时间的推移，冲突的存在可能使相互支持、相互信任的关系难以建立和维持。

最后，要求内部竞争而引发的冲突，可能对群体效率产生不良影响。内部竞争可能引发冲突，如当两个销售公司为了扩大销售额以赢得总公司的奖励，就可能因追求局部利益，在争夺资金、人员等方面产生冲突，如果处理不当，就可能对总公司整体效果产生影响，如果企业鼓励员工多做努力制定一定的产量目标，人们就可能重视产品数量，而牺牲产品质量。

延伸阅读

SHEA & GOULD 公司的故事

SHEA & GOULD 公司成立于 20 世纪 60 年代中期，是纽约一家著名的合伙人律师事务所。七八十年代中期，公司达到鼎盛，拥有 350 名律师，对纽约政治、银行、地产等领域产生了重要影响。

20 世纪 80 年代中期，公司创建者们开始把控制权转让给年轻的合伙人，问题随之产生，宗派群体和宗派斗争随处可见。

1993 年 12 月，由于冲突升级，5 名合伙人宣布退出。

1994 年 1 月，合伙人之间结束了争斗，并投票表决解散公司。

一位世界知名的法律顾问评论说：“这家公司的合伙人在基本的、主要的问题上存在差异，而这是无法调和的。你们之间没有经济问题，你们有的是个性问题，你们之间相互憎恨。”

二、冲突的产生及发展阶段

（一）群体冲突的产生

群体冲突一般不会因为非理性或微不足道的小事而发生。相反，而是由于组织协调不同群体的工作和在这些群体间分配奖赏的方法造成的。

1. 工作协调

群体冲突最常见的原因可能是出自几个不同部门之间的工作协调问题。组织要制造产品或提供服务，就需要协调若干部门的活动，而摩擦常常发生在这一过程中。

（1）序列工作相互依赖。这是指一个工作群体为了完成其任务必须依赖组织的其他单位的程度。序列工作相互依赖的情况是：一个群体的产品（产出）是另一个群体的原材料（投入）。例如，市场研究职能部门进行的消费者调查结果成为广告部门促销活动设计的原始数据；建筑师设计的规格参数成为工程部门活动的起点。一个群体的活动对另一个群体的绩效影响越大，群体冲突的可能性就越大。

（2）相互工作的依赖。这是指每个群体的一些产出都成为另外群体的投入。生产部门和质量保证部门之间的关系也许是说明相互工作的依赖的最好例子：生产部门生产出来的产品由质量保证部门来检验安全性和其他标准，而质量保证部门则把那些不符合标准、需要修正的产品送还生产部门。

（3）工作模糊。如果组织不明确规定哪个群体应对某项活动负责，那么群体冲突也可能发生。这种对工作职责缺乏明确规定的情况称为工作模糊。工作模糊常常引起工作群体间的相互敌视。因为工作模糊往往使得重要的工作责任模棱两可，处于群体之间谁也不负责的真空之中，而每个群体都认为是对方有问题。

（4）工作方向的差异。组织中的员工进行工作和与别人交往的方式随职能不同而各有差异。第一，各职能群体在对时间的看法上不一样。例如，研究与开发部门人员比制造人员的目标要长远得多，评价制造部门是根据它生产高质量产品的速度，而对研究与开发部门人员的评价只能等到很长一段时间的产品开发和试验之后。第二，不同职能部门的目标差异很大。制造部门的目标要比研究和开发部门的目标来得更具体、更明确，制造部门在产量、成本节约和拒收百分率上都有很精确的目标，而研究和开发部门的目标要笼统得多且不容易衡量，如研究基础科学知识以及开拓潜在的市场应用。第三，不同职能部门人员的人际关系是有差异的。研究与开发部门需要和鼓励组织的松散性、社团性和非正规性，而这些假如发生在制造部门中，将会造成组织功能失调。两个工作群体的目标、时间和人际关系差异越大，在不得不协调它们的工作时，两个群体就越容易发生冲突。这些工作方向上的差异使各群体对其他群体的行为感到失望或不可理解。

2. 组织的奖赏制度

组织监控群体绩效和分配资源（如资金、人力和设备）的方式是产生群体冲突的第二个主要来源。在群体间为稀少的资源展开竞争时，它们就会发生冲突。

（1）资源的相互依赖。群体间在完成它们的工作任务时是相对独立的，但相互竞争资源、生产同样产品的两家独立的制造工厂，可能会从公司总部为额外的预算分配或额外的人力资源展开竞争。

(2) 矛盾的奖赏制度。有时，组织的奖赏制度的设计会造成这样一种情形：一个群体只能通过牺牲其他群体的利益来实现自己的目标。例如，职能部门可能会由于削减成本和人员而受到奖赏，而直线部门则因为出售的产品数量或提供的服务增加而获奖。为了增加产品销售量，直线部门可能不得不更加依赖于职能部门(如广告部)，然而职能部门因为降低了成本和削减了人员正在受到表彰，因而向直线部门提供他们所要求的服务种类可能会使职能部门不能完成目标(成本和人员的削减)。可见，冲突的奖赏制度不可避免地会导致群体间关系的恶化。

(3) 竞争作为一种激励手段。管理者有时利用群体间的竞争作为激励工人的一种手段。这种策略的基本原理是：人在有压力时会生产出更多的产品，因而群体间的竞争对组织来说是有益的。不幸的是，这个理论虽然看上去很诱人，但实际上群体间的竞争常常导致群体间冲突的增加，而生产率却没有得到提高。更为严重的是，如果相互竞争的群体在工作上高度依赖，竞争将使生产率降低更多。如果这些群体的工作并不相互依赖，它们能增强实力的唯一途径是生产更多的产品。然而，如果群体之间工作上相互依赖，它们就可能花时间和精力去阻挠其他群体的活动，这样的阻挠行动在降低自身生产率的同时将降低其他群体的生产率。

(二) 冲突的发展阶段

一般而言，冲突的发展要经历五个阶段，它们是潜伏阶段、被认识阶段、被感觉阶段、处理阶段和结局阶段。

1. 潜伏阶段

潜伏阶段是冲突的萌芽期，这时候冲突还属于次要矛盾，对冲突的存在还没有觉醒。在这个阶段，冲突产生的温床已经存在，随着环境的变化，潜伏的冲突可能会消失，也可能被激化。

2. 被认识阶段

在这个阶段，已经感觉到了冲突的存在，但是这时还没有意识到冲突的重要性，冲突还没有对员工造成实际的危害。如果及时采取措施，可以使未来可能爆发的冲突得以缓和。

3. 被感觉阶段

在这个阶段，冲突已经造成了情绪上的影响。可能会对不公的待遇感到气愤，也可能对需要进行的选择感到困惑。不同的个人对冲突的感觉是不同的，这与当事人的个性、价值观等因素有关。

4. 处理阶段

需要对冲突作出处理，处理的方式是多种多样的，比如逃避、妥协、合作等。对于不同的冲突有不同的处理方式，即使是同样的冲突，不同的个人采取的措施也不尽相同。对冲突的处理，集中体现了个人的处世方式和处世能力，也体现了个人的价值体系和对自己的认识。

5. 结局阶段

冲突的处理总会有结果。不同的处理方式会产生不同的结果。结果有可能是有利于当事人的，也可能不利于当事人。当冲突被彻底解决时，该结果的作用将会持续下去。但很多情况下，冲突并没有被彻底解决，该结果只是阶段性的结果。有时甚至处理了一个冲突，又会引发其他几个冲突。

三、冲突的管理

冲突在组织中是很难避免的，冲突本身具有双重属性，一味地排斥或鼓励冲突都不是对待冲突的正确方式，关键在于如何通过管理冲突，发挥冲突的正功能，避免冲突的负功能，并力争在处理冲突的过程中争取主动地位。

托马斯及其同事提出了处理冲突的二维模式，如图5-3所示，该模式包括了五种不同的处理冲突的策略：竞争、合作、妥协、迁就和回避。

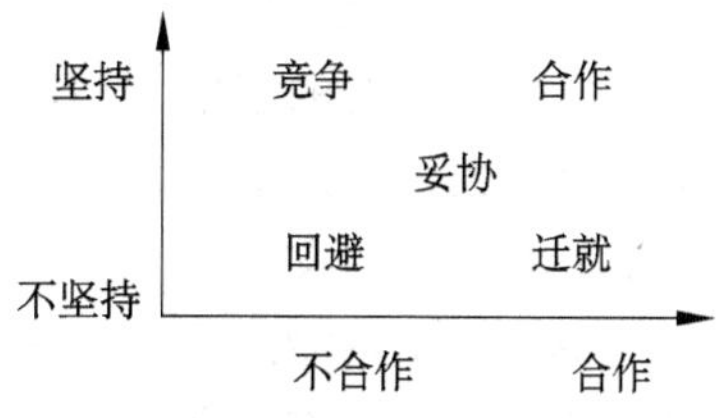

图 5-3 托马斯冲突处理方式模型

1. 回避策略

回避策略即对冲突采取逃避或压抑的态度。既不合作又不武断，既不满足自身利益又不满足对方利益。奉行这一策略者无视双方之间的差异和矛盾对立，或者保持中立姿态，试图将自己置身事外，任凭冲突事态自然发展，回避冲突的紧张和挫折局面，以“退避三舍”、“难得糊涂”的方式处理冲突问题。回避策略可以避免冲突问题扩大化。当冲突主体相互依赖性很低时，还可避免冲突或减少冲突的消极结果；但当冲突双方相互依赖性很强时，回避则会影响工作，降低绩效，并可能会忽略某些重要的看法、意见和机会，招致对手的受挫、非议和影响冲突的解决，故拟长期使用回避策略时，务必三思而后行。回避策略的常见表现情形有：①忽略冲突并希望冲突消失；②以缓慢的程序节奏来平抑冲突；③思考问题，该问题不作为主要考虑对象或将此问题束之高阁；④以保密手段或言行控制来避免正面冲突；⑤以官僚制度的政策规则作为解决冲突的方式方法。

回避策略会导致冲突各方进入僵局或僵局结果，所以也有人称为回避—僵局方法。回避策略常被使用或经常发生在以下场合：①冲突主体中没有一方有足够力量去解决问题；②与冲突主体自身利益不相干或输赢价值很低；③冲突一方或多方不关心、不合作；④彼此缺少信任、沟通不良、过度情绪化等，不适合解决冲突。

2. 迁就策略

冲突一方愿将对方的利益置于自己利益之上的态度，又被称为克制策略或迎合策略，当事者主要考虑对方的利益、要求，或屈从于对方意愿，压制或牺牲自己的利益及意愿的冲突管理策略。通常的迁就策略奉行者要么旨在从长远角度出发换取对方的合作，要么是不得不屈从于对手的势力和意愿。迁就策略的常见表现情形有：①退让或让步；②屈服或顺从；③赞扬、恭维对方；④愿意改进关系，提供帮助。

迁就策略的核心是迎合——对别人或其他群体的利益让步，或将己方需求的利益让予他人（他方）。此策略常被使用的场合为：①各自利益极端相互依赖，必须牺牲某些利益去维持正面关系；②力量过于悬殊，希望以让步换取维持自身利益或在未来其他问题上的合作；③己方缺乏使用其他策略处理冲突的能力；④己方对冲突结果的期望值低或低度投资,采取消极的或犹豫不决的态度。这其中有着正面和负面两类理由。

3. 妥协策略

妥协策略是指冲突双方都愿意放弃某些事物的状态,实质上是一种交易。妥协策略是一种合作性和武断性均处于中间状态,适度(居中)的满足自己的关心点和满足他人的关心点,通过一系列的谈判、让步,避免陷入僵局,“讨价还价”可以满足双方要求和缓和利益冲突。妥协策略是一种被人们广泛使用的处理冲突方式,它反映了处理冲突问题的实利主义态度,有助于改善和保持冲突双方的和谐关系。尤其在促成双方一致的愿望时十分有效。奉行此策略时,应在满足对方最小期望的同时作出让步,冲突双方应当相互信任并保持灵活应变的态度,要着重防止满足短期利益在前,牺牲长远利益在后的妥协方案或妥协策略的消极影响。妥协策略的常见表现情形有:①谈判;②寻求交易;③寻找满意或可接受的解决方案。

妥协策略可能发生或经常被使用于以下场合:①冲突双方无一方有能力包赢,从而决定按各方所见的有限资源和利益来分配(结果);②双方未来的利益有一定的相互依赖性和相容性,有某些合作、磋商或交换的余地;③双方实力相当,任何一方都不能强迫或压服对方;④双方各自独立,互不信任,无法共同解决问题,但赢的赌注较多。

4. 竞争策略

竞争策略又被称为强制策略,是一种“我赢你输”,武断而不合作的冲突管理策略。奉行这种策略者,往往只图满足自身目标和利益却无视他方的目标和利益,常常通过权力、地位、资源、信息等优势向对方施加压力,迫使对方退让、放弃或失败来解决冲突问题。这种策略难以使对方心悦诚服,较少解决冲突,但在冲突主体实力悬殊或应付危机时较为有效。竞争策略的常见表现情形有:①产生“赢—输”局势;②敌对争斗;③迫使对方认输;④运用权力等优势以达到自身目的。

竞争策略经常发生或常被使用于以下场合:①冲突各方中有一方具有压倒性力量;②冲突发展在未来没有很大的利害关系;③冲突中获胜的成本很高,赢的“赌注”很大;④冲突一方独断专行,另一方则消极而为;⑤冲突各方的利益彼此独立,难以找到共赢或相容部分;⑥冲突一方或多方坚持不合作立场。竞争策略也包含了诉讼与仲裁方式。

5. 合作策略

合作策略指的是在高度合作精神和武断的情况下,尽可能地满足冲突主体各方利益的冲突管理策略模式。奉行这种策略者必须既考虑自己关心点满足的程度,又考虑使他人关心点得到满足的程度;尽可能地扩大合作利益,追求冲突解决的“双赢”局面。合作策略的基本观点(或基本前提)是:①冲突是双方不可避免的共同问题;②冲突双方相信彼此平等,应有平等待遇;③双方充分沟通,信任对方,了解冲突情境;④每一方都积极理解对方的需求和观点,寻找“双赢”方案。合作策略的常见表现情形有:①解决问题的姿态;②正视差异并进行思想与信息的交流;③寻求整合性解决方式;④寻找“双赢”的局面;⑤把冲突问题看做一种挑战。

合作策略经常被使用或经常发生于以下场合:①冲突双方不参与权力斗争;②双方未来的正面关系很重要,未来结果的赌注很高;③双方都是独立的问题解决者;④冲突各方力量对等或利益相互依赖。

第五节 群体决策与管理

环境信息、个人偏好、方案评价方法是一个决策好坏的关键。而这些又与个人的经验和对问题的理解有关,特别是对于复杂的决策问题,不仅涉及多目标、不确定性、时间动态性、竞争性,而且个人的能力已远远达不到要求,为此需要发挥集体的智慧,由多人参与决策分析,这些参与决策的人,我们称为决策群体,群体成员制定决策的整个过程就称为群体决策。

一、群体决策概述

(一) 群体决策的含义

决策是人们在政治、经济、技术和日常生活中普遍存在的一种行为;决策是管理中经常发生的一种活动;决策是决定的意思,它是为了实现特定的目标,根据客观的可能性,在占有一定信息和经验的基础上,借助一定的工具、技巧和方法,对影响目标实现的诸因素进行分析、计算和判断选优后,对未来行动作出决定。

群体决策是指为了达到和实现组织目标,在领导者的主持下,根据主客观条件,通过集体讨论从若干备选方案中作出最佳选择与决定的过程。决策是行动的基础,没有决策就没有合乎理性的行动,群体的关键职能之一就是进行决策。

(二) 群体决策与个人决策的比较

在管理民主化的今天,群体决策是一种十分重要且日益普遍的决策方式,组织中越来越多的决策由群体作出。但这并不意味着群体决策一定要比个人决策优越,其中涉及诸多因素。在某些情况下,群体决策是无法代替个人决策的。群体决策和个人决策各有利弊,在不同的管理情境下可以发挥各自不同的作用。群体决策与个人决策相比较,在几方面表现出差异。

1. 决策的正确性和速度

群体决策有许多成员参加,知识面较广,能够产生较多的可供选择的方案,又具有校正错误的机制,因而群体决策比较正确。由于群体决策的过程是群体成员一起对问题进行分析、讨论和争议,并达成一致意见,因此,比个人决策花费时间多。当决策的正确性比决策速度重要时,群体决策较为优越。

2. 决策的创造性

个人决策通常比群体决策具有较大的创造性,个人能产生较多较好的主意,而群体决策由于受到相互不同意见和论点的约束,以及害怕被人认为愚蠢等心理制约,不容易使决策具有较大的创造性。个人决策适合于工作结构不明确、需要创新的工作,而群体决策过程适合于任务结构明确、有一定执行程序的工作。

3. 决策的风险性

许多企业管理人员认为,群体决策可以抑制冒进的行为,在选择较多或较少风险性的两种行动时,将趋向于保守。然而,许多组织行为学家的研究提出了相反的结论,认为群体决策具有更大的风险性。因为个人在群体中容易隐蔽自己的意见而附和众议,而且,群体决策由群体承担责任,其成员容易产生不负责任的倾向。也有一些研究表明,在群体决策过程中会产生保守或冒险两个极端的倾向,即群体决策的极化现象。这主要取决于占优势的群体氛围。如果群体成员大多数都比较保守,群体决策也将比个人决策更保守。如果群体成员大多数都趋于冒险,则群体会作出更有风险的决策。

(三)产生群体决策的原因

1. 决策责任分散

群体决策使得参与决策者责任分散,风险共担,即使决策失败也不会由一个人单独承担,加之权责往往不够分明,所以群体决策不如个体决策谨慎,具有更大的冒险性。

2. 群体氛围

群体成员的关系越融洽,认识越一致,则决策时就缺乏冲突的力量,越可能发生群体转移。

3. 领导的作用

群体决策往往受到领导的影响,而这些人的冒险性或保守性会影响到群体转移倾向。

4. 文化价值观的影响

群体成员所具有的社会文化背景和信奉的价值观会被反映在群体决策中,例如,美国社会崇尚冒险,敬慕敢于冒险而成功的人士,所以其群体决策更富于冒险性。

二、群体决策方法

群体决策的方法主要有头脑风暴法和德尔菲法。

(一)头脑风暴法

头脑风暴法出自"头脑风暴"一词。所谓头脑风暴(Brain-storming),最早是精神病理学上的用语,是针对精神病患者的精神错乱状态而言的,如今转而为无限制的自由联想和讨论,其目的在于产生新观念或激发创新设想。在群体决策中,由于群体成员心理相互作用影响,易屈于权威或大多数人意见,形成所谓的"群体思维"。群体思维削弱了群体的批判精神和创造力,损害了决策的质量。为了保证群体决策的创造性,提高决策质量,管理上发展了一系列改善群体决策的方法,头脑风暴法是较为典型的一个。

头脑风暴法的一般步骤:

(1) 所有的人无拘无束提意见,越多越好,越多越受欢迎;

(2) 通过头脑风暴产生点子,把它公布出来,供大家参考,让大家受启发;

(3) 鼓励结合他人的想法提出新的构想;

(4) 与会者不分职位高低,都是团队成员,平等议事;

(5) 不允许在点子汇集阶段评价某个点子的好坏,也不许允反驳别人的意见。

一次成功的头脑风暴除了在程序上的要求之外,更为关键的是探讨方式、心态上的转变,概言之,即充分、非评价性的、无偏见的交流,具体而言,则可归纳以下几点。

1. 自由畅谈

参加者不应该受任何条条框框限制,放松思想,让思维自由驰骋。从不同角度,不同层次,不同方位,大胆地展开想象,尽可能地标新立异、与众不同,提出独创性的想法。

2. 延迟评判

头脑风暴,必须坚持当场不对任何设想作出评价的原则。既不能肯定某个设想,又不能否定某个设想,也不能对某个设想发表评论性的意见。一切评价和判断都要延迟到会议结束以后才能进行。这样做,一方面是为了防止评判约束与会者的积极思维,破坏自由畅谈的有利氛围;另一方面是为了集中精力先开发设想,避免把应该在后阶段做的工作提前进行,影响创造性设想的大量产生。

3. 禁止批评

绝对禁止批评是头脑风暴法应该遵循的一个重要原则。参加头脑风暴会议的每个人都不得对别人的设想提出批评意见,因为批评对创造性思维无疑会产生抑制作用。同时,发言人的自我批评也在禁止之列。有些人习惯于用一些自谦之词,这些自我批评性质的说法同样会破坏会场气氛,影响自由畅想。

4. 追求数量

头脑风暴会议的目标是获得尽可能多的设想,追求数量是它的首要任务。参加会议的每个人都要抓紧时间多思考,多提设想。至于设想的质量问题,自可留到会后的设想处理阶段去解决。在某种意义上,设想的质量和数量密切相关,产生的设想越多,其中的创造性设想就可能越多。

(二) 德尔菲法

德尔菲法又称专家规定程序调查法。该方法主要是由调查者拟定调查表,按照既定程序,以函件的方式分别向专家组成员进行征询;而专家组成员又以匿名的方式(函件)提交意见。经过几次反复征询和反馈,专家组成员的意见逐步趋于集中,最后获得具有很高准确率的集体判断结果。德尔菲法的特点包括让专家以匿名群众的身份参与问题的解决,有专门的工作小组通过信函的方式进行交流,避免大家面对面讨论带来消极的影响。

德尔菲法的一般步骤:

(1) 由工作小组确定问题的内容,并设计一系列征询解决问题的调查表;

(2) 将调查表寄给专家,请他们提供解决问题的意见和思路,专家间不沟通,相互保密;

(3) 专家开始填写自己的意见和想法,并把它寄给工作小组;

(4) 处理这一轮征询的意见,找出共同点和各种意见的统计分析情况;将统计结果再次返还专家,专家结合他人的意见和想法,修改自己的意见并说明原因;

(5) 将修改过的意见进行综合处理再寄给专家,这样反复几次,直到获得满意答案。

三、影响群体决策质量的因素

（一）从众心理

在群体决策中普遍存在着从众心理。从众心理产生的主要原因，或者是参与者不愿意标新立异、与众不同，以免感到孤立，而当参与者的态度和见解与其他成员一致时，会有“没有错”的安全感；或者是参与者对讨论的问题不了解，吃不准，心中无数，缺乏主见，因而在有人发言之后，不认真考虑也跟着附和；或者是参与者看见大多数人的意见都差不多，尽管自己有不同看法，可是担心讲出来不为大家接受，不能改变任何事情，干脆随大流，人云亦云。从众心理的负效应在于：一方面，当多数人的不正确认识误导群体决策时，没有人敢于站出来坚持真理；另一方面，如果有预谋的少数人抢先发言或拿出方案，会使不明真相的大多数人轻易赞同，做出可能损害自身利益的群体决策。

相关链接

阿希的从众实验

1956年心理学家阿希进行了从众现象的经典性研究——三垂线实验。他以大学生为被试，每组7人，坐成一排，其中6个为事先安排好的实验合作者，只有一人为真被试。实验者每次向大家出示两张卡片。其中一张画有标准线X，另一张画有三条直线A、B、C中的一条等长。实验者要求被试判断X线与A、B、C三线中哪一条线等长。实验指明的顺序总是把真被试安排在最后。第一、二次测试大致没有区别，第三至第十二次前六名被试按事先要求故意说错。这就形成一种与事实不符的群体压力，可借此观察被试是否有从众心理压力，进而产生从众行为。

阿希多次实验，所得结果非常相似。实验表明：①大约四分之一到三分之一的被试保持了独立性，没有发生过从众行为；②所有被试平均从众行为百分比为35%；③大约有15%被试，从众行为的次数占实际判断次数的75%。实验后，阿希对从众的被试作了访谈，归纳从众的情况有三种：①被试确实把分阶段的反应作为参考框架，观察上就错了，发生了知觉歪曲；②被试意识到自己看到的与他人不同，但认为多数人总比自己正确些，发生了判断歪曲；③被试明知其他人都错了，却跟着作出了错误反应，发生了行为歪曲。

一般认为，发生从众行为是因为个体在群体中受到信息上和规范上的压力。①信息压力。经验使人们认为，多数人都坚持的意见正确率比较高，在模棱两可的情况下，由于缺少参照构架（见“谢里夫的从众实验”），就越发相信多数人，越从众；②规范压力。群体中的个人往往不愿意违背群体标准而被其他成员视为越轨者，害怕与众不同而成为“离群之马”。遭受孤立，因此采取多数人的意见。

（二）群体压力

从众心理一般起源于群体压力。群体压力是指已经形成的群体规范，对群体成员的行为具有一种无形的压力，使得每个群体成员不得不顺从群体的行为。群体决策的顺利进行需要正式的群体规范，比如议事规则等约束参与者的言行，而由习惯、先例等构成的非正式群体规范也会影响参与者的行为反应。并且，非正式群体规范产生的群体压力常常更大。例如，一些群体讨论的发言顺序总是会按照职务等级进行，要么自高而低，要么由下而上，这不是明文规定的要求，而是习惯造成的，谁不按惯例发言，马上就会感到群体压力，从而迫使其回归原位。虽然群体压力没有强制执行的性质，但个体在心理和行为上往往难以违抗。这就使群体决策的参与者在与多数人发生意见分歧时，迫于强大的群体压力，容易选择沉默不语或放弃己见。在“一边倒”的情况下作出的群体决策，其正确性和可行性都将大打折扣。

（三）个人控制

如果决策群体被一个有才干的人所掌握，他可能是主要领导者，德高望重；可能是个性坚强者，很有个人魅力；可能是敢于说话者，能言善辩，总之，他可以左右整个决策群体，对其他人产生个人控制。这样一来，群体决策就会出现如下现象：谁职务高谁说了算，谁资格老谁说了算，谁敢抢先说谁说了算，谁霸道谁说了算。虽然个人控制者的特征没有一个是作出群体决策所必须具备的条件，那些外在因素与群体决策质量本身没有必然联系，但却容易控制人。而且，个人控制在群体决策中的负效应非常突出，会起到抑制群体讨论、降低其他成员的创造力和妨碍其他成员作出贡献的消极作用。

（四）小团体意识

小团体意识是指在群体决策过程中形成的不合理地、过分地追求一致的现象和倾向。一旦群体决策被小团体意识所支配，群体决策参与者们就会片面地、不遗余力地追求一致而忽视群体决策的质量。他们为了保持一团和气，为了达成形式上的团结统一，有不同意见不愿说，怕伤害彼此和气，有问题不愿争论，怕影响彼此感情，强调大家抱团，什么都要一致，甚至在表面一致赞同的假象下强行通过不正确的群体决策方案。小团体意识最大的弊端是排斥不利于自己意见的信息，按照固定模式评价和选择决策方案，听不进群众和智囊团的不同意见，因而导致阻断决策信息、压抑创造精神和破坏群体决策功能的后果。

四、群体决策管理

（一）有效的群体决策应具备的主要特征

根据群体决策实践中积累的经验，有效的群体决策应至少包括以下几个特征。

1. 决策的有效性

决策的有效性即能够迅速地作出决策。这与决策者所期望的急迫程度、正确程度以及创新程度有关，并由群体决策成员的知识、能力、参与的程度以及发挥影响的程度所决定的。

2. 决策的开放性

决策的开放性即决策群体不受个人特定的见解(有时可能是偏见)所支配。这是由决策群体成员的价值观的差异和思想的开放程度所决定的。

3. 决策的合理性

决策的合理性即采用合理的决策程序,作出合理的选择。这是由决策步骤的合理性和科学性所决定的。

(二) 群体决策所应遵循的原则

由于群体决策成员的价值观和目标的多样化,加之各自的影响力及拥有的信息上存在的差异,群体决策具有许多个人决策所没有遇到的特殊问题,为了妥善解决这些问题、激发群体决策的创造力,决策群体应坚持以下几个原则。

(1) 努力形成一个以能够促进创造性思考过程的决策者为领导、有与问题相关的不同种类的人才广泛参与的群体结构,使组织能够获得所有相关领域的知识。有时,还可以邀请那些不受组织制约的外部专家参与。

(2) 促使群体中的每个成员承担起和大家一起探索的群体角色。

(3) 使群体决策的过程具有以下特征:①不是倾向于与领导交流,而是主动地与群体中的所有其他成员进行沟通;②每个群体成员都能够全身心地参与进来;③把形成思想与评价思想合理分开,把识别问题与制定行动方案合理分开;④恰当地转移角色,增强成员间的理解和合作气氛,进而有利于产生更多更好的行动方案;⑤延缓作出判断,避免过早地思考行动方案,使得重心能够保持在分析和探索方面。

(4) 创造轻松的、没有压力的群体环境,从问题出发而不是从短期收益出发,培育成员之间相互鼓励的群体风格。

(5) 追求一致,但不排除在难以达成共识的情况下接受大多数原则。

(三) 提高群体决策质量对领导者的要求

1. 创造宽松心理气氛

群体决策的优势之一是能够最大限度地吸取各种知识和信息,在尽可能全面了解实际情况的基础上作出具有客观性和可靠性的决策。然而,要充分发挥群体决策的这个优势,领导者必须创造一个宽松和谐的心理环境,让群体决策的参与者们敢说真话,敢讲心里话,无拘无束地畅所欲言。只有当参与者们能够无所顾忌地充分表达不同意见,群体决策才能汇聚最新知识、获取准确信息和掌握真实情况。此外,领导者还要通过改进信息联系方式、改善讨论会场布置等举措展示虚心听取意见的诚意,从而解除群体决策参与者的心理障碍,使他们积极地参与决策讨论,大胆直抒己见。

2. 有效控制决策过程

耗时多是群体决策的一个弱点,而一些心理因素的干扰造成议而不决更会拖长群体决策的时间。例如,有的人在讨论问题时,持有不同见解,可是担心直截了当说出来会得罪人,于是就绕着弯子发表意见,说了半天可能还没有触及实质问题,时间却已经流逝。尤其是当研究重大问题时，许多人害怕说错话被人视为愚蠢或被人笑话，就保持沉默，不表态，不置可否，但当涉及那些无关紧要的话题时，他们却发言热烈，海阔天空，遗憾的是，需要解决的问题仍然没有答案。为了提高群体决策的效率，领导者应当有效控制决策过程，这不是要控制参与者的思想，而是要在决策过程中保证群体成员的注意力集中在重大问题上，始终紧扣和抓住核心问题讨论研究，高效率、高质量地作出决定。

3. 灵敏捕捉闪光思想

真理有时候是掌握在少数人手里的。这就要求领导者组织群体决策必须尊重少数人的意见，更不能借多数人的意见压制少数人的意见。应当看到，好的决策方案总是由个别人先提出来，虽然个别人的声音微弱，但有价值的思想是很有生命力的。任何高质量的群体决策都会充满每一个参与者的闪光思想，都要充分吸纳每一个参与者有价值的见解。因此，领导者能不能敏锐地意识到、捕捉住群体决策参与者闪光的思想火花，并将其融入最终的决策方案，对提高群体决策质量至关重要。这也要求领导者时刻注意接受好思想，一旦发现某人有好的想法，就应让他详细陈述意见，然后再交大家讨论，集中讨论的过程实际上就是吸收、扩展、完善好的思想的过程。

4. 开发利用不同观点

群体决策过程中出现不同观点交锋是正常现象，是群体决策优势所在。没有任何不同意见就作出的重大决策不一定是好决策，过早一致达成的决策常常隐藏着重大灾难。高质量的群体决策离不开反向思维，应该欢迎不同意见的争论。为什么我国“一五”计划期间许多重点项目决策的正确性经受住了历史考验？因为每个项目都是反复讨论的结果，如果没有不同意见，领导者要自己站在反面提意见讨论，如果提不出意见，就先放一下，让大家再考虑，看能不能提出不同意见，经过反复考虑再最终拍板。《中共中央关于加强党的执政能力建设的决定》提出：“对涉及经济社会发展全局的重大事项，要广泛征询意见，充分进行协商和协调；对专业性、技术性较强的重大事项，要认真进行专家论证、技术咨询、决策评估；对同群众利益密切相关的重大事项，要实行公示、听证等制度，扩大人民群众的参与度。”这就是要求各级党政领导干部在组织对重大问题的群体决策时，必须高度重视不同意见，要积极开发利用不同观点，不能把不同观点视为麻烦，而是应该看成财富，要鼓励、启发人们提出更多的不同观点，以利于打开决策思路，扩展决策视野，防止决策疏漏，提高决策质量。

5. 善于提炼、归纳、总结

提高群体决策质量要求领导者必须善于提炼、归纳、总结。如果有十个决策方案提交领导者选择，高明的领导者往往不会选定其中之一，而是提炼十个方案的精华，将每个方案的独到之处归纳起来，加以整合，再提炼一个高于原有十个方案的、更为理想的决策方案。这样做既能够吸纳所有的好思想、好观点，使选定的决策方案真正是群体智慧的结晶，又能够避免制订方案者因为落选而产生挫败感。当然，这也有利于群体决策被更多的人所接受，有利于群体决策更好地贯彻落实。

实训模拟

模块一：案例分析与思考

亚通网络公司

亚通网络公司是一家专门从事通信产品生产和计算机网络服务的中日合资企业。公司自1991年7月成立以来发展迅速，销售额每年增长50%以上。与此同时，公司内部存在着不少冲突，影响着公司绩效的继续提高。

请问：针对该公司的病症与病因，分析凝聚力的正负效应。

该公司的组织结构由于是直线职能制，部门之间的协调非常困难。例如，销售部经常抱怨研发部开发的产品偏离顾客的需求，生产部的效率太低，使自己错过了销售时机；生产部则抱怨研发部开发的产品不符合生产标准，销售部的订单无法达到成本要求。

研发部吴经理虽然技术水平首屈一指，但是心胸狭窄，总怕他人超越自己。因此，常常压制其他工程师。这使得工程部人心涣散，士气低落。

思考：该公司的冲突有哪些？原因是什么？如何解决该公司存在的冲突？

模块二：心理测验

你的沟通能力有多强

因为互联网的普及，有很多人已经陷在虚幻的世界里不能自拔，或与不知是男是女的"情人"窃窃私语，或沉浸在网络游戏无尽的厮杀之中。久而久之，便会丧失现实世界中人与人之间的沟通能力。当你不得不回到现实中的时候，就会觉得现实中的交流让你茫然无措。

下面就来测一下，你的沟通能力退化了吗？

1. 你刚走进办公室，你的一位同事悄悄地跟你说："老板找你。"你会怎样应对？

   A. 认为他在搞恶作剧。

   B. 主动找老板询问是什么问题。

   C. 马上向他打听。

2. 你所在部门只有一个提升机会，上司没有把这个机会给那个好像条件比你好的人，而是给了你。上任第一天，你如何对待那位曾经的竞争者？

   A. 打听他的QQ号或者他经常进的聊天室，以不知情的方式和他聊天。

   B. 不会找那个人，就当什么也没发生。

   C. 请同事们吃饭，并向他同时表示你的诚恳。

3. 如果你是部门主管，发现你的下属经常早退，工作业绩有明显的下降，你会怎么办？

   A. 定制度，早退罚款。

B. 每天在下班前，开个小例会，直到大家觉悟为止。

C. 找那些爱早退的人长谈，找出原因。

4. 当你看见自己的亲友或邻居为一些琐事而争吵时，你会怎么处理？

A. 问清原因后加以劝解。

B. 在一旁观看，并防止意外发生。

C. 不闻不问，让他们吵。

5. 你的异性好友的追求对象邀请你一起吃饭。第二天，你的好友反复追问你谈话内容，你会怎么办？

A. 轻描淡写，淡化主题。

B. 只字不提。

C. 给好友提一些合适的建议。

选项得分分布情况：

题号	1	2	3	4	5
A	1	2	1	1	2
B	3	1	3	2	1
C	2	3	2	3	3

结果分析：

13～15 分：你有良好的与人沟通的能力，当有困难的时候，你总是有办法，因为你懂得如何表达自己的思想和情感，从而进一步获得别人的理解和支持，保持了同事之间、上下级之间的良好关系。在现实社会中你同样可以做得很好。

9～12 分：你已经在处理问题的时候暴露出了一些不当之处。当你遇到沟通障碍的时候，也很想解决问题，但是方法就没有那么得当了。你经常采用直接的、赤裸的方法，虽然真诚有余，但效果一定不佳，你还是处世灵活一些吧！虚幻和现实是有差距的。

5～8 分：你需要赶紧提升自己的沟通能力。你的沟通技巧比较差，常常让人产生误会，而自己还浑然不知，给别人留下不好的印象，甚至无意中还对别人造成伤害。有时你无法准确地表达或者根本不屑表达自己的想法和观点，这可不太好。

模块三：管理游戏

穿越雷区

目的：培养两个人的信任合作精神及默契感。

要求：①两人合作；②需要若干长布条；③要有一个比较开阔的空地。

程序：①先分好组，每组若干个 2 人小组，人数相等；②在空地上划分 N 多雷区，每组难易程度相当；③用长布条蒙住 2 组中一人的眼睛，另一人指挥，通过雷区，不能碰线，碰线者即被淘汰。

评分：在规定的时间内，走出雷区人数最多的小组获胜。

模块四：复习思考

一、单项选择题

1. 一个群体的成员长期在学习中，朝夕相处，彼此了解，建立融洽、合作、接纳的人际关系群体，这种吸引力属于(　　)。

A. 工作凝聚力　B. 自然凝聚力　C. 领导凝聚力　D. 情感凝聚力

2. 以下不属于沟通的个人障碍的是(　　)。

A. 沟通漏斗
B. 知识、经验水平的差距所导致的障碍
C. 相互不信任所产生的障碍
D. 个人见解不同所导致的障碍

3. 关于群体凝聚力与生产效率的关系，下列说法正确的是(　　)。

A. 群体凝聚力高，生产效率不一定高
B. 群体凝聚力与生产效率的高低呈正相关的关系
C. 凝聚力高，可能提高生产效率，也可能降低生产效率
D. 在一个凝聚力高的群体里，如果群体目标与组织目标一致，则二者成正相关

二、多项选择题

1. 影响群体凝聚力高低的内部影响因素有(　　)。

A. 群体地位　B. 群体成员的依赖性
C. 外部压力　D. 群体内部的奖励方式
E. 目标的达成

2. 以下(　　)形式属于正式沟通形式。

A. 企业定期召开例会　B. 公司晚宴中的交谈
C. 组织与组织之间的公函来往　D. 组织内部的文件传达
E. 小道消息

3. 冲突中的心理冲突包括(　　)。

A. 双趋冲突　B. 双避冲突　C. 趋避冲突
D. 双重趋避冲突　E. 结构冲突

4. 托马斯的冲突处理方式模型中冲突处理的策略主要有(　　)。

A. 竞争策略　B. 合作策略　C. 妥协策略
D. 迁就策略　E. 回避策略

三、思考题

1. 什么是群体心理？群体心理的特征有哪些？
2. 群体凝聚力的影响因素有哪些？
3. 沟通的影响因素有哪些？
4. 冲突的作用有哪些？

第六章 团队心理与管理

【学习目标】

1. 了解团队的含义与团队的类型，以及各种类型团队的特征与管理心理；

2. 学习探讨团队氛围的概念和理论形成及团队成员心理，并学会创造好的团队氛围来提高团队的绩效；

3. 学习团队建设的心理机制，建设一支高绩效工作团队，并科学地进行管理。

【开篇案例】

1+1永远大于2吗

银河证券重庆营业部今年由于业务拓展需要新招了一批客户经理，共计12人。培训三个月后，由于部分营销场地合同到期，暂未开发出新的营销场地。为刺激大家努力工作，该营业部决定，把新到的12人分成2支团队，并分别选出一人担任各自团队的团队长。两支团队轮流去剩下的营业场所开展营销活动。在月末业绩考核时，不但要考核个人的业绩情况(即每人都需要完成最低的业绩指标)，还要考核整支团队的业绩水平。其中，成绩较差的团队及个人要受到一定的惩罚，而成绩优秀的团队和个人则要受到一定的物质奖励。

该决定颁布后，在团队队员的组合上实现自愿结合原则。最终，一向业绩较好的小A自荐当选团队长，并选取了平时一样业绩较靠前的其他5位队员。大家认为，这种强强结合的成绩一定会很好。剩下的6人则在民主的基础上选出小B当团队队长。事实上，A队的6个人业务能力都很强，并不太愿意服从小A的领导。而B队成员则各具特色，有擅长说服工作的，有擅长研究营销创意的，最终大家相互协商，制定了一个具体的目标，并决定按各人特长进行任务分配。月末考核结果出来后，A队不仅总体业绩没有B队出色，且由于争抢业务严重，队员关系恶化，还造成有一人连最低业绩标准也未达到。而B队在大家相互协作中，无一人未达标，且总体业绩比之前分散的状况更好。

第一节 团队概述

20世纪70年代以来，团队精神在西方企业管理中逐步兴起，今天已经流行于整个世界。管理科学的发展促使企业实行组织变革，企业组织变革的结果是，建立起各种类型的团队，培养整个企业内的团队精神，把越来越多的工作交给团队完成。有资料显示，大约有40%的组织发展利用了工作团队的形式，以团队为基础的工作方式取得了比任何人所预言的都要深远的效果。在通用电气公司、美国电话电报公司、惠普公司等国际知名组织中，团队已成为它们主要的运作形式。团队的运作不仅在实际工作中盛行，在管理学及其相关领域中，研究者们对它也兴趣十足。

一、团队的含义及团队类型

（一）团队的含义

团队是一种为了实行某一使命或目标而由相互协作的个体组成的正式群体。一支团队是指一群为数不多的员工，他们的知识、技能互补，他们承诺于共同的行为目标，并且保持相互负责的工作关系。任何团队的核心都是由其成员为他们共同的绩效而分享的一种约定。当团队形成之后，其成员必须很快地发展出合适的能力组合来完成团队目标。

（二）团队的基本类型

1. 机能团队

机能团队通常指每天在一起从事相关事务和任务的个体集合。机能团队经常存在于机能部门中，如市场、生产、财务、核算、人力资源等。在人力资源部中，又有一支或更多的机能团队——招募、福利、安全、培训和发展、行动、工业关系等。数年前，麦思(Macy)在纽约的哈罗德广场旗舰店运用了团队体系。该体系包括数支机能团队，如收发、安置、填充、矫正和广告等团队。

2. 问题解决团队

问题解决团队关注于在他们责任范围中的特殊问题，发现潜在的解决问题的方案，经常被授权在一定范围中采取措施。这样的团队时常要面临质量或成本的问题。团队成员来自特定部门，他们每周有一两次会面，每次会面持续1～2小时。团队有权实施自己的解决方案，如果他们并不要求改变基本工作程序而影响其他部门或要求全新资源支持的话。问题解决团队不能从功能上重组工作或改变领导者角色。实际上，管理是将某些问题和决策责任授予团队，这种方式相当于将权力和特定任务授予个人一样。

3. 交叉机能团队

交叉机能团队将各种工作领域具备不同知识技能的人们聚在一起以识别和解决彼此的问题。交叉机能团队是具有各种专业和作用的员工集合，通过解决跨部门和跨机能的问题来达到目标。

交叉机能团队在需要适应性、速度和对客户要求作出迅速反应的情境中最有效。他们或许会设计和引进质量改进程序和新技术，接洽客户和供应商来提高输入和输出，将分散的机能（如市场、财务、生产、人力资源）联系起来，增进生产和服务革新。

4. 自我管理团队

自我管理团队一般包含那些每天必须在一起有效地工作来生产一个完整产品（或主要部分）或提供服务的员工。这些团队要完成很多管理任务，如制订成员工作休假计划，成员间工作任务轮换，订购原料，决定团队领导，设置关键目标，预算，雇用人员填补岗位，评估成员业绩等。每个成员甚至可能学会团队工作中的任何一项内容。

自我管理团队的影响力是巨大的。他们能提高 30%或更多生产力并且极大地改善了产品服务质量。他们从根本上改变了工作的组织方式，使一种更高水平的领导实践成为可能。一种高水平的团队授权经常通过自我管理团队得到实现。引入自我管理团队将减少 1～2 个管理层，因而产生了扁平式的组织结构。

5. 虚拟团队

随着计算机和电信技术的飞速发展，出现了一种新的团队形式，成员并不处在同一时空，但他们都是为了完成一个共同的目标，这就是虚拟团队。它的核心特征是目标、人和联系。在虚拟团队中需要一些技术支持（技术链），一般来说有三大类技术经常被使用到：桌面视听会议系统、合作软件系统和网络系统。大家都知道的柯达（Eastman Kodak）公司利用了一支虚拟团队为欧洲市场生产了一种单一用途的照相机。虽然这种新产品的功能类似于已投放市场的那些产品，但柯达想改善产品的外观及某些特性从而特别吸引欧洲客户，所以就邀请了两名德国工程师加入设计小组，通过计算机及通信设施直接与德国连接。通过创立时空独立的虚拟团队，柯达对欧洲区域市场的机遇作出迅速反应。还有一个例子是天腾电脑（Tandem Computers）。1999 年，它成为康柏电脑天腾电脑分公司，由于一项紧急任务，在伦敦、东京和一些美国城市中招募了一批信息系统开发者组成一支虚拟团队，计划将工作从一个时区传到另一个时区。程序编码是由伦敦的开发者完成的，在美国进行测试，又在东京矫正错误。当伦敦开发者着手第二天工作时，另一个轮回开始了。这种方式使这一项任务一天 24 小时都有人在关注它。事实上，对于天腾的虚拟团队而言，从来没有失去关注。

二、团队成员的角色

剑桥产业培训研究部前主任梅雷迪斯·贝尔宾博士和他的同事们经过多年在澳洲和英国的研究与实践，通过对上千个工作班子的观察，发现在一个工作集体中，每个成员都具有双重角色：其一是职能角色，是工作赋予个人的“任务型”角色；其二是团队角色，是由个人气质、性格所决定，在工作集体中经常自然流露的“协作型”角色。富有集体工作经验的管理者深知，这类角色对工作班子内部协调关系起着重要的作用。通过大量深入的实证研究，贝尔宾博士分析筛选出八种角色，确认此八种角色对于构成一支有效团队是不可缺少的，即一支结构合理的团队应该由以下八种人组成。

第一种人是行政者或实干家。其积极特征是有组织能力，注重实践经验，工作勤奋，有自我约束能力；可以容忍的弱点为：一般比较缺乏灵活性，表现为对没有把握的主意不太感兴趣。

第二种人是协调者。其积极特征是比较客观、宽容、公正，能不带偏见地兼容各种比较有价值的意见；可以容忍的弱点为：一般在智能和创造力方面不是十分突出。

第三种人是推动者。其积极特征是工作热情较高，干劲十足，并随时准备向传统、效率、自我满足挑战；可以容忍的弱点为：易急躁，爱冲动，好激起争端。

第四种人是创新者。其积极特征是知识渊博，才华横溢，富有想象力且智慧超群；可以容忍的弱点为：不重细节，不拘礼仪，高高在上。

第五种人是信息者。其积极特征是有广泛联系人的能力，能主动地不断探索新事物，勇于迎接挑战；可以容忍的弱点为：一旦时过境迁兴趣马上转移。

第六种人是监督者。其积极特征是比较讲求实际，分辨力、判断力都很强；可以容忍的弱点为：一般缺乏鼓励和激发他人的能力。

第七种人是凝聚者。其积极特征是有适应周围环境及人的能力，能促进团队合作；可以容忍的弱点为：在危急时刻容易优柔寡断。

第八种人是完美主义者。其积极特征是对工作能够持之以恒，且追求十全十美；可以容忍的弱点为：容易拘泥于细节，不洒脱。

根据对贝尔宾团队角色理论的研究及对实践经验的总结，要组建一支成功的、高绩效的团队，作为组织领导者应该注意以下问题。

第一，要注意角色齐全。唯有角色齐全，才能实现功能齐全。正如贝尔宾博士所说的那样，用我的理论不能断言某个群体一定会成功，但可以预测某个群体一定会失败。所以，一支成功的团队首先应该是实干家、信息者、协调者、监督者、推动者、凝聚者、创新者和完美主义者这八种角色的综合平衡。

第二，要容人短处，用人所长。知人善任是每一个管理者都应具备的基本素质。管理者在组建团队时，应该充分认识到各个角色的基本特征，容人短处，用人所长。在实践中，真正成功的管理者，对下属人员的秉性特征的了解都很透彻，而且只有在此基础上组建的团队，才能真正实现气质结构上的优化，成为高绩效的团队。

第三，要尊重差异，实现互补。对于一份给定的工作，完全合乎标准的理想人选几乎不存在——没有一个人能满足我们所有的要求。但是一支由个人组成的团队却可以做到完美无缺——它并非是单个人的简单罗列组合，而是在团队角色上也即团队的气质结构上实现了互补。也正是这种在系统上的异质性、多样性，才使整支团队生机勃勃，充满活力。

第四，要增强弹性，主动补位。从一般意义上而言，要组建一支成功的团队，必须在团队成员中形成集体决策、相互负责、民主管理、自我督导的氛围，这是团队区别于传统组织及一般群体的关键所在。除此之外，从团队角色理论的角度出发，还应特别注重培养团队成员的主动补位意识，即当一支团队在上述八种团队角色出现欠缺时，其成员应在条件许可的情况下，能够增强弹性，主动实现团队角色的转换，使团队的气质结构从整体上趋于合理，以便更好地达成团队共同的绩效目标。事实上，由于多数人在个性、禀赋上存在着双重甚至多重性，也使这种团队角色的转换成为可能。

三、有效团队的生态模型

作为团队领导者，对团队效能负有主要责任。影响高效团队的因素众多，以下提出的是团队的生态模型（参见图 6-1）。

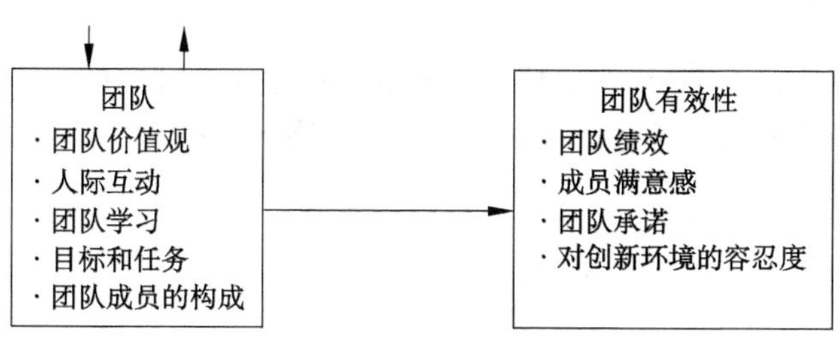

图 6-1　有效团队的生态模型

（一）培养团队价值观

社会价值倾向影响个体在实际生活中的行为表现。营造真诚、开放和尊重每个成员的团队氛围有益于个体表现出团队所期望的行为，培养彼此信任、尊重和支持的价值观，并将它作为团队发展的基础。

（二）加强积极而健康的人际互动

许多组织在历史上一向重视培养个人成就感，提倡超越自我的精神，在这种工作环境中，颇有“适者生存”的味道，激烈的竞争使相互合作、共享信息、彼此支持的行为显得弥足珍贵。人际互动的方式多种多样，合作和竞争是其中较为突出的形式。由于有个体利益的存在（加薪、提升等），个体间的竞争是无法避免的，而且，没有适度竞争的团队是缺乏活力的，但重要的是在什么样的情境中允许个体间存在何种程度的竞争。竞争的激烈往往导致冲突，是否能通过谈判或磋商有效地解决冲突是保持团队的团结、避免分裂的关键因素之一。

（三）团队学习

据 1983 年壳牌石油公司的一项调查发现，1970 年名列《财富》杂志“500 家大组织”排行榜的公司，有 1/3 已销声匿迹。依壳牌公司估计，大组织平均寿命不足 40 年，约为人类寿命的一半。所以，组织必须能够不断根据变化了的环境和条件进行学习和创新，才能延长寿命，保持组织可持续发展的能力。正如彼得·圣吉在《第五项修炼》中指出的那样，21 世纪最成功的组织将是学习型组织。组织在今天尤其迫切需要团队学习，无论是管理团队、产品开发团队或跨机能的工作小组，团队在组织中渐渐成为最关键的学习单位。有研究显示，针对一些工作场景中的学习任务，通过合作集体学习比个体学习效果更优。合作学习利用了个体间优势互补的原则，加速了信息的传递和汲取。对于创新型习任务，合作的形式可以彼此激发灵感，集思广益，提高活动效率。另一方面，因为现在几乎所有重要决策都是直接或间接通过团队实现的。在某些层次上，个人学习与组织学习并没有直接的对应关系，即使个人始终在学习，并不表示组织也在学习。但是如果团队在学习，团队变成整个组织学习的一个基本单位，他们可将所得到的共识化为行动，甚至可将团队学习技巧向别的团队推广，进而建立起整个组织一起学习的氛围。

（四）团队成员的构成

人们的人格特质各有不同，如果员工的工作性质与其人格特点一致，其绩效水平就容易提高。就工作团队内的位置分配而言也是如此。高效的团队能够给员工适当地分配不同的角色。

（五）目标和任务是中介因素

目标和任务的确定将对团队内人员的互动方式、学习方式产生影响。目标会使个体提高绩效水平，也能使团队充满活力。组织整体目标的提出和表达方式对目标最终的实现至关重要。因此，成功的团队通常会用大量的时间和精力讨论、修改和完善一个在集体层次和个人层次上都被认可的目标，这样的目标将最大可能地引发成员的承诺。团队任务的构成及分配与目标有类似的影响力。

（六）有效团队的生态学内涵

团队应当是一个开放的系统，它不断地接受外界的影响，同时又和其他团队或整个组织环境发生不间断的互动。团队是否能得到合理的成长，环境的因素不容忽视。首先，组织是否重视团队发展体现在相应的制度规范中（如报酬制度、培训制度等）；其次，团队的目标设置是否和组织策略相匹配；再次，组织是否已形成了鼓励团队发展的文化氛围；最后，组织是否及时地提供了团队发展所需的技术支持。这就是该模型的生态学意义。生态现实理论着重探讨的是机体和它所处环境的相互作用。在这里，生态模型强调了团队的发展必然需要组织的支持系统。

四、团队心智模式剖析

团队是美国现代工业的奠基石，策略性决策往往由群体作出而非个体行为。因此，很多个体水平的研究分析逐渐转向群体水平。由于组织中大量的项目以工作团队的方式展开，管理者对如何整合个人的效能以获得群体高绩效的问题颇为关注，体现在组织管理科学理论领域中，兴起了对群体认知的研究热情。群体认知用来指代群体成员集体心智状态的某个方面。这种心智状态是在个体知觉、思维、信念、期望的基础上，超出个体特征的综合，是群体水平上的现象。

（一）团队心智模式的含义

团队心智模式是指在工作团队(组织)中，成员以相似的方式来描述、解释和预测社会事件，是团队(组织)成员共享的知识和信念体系，能使他们形成对工作环境适合的解释和预测，协调彼此的行动，使行为适应于环境或其他成员的要求。

在工作团队或组织中，具有一个大家一致认可的目标，成员的交往和互动方式影响着任务最终的完成情况。因此，为了能及时有效地达到目标，团队成员必须拥有关于任务环境足够的信息量，对事件的发生有相似的立场，能预测他们的队员将要做什么和需要什么。团队心智模式的功能是，允许团队成员利用其良好的知识信息体系作为基础来选择和其他成员一致或协调的行动，也能帮助成员理解组织环境的变化以及选择合适的行为序列来应对环境。需要特别指出的是，在自由沟通的情境下，团队心智模式意义并不突出，因为成员可以自由讨论下一步的策略及行动。在工作量大、时间紧迫并且沟通不畅通的情况下，团队心智模式格外重要。它是成员对团队(组织)中关键事件共享的描述、解释和预测，关系到团队(组织)任务展开的进程和方式，直接影响团队(组织)的绩效，是团队(组织)及其成员在动态环境中取得成功的保证。

（二）团队心智模式的内容

当讨论到团队心智模式时，很重要的一个问题是说明团队成员建构和分享的内容。在这方面不乏各种观点，没有一致性存在，大致有以下内容。

团队心智模式是这样一些心智表征：对工具的本质、个体或团队必须使用的技术、要完成的团队任务、知识、技能、能力或其他和团队过程或功能相关的变量，特别是成员间互动的团队心智表征。此外，团队心智模式也反映了对环境的表征，并预测未来状态。

团队心智模式体现了成员对所见事件的理解和反应。团队心智模式通常会被认为是内化的决策/行为习惯或行为的“手迹”(Script)。如 Weick 和 Ro-Hefts(1993)指出集体心智是一种在社会过程中的相互关系模式。Cannon-Browers 等(1993)描述的团队心智模式的内容包含了“任务工作”和“团队工作”两方面。任务工作的模型指对个体和团队集体为完成任务的行为和行动序列的理解。团队工作包括个体之间沟通需要的概念化，是个体弱点的互补，相互的行为监控以及内在合作策略的类型，这些都是一个工作群体有效性的重要因素。

一支有效团队中的成员能出色地完成各自的任务，意味着每个个体需要发展有效的反应模式，以适应各自相对独立的任务领域。团队工作往往需要不同组合的合作行为，一个团队成员对自己有一种内化的观念，帮助他在合作行为中预测到他人对自己的要求。Rentsch 等人(1993)使用了多维度标度法获得了新手和熟练者的心智模式。他发现后者的内在表征结构(团队工作的图式)反映出更少和更抽象的维度。她认为熟练者在结构上有更多的相似性，就像拥有一种对有效团队工作的理论。

团队心智模式的内容也包含团队成员如何在任务工作外的交往，涵盖了在工作关系中的所有合适行为。比如，个体对工作的社会机会/要求的反映而发展出内化的结构。从这个方面来看，团队心智模式的潜在内容包括传统上的“角色期望”或群体规范。

（三）影响团队心智模式的组织过程因素

团队心智模式是群体成员在人际互动过程中发展出的对社会事件较为相似的知识和信念体系。团队心智模式是在群体互动过程中逐渐成熟和发展起来的，因而群体互动过程的质量直接影响到团队心智模式的特征。反之，一旦成型的团队心智模式又会作用于群体互动过程，使团队心智模式和群体互动过程的关系复杂化，呈现出互为因果的联系。本文主要从以下几个方面来论述团队心智模式与群体过程的相互作用。

1. 组织中的沟通现状是个值得关注的问题

学习型组织的沟通系统应当能够创造实践性的新知识；信息的流通和分享更理想；通过信息的分享使管理者和员工感受到彼此的支持及促进。已有研究发现，群体的沟通范围的深度和广度直接影响到团队心智模式形成。知识和信念的分享是通过人际的沟通来实现的，沟通是团队心智模式得以形成的途径。假使组织具备完善的沟通渠道和网络，那么对员工之间、管理者之间以及员工和管理者之间形成对关键事件的共同期望和概念提供了可能。反之，团队心智模式会促进群体内沟通质量的提高。众所周知，良好的人际沟通需要双方的移情投入和共鸣，而团队心智模式本身就具有共鸣性的功能。沟通双方内化的信念结构中有重叠和分享部分的存在，使双方能对暗示性的言语与非言语行为有共同期望和理解，降低沟通过程中信息的损耗和解码的失误，促进了沟通的顺利进行。

2. 凝聚力是群体行为的重要预测源

凝聚力表示在群体中的一种社会关系，是“成员间彼此吸引的程度”。凝聚力强的团队，其成员表现出更高水平的归属意识和信任感以及高水平的满意感和情感吸引。一般的研究都发现：在这样的团队中，成员间交流互动的机会增多，容易分享彼此的信息和对事件的观点及期望，给团队心智模式的形成提供了空间。特别是在高层管理团队中，凝聚力是非常重要的。拥有团队心智模式的高层团队管理者能更有效地在不确定和模糊情境（未来组织面临的典型环境）中进行决策。凝聚力高的团队促进团队心智模式的形成，使成员立足于一些共同默许的理解和信念上，在对内外因素考虑时更迅速，不需要先讨论潜在的目标价值。但另一方面，我们也知道高凝聚力的群体可能导致“群体思维”，也就是说所形成的团队心智模式的精确性尚待怀疑，在不够精确的团队心智模式的影响下，群体或团队中的成员互动可能并不是围绕着组织目标展开，而是受某些个人权威引导，脱离组织发展的轨迹。

3. 冲突是群体过程的正常现象

认知冲突是在任何一种团队特别是新成立的团队中尤为突出的现象，因为存在着多元的价值观念。考察认知冲突和团队心智模式的关系时发现，由于群体中存在着多元价值观念，在决策时就会产生多种实现的方式，认知冲突促进了成员对决策选择进行广泛而深刻的评估。对可获得的决策选择更清晰的理解将提高团队心智模式的发展水平，认知冲突本质上是群体水平上创造团队心智模式的实际过程。情感冲突是冲突的另一种常见的形式。情感冲突体现出个体之间的不相融性，因而是一种去功能化（Dysfunction）的事件。认知冲突一般是群体成员以客观的、对事不对人的态度看待彼此观念上的不一致，是注重目标导向的，而情感冲突往往把个人之间的差异性转化为主观性质的矛盾，以非理性的思维考虑存在的问题。情感冲突最有可能损耗成员间的良性互动和沟通，阻碍信息和知识的分享，破坏组织整体策略目标的一致性，危及精确的团队心智模式的产生。在情感冲突加剧的情况下，个人之间的对立增加，沟通质量下降，对团队心智模式的产生是不利的。当群体或团队中有一些较为成熟的团队心智模式存在，成员共享着某些潜在的信念和假设，对事件的发展有着相似的期待时，对同一事件的认知冲突就会逐渐减缓。正是由于彼此在深层信念结构和知识拥有上的相通性，也增加了人与人之间在情感上的吸引，对情感冲突起到了缓和作用。

4. 领导在群体中的作用是不容忽视的

各种有关领导的理论模式其背后都暗含着一个假设，即领导者对群体及员工确实是具有影响力的。首先，领导者在群体中的功能体现在氛围营建、动机激发、深化规则等方面。领导者的领导风格怎样，是民主还是专制，是开放还是独裁，在群体中造就了某种组织氛围。我们已知群体互动过程是团队心智模式形成的载体，不同的领导风格导致员工之间、员工和领导者之间互动和沟通方式的差异，对信息交流和信念分享有直接的作用。其次，领导者在群体中的主要任务是激发员工的动机，协调员工努力朝向组织的目标。动机激发有多种渠道，其中目标激励是期望在组织或团队一致性目标的感召下，激发出员工的工作热情。在目标激励的过程中，成员势必会对组织或团队的职能、存在意义、努力方向及实现途径或手段等达成共识，这个过程也是团队心智模式逐渐成形的过程。最后，领导者的言行起到了深化规则的效果，在领导者—员工相互作用过程中加快了群体规则或规范的内化，促进了团队心智模式的形成。

在领导者和员工间发展而成的团队心智模式中，对彼此角色期望的心智模式尤其重要。也就是说领导者要能感知员工对自身的期望和预期，能够预测员工的某些需求而自动地表现出适应性的行为。而对员工来说，则是在没有领导者指令灌输的情况下仍然能够表现出领导所期望的行为。如果双方都拥有关于领导者—员工角色内容的团队心智模式，那么即使在模糊和不确定的情境中，彼此作出的反应也有助于领导及员工间的合作，当然能促进群体的效能。

在有关领导理论的研究中，近年来有人提出领导者影响力的局限性，认为在情境性质和员工类型（诸如组织规则、政府的法规、团体的准则与凝聚力、员工的成熟度、工作设计、专业知识等）发生变化时，领导的功能趋于弱化。通过以上论述，我们还可以认为在群体中假若能发展出成熟的团队心智模式，那么领导者的影响力也会削弱。

5. 组织文化对团队心智模式的影响

文化的影响力是潜在而深远的。"文化"的概念有许多，但都不能涵盖整个文化的范畴。马克斯·韦伯以人类学观点来诠释文化内涵。他认为，文化是"世界发生的无意义的、无限性而在人看来是有意义的、有限性的片段"。在韦伯看来，文化是人类生命实现和意义的中心维度。他的文化观点包括三个重要部分：

(1) 文化涉及面广泛，和所有生活领域相联系；

(2) 文化是社会形态，文化世界不是个人的行动事实，而是许多人或大多数人的行动事实；

(3) 文化与社会首先融合于"各种社会现象"里，并支配着生活。

由于文化的这种对个人及社会生活的深刻而久远的意义，它对个人心智模式发展的影响是毋庸置疑的。个人在某种文化背景下成长起来，潜移默化地接受着这种文化的熏陶与感染，通过文化的传承，在其心智模式中留下了文化积淀，因此在同一文化氛围中成长的群体，它们的心智模式势必会发展出一些相似的成分。

当我们将研究的目光转向组织时，就更能体会到组织文化对团队心智模式形成的影响。组织通常面临两个主要的挑战，组织文化就是应对这两个挑战而形成的。这两个挑战是：①外部适应和生存；②内部整合。外部适应和生存处理是要解决诸如组织如何找到合适的方向以及如何处理不断变化的外部环境等问题，内部整合则必须解决在组织的成员中建立和保持有效的工作关系等问题。

当组织成员发现或发展了处理外部适应和内部整合问题的方法时，他们就分享了知识和设想，这时组织文化出现了。从组织文化的论述中，我们获得的概念是，组织文化和团队心智模式间存在着千丝万缕的联系。当组织文化的各项功能逐渐展开的时候，也是团队心智模式逐渐形成的过程。组织文化为了帮助组织应对内外挑战，将把组织中关键事件的知识和信念散布给每个成员，使他们能分享关于组织内外环境、组织发展方向以及人员之间互动关系等方面的信息和规范，并将它们内化为行动的立场和出发点。在组织文化的这种强烈渲染和渗透之下，构成了对团队心智模式成熟的一种推动力量。当然，随着组织文化的变迁，团队心智模式的内容与结构也会发生适应性的调整。

(四) 团队心智模式的作用

团队心智模式能够促进成员预测和估计团队中其他成员的行为和群体未来的发展。这种功能反过来增强了成员投入的积极性。

1. 团队心智模式可以加强和激励成员行为

在这种背景下，团队成员相信并且和他的队友分享着相似的价值观，开始喜欢他的队友，积极的情感和信任暗示着群体的凝聚力。因此，凝聚力除了是一种先行因素外，还是团队心智模式的结果。在发展良好的心智模式的基础上，伴随着积极的情感和信任，激发了成员的工作潜能。

2. 团队心智模式对决策行为的影响

在决策领域中，团队心智模式的冲击最大，它体现在决策阶段和实施阶段。在缺乏团队心智模式或者个体对问题有不同解释的情况下，也可以进行决策，因为时间限制迫使团队达成某种决策而不需要成员分享在某事件上的知觉和信念。也有可能团队心智模式直到决策阶段结束才出现，因为团队对决策问题的不断讨论以及由此引发的互动和沟通促进了团队心智模式的形成。团队心智模式对决策的实施会产生明显的影响。有良好团队心智模式的团队可能在决策实施时更加迅速，遇到的阻力更少。

3. 团队心智模式对团队绩效的影响

很多研究者提供了有关群体绩效的结构，它描述了资源的输入、集体努力的输入和团队绩效。为了说明团队心智模式如何影响团队行为，Hackman(1992)、Guzzo、Shea(1992)和其他一些研究者用图解方式描述了团队绩效及其先行因素(参见图 6-2)。

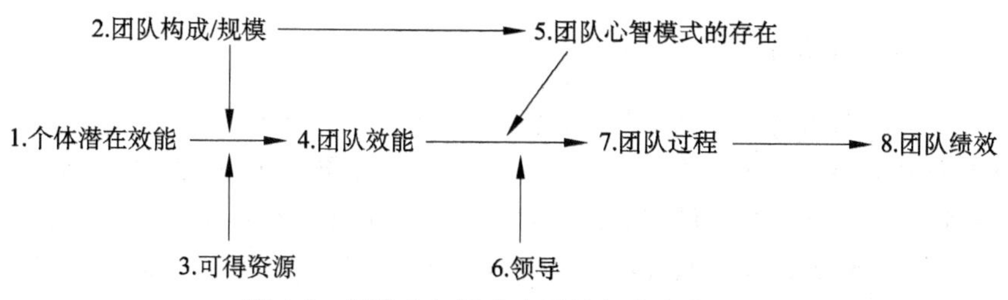

图 6-2　团队心智模式在团队行为中的作用

研究者认为，群体过程对团队绩效具有决定性的冲击，其中比较重要的是“团队行为策略的合适性、集体努力扩散的水平、资源利用的效用和人际关系的质量”，如果这些因素达到最优化，那么就能期望有高水平的团队绩效。

图 6-2 表示出了有效群体过程的先行因素以及它们之间可能存在的功能性关系。从在团队背景中个体潜在效能开始，该因素之前也存在着很多先行因素(比如个体的知识、经验、动机等)。在图 6-2 的框架中，这种潜能和两个团队水平的参数有关：团队构成/规模和可得资源。团队的规模、团队构成(性别、年龄、经验)等在实际情况中是复杂的，所以不把它们分开。团队可得资源包括团队的材料和资金、设备，还包括团队可支配的信息种类和数量。

在图 6-2 的结构框架中，团队效能指的是团队展现出有效过程和高水平绩效的潜在能力，它实质是一种团队的准备状态。然而研究者认为，能力表现带有偶然性，这取决于一些倾向性、指导性和促进性因素的存在。有两个因素特别具有这种功能，一个是团队心智模式。文献回顾中的研究明确了这种团队认知促进了个体互动的和谐性，特别是在应激的情境中。实际上在团队行为研究领域中发现健全的团队功能和清晰的沟通有关。在团队心智模式发展良好的情况下，只需最小限度的沟通，沟通方式对团队工作有主要的影响。另一个因素就是领导，在团队心智模式缺乏的情况下，领导可以承担信息的分配、收集、整合和解释的任务，仲裁成员间的不同意见并指导成员行动。事实上，安置领导是达到团队目标的一个普遍的手段。

图 6-2 中的另外两个联系也应当受到重视。一个是团队构成和团队心智模式的联系。团队构成可能是在集体经验的共同积累过程中完成的，因此，预先选拔有共同特征的成员(比如具有某种专长或经历)决定了他们在储存和提取信息方面的相似性。团队构成越多元化，团队认知和理解的形成时间就越长，甚至需要正式培训才能实现。最后，图中显示了团队心智模式对团队构成过程也有直接的冲击。

第二节　团队氛围与团队绩效

一、团队氛围的概念和理论

（一）K. Lewin 的群体氛围理论

K. Lewin 关于动力场理论的研究，是管理心理学关于群体氛围研究的开端。Lewin (1951) 认为群体氛围属于心理领域，它随环境刺激的不同而变化，群体氛围是人们动机和行为的一个重要决定因素。早期的研究都认为，群体氛围是环境与人之间的一个重要的功能链。在组织情境因素影响人的行为结果如绩效因素和动机的过程中，群体氛围作为一个中介变量影响着组织因素对个人动机和行为的效应。随后，关于群体氛围的研究力图使氛围这一概念更为简明易懂，而且具有可操作性，可以对其进行测量。Guion (1973) 认为，群体氛围从本质上说可以与工作满意感相等同，即认为氛围是人对于群体情境的一种心理认知，这种认知产生于人同群体情境交互作用的过程中，是对群体特征、管理事件和运作过程中固有特性的一种表征。关于群体氛围的研究，大都是从个体层次上进行的，因此难以解释群体乃至组织范围的行为现象。事实上，群体氛围的形成是一个人与情境间相互作用的过程，很大程度上取决于人和环境两方面的因素。当团队或组织中的个体对同一环境条件如组织任务、团队任务、团队解决问题方式等产生相同的认知即共同的心理认知时，我们可以在较高组织层次上来分析探讨群体氛围特征。

（二）团队领导行为和团队氛围

早期关于团队领导行为和团队氛围之间关系的研究认为，领导行为作为一种组织因素影响团队氛围的形成，由于团队领导风格不同，下属对团队氛围的认知和行为反应也会不同。有关研究在真实的组织情境中引入了不同的领导风格，结果发现，随着时间的推移，下属会形成与团队领导风格相对应的团队氛围认知。

1. “领导者—成员交换关系”

“领导者—成员交换关系”是指团队中领导者与下属工作交往时的互动水平和密切关系。一般认为，“领导者—成员交换关系”包含了知觉到的贡献、忠诚和相互影响。最近的研究认为，对于“领导者—成员交换关系”，应从相互尊重、彼此信任和承诺感等进行测量，并把“领导者—成员交换关系”的测量看成一种单维测量。我们在研究中认为，“领导者—成员交换关系”可以从关系协调、情感交流和能力信任等方面加以评价。其中，关系协调因素是指团队中的上下级交互关系；情感交流因素主要反映团队内更深层次的情感交流，上下级之间是否存在除工作关系以外的关系，诸如朋友、知己关系；能力信任因素是让下级评价团队领导认同其工作能力和协调能力的程度。

2. 团队的“谈判幅度”

团队的“谈判幅度”与团队氛围有密切关系。高“谈判幅度”是与“领导者—成员交换关系”在含义上相似的。高的“谈判幅度”也意味着“领导者—成员交换关系”强的员工，将会体现出较为一致的团队氛围，而这种团队氛围认知与低“谈判幅度”得分的员工体现的团队氛围认知不同。有关研究证实三个假设：①“谈判幅度”与团队氛围知觉呈正相关；②下属的“谈判幅度”得分与团队氛围认知具有一致性；③下属的“谈判幅度”与其领导者的团队氛围认知密切相关。

3. 团队氛围及其测量

对团队氛围的有效测量是团队氛围研究的前提。由于团队氛围体现了成员对一些团队要素如工作任务、人际关系的知觉，所以，应从团队氛围与团队情境之间的相互联系来分析和测量团队氛围结构问题。

团队氛围可以从四个方面进行测量：员工自主性程度、任务结构合理程度、薪酬体系合理程度以及情感体验。West(1990)提出了团队氛围的四因素模型，认为对团队氛围的评价需要从四个方面来进行，即参与保障、革新支持、愿景(Vision)和目标定位。在其随后的研究中，West 和 Anderson(1994) 在四因素模型的基础上又开发出了一套团队氛围问卷，借以对团队氛围进行测量。最新的团队氛围问卷主要从上述四个方面来测量团队氛围，研究证明该问卷具有较高的信度和效度。

二、团队绩效测评

(一) 团队绩效测评的思路

团队心理学的研究日益注重从影响团队绩效的因素方面入手，分析建立一支有效团队的途径。正确地测量和反馈团队的绩效有助于提高团队的管理效能。传统的绩效评估及其指标的确定比较注意从个体的水平上进行，以职务与工作分析为基础，注意职务或岗位本身的特点，从人员与职务之间的匹配度来衡量绩效。而团队管理的目标是团队绩效，所以，在近期有关团队绩效的研究中，在测量思路层次上，强调从群体和组织层次上作出分析。在团队绩效的评估中，需要把个体绩效和团队绩效结合在一起考虑。同时，根据以往关于团队绩效测评的研究结果，有许多因素影响着团队效能，在团队的绩效测评设计中必须综合分析团队所在的组织情境特征、团队任务特征和人员特征。有关团队绩效测评的研究，认为团队绩效的因素最少必须包括三个相关变量：团队领导、团队动机和团队能力(包括团队策略、解决问题方式的优劣等)；此外，团队的规模和构成可以通过影响团队人际关系、团队冲突协调等方面而对团队效能产生影响；团队目标难度和具体性对于团队绩效的效应是相当稳定的，为团队成员设置明确的目标有助于提高团队成员的责任感。

(二) 团队绩效测评指标

关于团队绩效测评的指标问题，需要根据组织和群体的目标加以“裁剪”。因此，只有了解团队绩效的各个方面，以及它们之间关系的相对重要性，才能制定出实现团队绩效测评的指标体系。团队绩效测评指标可以分层次设计：①最高层次指标包含对具有战略性、导向性的目标的考核；②中级层次指标包含可以量化的目标如销售量、市场占有率、生产率等；③软标准包含员工士气、组织声誉、员工满意感等。对于高层经理来说，大体上为任务表现、组织绩效和经营绩效。对团队成员的奖惩或绩效评价应综合考虑三方面内容：部门绩效、个人任务完成情况、组织经营状况，各占三分之一。

研究表明，以下指标被广泛地作为团队绩效评价指标。

(1) 出勤率。比较流行的观点是"出勤率低的人不应被评定为高绩效，出勤率高的人也不一定有高绩效"，出勤率是目前在团队绩效测评中运用的最多且得到广泛认可的基本指标。

(2) 差错率。由于管理人员在完成任务方面的质量难以直接评价，所以常见的方法是以较少出差错为评估标准，即以差错率为指标对团队绩效进行评定。

(3) 主动性。员工在工作中的主动性被作为重要指标，能从团队工作中观察到，可以采取团队成员之间相互评定的方法，如以无记名投票的方式进行。

(4) 满意感。员工满意感是评价团队绩效的常用指标。

三、团队氛围与绩效的关系

团队是一个动态的工作实体，任何一个团队都有一个从建立到发展再到逐步完善的过程，团队所处的发展阶段不同，其关键特征也不同。要有效地实行团队管理，为团队设置正式领导是十分重要的。团队内部的"领导者—成员交换关系"对团队成员的氛围认知有着直接影响。团队绩效的测量应考虑团队所处的具体情境，既要考虑周边绩效，又要考虑任务绩效，既要注重个人目标的实现，还应重视团队目标的完成情况。以往关于团队领导行为、团队氛围和团队绩效的研究得出许多有意义的结论，但也存在一些不足之处。主要体现在以下几方面：①对团队氛围及其与团队绩效之间关系的研究基本上都是从个体或组织层次上进行的，很少从团队层次上来分析两者之间的关系；②处于不同发展阶段的团队，其团队氛围、团队领导行为将会体现出与团队发展阶段相应的特征，以往研究没有涉及这方面的内容；③缺乏就情境和文化特征对管理模式的影响方面的研究。

（一）团队氛围与团队绩效的关系构思

具体来说，团队氛围与团队绩效的关系具有以下的含义(具体见图 6-3)。

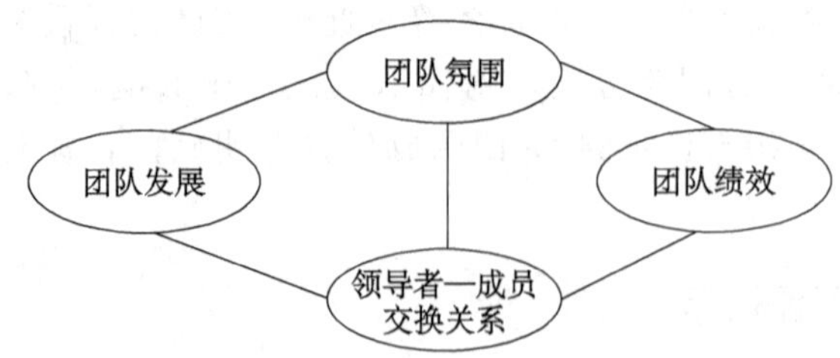

图 6-3 团队氛围与团队绩效关系

(1) 团队氛围作为团队内"领导者—成员交换关系"的中介变量对团队绩效产生

影响。

(2) 团队内部“领导者—成员交换关系”对团队绩效有着直接影响。

(3) 处于不同发展阶段的团队在团队氛围和团队内部“领导者—成员交换关系”方面将体现出不同的特征,这种特征会影响团队绩效。

(4) 对团队绩效的测量应从多维度进行。

(二) 团队氛围与团队绩效的测量指标

有研究采用团队氛围量表对团队氛围进行测量,并对测量结果进行了因素分析,得到目标认同、任务风格、工作意义等因素。团队绩效与团队任务的性质有关。简单任务通常是指一些常规、规范、目标明确的任务,而复杂任务由于其特有的任务特点,目标难以具体化。但复杂任务对团队凝聚力的提高和冲突的解决却有促进作用,较为复杂的任务要求成员之间共同去探讨各种选择方案,需要彼此的协作,在协作中进一步加深对任务的认识和成员之间相互了解,从而产生高团队绩效。因此,在分配团队任务时,既要考虑任务的具体性,还要分析任务难度,强调任务协作。

有关团队绩效的分析得到了两个绩效因素:①工作绩效与主动性因素,主要体现团队目标达成、人力资源利用、工作效率等实际工作绩效和员工的工作主动性程度;②团队关系与满意感因素,主要反映员工对所在团队的工作关系、人际关系、晋升与发展方面符合自己期望的程度。团队氛围的三个测量指标都与团队绩效指标之间有十分显著的相关。

(三) 团队领导行为和团队发展阶段

领导行为因素尤其是“领导者—成员交换关系”对于团队运作和团队绩效是重要的影响因素。同时,领导参与协调也是解决团队问题的主要途径之一。团队领导是一支团队沟通的枢纽,团队依靠其领导与外界进行正式沟通。在多数团队中,团队领导制定成员的任务目标,领导通常起着协调和整合目标的作用。此外,团队领导参与团队冲突的解决。经常是领导作出让步,或当冲突较大时解决途径是人员调离。团队领导本身的能力素质、领导风格是团队良好运转的重要决定因素。这里所说的领导风格是指团队领导为人处世的能力,也指团队领导处理上下级关系以及处理团队内与团队间冲突时所表现出来的行为准则等方面。团队绩效测评主要由团队领导进行。目前来看,大部分中层管理部门没有规范的考核标准和评级体系,年终考核或晋级考核多数是由团队领导对被评定人的表现作出简单而笼统的评定,以作为员工晋升或奖惩的依据。

(四) 团队层次分析

团队心理学研究日益主张进行团队层次分析。以往研究认为,在团队层次上研究问题的一个难点是怎样把个体特征评价聚合为团队分析单元。Gist(1987)提出,如果要从团队层次来分析有关问题,应当把团队特征作为测量对象,从而直接获得团队心理数据。也有的研究者认为,可以从个体分整合为团队分,但在整合时需考虑个体的权重问题。在研究中,比较常见的则是以团队成员在测量指标或因素上的平均分作为团队特征得分,然后从团队层次上分析团队特征及发展阶段。

第三节 高绩效团队的建设与管理

一、团队建设的心理机制

（一）共生效应

共生效应是指个体与个体，或个体与群体间相互依存、相互激励的社会心理现象。每个人虽是独立的生物和社会实体，但不能孤立地存在，而需要在由人群构成的外部环境中生存和发展。依靠这个外部环境，人们或抵御某种侵扰，或孕育某些思想感情，或协同完成某些活动。每个人都离不开别人，而每个人又都是他人生存和发展的条件。建立团队，最重要的目的是在认知上形成一种强烈的、积极的归属感和“我们感”。团队成员互相认同，把自己的团队看成“我们”，而不仅仅是一群人的集合体。这种“我们感”根植于人类的本性，我们在与他人合作时、与朋友在一起时，才会感到安全。团队正是依靠了人的这种心理基础。

（二）情绪认同

情绪认同是基于认识、评价及利益的一致性而建立起来的情绪上的特殊联系。它会使群体中某个人（或一部分人）的情绪体验传给其他的成员，产生共同的感受并转变成行为动机，去组织群体成员的活动。有效的群体情绪认同是群体人际关系发展的参数和群体团结水平的标志之一。群体的情绪认同有两种情况：一是自觉的、积极的认同。即每个成员都在情感上把自己与整个群体融为一体，对群体所确立的目标有明确的认识，热爱自己的群体，与群体成员们具有同甘共苦的情谊，这是高水平的群体。二是被动的情绪认同。它只是由于“群体压力”（为避免受群体成员的歧视或被抛弃）而产生的从众行为。在集体中表现“我们感”的最重要的形式之一就是个人在情感上加入这个集体，个人有意无意地把自己和集体视为同一体。

（三）心理相容

心理相容是指人与人之间的相互吸引、和睦相处、相互尊重、相互信任、相互支持。若是不相容，则表现为相互排斥、相互猜疑、相互攻击、相互歧视。心理相容是人际交往、团体团结的心理基础，也是人际交往成功、团体目标实现的重要保证。心理相容是成员产生相同感受的基础。人们观点和信念的一致是心理相容产生的最主要原因，而群体内成员相互间物质利益分配的合理性是心理相容的根源。心理相容对于群体极为重要，它在很大程度上决定着群体的风气、领导的风格、目标的实现、工作效率的高低和群体成员的心理健康、情绪稳定、能力发挥和人格健全的程度。心理相容还可以为创造性活动提供积极乐观的心理氛围，使成员保持良好的心境，有利于发挥人们的主观能动作用。

（四）社会表现

英国组织文化和社会心理学家尼克·海伊斯在《协作制胜：成功的团队管理》一书中认为，社会表现就是团队成员确立起一些共同信仰或观念。随着时间的推移，一个稳定的工作团队中的成员会逐渐了解和理解彼此的信仰。尽管人们仍然会有各不相同的观点和看法，但往往能逐渐分享有关工作及工作中的许多信念和观点，虽然每个人都有自己的信念，但仍然拥有许多与其他成员相关的社会表现。

是否达成共识，更多的时候是以行动而不是用语言来表现的，有些共识是含蓄的、隐蔽的，无须说出的。什么样的共识有利于团队管理呢？答案是最基本的尊重。它包括团队成员之间的相互尊重（团队成员需要尊重彼此的技术和能力，尊重彼此的意见和观点，尊重彼此对团队任务所作出的贡献），管理人员对团队工作的尊重（信任团队成员，重视每一个团队成员的贡献，准确而平等地传递信息，以得到有效合作所必需的相互尊重和理解），这是分权管理的基本要求。

（五）参与心理

团队工作方式的出现，本身就体现着组织对"员工参与"的重视。不仅如此，团队，尤其是自我管理型团队的工作基础之一就是成员的参与。无论在工作积极性、责任感，还是生产效益方面，参与管理都有其独特的影响。

二、团队的建设与管理

（一）团队建设的过程

团队建设一般要经过形成期、激荡期、凝聚期、收获期和修整期五个阶段。

1. 形成期

团队成员由不同动机、需求与特性的人组成，此阶段缺乏共同的目标，彼此之间的关系也尚未建立起来，人与人的了解与信任不足，彼此之间充满着谨慎和礼貌。整支团队还没有建立起规范，或者对于规范还没有形成共同的看法，这时的矛盾很多，内耗很多，一致性很少，花很大的力气，也产生不了相应的效果。

此时，管理人员的主要任务表现在以下两个方面。

（1）初步构成团队的内部框架。在团队成立伊始，组织管理者应该对团队的各个要素十分明确，包括团队的目标、定位、职权、人员和计划。其团队内成员的角色应如何分配，工作人员如何取得，都是在团队的组建期设定的。

（2）建立团队与外界的初步联系。第一，建立起团队与组织其他工作集体及职能部门的信息联系及相互关系；第二，确立团队的权限，如自由处置的权限，须向上级报告请批的事项，资源使用权，信息接触的权限等；第三，建立对团队的绩效进行激励与约束的制度体系；第四，争取对团队的技术（如信息系统）支持，高层领导的支持，专家指导及物资、经费、精神方面的支持；第五，建立团队与组织外部的联系与协调的关系，如建立与企业顾客的联系，努力与社会制度和文化取得协调等。

同时，管理人员必须立即掌握团队，快速让成员进入状态，降低不稳定的风险。

此阶段团队的关系方面要强调相互支持、相互帮助，此时期人与人之间关系尚未稳定，不能太过坦诚，因为可能对方无法全部接受。此阶段的领导风格要采取控制型，不能放任，大致目标由领导者自己确立（但是要合理和经过大多数成员的认同），清晰直接地告知队员自己的想法和目的，不能让队员自己想象和猜测，否则容易走样，此时也要尽快建立必要的规范，不需要完美，但是需要能尽快让团队步入轨道。

2. 激荡期

团队经过组建阶段以后，隐藏的问题逐渐暴露，就会进入激荡期。成员们争权夺利，为获得对控制权的职位而勾心斗角，对于小组的适当发展方向也争论不休。外部的压力也渗透到小组内部，在各人维护自己权益的同时，增加了组织内部的紧张气氛。

激荡期包括成员与成员之间、成员与环境之间、新旧观念与行为之间三方面的激荡。

（1）成员与成员之间的激荡。团队进入激荡期后，会产生成员与成员之间的激荡。这时，有关工作行为、任何目标、工作指导等方面的问题都暂时被搁置在一边，成员与成员之间由于立场、观念、方法、行为等方面的差异而产生各种冲突，人际关系陷入紧张局面，甚至出现敌视、强烈情绪及向领导者挑战的情况。一些人可能暂时回避这种紧张的气氛，有人甚至准备退出这一新生团队。面对如此情势，作为团队的领导者和成员，一方面要认识到激荡期是团队成长所必须经历的阶段，产生冲突并不一定是坏事。相反，它促成了潜在问题的暴露，为团队成长与尽早进入凝聚期创造了条件，而且冲突和激荡还是成员之间互相提高、团队有效决策和绩效提升的重要手段。另一方面，领导和成员都应积极促成冲突的解决，并且要清楚地认识到协调个人的差异和安定大家的情绪是需要时间的，绝不能再采取压制的手段，而应稳妥地引导大家理智对待这一局面，讲明“冲突不如合作”的道理，在冲突与合作中寻求理想的平衡。在这里，许多有关解决冲突、促进沟通、改善人际关系的方法和技巧都可得到广泛深入的运用。

（2）成员与环境之间的激荡。团队会产生成员与环境之间的激荡，这种激荡主要包括以下几方面。

① 成员与组织技术系统之间的激荡。例如，团队成员可能对团队采用的信息技术系统或新的制作技术不熟悉，经常出差错。这时最紧迫的是进行技能培训，使成员迅速掌握团队采用的技术。

② 成员与组织制度系统之间的激荡。一方面，在团队建设中，组织会在其内部尽量建立起与团队运作相适应的制度系统，如人事制度、考评制度、奖惩制度等。这些制度既可能不完善，也极有可能不为已经习惯于传统体制的人员所适应。这时要做的工作，一是使成员尽快适应新的体制；二是不断完善和推广新的体制，使之适应成员的实际情况，适应环境的客观变化及团队建设计划的执行步伐。另一方面，新的制度体系通常是与传统体制并存的。不仅新旧体制会有矛盾，而且处于新旧体制之下的团队成员也会常常感到无所适从。此时要做的工作，一是尽量消除新旧体制之间的矛盾；二是表示推行新体制的决心，消除团队成员狐疑观望的态度，使之尽快全身心地投入团队建设之中。

③ 团队成员和整支团队与组织其他部门之间的关系磨合。团队在成长过程中，与组织其他部门要发生各种各样的关系，也会产生各种各样的矛盾冲突，需要进行很好的协调。

④ 团队与社会制度及文化之间的关系协调。

(3) 新旧观念与行为之间的激荡。团队在激荡期会产生新旧观念与行为之间的激荡。传统组织通常假设人是“经济人”，认为人天性懒惰，漫不经心，不愿负责，阳奉阴违，易受诱惑，不诚实，只关心自己的事。团队则假设人是复杂的人，而且更注重人工作努力、积极参与、愿意负责、慷慨宽容、诚实可信的方面。这样，团队在激荡期就面临着人性的假设、管理哲学、价值观等方面的激荡与改变。传统组织在决策方面往往以个人决策为主，专断的情况很多，在组织方面强调严格的分工、等级制度与硬性的规章，在领导方面强调命令和服从，很少有民主，在控制方面重监督、惩罚与强制，在文化方面重视各安其位、严格执行、绝对服从等。而团队在决策方面则是团队集体决策及成员参与决策，在职责划分时非常灵活，成员彼此平等，行为准则很有弹性，在领导方面则强调民主和自我管理，在控制方面则强调共同愿景目标下的自我监督，在文化方面重视互相帮助、互相协作、活力热忱等。在传统组织中进行团队建设将面临一系列行为方式的激荡与改变。在这一过程中，团队建设可能会碰到很多的阻力。在新旧激荡交替中，成员可能会因为害怕责任、害怕未知、害怕改变等而拒绝新的团队行为方式，领导会因为可能的权力变小而拒绝放弃严厉的控制。这时需要运用一系列手段来促进团队的成长，如进行新的行为方式的培训、舆论宣传、纪律处分、强制手段、奖励措施等。在这一阶段，成员将经历一系列的压力、挫折、学习、强化、行为校正等过程。

3. 凝聚期

经过一段时间的激荡，团队将逐渐走向规范。组织成员开始以一种合作方式组合在一起，并且在各派竞争力量之间形了一种试探性的平衡。经过努力，团队成员逐渐了解了领导者的想法和组织的目标，建立了共同的愿景，相互之间也产生了默契，对于组织的规范有了了解，违规的事情减少，日常工作能够顺利进行。但是组织对领导者的依赖很强，还不能形成自治团队。

在这一阶段，最重要的是形成有力的团队文化。如何形成有力的团队文化？促成共同价值观的形成，调动个人的活力和热忱，增强团队的凝聚力，培养成员对团队的认同感、归属感、一体感，营造成员间相互合作、相互帮助、互敬互爱、关心集体、努力奉献的氛围，将成为团队建设的重要内容。团队能否顺利度过凝聚期以及团队形成的规范是否真正高效有力，将直接影响团队建设的成败与最终的绩效。

此时，还应该建议更广泛的授权与更清晰的权责划分。在成员能接受的范围内，对其提出善意的建议。如果有新进的人员，必须让其尽快融入团队之中，部分规范成员可以参与决策。在授权的同时要维持控制，权力不能一下子给的太多，否则回收时会导致士气受挫。此时配合培训是很重要的。

4. 收获期

团队经过形成、激荡和凝聚，开始变得成熟，懂得应付复杂的挑战，能执行其功能角色，并且可以根据需要自由交换，高效地完成任务。接下来，管理者考虑的应该是如何运用团队的问题了。此时期，团队成员成为一体，愿意为团队奉献，智慧与创意源源不断。

在收获期，团队成员的注意力已经集中到了如何提高团队效率和效益上来，他们把全部精力用来对付各种的挑战，这是一个出成果的阶段。此时，团队成员的角色都很明确，并深刻领悟到完成团队的工作需要大家的配合和支持，同时已学会以建设性的方式提出异议，大家高度互信、彼此尊重，也呈现出接受群体外部新方法、新输入和自我创新的学习性状态。整支团队已熟练掌握如何处理内部冲突的技巧，也学会了团队决策和团队会议的各种方法，并能通过团队会议来集中大家的智慧作出高效决策，大家共同努力去追求团队的成功。在执行任务的过程中，团队成员加深了了解，增进了友谊，同时整支团队在摸爬滚打中更加成熟，工作也更加富有成效。

这时，领导者必须创造参与的环境，以身作则，使得工作更有成效。此阶段，自治团队已经成功。组织爆发前所未有的潜能，创造出非凡的成果，并且能以合理的成本，高度满足客户的需要。

5. 修整期

对于经过以上各阶段的努力仍未能建成真正的高效团队，在收获期表现得差强人意的团队，进入修整期时，可能会被勒令整顿，即通过努力消除一些假团队的特质，希望经过“回炉处理”，锤炼成真正的团队，于是出现新一轮的团队建设。对团队实行整顿的一个重要内容是优化团队规范。这时可用到皮尔尼克提出的“规范分析法”。首先，明确团队已经形成的规范，尤其是那些起消极作用的规范，如强人领导而非共同领导、分别负责任而非联合责任、彼此攻击而非互相支持等团队的特质。其次，制定规范剖面图，得到规范差距曲线。再次，听取对这些规范进行改革的各方面的意见，经过充分的民主讨论，制定系统的改革方案，包括责任、信息交流、反馈、奖励和招收新的员工等。最后，对改革措施实现跟踪评价，并作出必要的调整。此时管理者更需要运用系统的思考，统观全局，并保持危机意识，持续学习，持续成长。

上述五个阶段反映的是团队建设的一般性过程，但是实践中的团队建设过程常常有所偏差。团队建设过程会出现跳跃现象，或是会出现各个阶段的融合。如在团队发展的前期和后期均可能产生激荡，在前期出现激荡的原因可能是团队成员定位之前思想混乱，而后期出现的激荡可能是奖酬分配过程中出现了不公平的现象导致的。

总的来说，如果团队建设过程顺利，它通常会表现出如下特征：

（1）团队行为与组织目标所规定的方向日趋一致；

（2）团队绩效逐渐提高；

（3）团队的自我管理、自我调节和自我完善能力不断增强；

（4）团队越来越能兼顾组织、团队和个人的利益，并把三者有机结合起来；

（5）团队能持续学习提高。

（二）团队成员的协调

团队成员的配置是由管理层根据平衡和效能的原则来决定的。团队应由具有各种技能、背景、专长和不同视野的人组成。这种多样性能使团队从各种角度看问题和作出决策，有利于团队的创新和顺利工作。

大多数人都希望有融洽的人际关系以保证顺利完成工作。团队成员的异质性和多元化可能引起冲突。工作团队异质性变高的同时，协调性会越来越差。每位成员都有自己的个性，有些还很难相处。具有技能和战斗精神的人，可能是最有价值的团队成员，也可能是最难缠的人。他提出的看法或许令人无法接受，但却是新的做法，或者可能激发别人的灵感。因此，团队必须学会接受有才华的人（可能是难以相处的人），找出共同的基础和彼此都能接受的合作方式。在建立团队时，把焦点放在协助成员既能接受和利用冲突，又能相互合作上。

（三）团队型领导风格的锻造

团队领导人的领导风格有三种类型：监督型领导、参与型领导和团队型领导。

监督型领导是传统型领导。这种领导者的风格特点为：指挥员工，解说决策，训练个人，大权独揽，容忍冲突，抵制变革。监督型领导大权独揽，成员一般不参与决策，成员间缺乏合作精神。这种领导难以适应快速多变的时代环境。

参与型领导的领导风格相对而言要民主得多。此类领导者的风格特点是：让员工参与，征求意见作决策，发挥个人能力，协调群体合作，解决冲突，推动变更。在参与型领导下，员工有了一定的自主，领导者在决策前会积极提供自己的看法，与员工进行彼此间的沟通。但领导者依然肩负重任，需要发布重要的命令，处理最棘手的问题，从事大部分的规则工作，在事情发生偏差时采取纠正行为。

团队型领导的领导风格为：建立信任并激发团队合作，辅导并支持团队作决策，开拓团队才能，建立团队认同感，充分利用成员差异，预知并影响变革。团队型领导有两种类型：一种是领导与整支团队分担决策、拟订计划、解决问题、协调与其他团队的关系等责任，常把时间用于解决会影响团队表现的组织问题上。另一种是领导虽然会对整支团队表现负责，但很少参与日常的团队工作，他们通常把时间分成两部分，一部分从事策略性工作，另一部分参加必要的团队会议。团队型领导主要是促进团队健康成长，为成员创造表现机会，当成员需要帮助和支持时会全力帮助。

在团队建设中，团队型领导身兼球员和教练双重角色，必须能做到下列几点。

（1）团队领导者必须同其他成员一起实际参与工作，不因为自己处于领导者的角色，某些工作就不做，尤其是碰到一些需要冒很大的风险或讨厌的工作时，不应该全都推给其他成员，袖手旁观。

（2）团队领导者应鼓励成员表达不同的意见，让他们充分了解团队的共同愿景、目标和工作方式，并通过各种活动，帮助成员之间建立相互信任依赖的归属感与气氛。

（3）团队领导者必须处理并维系团队内外的关系，负责和外界沟通该团队的目标和工作方式，寻求可能的协助。一旦遇到障碍，团队领导者应该为团队扫除障碍。

（4）团队领导者应设法让团队包含各种不同的人才，如技术、决策、人际关系、解决问题等类型，因此要不断地改变成员的任务及角色，激发他们的潜力，鼓励他们成长与发展。

（5）团队领导者应有正确的观念，只有团队在需要自己时才表现，平时应尽量把机会让给其他成员，甚至为他们创造表现的机会。这并不表示完全放弃掌控，一旦成员需要帮助和支持时，要全力帮助他们完成任务。

（四）团队精神的培养

团队精神是一支成功团队建设的血脉。团队精神有凝聚团队成员的作用，能把团队成员联结在一起，并鼓励团队中的所有成员发挥潜力、探索和创新。培养团队精神需要注意以下几点。

1. 营造相互信任的组织氛围

相互信任对于团队中的每个成员都有重要影响，尤其会增加员工对团队的情感认可。从情感上相互信任，是一支团队最坚实的合作基础，能给员工一种安全感，建立起这种信任，员工才可能真正认同团队，把团队当成“我们”的，并以之作为个人发展的平台。

2. 兼顾个人与团体

我们要发挥团队中个人的作用，这对培养团队的活力有重要的支撑作用。但不能因强调个体忽视团队精神的培养。而过分限制个人的发展，会产生个人对权威的盲目崇拜，对集体和他人的过分依赖。

3. 兼顾工作效率与员工的关系

团队既要鼓励每个人的充分发挥，又要减少成员间的差距，使成员和谐共处。在提高团队绩效的同时，也应该理顺团队内部及外部的制度与关系，尤其要逐步建立与团队相适应的招聘制度、考评体系、激励与约束机制等，这样才能促进团队建设和绩效的提高。

实训模拟

模块一：案例分析与思考

勤业家政公司为了实现未来5～10年的远景规划，明确了自己的具体使命：提供给全市人民最优质的家政服务，并能同时取得效益。公司制定了严格的制度，并对员工进行了严格培训。为了能够达到目标，公司召开了一次会议，研究从现在到年底的工作任务安排。会议上何总向各个区的经理交代了各自的任务，并让他们在规定时间内按照要求完成。接到任务后，各区经理立即召开会议，对工作作了详细的安排，将任务分配给每一支团队。然后，各团队又对任务进行分工，每个人负责一部分工作。但是在实际操作的过程中，出现了一些偏差。服务中心的人员发现，一些想寻找家政人员的客户因为公司提供的家政人员不合适而发愁，而服务中心的人员也没有办法替他们找到合适的家政人员，公司因此损失了一部分客户。

根据以上案例，回答下面的题目：

1. 各个区的经理们召开会议，对每支团队进行任务分配，然后各团队对每个人进行具体的分工，这属于反馈环节中的（　　）部分。

A. 评估工作绩效　　B. 对工作进行计划和确认

C. 监督、控制和支持　　D. 以上都不是

2. 从案例可以看出，勤业家政公司在任务分解时使用了（　　）。

A. WBS　　B. SMART 原则　　C. PEST 法　　D. 5W1H 法

3. 面对任务执行中出现的问题，经理们应该积极提供支持，下面不属于提供支持的方法的是（　　）。

A. 进行培训　　B. 分享经验

C. 开除业绩差的员工　　D. 用新的方法训练团队成员

4. 年末各个区的经理想对工作情况进行正式的评估，他们可以采取的方法有（　　）。

A. 主管领导评估　　B. 进行多次评估　　C. 汇报　　D. 以上都是

5. 要想得到有效的评估，下面事项中最需要注意的是（　　）。

A. 设定合理的评估目标　　B. 进行多次评估

C. 让群众参与评估　　D. 让员工之间互评

模块二：心理测验

团队心理领导——倾听习惯测验

请你认真完成下面一些测验和训练内容。这些测验可以帮助检测你的一些素质，增加对你的自我认识。认真完成训练内容，有助于提升你的心理领导能力。

请根据你在最近的会议或聚会上的表现如实回答下面 15 个题目，对每个问题回答“是”或“否”。

1. 我常常试图同时听几个人的交谈。
2. 我喜欢别人只给我提供事实，让我自己作出解释。
3. 我有时假装自己在认真听别人说话。
4. 我认为自己是非言语沟通方面的好手。
5. 我常常在别人说话之前就知道他要说什么。
6. 如果我不感兴趣和某人交谈，我常常通过注意力不集中的方式结束谈话。
7. 我常常用点头、皱眉等方式让说话人了解我对他所说内容的感觉。
8. 常常别人刚说完，我就紧接着谈自己的看法。
9. 别人说话的同时，我也在评价他的内容。
10. 别人说话的同时，我常常在思考接下来我要说的内容。
11. 说话人的谈话风格常常影响到我对内容的倾听。
12. 为了弄清对方所说的内容，我常常采取提问的办法，而不是进行猜测。
13. 为了理解对方的观点，我总会狠下工夫。
14. 我常常听到自己希望听到的内容，而不是别人表达的内容。
15. 当我和别人意见不一致时，大多数人认为我理解了他们的观点和想法。

下面列出的 15 个问题的参考答案，是根据倾听理论得出来的。

1. 否；2. 否；3. 否；4. 是；5. 否；6. 否；7. 否；8. 否；9. 否；10. 否；11. 否；12. 是；13. 是；14. 否；15. 是。

为了确定你的得分，把错误答案的个数加起来，乘以 7，再用 150 减去它，就是你的最后得分。如果你的得分在 91～150 分，那么你有着良好的倾听习惯；77～90 分的得分表明还有很大程度可以提高；要是你的得分还不到 76 分，那么你就要在此项技巧上多下些工夫了。

模块三：管理游戏

倾听能力训练——编撰合理的故事

倾听是不同于一般谈话的技巧，它改变了以往人们习惯了听的方式，是一种新型的听的艺术。也许有人会认为它太难了，其实通过有意识的经常练习，每个人都可以掌握这门技巧。

教师作为主持人，在课堂上组织一组学生一起合编一个故事，要求这个故事是完整的，时间、地点、人物吻合，逻辑性强，有说服力，无明显的漏洞。让学生先起头叙述一段时间、一些内容，然后主持人打断该学生，让另外一个学生顺着前面学生的逻辑编下去，什么时候轮到谁都是随机的，由主持人任意指定，这样可以使得学生始终保持极大的专注。待一个长长的故事结束以后，学生会忍不住哄堂大笑，因为常常会有这样的情况，从“很久很久以前，在一个依山傍水的地方，住着一位……”开始讲，十几个人一圈下来会回到当今社会，加进了许多诸如“投资、信息、股市”等现代的词，在传接过程中常会出现人物错换、时间混淆、地点错误等。

这样的练习除了要求学生有一定的思维能力和表达能力以外，最重要的是训练学生集中注意力，倾听别人的发言，尽量理解别人的思路，再加以发展。

模块四：复习思考

一、单项选择题

1. 团队的目标没有成员的（　　）是无法完成的。

   A. 交流与合作　　B. 相互鼓励　　C. 彼此协商

2. 团队生存、改进和适应变化着的环境的能力是（　　）。

   A. 绩效成果　　B. 成员满意度　　C. 团队学习　　D. 外人满意度

3. （　　）关注于人际关系，它使团队成员们紧密结合，大家能继续相处甚至获得某种乐趣。

   A. 团队沟通职能　　B. 团队任务职能　　C. 团队维护职能　　D. 团队决策职能

二、多项选择题

1. 一支团队经历的基本发展序列是（　　）。

   A. 形成阶段　　B. 激荡阶段　　C. 凝聚阶段　　D. 收获阶段
   E. 修整阶段

2. 构成团队有效性的要素有（　　）。

   A. 绩效　　B. 成员满意度　　C. 团队学习　　D. 外人的满意度
   E. 薪酬

三、思考题

1. 简述团体的意义及种类。
2. 简述团体的发展过程及组成条件。
3. 如何培养团队精神？

第七章 领导心理与管理

【学习目标】

1. 掌握领导者良好个性心理特征及其培养；
2. 了解干扰决策优化的心理因素；
3. 掌握领导者的决策心理及权力艺术；
4. 掌握领导者的用人心理及用人艺术；
5. 掌握建立高效团队的艺术。

【开篇案例】

神偷请战

用人之道，最重要的是要善于发现、发掘、发挥属下的一技之长。用人得当，事半功倍。楚将子发爱结交有一技之长的人，并把他们招揽到麾下。有个人其貌不扬，号称“神偷”的人，也被子发待为上宾。有一次，齐国进犯楚国，子发率军迎敌。交战三次，楚军三次败北。子发旗下不乏智谋之士、勇悍之将，但在强大的齐军面前，简直无计可施了。这时神偷请战，在夜幕的掩护下，他将齐军主帅的睡帐偷了回来。第二天，子发派使者将睡帐送还给齐军主帅，并对他说：“我们出去打柴的士兵捡到您的睡帐，特地赶来奉还。”当天晚上，神偷又将齐军主帅的枕头偷来，再由子发派人送还。第三天晚上，神偷连齐军主帅头上的发簪子都偷来了，子发照样派人送还。齐军上下听说此事，甚为恐惧，主帅惊骇地对幕僚们说：“如果再不撤退，恐怕子发要派人来取我的人头了。”于是，齐军不战而退。

第一节 领导者的心理素质

一、领导心理的含义

从词源上说，心理一词的“心”指的是心思、心意、思想和情绪等；“理”指的是条理、准则和规律等。因此，心理一词主要是指人们的认识、思维、思想、情感和观念等内心活动。

（一）领导心理的概念

人的心理现象主要包括两个基本方面：一是心理过程。也即心理活动过程，包括认识、情绪情感和意志三个过程，通常简称为知、情、意。二是个性心理。在认识世界和改造世界的社会实践中，每一个人不仅有各种心理过程，同时还表现出各自不同的特征，这些不同的特征就构成了人们的心理差异，这就是个性心理。个性心理主要包括个性倾向性和个性心理特征两个方面。

心理过程和个性心理是相辅相成的。个性心理通过心理过程在实践中逐步形成，已经形成的个性心理又影响和制约着心理过程，并在心理过程中得以表现。心理过程和个性心理的这种相互联系、相互制约的关系构成了人的完整的心理面貌。因此，通过以上分析可知，领导心理就是指领导者在实施领导影响过程中的心理现象和心理活动。

（二）研究领导心理的任务及意义

随着人们生活节奏、工作节奏的加快，无论是政治、经济和文化活动，还是人们的观念和心态都发生了巨大而深刻的变化，同时也使现代领导活动中存在着的大量心理问题日益显现出来。如领导者应该具备哪些优良的心理品质，才能适应现代领导工作的需要？如何调节和改善领导者的不良心理因素等问题。研究领导心理的根本任务就是要回答和解决领导活动中存在的这些各种心理问题，揭示领导活动中心理活动的规律，以增强领导工作的科学性、主动性、创造性和高效性。

研究领导心理的重要意义具体体现在以下三个方面：揭示领导者为了更好地实现领导职能所应该具备的心理品质；揭示领导活动过程的心理机制，为提高领导绩效提供心理依据；揭示领导者运用领导心理艺术，充分调动下属积极性的心理方法。

二、领导个性心理

领导者的个性心理过程与领导者的个体素质密切相关，其主要内容包括领导者的气质、领导者的性格、领导者的能力和领导者的意志四个方面。

（一）领导者的气质

四种不同的气质类型对领导者来说，都各有其有利的一面，又有其不利的一面。领导者工作成就的取得往往是由多种因素决定的，作为气质本身不能决定领导者的活动价值。一个成功的领导者不在于是哪种气质，而是在特定条件下发挥了气质的哪些方面。胆汁质的人既可以成为热情、主动、积极向上的领导者，也可能成为急躁、冲动、感情用事的组织带头人。而同是多血质、粘液质、抑郁质的人表现同样也会大不相同。有许多领导者实际上是各种气质的综合型，如果他综合的是各种气质的积极方面，就会在领导活动中表现出最优秀的心理品质。反之，如果他综合的是各种气质的消极方面，就必然会在领导活动中表现出最糟糕的心理品质。因而，一个领导者要想让自己的气质给领导活动以好的影响，最关键的是要知道自己属于哪种气质类型，以便能充分发挥自己气质的长处，扬长避短。

领导者应该从两个方面进行气质修养：一方面，领导者必须知道自己的气质类型，清楚该气质类型的优缺点，注重自己在实际工作中的气质表现，注意自身气质长处的发挥；另一方面，领导者要以积极的态度自觉地加强气质修养。比如，胆汁质的领导者要随时提醒自己不要盲目冲动，尽量控制自己的情绪；多血质的领导者要注意培养自己严谨、踏实、稳重、精益求精的作风；粘液质的领导者要着重培养自己反应迅速和灵活应变的能力；抑郁质的领导者要努力培养自己的耐受力，使自己经常保持开朗和乐观。总之，领导者的气质修养就是要取人之长、补己之短，养成优良气质。

（二）领导者的性格

领导者应具备的四种基本性格品质如下。一是宽容大度。宽容大度是指胸襟宽广、气量宏大，不斤斤计较的性格品质。具体表现在四个方面：以大局为重，不计较个人得失，在非原则问题上能够让步；摒弃前嫌，能与和自己有矛盾的人较好地合作共事；对待下属和他人，善于进行换位思考；对待能力强于自己的人，能够做到不嫉妒，举贤荐能。二是谦虚谨慎。谦虚就是谦恭、虚心、不自我满足；谨慎就是严于律己、慎重行事。领导者谦虚谨慎的性格品质主要表现在：待人接物彬彬有礼、平易近人，尊重他人，尤其尊重自己的下属；有自知之明，虚心好学，不耻下问，在成绩和荣誉面前不骄傲，敢于承认错误和面对失败。三是诚实正直。诚实正直是指诚实守信，公正坦荡，实事求是的性格品质。具体表现在两个方面：一方面，无论何时何地都不隐瞒自己的观点，讲真话，光明磊落，表里如一；另一方面，无论何时何地都能客观地认识和对待自己，如实地反映自己的缺点，肯定自己的成绩，不弄虚作假，阳奉阴违。四是自信。自信是说充分相信自己，深信自己有能力和水平出色地完成各项工作任务。具体包含两层含义：坚信自身的力量，对自己能够带领整个组织实现既定目标的能力和水平深信不疑；坚信自己所领导组织的群体力量。

领导者自身是一个高度的自我调节系统，一切外来的影响都要通过自我调节才能起作用。从这个意义上说，领导者是在其所从事的领导活动中不断地塑造着自己的性格。因此，领导者自身需要有一种“性格自我锻炼”的独特动机，以此来发现自己性格的优缺点，拟订自我调节计划，有意识地调节与锻炼自己的性格。作为一个领导者应该经常反省自己工作中所暴露出来的性格缺陷，时常提醒自己、检查自己，并对自己的性格进行有针对性的塑造和培养。同时，领导者还要善于从现实生活中寻找自己性格修养的老师，为自己树立良好的性格榜样。如领导者本人可以通过阅读名人传记、研读历史小说和观看电影等多种形式从杰出的领导人物、英雄豪杰和商业名家身上寻找难能可贵的性格品质，也可以通过日常接触以及和具有良好性格品质的人交朋友等方式找到自己性格修养的楷模，取人之长、补己之短，这样将会大大加速领导者自身良好性格品质的培养。

（三）领导者的能力

领导者的能力是在社会活动中逐渐形成的，也是在活动中不断提高的。领导者可以通过各种方式和途径有目的的培养自己的能力，但无论如何都离不开具体的实践活动。一方面，各级组织部门和各级领导者在提拔一个新领导后要大胆放手，让其尽快地适应新的领导工作；另一方面，被提拔的领导者自己也要打消顾虑，放开手脚，大胆地去尝试解决和处理各种新的疑难问题。领导者要想在活动中培养、提高自己的能力，还必须注意自我开发，不断地挖掘自己的潜在能力。这就要求领导者要向超过自己能力的新目标挑战，不断地给自己提出新要求，扩大提高能力的范围。从事新的工作是培养、提高领导者能力的最佳办法，这将使领导者的能力迅速地提高到一个新的水平。

（四）领导者的意志

领导者要想培养自己良好的意志品质，则必须做到以下几点。第一，要正确认识意志品质自我培养的目的和意义。领导者必须一切从事业和工作出发，要真正清醒地认识到意志品质的自我培养是自己事业获得成功的前提和保证。第二，要努力养成自我评价的习惯，逐步提高自我评价的能力。领导者在从事领导活动的过程中，应随时对自己的行为进行自我检查和评价，以便及时发现自己意志的薄弱环节，进而加以调整。这样久而久之，就能使领导者成为一个意志坚定的人。第三，要有意识地在社会实践中进行自我锤炼。领导者要培养自己坚定的意志，绝不是靠纸上谈兵就能取得实际效果的，而必须经常地、有意识地在日常生活和领导活动实践中进行自我锤炼，通过坚持不懈的努力来不断地完善自己的意志品质。

三、领导决策心理

决策就是人们在改造客观世界的过程中，对未来实践的方向、目标、原则和方法所作出的选择和决定。[①] 研究领导决策心理是研究领导决策的理论基础和基本前提。

（一）领导决策心理的含义及类型

1. 领导决策心理的含义

领导决策心理是指领导者在决策中的心理现象、个性心理特征及其心理活动过

---

① 华瑞．领导心理学[M]．北京：中国致公出版社，2002：188.

程。领导者的心理是一个完整统一的过程，各种心理因素在领导者心理过程各个阶段中都发生作用，但不同的心理因素在不同的阶段所起的作用是不同的。领导决策心理主要是指判断正确与采取正确决定，这种心理因素对领导者制定正确的决策，起到了至关重要的作用，它是领导者心理过程中最重要的心理活动，是领导者行为成功的关键。[①]

2. 领导决策心理的类型

领导决策心理的类型主要有三种。一是果断型。果断是领导者自身的一种优秀的意志品质。一个领导者如果具有这种心理品质，就会使决策行为表现得当机立断，毫不犹豫。人们常称赞有些领导人有"魄力"，在关键和危难时刻敢迎难而上，当机立断，毫不畏惧。这就是对果断型领导决策心理特征的基本概括。二是顽强型。领导者在决策过程中能够坚持不懈，勇往直前，自始至终保持韧性，就是顽强型领导决策心理的主要特征。这种类型的领导者在决策制定和实施的整个过程中，能保持永久的耐力和坚韧的毅力于自己的行动上，并为实现预定的目标表现出持久而坚定的意志品质。三是稳健型。稳健型领导者在进行决策时，能够思考周密，深思熟虑，表现出深谋远虑的特点和沉着稳健的风格。在决策过程中，力求稳扎稳打，步步为营，对影响决策的各种因素随时进行综合性分析，慎重地权衡各种决策方案及其实施后果的利弊得失，进而科学地最终确定决策方案或逐步实现决策的预期目标，因此失误率较低。

（二）干扰决策优化的心理因素

针对本地区、本行业和本单位存在的实际问题，及时正确地进行决策，是对领导者最起码的要求。一个好的领导者，不仅能够进行各种决策，更重要的是他能不断地优化自己所做的决策。要想做到这一点，就必须及时排除干扰决策优化的各种消极心理因素影响。干扰决策优化的心理因素很多，但最重要的是以下三种。

1. 从众心理

从众心理表现的是决策者迫于个体或群体的压力而被迫服从的心理特点。它是指领导者在某个人或某个群体实际的或暗示的压力下，引起自身的心理以至行为的改变，从而屈从于这种压力。领导者的这种心理在决策过程中的具体表现是：对上级决定不折不扣，对上级领导唯命是从；经常处于模仿别人的被动地位；总是被公众舆论和大多数人的意见所左右。从众心理比较强的领导者往往缺乏足够的自觉性和独立性，不能灵活流畅地认知客观事物。在危机来临时经常束手无策，满足于维持现状，得过且过。而在人与人的关系上则常常处于被动地位，依赖性比较强。因此，在影响决策优化的各种消极心理因素中，这种心理的干扰性是最强的。

2. 褊狭与刻板

褊狭与刻板是人的两种不良的性格品质。褊狭是指一个人思想偏颇，思路狭窄，心胸不宽阔；刻板是指一个人的思想僵化、行为保守，缺乏灵活性。[②] 褊狭与刻板的性格特征，

---

① 屠春友．现代领导心理学[M]．北京：中共中央党校出版社，2001：152.

② 屠春友．现代领导心理学[M]．北京：中共中央党校出版社，2001：173.

往往使领导者在决策过程中的开拓精神和创新能力受到禁锢。褊狭的性格特征直接影响决策者思维的科学性和广阔性，这样的领导者在看待问题时，往往带有很大的片面性和局限性；刻板的性格特征直接影响决策者思维的灵活性和独创性，具有这种性格特征的领导者，在决策过程中的变通性比较差，根本不可能创造性地进行决策。

3. 自我辩解心理

自我辩解心理是指人们为了缓解由于判断错误、决策失误而引起的自身的紧张精神状态，有为自己的行为、信念和情感进行辩解的一种心理倾向。在实际生活中，绝大多数人都不同程度地存在着为自己进行辩解的动机。领导者在决策过程中的自我辩解心理，将会严重地干扰和妨碍决策方案在实施过程中的修正与完善，直接影响决策的优化。

（三）领导决策活动的责任心理

领导者的责任心理直接影响着领导决策的成功与否。领导者的责任感应该是不仅仅对组织和其成员，而且还包括对社会的责任。一个领导者除了承担组织自身的各种责任之外，他和他所领导的组织还应该承担着一定的社会责任。

1. 领导者责任心理对决策活动的影响

领导责任感的强弱，严重影响着领导者的决策动机及决策效果。这种影响主要体现在以下三个方面。其一，责任感影响领导者决策的立场。责任感强的领导者总是能够兼顾组织利益和社会利益，如果出现了两者利益不能兼顾的情况，他就会毫不犹豫地舍小家而保大家，舍小利而顾大局，舍眼前而保长远，从而为组织的长远发展奠定了良好的社会基础。而责任感不强的领导者，则会持一种相反的态度，他首先考虑的也许是个人的私利，看哪一种决策对自己更加有利。其二，责任感影响领导者的决策效果。责任感强的领导者，在进行决策时，总是努力追求最大化的社会效益和组织效益，并在决策实施的整个过程中，能够做到尽职尽责，始终如一，全力保证决策预期效果的实现。如果领导者的责任感不强，其结果则会恰恰相反。其三，责任感影响组织的社会形象。责任感强的领导者，在进行决策时，能够经常考虑他所承担的各种社会责任，这种考虑本身就是决策的一种胜利，因为他已经赢得了社会的认可，已经在心理上赢得了社会的优势和赞许，为其所在组织的发展赢得了良好的社会环境。

2. 领导者责任心理的培养

领导者责任心理的培养是多方面的，但最主要有以下三个方面。

（1）加强学习，提高认识。领导者加强自身的学习和道德品质的修养，不断地把自己的认知水平提高到一个新的高度，有助于领导者树立正确的世界观、道德观、人生观和价值观，使其能够正确处理好个人与他人、个人与集体、个人与国家的关系。久而久之，就会使领导者的社会责任感逐步得到增强。

（2）领导责任认知训练。所谓领导责任认知训练，是指一个领导者必须清楚自己的工作岗位所应承担的具体责任。现在有一些领导者，之所以会犯错误，导致工作失误不断，甚至出现了渎职，很大程度上是因为他们对自己应承担的各种责任没有深刻理解，不知道自己所承担的责任的重要性，甚至根本不清楚应承担哪些具体责任。显而易见，如果一个领导者的责任认知度低，那么他的责任心、责任意识也就不会高，决策时就会很少考虑后果，从而不负责任地进行瞎决策。

(3) 深入实际调查研究。领导者只有投身实践，才能更深刻、更具体地体会到自身的责任，在决策的时候，才能自然而然地从实践出发，科学决策。领导者只有牢固树立责任意识，才能慎重决策、科学决策和正确决策。

（四）领导群体心理的互补性

领导群体心理的互补性主要指的是班子成员彼此之间的气质、能力和性格互补。

1. 气质互补

每一个人都有自己与众不同的气质特征，具有各类不同气质特征的人又都有自己气质方面的优点。因此在配备领导班子成员时，一定要考虑每个成员的气质特征，从而建立起合理的班子气质结构，使他们彼此之间在气质上能够取长补短，最大限度地发挥各自气质的长处。

2. 能力互补

人与人之间在能力上都存在着差异，都有自己的优势。一个结构优化的领导集体，应该是把不同能力结构的人才合理地搭配在一起，从而形成一个能力互补的全能领导集体，并由此产生最佳的整体效应。

3. 性格互补

每个人都有自己独特的性格，因此在配备领导班子成员时，一定要考虑每个人不同的性格特点，使其能够合理搭配，从而产生性格互补效应，这一点也是十分重要的。

四、领导用人心理

选才用人是领导者的基本职责。从领导心理方面研究选才用人，主要是研究领导者选才用人的心理原则、健康优化的用人心理品质以及用人过程中的心理误区。

（一）领导用人心理的含义

领导用人心理一般是指领导者对其下属赋予一定的职责和任务时的各种心理活动现象的总和。[①] 领导用人心理具有鲜明的阶级性，受领导者的世界观所支配。在我国有中国特色的社会主义制度下，领导活动反映着广大人民群众的根本利益和要求，领导用人是以是否符合人民利益为最低标准的，这种用人心理是受无产阶级世界观支配的，是社会主义的领导者能够用好下属的前提和基础。

领导用人心理是一个完整的、动态的心理活动过程，包括知人、任用和培训三个阶段。在知人中用人、培训人，在用人中又进一步知人，这种循环次数越多，领导用人心理就越完善，对下属的任用就越合理。

---

① 屠春友．现代领导心理学[M]．北京：中共中央党校出版社，2001：183.

（二）选才用人的心理原则

1. 民主原则

传统意义上的民主性包括平等心理和民主意识，民主原则是指领导者在选才用人时，能尊重下属的人格尊严，创造人人平等的民主氛围，从而重视群众监督、民意测验和民主测评等选才形式的一种心理倾向。这种用人心理原则的实质是领导者把选择、提拔人才的权力下放给了群众，使下属摆脱了对领导者个人的依附性，便于有效地遏制用人方面的不正之风。

2. 信任原则

信任是指领导者在选才用人时，通过解除、改变和缓解下属的心理戒备状态和精神紧张状态，从而使他们能够毫无顾虑、主动热情地全力工作的一种心理影响。信任原则具有以下积极含义：领导者信任下属，就会使他们由于得到尊重而感到自身价值的实现，进而会大大增强他们的工作责任感，提高他们的工作积极性，激发他们的工作潜力。能有效地防止那些别有用心者对人才的诽谤、诋毁和陷害。使下属敢于讲真话，提建议，有利于组织的发展。给予下属充分的权力，让他们在职责范围内大胆地进行工作，避免事必躬亲。

3. 能力原则

能力原则是指领导者在选才用人时，不能只看下属的表面现象和外在条件，而应充分考虑其实际工作能力的一种心理影响。坚持能力原则必须注意以下几个方面：一是领导者要对本组织的员工逐个进行能力鉴别和分析，分门别类，从而确定选才用人的目标范围；二是领导者要正确理解能力与学历、能力与资历的辩证关系；三是领导者要注重各类人才的岗位教育和特殊技能训练。

4. 理智原则

理智是人的一种内在因素，用人的理智原则就是指领导者在选才用人时，应避免盲目冲动的感性行为，在是非、利害关系面前要保持清醒的头脑，随时以理性战胜自己情感的一种心理影响。这种心理原则要求领导者在选才用人时应注意：①领导者要养成自勉的习惯，努力提高自己适应各种复杂环境的能力，要习惯于在逆境中工作和生活；②领导者要注意控制自己的思想情绪和个人情感，不断地加强自己的道德修养；③领导者还应保持其在组织中的“随和”性，要富于幽默感，从而增加对下属的吸引力。

5. 宽容原则

宽容泛指对人的宽恕、包容、关怀、呵护、体谅和理解，是一种高尚的道德情操。用人的宽容原则就是指领导者在选才用人时，不能对下属求全责备，对他们各方面的失误、缺点应给予更多关爱和体谅的一种心理影响。但宽容心理应该以坚持原则为前提，它和那些圆滑世故、八面玲珑的“老好人”心理有着本质的区别。

（三）选才用人的健康心理品质

领导者健康的用人心理是一个动态的、有序的心理活动过程，具体体现在识才、选才阶段和用才、育才阶段。

1. 识才、选才阶段

识才、选才阶段的健康心理品质包括以下四个方面。

(1) 爱才之心。爱才之心就是指领导者爱惜人才的真心。古往今来，任何一个成功的领导者都十分珍爱人才和善于发现人才，都有一颗真正的爱才之心。三国时的曹操尽管被描写为一代奸相，但其爱才之心却是众人皆知的。正因为如此，才使得各方贤才名将云集左右，最终成就曹魏霸业。

(2) 求才若渴。说到求才若渴，人们自然会想到三国时刘备三顾茅庐的故事。当年27岁的卧龙先生诸葛亮隐居在隆中，却已是可以和管仲、乐毅比肩的奇才，刘备为此三次登门求请。第三次去时，诸葛亮正在休息，刘备就像晚辈一样在门口悄然恭候，终于使诸葛亮深受感动，一心一意地投在了他的门下，为开创蜀汉江山呕心沥血、鞠躬尽瘁。

(3) 识才之眼。识才之眼就是指领导者发现人才、识别人才、辨别人才的眼光和智慧。识才是一个复杂的、有序的心理认可过程，其包括观察、分析、辨别、判断、选择等。领导者的识才之眼主要担负着两个方面的任务：一是将那些埋没在人群中的各类有用人才识别出来；二是把那些别有用心的恶才、庸才辨别出来。

(4) 举才之德。领导者对待人才不仅要做到爱和求，而且要竭诚举荐，包括举荐他们担任高于自己的职务，这就需要领导者要有举才之德。所谓举才之德，就是指领导者热心举荐人才的优化心理品质。这样的领导者对待下属就能像老师对待学生那样，唯求"青出于蓝而胜于蓝"，把下属超过自己视为最大的快乐。

2. 用才、育才阶段

用才、育才阶段的健康心理品质包括：①容才之量。凡人才，都既有长处，又有短处。优点突出，缺点也突出。工作出色，失误也不少。对此，领导者应该具有容才之量。所谓容才之量，就是指领导者宽恕、容纳和体谅人才的非原则性缺点的心理品质，它反映了其宽容人才的宏量和雅量。人们常说的"宰相肚里能撑船"说得就是这个道理。作为领导者待人要宽，责己要严，只有如此，人才方乐于效力，下属才乐于服从，同事也乐于合作。②用才之魄。用才之魄就是指领导者大胆起用人才的魄力、勇气和决心。这种心理品质反映了领导者的思想作风和用人风格，是其开拓精神和刚毅气质在用人方面的具体体现。这样的领导者往往胆略过人、果断坚毅、开拓进取、豁达豪放，并把不拘一格地选才用人作为自己领导活动的最重要内容。③护才之胆。所谓护才之胆，就是指领导者保护和扶持人才的胆略和勇气。这种心理品质之所以十分难能可贵、可敬可佩，是因为它经常要与保守的、邪恶的和传统的习惯势力相抗争，领导者为此往往需要冒很大的风险。④育才之见。所谓育才之见，就是指领导者在培养和教育人才方面具有长远的战略目光。这样的领导者往往会站在一定的历史高度，放眼世界、面向未来，胸怀大志，高瞻远瞩，经常会走在时代的前列。

（四）影响领导者用人的心理效应

领导者选才用人，不仅受到客观因素的影响，同时也会受到种种主观因素的制约。就主观因素来说，在以往的社会实践中形成的习惯化、固定化的知觉模式是一种最重要的因素，这就是影响领导者选才用人的心理效应。

1. 首因效应

首因效应又称为“第一印象效应”，就是指知觉对象给知觉者留下的首次印象对知觉者以后评价知觉对象所起到的影响作用。具体来说，就是与人初次接触时，在心理上将会产生对该人带有情感色彩的感性定式，从而影响到以后对该人的是非评价。因为首因效应是人们通过第一印象所获得的，主要是人的外部特征，包括人的仪表、容貌、举止言谈、动作行为、性别年龄以及一时一事的行为表现等，而人的这些外部特征反映的并不一定是他的本质特征，所以，领导者仅凭第一印象选才用人往往失之偏颇。这种效应最典型的消极作用是以貌取人、感情用事，有时甚至会给工作带来巨大的损失。显然，首因效应容易使领导者在选才用人时，过分偏重表面现象，很容易被假象所迷惑。

2. 近因效应

近因效应就是指知觉对象给知觉者留下的近期印象对知觉者以后评价知觉对象所起到的影响作用。领导者注意人们工作的近期表现是对的，但有时却会导致“一俊遮百丑”、“近过掩前功”的偏颇。近因效应与首因效应比较而言，前者一般是对初次见面的陌生人产生作用，而后者一般则在较熟悉的人们中产生影响。首因效应提醒领导者，不能仅凭第一印象就轻易下结论，对人的评价要“慎始”。近因效应则告诫领导者，不能因一时一事的表现就否定其一贯表现，对人的看法要“善终”。

3. 成见效应

选才用人中的成见效应，指的是在以往的知觉印象和认知定式的基础上，领导者很难改变对某人的固定看法。成见效应同首因效应性质类似，但其成因更广，不仅可由第一印象造成，而且会由更多的因素引起。领导者一旦对某人产生消极成见，就会对该人持否定态度，不愿加以重用。领导者只有坚持实事求是的原则，坚持用发展的观点选才用人，才能真正排除消极成见的干扰。

4. 晕轮效应

晕轮效应也即光环效应。在社会传统知觉中，某个人的突出特征会像耀眼的光环一样，给周围的人留下深刻的印象，使人们很难看到他的其他心理和行为品质。在选才用人中，领导者要特别注意晕轮效应对自己的干扰。对他人的评价，既不要以功掩过，也不要以过掩功，要能够做到“三七开”。

5. 月光效应

月亮本身并不会发光，但却可以借助于太阳而发出皎洁迷人的光辉，使人产生众首仰望的效应。在现实生活中也有类似的现象。比如某人多次参加书法大赛，均未获奖，但经某位名人推荐后，立即名声大振，从此各种殊荣大奖接踵而至；又如某人本来工作一般，但由于他与某位领导曾经同窗且交往甚密，则很可能立即得到重用，身价倍增，跻身于领导行列。因此，领导者在选才用人时，应注重实事求是地考察一个人的德、能、勤、绩，而不应被月光效应所左右。

6. 求全求奇效应

求全求奇指的是对人才要求过严、过高，追求十全十美的完人。而所谓的完人在世界上是不存在的，全才和奇才也只具有相对的意义。因此，领导者若以求全求奇的眼光选拔人才，他就只会注意千里马，而忽视了百里马，更冷落了老黄牛，因而容易造成人才就在眼前却视而不见的情况。

7. 学历与资历效应

学历是指一个人学习的经历和记录，它象征着一个人所拥有的知识。因此，领导者选才用人注重学历是对的，但又不能唯学历论，因为学历和能力并不是等同的。有的人虽然学历较高，但却不能胜任领导工作。相反，有的人尽管学历较低，可组织能力却较强，也可以担任一定的领导职务。资历是一个人工作的经历和记录，反映了一个人工作的历史。但资历和能力也完全是两码事。资历深的人一般经验丰富，但能力不一定很强。而资历浅的人尽管经验较少，但也有能力超群的佼佼者。因此，领导者选才用人的正确做法应是：既重视资历，又注重实际表现，杜绝唯资历论。

（五）领导者用人的心理误区

领导者的用人心理是非常复杂的，有优化的心理品质，也有不良的心理因素，这就要求领导者要保持、强化健康的心理品质，排除不良的心理障碍，走出用人的心理误区。

1. 报恩心理

报恩心理就是指领导者对那些曾经有恩于己或帮助过自己、给过自己好处的人在选才用人的问题上给予特殊的关爱和照顾，并以此作为回报的心理倾向。这是一种典型的封建思想，是一种江湖义气式的用人心理。

2. 报复心理

报复心理与报恩心理相反，即是指领导者对那些曾经伤害过自己或侵犯过自己、有意无意冲撞过自己的人进行无端的压制和打击，并以此进行报复的心理倾向。这种心理反应了领导者褊狭的性格特征。

3. 崇洋心理

崇洋心理就是指领导者总是对曾经留学国外的人另眼相看，在用人的问题上往往对“留洋生”给予格外的偏爱和照顾，盲目地认为只有“洋人才”才是真正人才的心理倾向。

4. 用亲心理

用亲心理即任人唯“亲”心理，就是指领导者在选才用人时，总把自己的亲属和朋友作为首要人选的一种心理倾向。这是典型的封建统治阶级用人心理，是当今的一种腐败现象。

5. 名人心理

名人心理就是指领导者在选才用人时只注重曾经获得过荣誉、在社会上有一定名望的人的一种心理倾向，是一种形而上学的观点。这样的领导者往往容易埋没人才。

6. 用顺心理

用顺心理就是指领导者在选才用人时愿意重用那些在各方面都顺从自己的人的一种心理倾向。这样的领导者会使一些阿谀奉承的小人得志，从而导致整个组织风气不正，严重影响组织的发展。

7. 用弱心理

用弱心理就是指领导者在选才用人时比较喜欢那些各项能力比自己弱的人，以此来显示自己能力“超群”的心理倾向，它常常使一些有真才实学的人被有意识地埋没。这是武大郎开店的用人心理倾向。

8. 重视文凭心理

重视文凭心理就是指领导者把下属文凭的高低或是否有文凭作为选才用人第一标准的心理倾向。这样的领导者思想上存在着"文凭等于能力"的错误认识。

9. 论资排辈心理

论资排辈心理就是指领导者总是以下属的年龄大小、资历深浅和辈分高低为首要条件进行选才用人的心理倾向。虽然年龄、经历、阅历与能力有一定的关系,但绝不能画等号,"有志不在年高"说的就是这个道理。

五、领导者的不良心理

领导者的不良心理表现在多个方面,常见的不良心理有嫉妒心理、偏正效应、挫折心理等,正确认识这些不良心理,是提高领导效能的基础。

(一) 领导者的嫉妒心理与调整

领导嫉妒心理实际上是一种严重束缚领导者手脚、阻碍领导者创新、影响正常领导活动的思想情绪。它的特征是害怕他人胜过自己,憎恨他人优于自己,将别人的优越之处视为对自己的最大威胁,因而就感到害怕和愤怒,于是就借助于贬低甚至诽谤攻击他人的手段来摆脱心中的恐惧和愤恨,以求得心理上的安慰。

1. 领导嫉妒心理的表现

领导嫉妒心理的表现形式主要有两种。

(1) 对竞争对手的嫉妒。这主要表现在嫉妒对手事业上获得的成功、政治上取得的进步、业务水平的提高、待遇方面的改善和在群众中的威望等,更有甚者就连别人乔迁新居都要嫉妒。具有这种嫉妒心理的领导绝不能容忍竞争对手在任何方面超过自己,心中时刻燃烧着"我不行也绝不让你行"的冲天妒火。

(2) 对下属的嫉妒。这主要表现在领导者为了维护自己的尊严和地位,不能容忍下属的某项才能超过自己,把才华出众的下属视为心头大患,胸中充满"欲除之而后快"之妒火。

2. 领导嫉妒心理的纠正

嫉妒是一种卑劣的、非常具有破坏性的情绪。如果一个领导的这种不良心理经常出现,那么就会转化为该领导的稳定性的性格特征。具有这种嫉妒性格的领导不仅会给他人和自己带来损害,而且还会给组织和国家带来损害,真是害人、害己、害组织、害国家。[①]既然嫉妒心理有如此危害,作为领导者就要纠正自己的嫉妒心理,用心理的调节和控制来整饬自己的嫉妒心理。领导者要纠正自己的嫉妒心理,首先要了解嫉妒心理的发展规律。据心理学家的研究,嫉妒心理有三个发展阶段。

(1) 嫉妒的早期阶段。这一阶段是见到别人优于自己时,产生失落感,从而形成了心

---

① 梭伦. 领导的艺术[M]. 北京:中国纺织出版社,2002:257.

理落差，便萌发了嫉妒，这是嫉妒心理产生的起点。整饬的方法是：当领导刚有嫉妒之念时，就应该有意识地自我反省，用理智使心理求得平衡，并用目标转移法，将自己的注意力转移到有益的活动上。要记住切勿以己之长比人之短，也勿以人之长比己之短，要正确地对待别人和自己的长处。通过发挥、发掘自己的长处，可以充实内心世界，消除刚出现的心理落差。善于取人之长，补己之短，设法提高自己，赶上或超过对方，把不良的嫉妒转化为前进的动力。秉持公心，唯才是举，以高尚的品德赢得赞誉，补偿自己才能的不足。

(2) 嫉妒的中期阶段。嫉妒者进而感到对方对自己构成了威胁，因而希望看到对方的失败和痛苦，并以看到对方遭殃而快乐。当领导者的嫉妒心理发展到这个阶段时，就需要通过深刻的人格反省，将为了私欲的“小我”升华到为了社会的“大我”，抑制自我主义，建立良性评价系统，使嫉妒心理得到控制，发挥心理自主调节功能。

(3) 嫉妒的后期阶段。如果见到对方没有遭殃，或者为了加重对方的不幸便产生了亲手让对方痛苦的强烈动机，并进而引发卑鄙的行为。当嫉妒心理发展到这个阶段时，事情就可能已经发展到了不可挽回的地步，其后果只能是以害人害己而告终，这时要想进行自我调节已经为时已晚。因此，领导者一定要自控，把嫉妒心理消灭在萌芽状态，要千方百计避免自己的嫉妒心理发展到这个阶段。①

(二) 领导者的偏正效应及调节

公正是中华民族自古就崇尚的优良品格，它体现了人的公平正直、没有偏私的美德。尤其对领导者来说，具有公正的品格是极其重要的。虽然大多数领导具有这种品格，但是还没有具备或还没有完全具备这种品格的领导当今社会也为数不少，最主要的原因就是这部分领导还存在着“偏正效应”的心理现象，使他们偏离了公正的原则。

1. 偏正效应的表现

要克服领导者的偏正效应心理，需要了解偏正效应的表现，这种不良心理具体体现在以下几个方面。

(1) 亲情效应。亲情效应就是指以血缘亲情为重而偏离了公正的原则。如某些领导倚仗自己手中的权力为亲属安排升学、解决就业、承揽工程、晋升职务、获得贷款，甚至还为犯法的亲属开脱罪责等。

(2) 感情效应。感情效应就是指个人感情远近的因素常常使领导者对下属有亲有疏。由于这种效应的影响，当下属之间出现利益冲突或产生矛盾时，领导者在感情方面就会自然而然地偏向与自己关系较为密切的一方，往往使这种冲突或矛盾无法得到公正的解决。

(3) 舆论效应。舆论效应就是指领导者在解决下属矛盾冲突的过程中容易受各方面舆论的影响。如果是积极性舆论，领导者就会持肯定态度。如果是消极性舆论，领导者则会持否定态度。但舆论不等于事实，往往真假参半。因此，如果领导者听任舆论摆布，就难免有失公正。

(4) 资历效应。资历效应就是指领导者在解决下属矛盾冲突的过程中，资历因素常常使领导偏离公正原则，即领导者首先考虑要照顾的常常是资历深的一方。资历浅的下

---

① 梭伦．领导的艺术[M]．北京：中国纺织出版社，2002：260.

属得到的往往会低于自己所应该得到的肯定与尊重，而资历深的下属得到的则往往会高于自己所应该得到的肯定与尊重。

(5) 谄媚效应。谄媚效应就是指领导者因为偏爱那些用卑微的言行向自己讨好的下属而失去了公正。具有这种不良心理的领导者往往对谄媚的阿谀奉承者另眼相看，而对那些耿直忠诚、不愿折腰的下属却看不顺眼，其结果往往导致整个组织风气不正。

(6) 背景效应。背景泛指人的某种独特的社会关系，如得力的"上层关系"、有效的"制约关系"、必要的"协作关系"等。这种背景关系往往对某些领导者本人或其组织起着某种特定的制约或影响作用。背景效应就是指领导者由于偏爱具有某种"背景"的下属而导致的对待下属不能一视同仁，从而失去了公正。

(7) 学历效应。学历效应就是指领导者由于过分注重下属的学历而导致的不公正。这种领导者想当然地把学历和能力等同起来，往往认为学历越高，能力就越强。

(8) 出身效应。出身泛指人在经历、籍贯、职业、技能、家族、文化、学历和专业等方面的来源特征。出身效应就是指领导者因为偏爱某种出身的下属而失去了公正。

(9) 丽质效应。丽质效应就是指美貌的异性常常容易得到领导的偏爱。当下属出现矛盾冲突时，受这种心理影响的领导者往往会不分是非地向异性丽质者倾斜。

(10) 性别效应。性别效应就是指由于领导者本身的性别歧视观念而导致的不能公正地对待下属。如某些领导者认为女人"头发长，见识短"、男性较理智、女人特浪漫等。

领导心理偏正效应的产生，从心理学的角度看，与一个人的需要、欲望、兴趣、爱好、信念、意志、气质和性格等诸多因素有关。志向远大的领导，绝不会为亲情所左右；意志坚定的领导，理智绝不会被感情所战胜；具有高尚道德情操的领导，绝不会偏爱丽质、倾向谄媚；个性独立的领导，绝不会人云亦云而受公众舆论的影响。

2. 偏正效应的调节

偏正效应会使领导偏离公正原则，从而给组织和个人带来很多危害：不利于廉政建设；减弱组织的凝聚力；削弱领导者自身的非权力性影响力。但偏正效应是时刻变化着的、动态的心理过程，在内外环境的影响下是可以改变的，只要领导者注意加强自身修养，有意识地努力调节，其自身的偏正效应是可以克服的。

(1) 追求高级需要。由于领导者的需要各异，因此对客观事物便抱有不同的好恶态度。需要成功的，就希望别人鼎力相助；需要挥霍的，则喜欢别人给予金钱；喜欢追求低级趣味的，自然会偏爱美貌的异性；而如果追求高级需要，那么就一定会崇尚公正。低级需要指的是人的最基本的生理性需要，包括衣、食、住、行等方面的需要。而所谓高级需要则是指人的社会性需要，它能使人为了实现伟大的理想和神圣的事业而奋斗终生。当然，追求高级需要也要依赖于低级需要的基本满足，但是追求高级需要的人，在低级需要与高级需要发生冲突时，便会使低级需要让位于高级需要。所以，领导如果能够有意识地培养自己去追求高级需要，便会做到公正无私。

(2) 进入社会角色。领导者的社会角色是指领导者在社会关系中所处的地位以及这种地位所要求的基本职能。[①] 非我性是领导者社会角色的特征之一，它要求领导者在领

① 屠春友．现代领导心理学[M]．北京：中共中央党校出版社，2001：380．

导活动中丢弃非领导角色自我而进入领导角色自我，从而按照领导角色自我的要求从事领导活动。在诸葛亮挥泪斩马谡的故事中，诸葛亮对马谡来说，领导角色是统帅，非领导角色是挚友，但是为了维护军令的威严，不得不按照领导角色的要求挥泪斩了马谡。这就是说，领导者要做到公正，就必须进入领导角色自我，排除非领导角色的干扰，否则自己扮演的领导角色就不会成功。

(3) 以理智控制情感。情感是人们在社会实践活动中产生的对客观事物好恶倾向、是非趋向的一种心理体验。在领导活动中，领导者由于与下属接触的程度不同而对他们产生的心理体验便会不同，和他们的情感也就会有所不同。这种现象是很正常的、无可厚非的，但对这些情感必须用理智进行调控，因为理智是一种明辨是非曲直、分清利害关系以及控制自我情感和行为的能力，是一种高级的心理体验。如果领导者仅凭感情用事，就会偏离原则，在待人处世上就会失去公正。所以，领导者应该时时刻刻以理智控制自己的情感，正确评价下属的各项工作，努力地克服自身可能存在的偏正效应。

（三）领导挫折心理及其调适

1. 领导挫折心理的含义

领导挫折心理就是指当领导者为了实现组织目标而进行有目的的活动时，由于在环境中遇到不同程度的各种障碍或干扰，使其动机不能得到满足时的情绪状态。它是领导者内心的一种很主观的情感体验和内心感受。在相同的挫折情况下，领导者的主观情绪因其挫折容忍力的不同而不同。所谓挫折容忍力就是指领导者遭受挫折后免于行为失常的能力，即领导者对挫折的适应能力。一般来说，挫折容忍力低的领导者在遇到轻微的挫折时，往往会消极悲观、委靡不振、知难而退。而一旦遭遇重大的挫折，就会彻底崩溃，使自身人格趋于分裂而形成严重的心理疾病。相反，挫折容忍力高的领导者则能忍受重大的挫折，即使是大难临头，也能镇定自若、稳如泰山、坚韧不拔、百折不挠，时刻保持正常清醒的头脑、完整的人格和积极的心态。

挫折在领导者的日常生活、学习和工作中经常会碰到。领导者如果不能适应挫折，不能及时有效地调适挫折所造成的心理伤害，就会造成其精神上的不安和情绪上的波动，影响其身心健康，抑制其工作主动性和积极性，进而影响领导绩效，甚至会使个人和组织遭受重大损失。因此，正确对待挫折是领导不良心理调适的一个重要方面。

2. 领导受挫的心理调适

对于领导者来说，无论其所遭受的挫折是何种原因引起的，均会不同程度地对领导者自身的情绪和行为产生影响。一种是积极行为反应。即领导者受挫后能保持头脑清醒，正确地控制自己的各种情绪和行为，以此来摆脱挫折所造成的伤害的一种理智行为。这种积极行为反应主要包括升华和补偿。升华就是指受挫后的领导者以不同的方式将目标行为进行净化，从而导向更加崇高的方向。补偿就是指当人的某种目标行为受挫时，通过努力寻求其他的可能成功的另一种目标行为来代替的行为反应。如高考理科失败，改学文科；从政失利，谋求经商等。另一种是消极行为反应。即领导者因遭受挫折后不能控制自己的思想和情绪而导致的缺少理智的行为反应。消极行为反应主要包括攻击行为、压抑行为、固执行为、冷漠行为等。以攻击行为为例，攻击包括直接攻击和转向攻击。直接攻击是指将攻击行为直接指向导致自身挫折的人或物。转向攻击是指把攻击行为转向某种替代物,即所谓的找“替罪羊”,如夫妻吵架转而打骂孩子,孩子被打后又去欺负更小的孩子等。

人生的道路向来充满坎坷,困难与挫折在所难免,关键是如何正确对待自身遇到的挫折和打击,这对于每一个人,尤其是领导者来说是至关重要的,它甚至决定着组织的前途、命运和个人的成败荣辱。因此,领导者应及时、科学地调适自己的挫伤心理。

(1) 释放。受挫后的领导者,应首先以各种方式将因受挫而产生的痛苦、不安、焦躁、愤恨等不良情绪和感受发泄出来,以缓解内心的紧张,才能平静下来理智地去看待问题。西方国家的发泄公司就是调适受挫心理的专门机构。

(2) 转移。当领导者因遭受挫折而心情紧张又无法摆脱这种情绪时,则可以采用转移自己注意力的方法,让思维和意念暂时离开受挫情境。如下几盘棋、听几首歌、出门旅游等,以尽快使自己从逆境中走出来。

(3) 谅解。领导者平时应注意培养自己“换位思考”的良性思维习惯。当这样的领导者遭受挫折时,就会时时刻刻站在别人的角度来考虑自己受挫的前因后果,就会自然而然地想到别人的长处和以往对自己工作的支持和帮助,其受挫心理也就能随时随地地得到有效的调适。

第二节 领导者的权力艺术

一、领导者掌权艺术

(一) 树立威信,巩固权力

1. 有威信就能赢得下属拥戴

身为领导,最先应该考虑的事情就是如何在下属中树立威信。有了威信,下属才会对你心悦诚服,领导者自然就会做到不怒而威了。卡耐基曾经说过:“当你想让别人这么做的时候,你自己最好先这样做。”身体力行,无疑是一个领导者树立自己威信的最佳办法。

一个成功的领导者都非常擅长于领导的艺术,他虽然不需要付出比他的下属更多的体力劳动,但是他的确需要利用他的智慧去领导人。严于律己,是取得下属信任尊重的最佳途径。这样建立起来的威信比单凭以权力去指使下属所建立起来的威信要牢靠得多,无疑,你当领导的日子会过得更轻松自如。如果任人唯亲,把自己无能的亲属都安排到重要岗位上,那么,你是在为你的企业走向灭亡做准备。

2. 努力成为一位体贴下属的领导

出色的领导不但要有卓越的决策能力和评判能力,还要努力尝试着去成为一名细致入微、小心谨慎的“管家婆”。

资料链接

老丁是某市纪检委书记，为人刚正不阿，不善阿谀奉承，也从来不搞歪风邪气，对待下属更是无微不至，大小事情都能考虑得非常周到，深得下属的尊敬和拥护，而他们的工作也非常出色，立案破案都非常准确及时，多次受到主管部门的嘉奖。

一天，老丁正要乘车出去办案，偶尔听见几位司机正在议论自己。一位司机说丁书记是个大好人，是个清官，对待贪官污吏从不心慈手软，对待下属却又关怀备至。谁知却有人出言反驳："谁说他是个好书记，我看也就是徒有虚名，他要真是个好书记啊，先给我找个媳妇再说！"老丁一看，原来是司机老周，四十多岁的人了，却因为各方面的原因一直没有娶上媳妇。他并没有声张，而是悄悄绕了一圈，这才坐车走了。但这件事情他却记在了心里。

几天以后，市婚姻介绍所的同志亲自登门找到老周，为他介绍了一个对象，双方一见面都非常满意，不久之后便办了喜事，老周也过上了幸福美满的家庭生活。但是，大家一直存在着一个疑团：婚姻介绍所里的人是怎么知道老周还没有结婚的呢？一个偶然的机会里，大家问起这个问题，婚姻介绍所的负责人说："如果不是你们丁书记把这件事反映到我们那里，我们才不会自己送上门儿来呢！"

关心下属是领导者树立威信、巩固权力的重要手段。如果你对努力工作的下属漠不关心，那么你怎么有可能获得有利的信息而作出具有远见卓识的决策呢？熟悉下属的情况，了解他们的需求、困难和期望，解决他们的后顾之忧，使他们能够放松地、全身心地投入工作中去，是领导者的基本职责。作为领导，你不仅是引导和调控的角色，又是解决善后工作的角色。如果你管理的是一个人数众多的企业，那么你更需要用这方面的行动来促使整个企业更具凝聚力、更具战斗力。也许你没有太多精力对你的每一个下属都实现逐个过问，逐个解决，但你可以把整个团体实行有机分解，形成一种塔形体察结构模式。你要关心的是你的次一级下属，再次一级下属，最后直到每一个普通的、但又在奉献着的职员。你可以记住他们的生日、结婚纪念日、个人喜好，甚至可以在企业中或企业之外为下属寻找最佳的爱情伴侣。如果你能做到这一点，那么你就有可能成为一个能令下属死心塌地效劳的上司。

3. 建立起自己的智囊团

做领导是一门学问，更是一种艺术。有很多人，是在名牌大学获得博士、硕士学位的所谓"人才"，满脑子里都是高深的理论，说起话来也头头是道，一条一条摆出来，不由你不心服口服。可往往你把他摆到那个位置上以后，他反而弄得事事一团糟，碰得头破血流，还碰一鼻子灰。也难怪现在有很多地方是外行领导内行，有好多专业人才，甚至就是那些学管理专业的学生在真正地走入社会经济圈、行政圈等复杂多变的人际圈时，也会感到这个世界让他摸不着头脑，茫然而不知何去何从。

管理难，难在管理的对象是一个个活灵活现的人。人是万物之灵，人有七情六欲，有复杂多变的思想观念，人是最难预测的。人不像机器，你可以提前给它调配好程序，让它怎样就怎样。没有谁会像机器那样完全按你的想法去做，你无法预料他会怎样对待你的要求。

管理学问由来已久,恐怕自人类诞生之初便开始了对人才管理的摸索。历史在前进,但并非就意味着前人的经验不再可取。相反,有好多前人的智慧是令现代人汗颜的,有好多经验是历久弥新的,永远给人以有益的启迪和借鉴。

智者千虑,必有一失;愚者千虑,必有一得。不可固执己见,要注意聆听别人的意见,博采众长,为我所用。因此,企业的领导者必须建立起自己的智囊团。

4. 一诺值千金

做不到的不说,说出的一定做到。俗话说:"一诺值千金。"既然承诺了人家,就不可对承诺的事敷衍了事。诚信对于领导者尤为重要。

资料链接

诚信是权威的基础,战国时期著名的改革家商鞅深深懂得这一道理。商鞅是秦国国君秦孝公从卫国招募到秦国来的。秦孝公是个有着远大志向、立志改革的国君,在商鞅向他提出了一系列改革的建议后,孝公任命商鞅为掌管军政大权的左庶长。

在过去很长一段时间里,秦国曾采取过一些改革措施,但往往虎头蛇尾。因此,老百姓对朝廷失去了信心。想要推行改革措施,必须重新建立起老百姓对朝廷的信任,朝廷才有权威。商鞅对孝公说:"我们这次颁布新法如果没有老百姓的信任和支持,贯彻执行起来势必困难重重。我想应先想办法使老百姓信任朝廷。"

商鞅叫人在秦国都城南门口立了一根长约三丈的木杆。商鞅对围观的人大声说:"谁能把这根木杆扛到北门,赏黄金十两!"围观的人你看看我,我看看你,不知道商鞅葫芦里卖的是什么药,没有人去扛。商鞅又说:"怎么,没人扛?是嫌黄金少吧?那好,谁执行我的命令,赏黄金五十两。"其中,有一个小伙子挤出人群,抱着试试看的心理扛起木杆送到北门。围观的人呼啦啦跟着送到北门,然后又呼啦啦一起回到南门。等候在南门口的商鞅马上把五十两黄金赏给小伙子:"好样的,你能听从朝廷的命令,按照命令办事,应当受到奖励。"商鞅提高嗓音对大家说:"大家记着,朝廷颁布的命令,一定照办。我左庶长办事说一不二!"

此事很快在秦国传开。大家都说,左庶长是个说话算数的人,他的命令是不能违抗的。后来商鞅又采取了一系列取信于民的措施,老百姓逐渐恢复了对朝廷的信任。这时,他请秦孝公颁布新法。新法颁布以后,秦国很快就发生了变化,百姓都能依法行事。后来太子反对新法,但由于有言在先,反对新法就要受罚,商鞅虽然不便直接处罚太子,但还是处罚了太子的老师。商鞅言必行,行必果,推行改革,使秦国很快富强起来。

作为企业的领导者,千万要记住这一点,说出的话一定要算数,信守诺言,才能获得员工的信任。古人云:"言而无信,不知其可也。"言而无信,迟早会被识破,这样的领导是无丝毫权威可言的。作为领导,要想获取下属的信任和拥护,就必须兑现自己的诺言,说到做到,不推诿蒙骗,这样才能建立起自己的威信,才有自己的号召力。倘若说的是一套,做的又是另一套,就会不得民心,得不到支持和拥戴,其结果必然是离心背德、众叛亲离。

5. 不要随心所欲地表态

领导者经常需要表态，这种表态对于下属来说，可能是指示、要求，也可能被认为是对某种事的定论。因此，领导者的表态绝不可随心所欲，表态要有根有据。领导者的角色地位决定了领导者必须持重练达，不论讲什么话、表什么态，都不能超越一定的原则限度，也不能无原则地去肯定或否定。现实生活中，有的领导遇到矛盾冲突和棘手之事，能推则推，需要表态时，也是"慢开口"，在合适的情况下，该表的态不表，在不合适的情况下，不该表的态却表。

领导者表态，应该在坚持原则的基础上，发挥灵活性，这样更易达到事半功倍的效果。上级有明文规定的事情，领导者就必须按规定表态。没有明文规定的，则应结合实际表态。灵活性是原则性运用过程中的必要补充。一般来说领导者在表态之前应做到，必须清楚了解问题的真正含义和问话的真正意图，设法获得足够的思考时间，考虑好是直接表态还是委婉表态，对不值得表态的问题不必表态。表态时，应做到因事、因人而异。对关系复杂、不易把握的问题，领导者应把握时机，注意场合，适时适地委婉表态。

（二）集思广益，不搞独裁

1. 决策前多征求下属的意见

在今天这个竞争激烈的社会，任何一个领导者想要少犯错误、少走弯路，就要善于虚心听取别人的意见。

罗斯福是美国的前总统，他很善于听取意见。每遇大事，都是先找可能持有不同意见的人来开会，让他们先研究，然后他找出人们的不同角度再行研究。陈云同志在20世纪50年代说过："发现错误的一个重要方法，就是找各方面的人来开会。要把资本家请来当'反对派'，专门和我们'抬杠'，工作就可能做得越好。"请各方面的人来开会，有很多的好处。第一，领导主动，不会被某一种意见牵着走；第二，看待问题全面，有比较、有吸收；第三，能激发想象力，有利于提高领导水平；第四，可以权衡不同方面人们的不同要求，有利于调动各方面的积极性。

2. 集思广益更显胸襟宽广

俗话说："三个臭皮匠，赛过诸葛亮。"的确如此，一个人不论他如何才高八斗、学富五车，但一个人的力量毕竟是有限的，而众人的智慧却是无限的。可以说，每一个成功的领导者都是善于集众人之智的，是众人智慧助其成功的。

（1）集思广益就是要博采众长

集思广益揭示了这样一个事实：个人的认识是有限的，再高明的领导者，也不能单靠自己的智慧，制定出一整套达成大事业的行动方针，他要集中群众的智慧，要博采众人之长，因为他们在自己所研究的领域最有发言权。

资料链接

明太祖朱元璋农民出身，当过放牛娃，做过小和尚，拉起队伍后，他认真听取属下意见，十分注意笼络文人。文人冯国用来投，向他提出两条，一是不能带着队伍老是东走西转，可以去夺取龙盘虎踞的建康作根据地。二是不要贪婪子女玉帛，要为民多做好事，争取民心。朱元璋见冯国用说得有理，便收他为幕府，成为谋士。后有李善长来投，对朱元璋说："汉高祖家乡在沛，离您家乡凤阳不远吧？他的家庭和您的家庭不是一样低微吗？他能成为汉高祖，将军也定能夺得天下。"朱元璋"心有灵犀一点通"，至此便拿刘邦作榜样。当然出此高见的李善长也被留下来，封官为掌书记。就这样，朱元璋招纳了十几个文人作为谋士，给以优厚待遇，专门为他们建立了"礼贤馆"。也正是"礼贤馆"中众谋士提出的谋略，使朱元璋一步步走向成功之路。这其中最重要的是朱升所提："高筑墙，广积粮，缓称王。"朱升提此建议时，朱元璋刚攻下南京，立足未稳，力量还弱，地盘尚小，还不足以与其他各路反元兵马较量。此时"高筑墙"，可站稳脚跟，加强自己的防御力量，以免被敌人吞掉。"广积粮"，注意经济建设，积蓄物质力量，维持一时还不能取胜的战争。"缓称王"则可避免过早称王称霸，扯旗放炮，树敌过多，易招人嫉妒和打击。朱元璋用了这三句话作为自己的战略方针，赢得了最后胜利，建立了明朝。

(2) 集思广益就是要广开言路

集思广益还包含着就某一具体问题处理上要广开言路，不能只听一面之词、只考虑一种方法。而要围绕这一问题，充分发表意见，提出各种可能的解决措施，在可供选择的方案中进行利弊比较，选择最优方案实施。从这个角度来说集思广益包含着决策民主化、决策科学化的思想。

诸葛亮是个有杰出智慧的政治家，他打仗作出的决策，从政颁布的政令，往往切合实际，被人称为"神机妙算"。其实诸葛亮的智慧不是天生的，他之所以足智多谋，一个重要原因是他能集思广益，勇于听取不同意见，以补充自己的不足。

资料链接

诸葛亮任武乡侯兼益州牧时，精减官吏，修订法制，还教导群臣："所谓参政，指的是要集众人智慧，广泛听取对国家有益的意见。如果因小小的隔阂而相互疏远，就不能听到不同的意见，这样事业就会白白受到损害。听到正确意见而能得出正确判断，犹如抛掉破草鞋而获得珍珠宝玉。然而人心苦于不能做到这一点，只有徐庶在听取不同意见时不会困惑。还有董和参政七年，凡事有不妥当的，反复听取不同意见达十次之多，然后再向我汇报。假如能学到徐庶的十分之一、董和的勤勉正大，加上对国家的忠诚，那么我就可以少犯些过失了。"又说："从前我结交崔州平，他多次指出我的优缺点。后来结交徐庶，经常受到他的启迪和教诲。先前跟董和商议事情，每次言无不尽。往后跟胡伟度共事，他对我多次劝谏。我虽生性愚昧，见识浅鄙，不能全部采纳他们的意见，然而与这四个人始终和睦相处，这也足够表明我对直言是不会猜疑的。"

诸葛亮是典型的王佐之才，他治国的方略规模很大，但他把握关键，能够使手下的人都尽心尽力。他作为掌握大权的人，乐于别人指出自己的过失，这就是他超越天下人的地方。

所谓领导，是以使用他人的智慧与能力为专业的人。这里所指的使用他人，并不仅指实际工作上督促他人行动，还应该包括使用他人的智慧。从来没有一项条文规定“最初的构想，一定要领导者自己拟定”。有很多领导，由于太杰出、太聪明，样样决策都自己解决，把部下思索的机会都剥夺了，把部下的智慧都埋没了。这种领导并不能算做最优秀的经营人才，他所作的决策也不是英明的决策。

3. 鼓励下属说实话

如今，有许多人唯上级之命是从，唯上级之话是听，唯唯诺诺，毫无主见，认为只要是上级的指示、领导的意见，就一定要照办无误，无需问为什么。持这种见解的人，如果不是世故滑头、推卸责任，就必然是受传统的条条框框束缚太深，还没有弄清楚新的上下级关系应该如何处理的缘故。但这些只知服从的小人往往还能顺利地升迁，而敢于对上级进言提意见的人则大多下场不好，这已成为企业发展的主要障碍之一。

二、领导者用权艺术

用权艺术是领导者在使用权力时的艺术。我们不赞成玩弄权术，但提倡用权艺术。手握权力者如果能灵活运用权力，则可收到事半功倍的效果。

（一）用权就是决策与用人

毛泽东同志把领导的任务概括为出主意和用干部。所以，领导者实际上就是具有一定权力的人，进行决策和用人。由于领导用人艺术专章论述，因此，这里主要探讨领导决策。

1. 领导＝权力＋决策＋用人

用什么样的人要决策，出主意本身就是决策。从这方面看，领导的基本任务，就是个人决策、参与集体决策和组织领导决策。决策应是领导花费时间最多、难度最大的经常性工作。所以，领导＝权力＋决策＋用人。决策权是领导权的核心。领导的责任首先是搞好重大问题的决策，承担决策重任，提供决策服务。

领导者在决策时要系统分析各种情况、变量、因素和约束条件，否则就会犯主观主义、教条主义、理想主义、冒险主义等错误。从这种意义上说，决策是领导者最困难、最艰巨的任务。领导的职责是制定战略、拟订规划、确定政策、组织管理和使用干部。要执行其中哪一项职责都离不开决策。可以说，没有决策就没有领导。决策水平的高低是衡量领导者是否称职和水平高低的重要标准。领导者不仅拥有强制权、奖惩权和用人权等有法定的领导权，而且应当具有统御权。

统御权是指专长权和个人影响力。领导权是外在因素赋予的，统御权是内在素质具备的。统御权才能具体表现领导权的决策水平。我们看一个人能否尽职尽责，绝不是只看他担任什么职务和拥有什么权力，而主要是看他会不会最有效地使用手中的权力，创造性地进行决策。实质上，在实际工作中评价领导能力大小，主要看决策水平的高低，决策水平也是衡量领导者“才”和“能”的依据。

优秀的指挥员和领导者必须爱才如子，因为即使你是一位最伟大的天才，你也不可能掌握一切科学知识和了解各种复杂多变的情况。如果你手下没有几位或一批精通各类专业的学者、专家等卓有才华的人作为得力干将，那你就会孤掌难鸣。

2. 决策需要谨慎小心

领导工作的最高责任，在于作出正确的决策。决策是每个领导者能否履行好自己职责的保证。而决策的科学化程度则直接影响决策的正确程度，因此，决策科学化是检验领导者能力和水平的标志。如果你向许多单位的领导者提出过这样三个问题："你每天花时间最多在哪些方面？"，"你认为你每天中最重要的事情是什么？"，"你在履行自己职责时感到最困难的是什么事？"调查结果表明，90%以上的回答是"决策"。可见，决策确已成为现代领导者普遍关注的核心问题。所以，现代领导者至关重要的任务就是作出正确的决策。

3. 领导者要当机立断

领导者必须学会在不同的情境下扮演不同的角色。每一个人，特别是权尊位高的领导，都会因个人的性格而受到赞赏或指责。有的以慷慨著名，有的以吝啬见称，有的仁慈，有的大度，有的重信义，有的反复无常，有的沉忍稳重，有的冲动轻浮。当然有美名的容易得到支持，有恶名的则常受到排斥。因此领导应该深思熟虑，培养自己足够的美德。但是，当不执行某种严厉的行为，便不足以保持和维护集体权利时，也不可畏首畏尾，怕受恶名指责，而应全力以赴，以达到集体利益的巩固和繁荣。不过在可能的范围内，必须尽力避免蒙受恶名，也就是尽力避免作出那些太严厉的行为。

除此之外，管理者最为重要的便是统率能力。要能够恰当运用统御指挥，使集体中的每个人都能发挥出最大的能量。怎样运用适当的权力，使全体成员将努力集中于共同的目标上，并以最有效率的工作，完成预期的任务呢？领导工作必须利用以下三项条件：一是利益的给予；二是震慑感的给予；三是诉之于感情。很多领导都强调利益的给予，以培养忠诚与爱心。但领导者给部属的震慑感也很重要。除此之外，第三项的情感诉求，如能有效地附加在利益或震慑之上，将有更显著的功效。

（二）用权是一门管理艺术

1. 管理下属的原则

自古以来，人们都要求当官者对下属在管理的同时更要充满爱护，要求当官者体恤下属的同时要严格管理，宽容下属的同时要能够自我坚忍，由此产生了下列有关领导管理下属的四条原则。

（1）原则一：当官宜恤

从政方面一般都要求上级能"体恤"下级。体，是体察；恤，是悯恤。也就是说上级对下级应以爱护、关心为主。

大军事家吴起是战国时代卫国人，被魏文侯起用为将军。他与士卒同衣食、共劳苦。最为感人的是，他还亲自用嘴替一个士兵吸出毒疮里的脓血。那士兵的母亲听后大哭起来。别人问她说："您的儿子是个普通士兵，而吴起将军亲自为他吮疮吸脓，这是天大的荣幸，您老还哭什么呀？"老人回答说："不是这样。往年吴将军为孩子他爹吸伤口的脓血，老头子感激不尽，上了战场，脚跟不朝后转，一直到战死沙场。现在吴将军又对我儿子这样，我儿子感激他，还会顾自己的命吗？这样一来，我就不知道我儿子哪天死在哪里了。所以我为儿子担心啊!”

(2) 原则二:当官宜严

在封建旧官场,以“严”为宗旨,动不动就灭九族、满门抄斩。但“严”有“严”的弊端,所谓“民不畏死,奈何以死惧之”。因此,“宽”又常常作为“严”的调合剂而与“严”并举,形成“宽”、“严”相济的统治局面。

唐朝末年,藩镇的势力越来越大,根本不服从中央政权,常常兴兵作乱。大臣杜黄裳对唐宪宗说:“前唐德宗自安禄山、史思明作乱之后,非常怕得罪藩镇的军阀,就一味地退让姑息。您如果确实想振兴唐朝、重立纲纪,就必须按法律规定去处分违纪犯法的藩王镇守使,这样天下才能得到治理和安宁。”但唐宪宗该严不严,最后只有灭亡。

(3) 原则三:当官宜宽

宽容是治心的根本,它是与对军纪要求严格相对而言的。宽容能够得人心,宽容能够顺民意。

资料链接

东汉光武帝刘秀在河北与自立为帝的王郎展开大战,王郎节节败退,逃入邯郸城里。经过二十多天的围攻,刘秀大军攻破邯郸,杀死王郎,取得胜利。在清点缴获得来的书信文件时,官员们发现了一大堆私通王郎的信件。这些信件有好几千封,内容大都是吹捧王郎、攻击刘秀的,写信者都是刘秀一方的人,有官吏,有平民。有人很气愤,说这些人吃里扒外,应该抓起来统统处死。曾经给王郎写过信的人,则提心吊胆,心里十分害怕。刘秀知道这件事后,立即召集文武百官,又叫人把那些信件取过来,连看也不看,就叫人当众把它们扔到火盆中烧掉了。刘秀对大家说:“有人过去写信私通王郎,做了错事。但事情已过,可以既往不咎。希望那些过去做错事的人从此安下心来,努力供职。”刘秀的这种处理方法,使那些曾经私通王郎的人松了一口气。他们都从心眼里感激刘秀,甘愿为他效劳。刘秀的做法很值得现在的领导者借鉴。人非圣贤,孰能无过。如果抓住别人曾经犯过的错误不放,三天一提、五天一批,怎能使人安心工作呢?看来做领导的还应该学会“忘记”。

(4) 原则四:当官宜忍

忍一时一事,也许能做得到,但要一辈子忍,长久地忍,却极不容易。这需要非常大的毅力与恒心。

战国时,孙膑与庞涓一起学兵法,庞涓的成绩不如孙膑。庞涓做了魏国的大将以后,因担心孙膑会与自己为敌,便派人把孙膑请到魏国,然后翻脸不认人,把孙膑的两条腿锯断了,脸上还刺了字,使他成了一个残疾人。孙膑忍着这种巨大的痛苦,怀着复仇的信念,逃离魏国,躲到梁国,找到齐国使者。使者悄悄地把他带回齐国,见到了大将军田忌。田忌很看重他,让他晋见齐威王。齐威王见他非常精通兵法,就拜他为老师。13 年之后,魏国联合赵国进攻韩国,韩国到齐国搬救兵,齐王命田忌带兵去,魏国带兵的将军是庞涓。孙膑建议田忌假装自己战斗力不足,一步步撤退。庞涓得意忘形,扔下行动较缓的大部队,自己带着少数精锐部队追赶。傍晚,追到一个叫马陵的地方。马陵路窄,两边山高多障碍物。孙膑在此埋伏千名弓箭手，庞涓领兵一到，即陷入包围，结果全军覆没，自己也羞愤自杀。

2. 无为管理有作为

无为是中国古代重要的统治方法。有人曾指出，最高明的统治者无为而治，人民大众只知道他的名字，知道有这么一个人。次一些的统治者，多办善事，人民亲近他、称誉他。再次一等的统治者，多强暴而使人民畏惧他、疏远他。最差的统治者，鱼肉百姓、祸国殃民，人民自然辱骂他、憎恶他，甚至推翻他。因此，判断一个统治者的优劣，他与人民的关系则是最重要的标准。老子也曾说，人民是水，统治者是船，船可能在水中平安航行，也能被滔天巨浪所吞没。所以，主动权并非永远掌握在领导者手中。

什么叫无为而治呢？汉代的一个著名故事说明了这一点。六出奇计的陈平对汉代一统天下立下了汗马功劳，晚年时被汉文帝任命为宰相。有一天，文帝召见陈平和另一位宰相周勃，文帝首先问周勃："你经手裁决的事件，一年约有多少件？"周勃回答："臣不肖，对这不清楚。"文帝又问："那么，国库一年的收支大概有多少？"周勃也答不出。文帝见周勃身为丞相，一问三不知，面有不悦之色，周勃吓得汗流浃背。汉文帝又拿同样的问题问陈平，陈平回答说："这些问题，我得问有关负责人才能知道。"文帝接着问："谁是负责人呢？"陈平回答："裁判事件的负责人是司法大臣，国库收支的负责人是财政大臣。"汉文帝接着又问："所有的事都有人负责，那么宰相是干什么的呢？"陈平不慌不忙地答道："宰相要使百姓各得其所，对外须镇抚四方的蛮夷与诸侯，对内则要督促所有的官员做好各自的分内工作。"陈平的这番话让汉文帝深表赞同。

资料链接

《列子·说符》中还记载着这样一个故事：战国时邯郸的老百姓每到元旦就要上山去捉斑鸠送到赵简子府第上，然后赵简子就赏给他们很多银子。有个在赵简子家做客的人见了很奇怪，便问："为什么要把这些斑鸠捉回来？"简子回答道："你难道不知道吗？每一个小生命都是宝贵的啊！元旦那天，我要把它们都放回树林去，表示对生灵的爱护。"客人听了大笑说："这就是爱护生灵的办法吗？老百姓知道您要放生，献上斑鸠有赏，都争着去捉斑鸠。有的用铁夹，有的用箭射。虽然也可活捉一些，但死的也不少。如果您真的可怜这些小生命，还不如下个通令，禁止捕捉斑鸠。否则，捉了又放，您的恩德远抵不上罪过呢。"

无为而治就是让老百姓在战后休养生息的管理办法，早在汉代之初，统治者采取的无为而治术就起到了很好的效果。刘邦和萧何死后，接位的皇帝是孝惠帝，接替的宰相是曹参。曹参执政的方针是"举事无所变更，一遵萧何约束"。这是为什么呢？曹参对自己的执政方针是这样解释的，因为高祖与萧何已经定了天下，法令制定得非常明确。而天下太平情况下的老百姓正在努力休养生息，对于官吏们来说，只要严守职责，不要丢失这些就行了。事实证明，无为而治深得民心，后来老百姓编成歌谣赞扬道："萧何订法令，曹参照执行，百姓得安宁。"这就是无为而治的典型。

当然,“无为”,不是无所作为,不是什么也不做,而是一切顺应自然,不以人为去有意改变客观规律。因此,“无为”只是手段而不是目的,无为的目的还是有为,这就是老子进一步阐明的“无为而无不为”。这种“无为”,从客观效果上讲,还是有利于人民生活安定和社会形势稳定的。古人这种“无为而无不为”的管理方法,给了我们许多可以借鉴的地方。

3. 柔与刚不可或缺

当代管理的趋势是什么?是将管理的“柔性”和“刚性”结合在一起的方法。目前,我国企业管理逐步由以物为中心的刚性管理,走向以人为中心的柔性管理。

(1) 学会尊重

企业管理要走向人本管理,第一步是学会尊重。举个例子,不少的领导者常常感叹,现在企业中的快乐员工越来越少,其根本原因就是管理者对员工缺乏应有的尊重。许多员工很努力地工作,却总是得不到老板或主管们的认同。在这种工作环境下的工作效率可想而知。当然,要管理好一个企业,固然必须摆平自上而下的利益关系,让处于企业内部各个层次的人,在发挥自己作用的同时,得到相应的回报。但是建立良好的劳资关系,相互尊重,享受人与人之间的温暖和快乐同样是企业管理的大事。

(2) 懂得欣赏

作为一名领导,千万不要吝惜你的语言。去真诚地赞美每个人,这是促使人们正常交往和更加努力工作的最好方法。因为每一个人都希望得到称赞,希望得到别人的承认。在人们的日常生活中,你会惊奇地发现,小小的关心和尊重会使你的群众关系迥然不同。

假如你的同事或下属今天气色不好,情绪不高,如果问候了他,表示你的关切,他会心存感激的。再推进一步,假如你的同事或下属感到你在真诚地欣赏他,他会以最大的忠心和热忱来报答你和你的企业。

对一个组织来说,感情留人、事业留人、待遇留人,这三点缺一不可,但感情更为重要。双方只有在感情上能融合沟通,公司员工才能对管理者有充分的信任,这是留住人才的最大前提,也是企业迈向人本管理的核心所在。

4. 领导的四大管理艺术

领导艺术,是在实践的过程中形成和发展起来的,是智慧的结晶。所谓领导艺术,就是针对那些不能靠固定的程序,不能靠严格的定量,不能靠可解的数学模式,不能靠电子计算机的计算和模拟,而必须靠领导的知识、经验、智慧、直觉来处理的问题,善于及时、迅速、正确、有效地处理这类问题的能力,都可以叫领导艺术。

在现代领导和管理工作中,必须掌握一些领导艺术。领导艺术归纳起来有下列四大项:一是统筹的艺术;二是决断的艺术;三是用人的艺术;四是应变的艺术。这四项的结合和统一运用,并且用得其所、用得其时、用得其当,就是高明的领导艺术。所谓统筹的艺术,就是善于从全局和整体考虑问题,善于综合把握整体的内部关系和外部关系而不是顾此失彼。所谓决断的艺术,就是善于辨别是非好坏,权衡利弊得失,分清轻重主次。所谓用人的艺术,就是善于知人善任,善于调动人的积极性,针对人的不同特点,采取不同的方式方法,得其心,用其力。所谓应变的艺术,就是善于在千变万化的环境中,头脑清醒,反应敏捷,兵来将挡,水来土掩,见招拆招,见势造势,主动地采取对策,及时地解决问题,按照既定目标，控制整个局势。

5. 用权容不得半点疏忽

用权容不得半点疏忽，政界如此，商界更是如此。有不少创业者，瞄准市场的趋势，抛出适销的新产品，采取巧妙的行销手段，可以发迹于一时，但因不懂管理，不能持续发展，终被淘汰。

资料链接

曾经突然兴起的美国奥斯本计算机公司，后来在市场上消失。该公司创建于 1981 年，仅在 18 个月内，它迅速发展为拥有 4 亿美元财产的企业。但是，1983 年 9 月 14 日，该企业就陷入了寻求保护的境地。它何以如此大起大落？早在 20 世纪 70 年代初，电子计算机不管是小型或大型，售价都很贵。只有奥斯本 1 号重量轻（只有 24 磅）、体积小（能放在公文包里），售价只有 1795 美元，比其他商用计算机便宜数百美元，因而大受顾客欢迎，成为当时的热门货。1982 年销售额高达 1 亿美元。但随着业务的发展，公司的亏损却日益增大，这是什么原因呢？原来奥斯本是一位创业者，不是管理专家，无论在金融方面，还是在商业管理方面，他都是外行，只知一味竭尽全力扩大业务，由于根基不牢，难以建立起大企业所必需的组织和管理制度。结果，造成经营失控、产品积压、销售支出过大。面对这种情况，奥斯本却不甚了解，没有采取补救措施。另外，对竞争者的冲击估计不足，没有及时采取新工艺、制造新产品与之相抗衡，当国际商用机器公司迅速地生产出更加物美价廉的产品投入微型计算机市场时，奥斯本 1 号被淘汰了。

三、领导者放权艺术

世界上的领导者大概可以分为两种：聪明的和愚蠢的。二者的区别主要在于是否懂得放权艺术。聪明的领导者当管就去管，不当管就放，而且懂得放权的技巧。愚蠢的领导者则死守手中的权力不肯下放，搞得自己筋疲力尽、众叛亲离。所以，懂得放权是聪明的领导者。

（一）当管就去管

1. 领导最忌多管乱管

领导最忌多管乱管。聪明的领导应该是这样的，该管的就管，不该管的就不管。

袁枚是清朝的才子。他曾在溧水、江宁等地做过几任知县，后来辞官隐居，写诗作赋，著书立说，朝看云卷云舒，暮听风拂虫鸣。虽然袁枚官位不高，但对有的问题颇有见地。在当七品芝麻官时，曾给上司“两江知府”写过一篇“建议”，他认为“督府之使吏治民”，“如田主之督田也，予之牛种待其收获足矣，何必为之隔疆越界，揠其苗而助其长乎！邃古以来，未有多令而能行、多集而能止者也”，他说管百姓的事就像烹鱼，“烦则碎”，翻腾得勤了，还能有整鱼吗？袁枚说：“朝廷设州县果为督抚作奴也，抑为民作爹也？”袁枚一句反问表达了否定的意思，他提醒那些州官、县官，不要一旦做了州县官，就把自己看成上司的奴隶、老百姓的爹娘,不能什么事情都包办代替。

其实,少管闲事的领导才是最好的领导。在中国历史上,汉文帝、汉景帝曾崇尚黄老之学,奉行“无为而治”,适应了当时的社会要求,出现了“文景之治”这样漫长的封建社会中少有的治世。不过,“无为而治”的政治哲学不独有,中国人信奉,外国人也有信奉,并且以其作为治国方略。

2. 制度高于一切

作为领导,想要轻轻松松去管理,就要学会让制度看守一切,这才是最有效的。

现在美国著名的哈佛大学是以一个叫做哈佛的牧师的名字命名的。哈佛逝世后,按照他的遗嘱,将他的一块地皮和250本书赠给了当地的一所学院,哈佛大学便是从这所学院发展起来的。关于那250本书,还有这样一个故事:哈佛学院一直把哈佛牧师的这批赠书珍藏在哈佛楼里的一个图书馆内,并规定学生只能在馆内阅读,不能带出馆外。1764年的一天深夜,一场大火烧毁了哈佛楼。在大火发生前,一名学生碰巧把哈佛牧师捐赠的一本书带出了馆外,打算在宿舍里慢慢品读。第二天得知失火的消息,他意识到自己从图书馆带出的那本书,已是哈佛捐赠的250本书中仅存的一本了。经过一番思想斗争后,他把书还给了学校。当时的校长收下书,感谢了他,然后下令把他开除出校,理由是这名学生违反了校规。

这位校长树立了一种哈佛的理念——让校规看守哈佛的一切,才会长远有效。“法理第一”,是他们的行事态度。正是因为这种理念在一任又一任哈佛的校长手里承传,所以哈佛成了世界著名的大学。其他任何力量都不可能发挥如此长久的作用。

3. 不要滥用权力

权力绝不可强使滥用,领导者应该认清,指责应该根据事实,就事论事,要具有充分的指责理由。而不应因为被赋予了权力、赋予了使人服从的权势而滥用指责。把强制和使人服从的力量深藏不露,才是最聪明的办法。

下属能恭顺地接受指责当然最好,有些下属非但不能接受,反而针锋相对。此时有的领导就会火冒三丈,而用“这是命令,一定要给我做到”的强制语气来压制对方。聪明的领导不会这么做,这是表现度量的重要时机,改变指责方式才是必要的。从权力的宝座上走下来,以一种交换意见的态度,和气地解决问题,才是上策。本来身为下属的人,就算不受强制,也会有服从的心理。如果领导者用一种以上压下的态度对付下属,即使性格温顺的人也会产生反感。所以领导者不能借助权力压人,靠本身的威信使人服从才是明智的办法。

(二)不当管则放

1. 事必躬亲未必好

想做一名好的领导,真的很不容易。有时,不论自己多么的努力,做到事必躬亲,结果都难出成效。其实,作为领导,并不意味着什么都得管。而应该大权独揽,小权分散。做到权限与权能相适应,权力与责任密切结合,奖惩要兑现。

什么都管的领导是什么都干不好的。记住,当你发现自己忙不过来时,你就要考虑是否应该向下属放权。只要是做领导,无论是刚刚上任,还是已经做了很长时间,一定会有许多事情需要处理，但千万不要认为把自己搞得狼狈不堪是最佳的选择。轻松自如的领导善于把好钢用在刀刃上，功夫用在室外，厚积而薄发，这样才不失为上策。那种事必躬亲的领导是不值得学习的。

2. 高压政策不可取

长时间的单向管理使许多人对管理工作产生了误解，好像管理工作就是强制管人，因而多采用高压政策代替管理，这种做法是十分错误的。

管理工作切忌滥用高压政策，因为，在任何环境下，管理者对下属采用高压政策，只会培养出以下两种性格的人：一是反叛性；二是奴隶性。反叛性的下属对公司会造成或多或少的破坏，效率和素质都只是表面现象，后遗症却很多。例如下属阳奉阴违，表面替公司工作，实则替其他公司工作，并对所在公司作出不利宣传。奴隶性下属欠缺主动，没有主见，久而久之，会失去对工作的敏感度，追不上工作进度。许多上司采用高压政策控制下属，主要是对自己的才能没有信心。他们想在最短的时间内，发挥全面控制的效果，除了以高压手段外，实难有其他方法。管理下属是没有速成和捷径的，必须按部就班，给下属足够的心理准备，才易于为人所接受。

3. 下达命令有技巧

古人有言：量小非君子。领导管理员工应该学习些软硬兼施的技巧，先商量后命令。不论是企业或团体的领导，要使属下能高高兴兴、自动自发地做事，最重要的，是要在领导与下属之间建立双向的，也就是精神与精神、心与心的契合、沟通。

松下幸之助自从创立松下电器公司以来，始终是站在领导者的地位。但在此以前，也曾经站在被人领导的立场，所以员工的心情，他多半能够察知。由于自己有过这样的体验，所以在下命令或作指示时，也都尽量采取商量的方式，如"我是这么想的，你认为呢？"

如果采取商量的方式，对方就会把心中的想法讲出来，而你认为"言之有理"，你就不妨说："我明白了，你说得很有道理，关于这一点，我们这样做好不好？"诸如此类，一面吸收对方的想法或建议，一面推进工作。这样对方会觉得，既然自己的意见被采用，自然就会把这件事当做自己的事认真去做。同时，因为他的热心，所以在成果上，自然而然会产生不同的效果，这样便会激发大有作为的活动潜力。

给下属发布命令的技巧具体表现在以下一些方面。其一，命令要重点突出，不要面面俱到。如果你要把你的命令讲得过于详细和冗长，那只会制造误解和混乱。其二，为了使你的指令叙述得简要中肯，你要强调结果，不要强调方法。为了达到这个目的，可采用任务式的命令。一种任务式的命令是告诉一个人你要他做什么和什么时候做，而不是告诉他如何去做。"如何做"那是留给他去考虑的问题。任务式的命令为那些接受命令的人敞开了可以调动他们的想象力、主观能动性和独创性的大门。不管你的路线是什么，这种命令的方式都会把人引导到做事的最佳道路上去。如果你是在为你自己做生意，改善了方式和方法就意味着增加利润。其三，当人们准确地知道你所需要的结果是什么的时候，当他们准确地知道他们的工作是什么的时候，你就可以分散权威和更有效地监督他们的工作。如果你是经营商业或工业，或者在搞销售，当你能确保人们准确地知道他们的工作任务时，至少你会享受到减轻你的工作压力和更有效地监督你的下属这两种具体的好处。其四，当你发布使人容易明白的简洁而清楚的命令时，下属就会知道你想做什么，他们也就会马上开始去做。他们没有必要一次一次地再回到你那里只是为了弄清楚你说的话。在多数情况下，一个人没有为你做好工作的主要原因就是他或者她没有真正弄明白你要做什么。如果你希望别人丝毫不走样地执行你的命令，那么命令的简单扼要是绝对必要的。这是你必须遵从的一个牢固的规则。命令不要太复杂，而要尽量简单。一个简单的计划也会减少错误的机会，其简洁性也会加快执行的速度。

（三）放权有技巧

1. 领导者不要紧抓权力不放

现实生活中，人们常说，用人要用到"实"处。要给人才以适当的职务，给予相应的权力，以便能充分发挥其才能。被用者的最大愿望，就是能得到领导者的赏识和器重，使其所怀的才技得到极大的发挥。要重用人，就必须委之以政，授之以权，要放手让被任用者大胆地工作，使他们施展其才华，这才是用人之实。可是，有些领导集众职于一身，紧抓权力不放，对公司里的大事、小事、一切业务都要过问，甚至对各个部门的具体业务都要包办代替。这种事必躬亲的做法，是领导者用人用权之大忌。

在当代社会，作为一个企业的领导者，所关注的应是企业的发展战略，规定企业的经营目标与经营方针，并把人才安排在掌管人、财、物的关键部门。人事部、公关部、企划部、营销部、财务部等职能部门的具体业务，应由主管部门的经理负责。这样，各有各的管理层次和职责范围，领导者没有必要事必躬亲。但是，有些领导者却喜欢包揽一切，以致出现了一系列问题。主要表现在以下几个方面。

(1) 容易贻误全局，因小失大。整日陷入具体事务，往往详于轻而略于重。正如《吕氏春秋》比喻的那样，射箭的人仔细观察毫毛就会看不见墙壁，画像的人仔细观察头发就会忽略容貌，担负治国之责的人溺于具体事务就会忽略大事。用一句俗话说，这就叫做"捡了芝麻，丢了西瓜"。

(2) 容易导致决策失误。唐太宗就深明此理，他认为，应该依靠各种人才的力量来治理国家，而绝不能只靠一个人。有一次，他与大臣议政时，阐明了授权、放权的密切关系。他认为隋文帝虽然事必躬亲，勤政励精，但对下级官吏只封官不放权，以一个人的智慧应付成千上万件事情，就很难不失误。一天决定十件事，有五件不尽合理，一个月就是上百件失误。

(3) 事必躬亲会挫伤下级的积极性，不能充分发挥人才的作用。如果一切事务都由领导或上级包揽，不仅会养成下属的推脱、依赖心理，而且还会因此而失去众多的辅佐人才。我们现在有些企业的领导，宁愿自己处理具体业务，也不肯放手让别人去做，这样，即便是奇才也很难充分发挥作用。

2. 领导者应该超脱一点

许多领导者最感苦恼的一个问题是"忙"。天天身不由己，陷在事务的"漩涡"里，老是被动地"转"，几乎没有了主动权。

一个领导者，如果什么事都抓，肯定什么事都抓不细。什么事都管，肯定什么事都难管好。因为他忘了领导者的根本任务，没去着力发挥自己作为领导者的功能。一位公司经理，如果从录用职工到打扫卫生事事过问，那他实际是把自己置于总务科办事员的地位了。对一个人来说，时间与精力毕竟是一个常数，从事大量专业劳动必然导致疏于职守。一个领导者应该带领群众前进，而绝不是代替群众前进。领导者忘掉了自己的根本任务，必将大大降低领导的效能。

3. 下放权力的原则

领导者既不能全权独揽、事必躬亲，又不能大权旁落、无所用心。那么，如何才能不走这两个极端呢？应分集适度，即领导者在权力分配时，既要保证各下级有充分的权力，尽职尽责、做好工作，又要保证自己在整体上的把握和宏观上的调控。

(1) 职权一致、权责对等

权力分配是为了借助他人或集体的力量更好地实现领导目标。为了保证被分配权力的下级的工作热情、工作积极性和主动性，领导者必须遵循职权一致的原则。与职位相称的权力是下级开展工作的基础，有职无权的人是打不开局面的，若权大于职，也会造成不良后果。因此，必须保证被分配权力的下级有职有权，职权相称。有职则名正言顺，有权则水到渠成。权力分配还要做到有权有责、权责对等。职权是执行任务时的自决权，职责是完成这项任务的义务。责任是中心，权力是条件、是手段。权责对等原则要求领导者在进行权力分配时，既不能让下级只承担义务和责任，而不提供权力保证，又不能只分配权力而不使其承担一定的义务和担负起一定的责任。

(2) 层级分明、权责明确

领导者在进行权力分配时，必须注意权力的层级性、权责明确性。权力分配要逐级逐层进行，以使每一个被分配权力的人都知道是谁分配给自己权力的，知道自己属于哪个层级，知道自己的权力和责任范围有多大，知道哪些事应由自己决策，哪些事需要请示或交给上级。遇到超出自己职权范围的事，知道向谁请示。另外，这个原则严格要求领导者不能越级授权，越级授权最容易造成权力和责任的混乱。

(3) 知人善任

领导者在进行权力分配时，涉及选人用人，它是影响领导者权力分配成功与否、有效与否的至关重要的因素。领导者应该用那些诚心诚意、大公无私并确实有才能的人，而不应该用“口有蜜、腹有剑”的李林甫式人物和滥竽充数的南郭先生。领导者必须兼有知人善任的本领，才能成就辉煌的事业，否则，将一事无成。

总之，作为一名成功的领导者，既要勇于放权，又能把握授权部下的分寸。唯有如此，下属方能认定目标前进，发挥最大潜力。

第三节　领导者的用人心理

领导用人事关重大。用人问题是任何一名领导都不能忽视的。我们常佩服有些指挥艺术高超的领导，调动其下属的时候，能把他们放在恰当的位置上。一名优秀的领导只有自己重视人才，才能发现人才，才能任用人才。离开这一点，即使有再多的千里马，也会没有一匹真正驰骋疆场的良马。用人艺术，是领导谋事的黄金法则。主要包括用人到位、洞悉人心、因事用人、组织团队、提拔人才等方面的艺术。其核心是能用尽自己身边的所有人才，给他们位置，锻炼他们，让他们最大限度地发挥潜力为企业服务。

一、领导用人到位艺术

（一）知事择人

清代思想家魏源讲过这样一段话："不知人之短，不知人之长，不知人之长中之短，不知人之短中之长，则不可以用人。"领导干部在用人上，一定要深知人，并且要善用人。如对于遇事爱钻牛角尖者，你不妨安排他去考勤；对于脾气太犟、争强好胜者，你可以安排他去当"攻坚突击队"队长；对于办事婆婆妈妈、爱"磨蹭"者，你最好让他去抓劳保；对于能言善辩喜聊天者，你可以让他去搞公关接待。在日常的人事管理当中，如果坚持了这一原则，将使组织发挥出最高效能。遵循这一原则，要求管理者在创造外部条件时注意以下几个方面。

1. 创造竞争条件，发挥人才潜能

有人做过这样的一组试验：把一批志愿者分为 A、B 两组，对两组人员进行为期两个月的观察。虽然每个人都干着最适合自己的工作，但 A 组每天吃、喝、玩、乐，没有压力也没有负担。B 组则被派到一个十分险恶的环境中去完成任务。待到观察结束，发现 A 组人员精神委靡不振、没精打采、思维迟钝。相反，B 组人员克服了种种意想不到的困难，不仅出色地完成了任务，而且个个精神抖擞、思维敏捷。这说明因事择人是一个动态的、复杂的系统工程，必须创造外部条件使人的潜能真正得以发挥，否则，不仅造就不出优秀的员工，还会给公司带来损失。

2. 创造一个宽松、和谐的环境

作为领导干部要对下属员工给予更多的肯定，要重能力、重实践。在日常管理中要容忍员工偶尔疏忽所做的错事，也要允许他找机会改正过错。只有这样，才有可能使员工愿意在适合自己的位置上，放心大胆地发挥自己的长处，人人都愿为企业的兴旺发达而贡献力量。

3. 创造一个合理流动的环境

在用人问题上，不仅要做到"用其所长"，还应做到"人畅其流"。只有这样，才能做到真正意义上的"人尽其才"。流动从某种角度讲，也是缓解矛盾的一种方法，同时也促使部门管理者更加爱惜人才。员工有了更多的选择机会，才能更好地施展自己的才华，企业也会因不断地、相对稳定地"吐故纳新"，最终给企业带来活力。

（二）识人长短

识人要全，知人要细，为的是识人所长。识人的目的是用人，因此，着眼点就应放在一个人的长处上，注意力也应该集中在一个人的优点上。正如管理专家克拉克所说："一个聪明的领导干部审查候选人绝不会首先看他的缺点，至关重要的是，要看他完成特殊任务的能力。"

事实上，人各有所长，也各有所短，只要能扬长避短，天下便无不可用之人。从这个意义上讲，领导干部的识人、用人之道，关键在于先看其长，后看其短。唐代柳宗元曾讲过这样一件事：一个木匠出身的人，连自家的床坏了都不能修，足见他锛凿锯刨的技能是很差的。可他却自称能造房。柳宗元对此将信将疑。后来，柳宗元在一个大的造屋工地上又看到了这个木匠，只见他发号施令，操持若定，众多工匠在他的指挥下各自奋力做事，有条不紊，秩序井然。柳宗元大为惊叹。从这个故事可以悟出一个道理：若先看一个人的长处，就能使其充分施展才华，实现他的价值；若先看一个人的短处，长处和优势就容易被掩盖和忽视。因此，看人应首先看他能胜任什么工作，而不应千方百计挑其毛病。

在用人所长的同时，要能言其所短。短处包括两个方面：一是人本身素质中的不擅长之处；二是人所犯的某些过失。其实，任何人才，有其长必有其短，识别人才重要的一点就是不可以短掩长。倘若识人，只注意某个侧面，而这一侧面又正好是人才的缺点或短处，于是就武断地下结论，那么，这种识才的方式是非常危险的，大批人才将被抛弃和扼杀。

（三）合理搭配

在一个人才结构中，各人才因子之间最好有一种相互补充的作用，包括才能互补、知识互补、性格互补、年龄互补、综合互补。

1. 才能互补

用人首先要了解人才中的才能互补律。丹麦天文学家第谷有着杰出的观察才能，他日积月累，得到了大量天文观察资料。虽然如此，他的学说仍然没有摆脱托勒密地心说的羁绊。1600 年，第谷请来一位助手，德国天文学者开普勒，此人虽然观察才能不及第谷，但擅长于理论分析和数学计算。他们两人密切合作，但不久第谷就去世了。依靠第谷丰富的观察资料，开普勒进行了大量的理论分析和研究，大胆地提出了火星轨道为椭圆形的开普勒第一定律，接着又提出了第二定律和第三定律。开普勒行星运行三定律的发现，是第谷观测才能与开普勒理论、计算才能互补效应的结晶。

2. 知识互补

用人还需要了解人才中的知识互补律。德国的席勒与歌德是 18—19 世纪两位杰出的诗人。歌德听说席勒要写《威廉·退尔》这个剧本，就把自己搜集到的资料、素材全部交给他。当席勒知道歌德在写《威廉·麦斯特》这部长篇巨著时，他也积极参加了写作。这一对诗友之间，不仅在所追求的理想上是相互一致的，而且在知识上是互补的。

3. 性格互补

用人不仅要了解人才的才能互补律、知识互补律，而且还应了解人才中的个性互补律。在任何一个人才结构里，人才因子之间都存在着个性差异，气质、性格各有不同。例如，有的脾气急，有的脾气缓，有的做事精细、耐心，有的办事麻利、迅速。这些不同的个性特征，都可以从不同角度对工作发挥积极作用。如果全都是一种性格、一种气质，反而不利于把工作做好。一般而论，人才都有着极明显的个性特征，如果抹杀了他们的个性特征，也就抹杀了人才，只有把他们组织在一个具有互补作用的人才结构中，才能充分发挥他们的巨大作用。

4. 年龄互补

用人须知互补律，其中年龄互补也是其不可缺少的一大定律，老年人有老年人的特长和短处，青年人有青年人的特长和短处，中年人有中年人的特长和短处。这无论从人的生理解剖特点还是从成才有利因素来讲，都是如此。因此，一个好的人才结构，需要有一个比较合理的人才年龄结构，以使得这个人才结构保持创造的活力。明朝皇帝朱元璋取得政权后采取的是“老少参用”的方针，主要考虑的是执政人才的连续性、后继有人问题。同时，还有更深一层的理论意义，老少互补对开拓思路、处世稳妥，提高效率等都具有重要意义。

5. 综合互补

随着现代科学技术的发展，很多研究、攻关项目是需要体现“多边互补”原则的，这里既有知识互补，又有能力、年龄等方面的互补。这样的人才结构，常需“通才”领导，使各个人才因子各得其位，各展其能，从而和谐地组织在一个“大型乐队”中。曾经有五位诺贝尔奖金获得者试图解决超导微观理论的创立问题。但是都未能如愿以偿，而这项成果的夺魁者，却是巴丁、康柏和施里弗三人。他们三个人组成了一个具有互补作用的人才结构：巴丁老马识途，指引方向；康柏年富力强，思维敏捷；施里弗善于创新，方法灵活。这是一个多边综合、多边互补的范例。综合互补的用人之道在现代企业中，占有越来越重要的地位。企业规模越大，越需要在其人才结构中体现这一原则。

（四）用人不疑

用人不疑的原则要求企业领导对员工要给予充分的尊重与信任。如果对部下怀有疑虑，不如干脆不用。既然要用，就一定要明责授权，放手大胆使用，让他充分发挥才干。用人不疑尤其是人事管理者应具备的品德。用人不疑要求领导干部要给予下属信任，要尊重下属应有的权利，唯有如此，员工才会产生“滴水之恩，当涌泉相报”的感情，正所谓“士为知己者死”。

1. 要认识到“人无完人”

才干越高的人，其缺点往往也越明显。自古就有一些人曾因瑕掩瑜而因小失大。古代“张敞画眉”的故事很有名。张敞是汉武帝时的才子，后来成了武帝的名臣。他和他的妻子感情很好，因为他的妻子幼时曾受过伤，眉角有了缺陷，所以张敞就每天为妻子画好眉后才去上朝。于是有人把此事禀告了汉武帝。一次，武帝在朝廷中当着许多大臣对张敞问起了这件事。张敞就说：“闺房之乐，有甚于画眉者”，意思是说，画眉这样的小事，自然不能算是违背礼法的。因为夫妇之间、闺房之中还有比画眉更过头的事情呢。你只要问我国家大事做好没有，我替妻子画不画眉，你管它干什么？我们在孔子弟子中也可看出，德行上有成就的，言语未必成功。而言语上有成就的，如子贡，在德行上又未必有颜回的高洁。

在企业中也确实有许多人才，他们的缺陷也如同他们的成就一样令人惊叹！作为领导者对下属绝不能求全责备，好像要求每个人都是圣贤似的，应牢记“水至清则无鱼，人至察则无徒”这句古训。

2. 要提高识别人才的能力

有些管理者本人的学识水平与工作能力往往也限制了他们识才的本领。汉魏时代的刘邵在他的《人物志》中下了这样的结论："故一流之人，能识一流之善；二流之人，能识二流之美。"宋朝包拯在《论取士》中把"审人之术"归纳为："以贤知贤，以能知能。"这些话虽有些绝对，但仍说明了一个道理：人事领导干部不仅要有招贤纳士的强烈意识，而且还须提高识别人才的能力。自身的平庸，将会导致整个管理层都成为无能之辈。

3. 要跳出"马太效应"的制约

社会上往往有这样一种现象：一个无名小辈，即使在某一学科上作出了很大的成绩，也很难被人承认、接受；一个有声誉的科学家，尽管没有新的发明创造，却仍可以凭他的声望赢得人们对他的推崇。这一现象在科学上被称为"马太效应"。"马太效应"实际上与战国时期的重"名家"、重"资历"的传统习俗是一脉相承的。有些管理者的眼睛总局限于那些已被人公认的"名流"，或者是外单位的"人杰"，却很少从自己的下属中发掘出"能人"和"新秀"来。作为领导，应跳出"马太效应"的制约，才能发现许多过去未曾注意到的人才。

（五）信任下属

信任让下属更有干劲。一般人都有自尊心和荣誉感。当人的自尊心受到社会和人们的尊重时，就会产生一种向心力、合作感，就会与社会的人们保持和谐一致的行动。但当人的自尊心受到社会人们的侵犯时就会本能地产生一种离心力和强烈的情绪冲动，过度的刺激和过度的情绪作用，都会对社会和个人产生极为不良的后果。因此，只有尊重别人的人格、尊重别人的劳动成果，才能团结别人，并受到别人的尊重。领导者要带头尊重人，使组织内部人人感受到别人对自己的尊重，从而和睦友好相处，齐心协力完成组织的共同任务。

（六）为我所用

对各种人才都能为我所用，是领导者的必备才能和特殊才能，是领导者用人的一项重要艺术。

1. 有过错的下属要放心使用

对有过错的下属，如能放心使用，常会收到一石三鸟之效：一能使其更加感激领导的尊重和信任；二能使其痛悔自己的过错；三能使其拼命工作，以便将功补过。西汉末年，一次更始帝刘玄巡视军营，一位稗将违反军规，被绑在辕门外准备问斩。许多将士求情赦免，刘玄不准。这时刘玄身边的刘秀说了一句颇富哲理的话："使功不如使过。何不让他将功补过呢？"刘玄沉思片刻，即令人松绑。后来，这位稗将在作战中果然立了大功。

表面看来，"使功不如使过"似乎有违常理，其实却隐含着更深刻的道理。实践表明，有过错的人往往比有功劳的人更容易接受困难工作。并且由于使用有过错的人本身，对有过错的人来说就是一种强大的激励力量，就足以使其一跃而起，创造出令人刮目相看的成绩，因而不必再给予诸如奖金、荣誉、提职升级等形式的激励。特别是他们因犯错误而受到社会的歧视和冷落之后，其最大愿望往往就是恢复自己的价值和尊严，重新获得社会的肯定。领导者一旦提供这种机会，他们便会发挥超乎常人的热情和干劲，完成常人难以完成的任务。

当然，"使功不如使过"是就一般情况而言，它并不适用于任何人。现实生活中那些有功并且觉悟又高的人，同样是很容易使用的。我们这里分析“使功不如使过”，是为了说明有过错的人往往更容易使用，并且更需要领导者放手使用。做到这一点，过错对许多人来说，则不会成为一种沉重的心理负担，而是一种催人自新、奋进的强大动力。

2. 妙用企业的“刺头”人物

在一些企业当中，你不难发现有些人极其聪明，好动，不愿拘泥于形式，有着鲜明的个性，在古怪离奇的想法中也有上佳的表现。这些被领导们称为“刺头”人物。由于他们工作不安分守己，想法又特别离谱，甚至公然煽风点火使员工与你作对，你往往对他们恨之入骨，但又可惜这块可用之材。如果你仔细想想，把这些“刺头”与那些业余“人事秘书”相比，他们应该算是企业中的积极力量，能为人际的真正和谐创造良好的氛围。

你不妨与他们和平相处，有效利用他们的个性特点，为企业人际和谐的达成，自由创新氛围的形成发挥作用。由于“刺头”好动、开朗的个性，所以他们都有着很好的人缘，而且那天赋的“煽风点火”的本领使他很善于集结群众。如果不看其他方面，单就发动人员，组织活动而言，他们也许比你更适合当领导。企业人际的和谐需要人们在一次次的集体合作、活动的氛围中逐渐培养而成，“刺头”似乎成了这些活动的最好组织者。你应该给他们充分施展“个人魅力”的空间，把他们从不习惯的工作方式中解放出来，帮助你策划企业的集体活动，并且委之以大权，充分利用他们的才能。“刺头”的奇思妙想有时看起来很离谱，但这种创新的精神值得你大力提倡。

二、洞悉人心的艺术

（一）洞悉人性，就近观察

领导者要洞悉人性，必须懂一点用人的心理学。任何一个人能力的实际发挥不仅仅取决于人才所具有的具体知识和技能，还与人才的许多非智力因素有密切关系。同样，每一个工作岗位对人才的能力要求也不仅仅是智力方面的，还包括非智力方面的。所以，领导者在用人方面必须考虑以下问题。

1. 就近观察，见微知著

相处观察，是常用的知人方法，自古至今流传着车载斗量的相处知人的佳话。20 世纪 20 年代，英国首相艾登与斯里兰卡总理班达拉奈克同在牛津大学读书，当时他们都是 20 多岁的青年。通过相处，艾登深知班达拉奈克的德才，他曾对同学说，班达拉奈克一定是他们国家未来的总理。35 年之后，艾登的预言成为事实，班达拉奈克成了自己祖国独立后的第一任总理。

相处观察法要求知人者具有眼力，善于见微知著，从行为现象看到人的本质特征。据说法国一位银行家，年轻时因无工作曾多次去找银行董事长，去过 51 次，都被拒绝。第 52 次又被拒绝，他失魂落魄地走出银行大门时，见地上有一枚大头针，他觉得如果有人为了它而受伤就不好，于是俯身拾了起来。这事正好被董事长看见。董事长认为，如此小心的人很适合当银行职员，决定雇用他。通过相处观察知人，还要善于从具体情境中发现人的才干，看到人的特长。唐朝韩晃在朝廷当官后，一位远房亲友远道而来，想找他谋个事。

韩晃当面对他考核一番，结果很失望，这位亲友一无所长。韩晃打算送些盘缠让他回去。在送行的宴席上，韩晃却发现他不卑不亢，品行端正，觉得这也是一个难得的特点。于是把他留下，派他去监管军队的仓库。这个人上任后，严明条律，以身作则，据说再也没人敢随便到仓库去捞取公物了。

相处观察法是传统的知人方法，由于时间和空间的限制，它的作用受到局限。这种传统方法发展到今天，必须引进一些现代知人的手段和技术，以突破自身的局限。

2. 看透别人的心

若想成功地用人，你要做的第一件事，就是看透别人的心。只有这样，才能分清哪些人是可以利用的，才能摸准他们有哪些地方可以被你利用，才能决定你自己应当采用什么样的办法去利用他们。否则，你将碰一个大钉子，撞晕了都不知道撞在什么上了。看透别人的心，说难也不难。再高明的人，也会在不知不觉中把自己的内心世界暴露出来。只不过暴露的程度、方式有所不同罢了。因此，学会利用自己的眼睛和大脑，通过观察、分析形形色色的表象，就会抓住问题的实质。下面介绍几种在第一次见面时如何看透别人心灵的方法。

(1) 从一个人打招呼的方式看他的内心

即使是一个看似简单的打招呼，也能给你制造了解对方内心的机会。你可以看看，以下列举的外在表现与所分析的内心世界是否一致。当然这种分析总会有一些例外，但大体上应该是准确的。①一面注视对方，一面行礼的人，对对方怀有警戒之心，同时也怀有想占尽优势的欲望。②凡是不敢抬头仰视对方的人，大部分都是内心怀有自卑感的。③使劲儿与对方握手的人，具有主动的性格和信心。④握手的时候，无力地握住对方的手，表示他有气无力，是性格脆弱的人。⑤握手的时候，手掌心冒汗的人，大多数是由于情绪激动，内心失去平衡。⑥握手的时候，如果目不转睛地注视着对方，其目的要使对方在心理上屈居下风。⑦虽然不是初次见面，但始终都用老套的话向人打招呼或问候，这种人具有自我防卫的心理。

(2) 从一个人的眼睛窥视他的心灵

眼睛是心灵的窗户，我们完全可以从一个人的眼睛窥视他的心灵。①初次见面的时候，首先将视线朝左右瞄射者，表示他已经占据优势。②有些人一旦被别人注视的时候，会忽然将视线躲开。这些人大体上都怀有自卑感，或有相形见绌的感受。③抬起眼皮仰视对方的人，无疑是怀有尊敬或信赖对方的意思。④将视线落下来看着对方，乃表示他有意对对方保持自己的威严。⑤无法将视线集中于对方身上，很快地收回自己的视线的人，大多属于内向性格者。⑥视线朝左右活动得很厉害，这表示他还在展开频繁的思考活动。

(3) 从一个人的举动看他的潜台词

人的一举一动，特别是下意识的形体动作，也可能向你泄密。①交臂的姿势表示保护自己的意思，同样地，这种动作也能表示可以随时反击的意思。②举手敲敲自己的脑袋，或用手摸着头顶，即表示正在思考的意思。③摸头的手颤动得很厉害，即表示全心全力在思考的情况。④用双手支撑着下颌，大多数的情况都表示正在茫然的思考中。⑤用拳头击手掌或者把手指折曲得咔咔作响，就表示要威吓对方，而不是在进行思考的活动。

(4) 从一个人的癖习看他的特性

从一个人的癖习，也可以看出他的特性。①搔弄头发的癖习，是一种神经质。凡是涉及有关自己的事情时，他们马上会显得特别敏感。②一面说话，一面拉着头发的女性，大体上是很任性的女人。③说话时常常用手掩住自己嘴巴的女人，是有意要吸引对方。④拿手托腮成癖的人，表示要掩盖自己的弱点。⑤不断摇晃身体，乃是焦灼的表现，这是为了要解除紧张而表现出来的动作。⑥双足不断交叉后分开，这种癖习表示不稳定。如果女性具有这一癖习时，就表示她对某位男性怀有强烈的关心之意。

（二）善于观察，掌握方法

1. 善于观察行动背后的意思

善于观察，掌握一定的观察方法，是洞悉人心的关键。不同的行为动作有不同的意思，比如，在开会时，有人捂耳朵、交头接耳、打瞌睡等。有人在听讲时常常用手掌支撑着脑袋，这也是一种暗示厌烦心理的手势。支撑脑袋的形式也和一个人的厌烦程度有关。比如，当某人对另一个人的讲话不太感兴趣时，他可能会用一只手支撑着下巴。但是，当他对此完全失去兴趣或感到极度厌烦时，他就会用整个手掌支撑着半个脑袋。当然，听众打瞌睡所表示的厌烦程度就更不言而喻了。还有一种表示厌烦的人体显示信号。比如，在开会时，有人坐在一旁，低着头看书看报，或者跷起二郎腿，双臂交叉，眼睛不住地相视别处。这也是一种十分普遍的厌烦信号。我们发现，当讲话者突然扭转话题，并宣布一条与每个人的切身利益密切相关的消息时，持有这些姿态的人就会立刻改变姿势，放下手中的报纸，打开交叉的双臂，并且身向前倾，洗耳恭听等。

2. 如何观察部下的行为

一个优秀的领导干部必须能够仔细地观察部下，从部下的反应中发现自己的行动恰当与否。李晓是晨美服装公司的经理，他资质过人，经验丰富。但是他公司里的员工，一见到他就害怕。李晓一进办公室，本来热闹的房里顿时鸦雀无声，大家在李经理面前噤若寒蝉。开会的时候，只有李晓一人滔滔不绝地演讲，大家都不敢发言，也没机会插上一句话。这样，由于员工的积极性没有调动起来，尽管李晓很优秀，晨美的业绩还是多年来一直徘徊不前。李晓作为领导干部的缺点就是缺乏敏锐的观察力，不能及时发现员工对自己行为的反应，所以总是找不到公司的症结所在。

一个领导干部必须做到，当他一进入办公室时，就如同阳光普照大地一般，使大家的精神都为之一振。要做到这点，就要仔细观察部下的精神，适当调整自己的行为，使部下有一种如沐春风的感觉。同时，领导干部还要意识到，部下也在时刻观察自己，所以他必须对自己有某种程度的认识。领导干部要成为部下的模范，就要在表情、神态、举止方面加以注意。

三、因事用人的艺术

（一）因事用人，互利共生

1. 不要因人设事，而要因事用人

在一些办事效率很低的单位里，人浮于事，机构臃肿，往往使领导者大伤脑筋。尤其令人头痛的是，那些多余的人，并不满足于没事干，而是唯恐领导看到他们闲着。因而总是急于找事干。于是，许多毫无实际意义的会议、报表、材料、总结、讲话、指示便应运而生了。在这种虚假的、徒劳的忙碌之中，许多有才华下属的宝贵年华，便白白地被消耗掉了。

按照由人到事的思维轨迹来考虑问题和处理问题，势必出现以下几种常见的用人弊端：第一，该办的事找不到合适的人去干；第二，一部分多余的人在干着多余的事；第三，无用之才出不去，有用之才进不来；第四，机构臃肿，人浮于事，内耗太大，效率降低；第五，最终影响管理目标的顺利实现。造成这些用人弊病的病根，在于领导者因人设事的管理方法。

因事用人谋略，是同因人设事针锋相对的一条用人谋略。它是指在用人行为中，领导者必须根据领导管理活动的需要，有什么事要办，就用什么人。绝不能有什么人，就去办什么事。显而易见，确立因事用人谋略的根本宗旨，在于极俭省地利用人才资源，尽量避免不必要的人才浪费。确立因事用人谋略的思维轨迹，是由事到人，而不是某些领导者所习惯的由人到事。我们从事一切领导活动的根本目的，就在于实现预定的管理目标，把事情办好。为此，当然要讲究用人。用人仅仅是一种手段，绝不是从事领导活动的目的。各级领导者唯有按照由事到人的思维轨迹去指导和制约用人抉择，才能在用人实践中做到以下几点：①根据目标管理的需要，掂量和筛选自己面临的各种事情；②为各种必须办的事情，物色最合适的人选；③经过因事制宜、因事用人之后，凡是本地区、本单位紧缺的人才，立即通过各种渠道，采用多种方式，从外地区、外单位，甚至从国外大胆引进；④凡是本地区、本单位多余的人才，在征得本人同意之后，应根据其专业特长、素质条件，及时安排到最能扬其所长的地区和单位去工作，绝不搞照顾使用或养而不用。

总之，因事用人谋略，是各级领导者必须认真研究、灵活运用的一条十分重要的用人谋略，在企业实践中，势必显示出它的弹性和旺盛的生命力。

2. 用人不要一官多职

人们常说，用人要用到“实”处，要给人才以适当的职务，给予相应的权力，以便能充分发挥其才能。被用者的最大愿望，就是能得到领导者的赏识和器重，使其所怀的才技得到极大的发挥。要重用人，就必须委之以政，授之以权，要放手让被任用者大胆地工作，使他们施展才华，这才是用人之实。可是，有些企业的领导，对公司里的大事、小事，一切业务都要过问，甚至对各个部门的具体业务都要包办代替。这种事必躬亲的做法，是领导者用人之大忌。所以，领导者应该学会“劳于用人，逸于治事”的辩证法，不要走入事必躬亲的误区。用人不要一官多职，要一职一官，一官一职。

(1) 一职一官

科学管理的代表者之一法约尔，在论及“统一领导”这一管理原则时说：“这项原则表明，对于力求达到同一目的的全部活动，只能有一个领导人和一项计划，这是统一行动、协调力量和一致努力的必要条件。人类社会和动物界一样，一个身体有两个脑袋，就是个怪物，就难以生存。”这位20世纪现代管理鼻祖的论述，在用人问题上，是何等的精辟！我国公元前3世纪伟大的思想家韩非对如何用人也有过精彩的论述。韩非主张在选用主要管理者问题上，应一职一官。他说，想要管理好朝廷以外的事，那就应当每个官职只设置一个官员。首先,他认为一个鸟窝如果有两只势均力敌的雄鸟,就会斗得你死我活;一个家庭如果有两个当家人,那么,做事就不会有功效。“一栖两雄”、“一家二贵”和“一职二官”多么相像。其次,他认为下属的忧患在于不能专任一职。为什么?因为一职多官,责、职不明确。必然互相扯皮,下属就难以发挥其应有的潜力。同时,一职多官,难以考核下属的个人业绩。而且,功劳、过失都归“大家”。这样,就难以激励下属建功立业的积极性。因此,下属厌恶一职多官。如果每个职位只配置一名官员,那么,他的所作所为及其功过,就会暴露无遗。一职一官,责任明确,从而功过分明。而功过分明是对下属实行准确赏罚的前提。

然而,在现实的管理活动中,一栖两雄,一家二贵,一个身体有两个或多个脑袋的怪现象,却经常可见。在一个工厂中,有厂长,又有若干名副厂长。厂长和副厂长之间,又非上下级关系,而是同一班子的成员,一人有一票之权。这样的人事安排,有百害而无一利。首先,是机构臃肿,增加管理层次,滋生官僚作风。在一个工厂中,往往是一位经营副厂长只负责一个经营科。一个财务副厂长只管一个财务科,一位生产副厂长只管生产科,一个人事副厂长只管一个人保科,等等。其次,同一管理层次上,官越多,扯皮也越多。官多,必然办事程序多,关卡多,这样不仅降低了办事效率,而且在这些“官员”中,只要有一人来一个“肠梗阻”,“卡”一下,那么,即使是好事也别想办成。最后,官多又必然争雄。好办的事,有名有利的事,谁都争者揽。相反,难办的事,无利可图的事,有风险的事,尤其是风险大的事,就互相推诿,互相踢皮球,谁也不愿沾边,更不愿负责。

(2) 一官一职

在强调一职一官的同时,也要强调一官一职。也就是“一人一职,专职专任,不兼官,不兼事”。作为担任某种职务的管理者,他已具有具体的职责范围,就不宜再去兼任其他职务。特别是领导者在使用下属管理者担任了一种职务后,或领导者已承担了相应的岗位后,就不宜再去兼管与本职务无关的其他事情。对一官一职,我们的理解应该是:领导者在用人时,应该使下属的职、事互不干扰,这样,下属之间就不会发生矛盾、冲突、内耗。应该使下属管理者不兼任其他管理职务,专司本职,这样,他们的管理才能就会与日俱增。

一人一职,有利于管理者集中精力抓好本职工作,能保证管理的各个环节都有专人全力以赴地负责,使管理这台机器正常、顺利地运转。但是,在现实生活中,有许多管理者一人多职。管理者在单位内外兼职现象较为普遍,有的身兼数职,甚至十数职。其结果,必然精力分散,顾此失彼。这样的组织安排,势必会出现若干管理环节“卡壳”的现象。表面上看,似乎各个管理环节都有人员负责,实际上一些环节往往处于几乎无人负责的境地。这种组织结构,使管理者超负荷运转,力不从心,疲于应付,结果往往是所兼职务的工作无一做好。这种用人之道,是领导者人事安排之大忌。

3. 用人须避开多中心与无中心

为了说明用人须避开多中心与无中心,请先看三则小故事,以便从中受到启发。

故事一:某厂在配班子时,厂长、书记人选实在难定。摆来摆去,拿不出好的方案,最后只好定了一位长期从事技术工作的总工程师任厂长,一位本分踏实,但缺乏工作魄力的副书记升任书记。配合是密切的,可遇事就没了主心骨,常常是书记请厂长拍板,厂长请书记决断。不出一年，企业管理混乱，职工牢骚满腹，书记和厂长付出不少辛苦，但工作却江河日下，犹如哑巴吃黄连，有苦难言。

故事二：某县领导班子换届选举后使人耳目一新，增加了几个新面孔，显得生机勃勃，分工时却傻了眼，不得不让一个学农业、长期从事农业工作的副县长去分管工业。一年后的民主测评，这位副县长不胜任票高达50%以上。

故事三：某厅配备领导班子分两步进行，第一轮配一把手，随后配备副职。考察者发现有位作为副职人选的对象担任一把手更合适，但考虑到一把手才配备，只好委屈这位副职了，任命为党组副书记、副厅长，名副其实的二把手。就这样，笼子里关进两只“叫鸡公”。起初还算合作，不到半年，双方开始拉锯战。二把手瞧不起一把手，他分管的工作一把手不能过问，更谈不上汇报。一把手并不示弱，决计给他个下马威，班子重新进行分工，让二把手去分管不熟悉的工作，党委会上公开开火了，从此结下更大怨仇，互相拆台。有人说，厅长协调能力太差，不配当一把手；有人说二把手作风不正，争权夺利。最后不得不采取组织措施，一把手调出降职安排，二把手就地免职。

上述三个故事告诉我们：忽视组合的结果，要么是多核心，要么是无核心。多核心，不是形成战斗堡垒，而是堡垒里战斗，上述某厅配备班子的结局，就是多核心的形式。无核心导致整个班子软弱涣散，一盘散沙，班子缺乏战斗力、号召力。总而言之，无论是多中心，还是无中心，都是人才组合的大忌，都是用人者应十分注意避免的问题。

4. 用人应通功易事，互利共生

通功易事，是用人的一条重要原则。因为世间人之智能，各有所长，“件件皆能”者极少。而事业所需，非一人、一技所能满足，必得众人配合才能成事。只有通功易事，互利共生，才能使能力得以互补，关系得以协调，从而同心同德，为事业的进取而团结奋斗。

(1) 互补效应

群体互补效应，是人的群体功能之一。它是指在结构合理的人员群体中，不同的年龄阶段、专业类别、智能水平、气质类型的人，有机地结合到一起，知识互用、能力互补，配套成“龙”，使只有“专能”的人员个体变成“多能”的群体。群体互补效应的发生，是建立在两个条件的基础上。一是个体智力有限性；二是人员的群体效应。

(2) 协调效应

群体协调效应，也是人的群体功能之一。它是指在结构合理的群体中，逐步形成了群体每个成员共同遵守的良好的道德规范、传统作风和组织制度，以此调节和协调群体中个体与个体、个体与群体、群体与社会的关系，并影响和控制整个群体，使群体的力量和功能得到维护和加强。这恰如自然界中的“群落效应”。在自然界中。生物和环境之间有一个不断协调进化的过程，而进化协调得最完善的是热带雨林。在那里，遍布各个层次空间的动、植物对太阳能和土壤资源各取所需，互利共生，使得整个群落得到各自最大的效应。人类各个群体也是一个个“群落”，每个群体都应该学会利用“群落效应”这种规律，使每个成员的特长都在群落中得到充分发挥，并相互取长补短，从而使整个“群落”获得最高的效应。

(3) 感应效应

群体感应效应，也是人的群体功能之一。它是指在结构合理的群体内，成员之间在目标上志同道合，在作风上互相感染，在学术上相互影响，同心同德，紧密团结，创新意识和创造性思维不断强化，形成对人的工作，尤其是创造性工作特别有利的“微型气候”。

上述三类效应作为放大器而大大提高了人员的效率。因此，在用人的时候，一定要记住“通功易事，互利共生”的道理。

（二）因事用人，人事相宜

1. 根据人的能力特点用人

人的能力既然有能质和能级的分别，那么在安排使用人才时，就要通盘考虑。比如有的人善于辞令，讲话极富有说服力、鼓动性和吸引力，有的则“茶壶煮饺子——有货倒不出”，这是人们口头表达能力的差别。单就这一点而言，前者适宜于安排在企业的宣传、公关、推销等岗位上，后者适宜于安排到文秘、科研、资料统计、设计等岗位上。

企业在对新职工进行能力判别时，一方面可在试用期给予试验性的工作，另一方面可运用科学方法进行测定。世界上许多企业很早就运用能力倾向测验进行人事安排，我国近年也开始出现了这方面的试验。如我国某食品厂运用自己编制的一套对食品生产操作工人进行测验的工具，测定了几十名技工学校毕业生，按照成绩，将他们分为敏捷型（手臂运动灵活性高者）、灵巧型（手眼配合灵巧者）、注意型（注意力分配和动作稳定性测验优秀者）、创造型（创造性思维能力高者）和综合型（各方面测验都较优秀者）。在工作分配上，把敏捷型和灵巧型的人安排在食品生产流水线上任操作工，把注意型的人安排在流水线上任仪表观察工，把创造型的人安排在车间机修岗位或者技术要求高的岗位上，把综合型的人作为技术骨干进行重点培养。经过半年的追踪研究和效应验证，以及对干部和群众进行问卷和面谈调查，发现大多数新职工适应性较强，甚至有的在短时间内就对技术有了新的小改革，效果很好。

2. 根据人的兴趣和气质用人

对人才不仅要考察反映人才业务素质的智力和技能等因素，而且要考察非智力因素，比如某些个性心理品质、气质类型和性格特点。之所以要这样，是因为任何一个人能力的实际发挥都不仅仅取决于人才所具有的具体知识和技能，还与人才的许多非智力因素有密切的关系。同样，每一个工作岗位对人才的能质要求也不仅仅是智力方面的，还包括非智力方面的。

（1）分配工作时要考虑人的兴趣。大家常说，兴趣和爱好是最好的老师和“监工”。因为当兴趣引向活动时可变为动机；当人产生了某种兴趣后，他的注意力将高度集中，工作热情将大大高涨；人一旦产生了广泛的兴趣，他就会眼界开阔、想象丰富、创造性增强；总之，兴趣将使人明确追求、坚定毅力、鼓足勇气、走向成功。因此，企业在使用人时，除要求专业对口外，也要适当考虑个人的兴趣。因为任何人的兴趣都是可以变化的，只是程度和速度不一样罢了。比如郭沫若由学医改为当作家，钱学森原是学机电工程的，后搞空气动力，再后来研究控制论，李四光学的是机械专业，后来却搞起了地质。

（2）分配工作要注意气质类型。心理学上将人的气质分为胆汁质、多血质、粘液质和抑郁质四种，不同气质的人对工作的适应性不同。比如精力旺盛、动作敏捷、性情急躁的胆汁质人，在开拓性工作和技术性工作岗位上较为合适；性格活泼、善于交际、动作灵敏的多血质人，在行政科室或多变、多样化的工作岗位上更为适宜；深沉稳重、克制性强、动作迟缓的粘液质人，适合安置在对条理性和持久性要求较高的工作岗位；性情孤僻、心细敏感、优柔寡断的抑郁质人，适合安排在连续性不强或细致、谨慎性的工作岗位上。现实生活中的人大多是四种气质的混合体，这里讲的只是有所侧重而已。

3. 小材不宜大用，使用鲶鱼效应

企业用人存在比较多的人事不相宜情况，其中小材大用、近亲繁殖现象严重，在很大程度上影响了企业的发展。

(1) 小材不宜大用

人才的个性差异，不仅表现在能力的类型特点上，而且还表现在能力的水平上，也就是能力的大小不同。因此，如何使一个人的才能与他的职位相称，是用人之道的重要方面。人才只有得到与其能力相适应的职位，才能纵横捭阖，大显身手，充分施展其才智，实现人的自身价值。作为企业人才来说，企业的各种岗位只有让能胜任该职位的人员去充任，才能充分发挥企业人才的作用。要做到职能相称，既要防止大材小用，又要避免小材大用。富于形象思维的我国古代人曾以生动的比喻说明了这个道理。如《淮南子》曾记载：让老虎去捕老鼠，如大材小用；以小口袋装大东西，则如小材大用。李觏在《强兵策》中将这一意思阐述得尤为精辟，他说：小材大用，就如同雏鸡不能力举千钧；大材小用，就如同尧舜去放羊，让高层次的人才去。所以，小材应小用，大材应大用，量才录用最为恰当。

(2) 使用鲶鱼效应

家族制的用人制度，往往会导致近亲繁殖，造成大批先天不足的残疾人问世，干部使用中的“近亲繁殖”，也同样会给社会、企业带来危害。它不仅造成编制膨胀，人才流动困难，形成盘根错节的社会关系网，而且会导致正气下降，邪气上升，是非无标准，亲疏定界限，赏罚失当，群众有怨气，单位有惰性。更为严重的是，它还可能成了徇私舞弊、权钱交易、裙带关系等腐败现象的滋生温床。对此，各级领导绝不能掉以轻心，必须引起足够的重视。

据说，挪威人喜食新鲜沙丁鱼，而渔民们每次从海上归来时，沙丁鱼在途中就死了，唯有一艘船总能带着活鱼返港。其中奥妙就是该船主在鱼槽里放了几条鲶鱼，沙丁鱼因受到威胁而四处游动，避免了窒息而死，人称之为“鲶鱼效应”。可见，要想避免干部队伍“近亲”而引起的“窒息”，也需要大胆地调入一些“鲶鱼”，断然调出一部分“沙丁鱼”。加强干部队伍交流，引进竞争机制，使干部队伍真正活起来。打破清一色，造成一个“能者上，劣者下”的局面。因此，领导者在选配干部时，一要注意防止出现“家庭式”、“亲友式”的血缘链；二是打破由老熟人、老朋友构成的关系链。建立一套科学完善的用人机制，使干部选拔更加科学化和法制化，做到有章可循，有法可依，才能从根本制度上解决干部队伍问题。

四、提拔人才的艺术

(一) 量才录用，讲究原则

1. 招录合适的人才

人才是公司的财富。录用员工是人事领导干部的事；而对于那些有可能成为公司某一部门领导干部的专家、顾问的应试者来说，往往需要领导者亲自出马面试、拍板。如何找出最适合的人，使之既无遗珠之憾，也无日后错用之恨呢？下面所介绍的步骤会对领导干部选用人才，避免用人失误有所帮助。

(1) 详细询问应试者过去担任过什么职务

方法之一就是要求应试者对他过去担负的工作做一番详细的描述。作为领导者，你尽可以直截了当地提问，诸如"请谈你以前所在公司的情况"、"你在原来公司的最大成就是什么"及"如果出现某种情况你会如何处理"等。通过这样一系列的发问，你不仅会了解到应试者曾在哪家公司的哪个部门工作过，更重要的是可以了解他以往的工作成绩和工作能力。在招聘高级管理人员的时候，要切记：仅凭一次面试是不够的。因为作为高级管理人员，应试者至少已有十年的工作经验，他所服务的公司往往不止一家，因此最好的办法是找他以前所在公司的同事了解。这对于全面了解一个人过去的工作情况并预测其日后表现是非常重要的。

(2) 对于某些问题，要作深入的探询

对于应试者因何离开原来所在公司的问题切忌一带而过，因为这个人很可能成为你的部下，他将为你工作。如果他回答说："我是和原来的老板闹翻了才愤然辞职的。"那么你就要了解所说"闹翻"究竟是怎么一回事，是因为原来的老板过于刻薄，还是这位应试者心胸狭窄、脾气暴躁。如果不幸是因为后者的话，那么你作为领导者，在录用他的时候就要想到，将来有朝一日，他也会因为同样的原因和你闹翻的。

(3) 切忌只看重表面的东西

应试者衣冠楚楚自然会令领导者赏心悦目，但要记住：华丽的外表未必能说明应试者的能力。公司需要的是人才，而不是时装模特或电影明星。一个穿着随便的人也许会成为公司业务发展的栋梁之才。领导者面试还容易犯的错误是过于注重文凭。当应试者亮出名牌大学的文凭时，有的领导者会因此被震慑住，而对于那些毕业于名不见经传的学校的人往往根本不加考虑。在这个问题上，需要记住：作为雇主，你将要倚重的是他本人的才能，而不是他所毕业学校的名气。如果领导者很容易被应试者的表面现象所迷惑的话，他往往会失去人才而得到一群庸人。

(4) 注意要用人所长

一个工程师在开发新产品上也许会卓有成就，但他并不一定适合当一名推销员。反之，一名成功的推销员在产品促销上可能会很有一套，但他对于如何开发新产品却一筹莫展。

(5) 注意不同公司有不同的管理风格

公司的风格也可称企业文化。在录用一名高级经营领导的时候，老板应对他原来所在公司的风格做到心中有数，并在应试的问答中向对方介绍本公司的情况。

(6) 业余爱好中大有文章可做

从应试者的业余爱好中，领导者可看出此人的性格。一个爱好唱歌跳舞的人也许更适合做诸如推销、公关之类与人打交道的工作，而一个喜欢独自漫步、沉思遐想的人往往愿意独立承担某项研究、开发工作。

(7) 必须考虑应试者的健康和体能状况

如果经过上述七条的考察，最后决定录用，那么作为领导者的你可以说："我已经尽力为公司找到了适合此项工作的人。"

2. 提升要讲究原则

领导在招考员工的时候，要严格遵守"实践经验第一"的原则，一个人的学历再高，一旦进了公司，也必须先做副科长，像预备官一样，看他是否做得好，是否有责任心，是否能胜任。如果这些最基本的条件都具备，那么就放手让他去发挥自己的才干。这样由基层磨炼出来的员工，素质较高。看员工，首先要看他的长处，用人所长，同时也要耐心地去训练、教育与培养，使每个人都能胜任本职工作。

任何一名员工初来公司后，都必须从基层做起，提拔干部，特别强调的是要从本公司的人员中物色，隔几个月由领导对员工进行一次考核，然后根据考核结果决定晋升人员。哪怕是最普通、最无背景的小科员，只要有能力，考核及格，也能得到提拔。所有这些做法，都会极大地激励员工，调动员工的积极性，从而使他们能出色地完成公司交给的各项任务。

提升，是对员工卓越表现最具体、最有价值的肯定方式和奖励方式。提升得当，可以产生积极的导向作用，培养向优秀员工看齐和积极向上的企业精神，激励全体员工的士气。因此，领导在决定提升员工时，要做最周详的考虑，以确保人选合适，讲求原则，不能凭个人的喜好而滥用权力。

什么是提升依据呢？一定要根据员工过去工作业绩的好坏，这是最重要的提升依据。除此以外，其余条件全是次要的。因为一个人在前一个工作岗位上表现的好坏，是唯一可以用来预测他的将来表现的指标。切忌根据个人的个性、以你是否喜欢他的性格作为提升依据。提升不是利用他的个性，而是为发挥他的才能。这也是最公正的办法，不但能堵众人之口，服众人之心，而且能堵住后门，让众多的"条子"失效，避免陷于员工间的勾心斗角之中。

（二）公平竞争，扬长避短

1. 让下属在同一擂台上较量

如果领导摆一个擂台，让下属分别上台较量一番，谁赢了谁就得到奖赏。为了获得奖赏，下属往往会使出吃奶的力气，以求击败对手，在领导面前显示自己的能力。

最有效的激励在于"有本事就来拿"。拿得到的人当然很高兴，拿不到的人也不应该怪别人，最好再充实一下自己，以便下一次能够顺利拿得到。如果机会很多，每一位有本事的人都拿得到，那是真的很公平。事实上机会常常不够多，甚至往往令人觉得太少，以致有本事而没有机会的人，不可能拿得到，因此有一种不公平的感觉。"不给我机会，却怪我没有本事"，就成为常有的抱怨。公正地提供机会，有本事就来拿。第一次拿不到，等待下一次，大家是可以谅解的。实施"有能力就来拿"的激励，首先要求每一个人都要用心充实自己，使自己具有相当的本领。做人与做事的本事就是我们所需要的本领，二者不可偏废。

一个人只会做人不会做事，固然会造成一团和气的人际关系，却可能一事无成，毫无工作成效。一个人如果只会做事不会做人，可能在工作上有所表现，而每做一件事便得罪若干人，到头来把人都得罪光了，也没有什么益处。所以，做人做事要并举，才是真本事。

领导干部要明确制定工作标准，然后公正地予以考核。业绩优良的，依照规定给予奖励，以奖强化。这些措施如果做得合理，便能够发挥激励的效果。公司提供机会，在员工表现优良时，给予应得的认可或奖赏，使其获得自我满足，便是有效的激励。其实，提供员工表现机会，是公司的责任。他们若是在工作中没有表现的机会，就会觉得厌烦，不但挫折感越来越重，而且可能跳槽离去。

所以，公司公正地提供合适的工作机会，员工有本事的就可以好好表现，获得合理的激励。对于员工来说，拿得到不必骄傲，拿不到也不要怨天尤人，应该好好提高自己。

2. 一碗水端平

对员工事务一律公平处理是理所当然的，为何下属还是经常抱怨呢？由此反映出某些上司的管理，在下属看来并不公平，因此管理者到底如何做到公平，实在是一大学问。比如在分配工作上，一方面唠叨个不停；一方面逼员工拿出工作成绩。或者对某人整日无所事事的情况视而不见，却将某事集中于另一人。或者将困难、复杂的工作分派给生手，却让熟手做些简单的工作，这都是管理不公平的实例。

还有，不论难易的工作，如果要求在相同的时间内完成，那么在下属眼中也会被认为不公平。同时管理两项以上工作或成品时，领导对于自己较有经验或较感兴趣之项，总是付出较多的关注。此时从事另一项工作者定会觉得领导不看重他，因而感觉到不公平。

再就其他方面来看，同事眼中的优秀员工未予加薪，奖金也少得可怜，而对那些工作不努力的人却加薪、分红等，当然会令人觉得不公平。

3. 用人之长，避人之短

“用人之长，避人之短”，这是最为普遍的用人原则。每个人才的具体情况往往不同，有的是通才，有的是多才，有的是专才；有的少年得志，有的大器晚成等。但是作为一种社会现象，每个人才的长处与短处却是客观存在的。“一个人的长处里同时也包括某些缺点，短处里同时也包含着某些优点。”例如，有的人才很有魄力，敢想敢干，但考虑问题往往不够周密，显得不够稳重；有的人才处世稳重，深思熟虑，却往往又失之魄力不足；有的人才原则性强，但工作方法却可能欠灵活。我们要用辩证的观点来看待一个人才的长处和短处，在看到一个人才的短处时，需要再分析一下，与短处联系的会有些什么长处；在看到他的长处时，也要分析一下，与长处相联系的还可能有什么短处。在某种情况下，扬长能够避短，避短必须扬长，扬长与避短之间不是孤立的或平行的，而是交叉融合在一起的。使用人才，不要把着眼点放在“全才”上，而应该放在扬其所长上。实事求是地取长避短，先看长处，多采长处，使之“八仙过海，各显神通”，发挥长处，施展才干。

人才，不是全知全能的完人，但各有特点和所长。有的善于做军事工作，有的善于做政治工作；有的精通某种专业，有的具备多方面的才干；有的懂专业但缺少组织领导能力，有的则二者兼而有之；有的适合当主管，有的适合做副职；有的长于带兵，有的则做机关工作更能发挥作用，等等。领导者的责任，就是按照他们这些不同的长处和特点，量才使用，为各类人才提供最能充分施展才能的机会和条件，使人尽其才，才尽其用。

坚持量才适用的原则，首先是要正确处理好按需使用和量才使用的关系。成功人士主张人才使用要“按照才干，按照需要，同时兼顾。量才为主，应急也不可免”。提拔人才要“坚持人、事两宜的原则，用人得当，适得其所”。也就是说，合理地使用人才，要从事业和工作的需要出发,同时又尽可能地照顾到个人的志趣和专长,把二者有机地结合起来。这里,事业的需要是第一位的,个人的才干和特长,应当服从于事业的需要并为事业服务,不能离开发展需要过分强调照顾个人的才干和特长。应该在服从需要的前提下再考虑个人特长的发挥。那种只看重发挥个人特长,不顾及整体利益和客观可能的态度,是不允许的。

实训模拟

模块一:案例分析与思考

当领头羊遭遇领导力

"一头绵羊带领的一群狮子,敌不过一头狮子带领的一群绵羊",一个组织的成败往往取决于组织的领导。领袖的魅力、魄力、预见力指引组织正确的目标和方向,而领袖的一个错误决断很可能就将组织带入困境,举步维艰。

故事的起因是一位农场主为了解决某块草皮过于茂盛又无暇修剪的困扰,从朋友的牧场买来了两头羊。其中一头体形较大,农场主管它叫麦克,另一头比较瘦小,叫佩蒂。

刚来农场的时候,麦克和佩蒂被关在笼子里,笼子是用钢管焊起来的,整个白天,麦克都不停地撞击铁栏杆,直到晚上筋疲力尽了,才稍稍收敛,而佩蒂,只在起初撞了几下后就伏在了一边,再也没撞过。

过了几天后,麦克和佩蒂开始被散放在外面,小狗欧迪负责看护它们,欧迪的个头比它们小得多,但却异常凶悍,总喜欢追着麦克和佩蒂玩。起初,麦克和佩蒂只顾埋头四窜,直到有一次,佩蒂停下来朝欧迪冲来的方向顶了回去,欧迪立刻停了下来,和佩蒂对视了一会儿后悻悻地走开了,于是麦克和佩蒂发现,欧迪也不如看上去的那么可怕,经历了这件事后,欧迪从此都只远远的待在麦克和佩蒂附近。

麦克和佩蒂对事情的反应也有很大的不同。第一次喂它们吃蔬菜,佩蒂犹豫了一会儿,过来闻了闻,就吃了,而麦克看到佩蒂吃了,闻也不闻就开始吃了。把它俩拴在链子上,有人靠近时,佩蒂从起初的抵制然后渐渐接受,而麦克一直都是死命地往后躲。

渐渐的,农场主发现,大个的麦克总是跟在小个的佩蒂身后,佩蒂去哪里,麦克也去哪里,而到了一个新地方,先吃草的一定是佩蒂,麦克都是在佩蒂吃过之后才开始,看来,佩蒂已经成了麦克佩蒂"羊群"的领头羊了。

思考:为什么小个的佩蒂最后反而成了领头羊?

模块二:心理测验

领导能力测试

序号	题　　目	根本不符合	比较符合	符合	非常符合
1	只有糟糕的将军,没有糟糕的士兵	1	2	3	4
2	人际关系的能力是借助于别人去完成工作的一种能力	1	2	3	4

续表

序号	题　　目	根本不符合	比较符合	符合	非常符合
3	领导者的品行给企业员工带来的是激励效果	1	2	3	4
4	开会也有技巧，有必经的过程和阶段	1	2	3	4
5	管理者就是领导者	1	4	3	2
6	你认为如果你微笑，下属就能按照你需要的那样努力工作	1	2	3	4
7	智商比情商更重要	4	3	2	1
8	要在领导的长处之外发挥自己的长处	1	2	3	4
9	经常考虑那些可影响自己未来5年内工作的变动因素	1	2	3	4
10	用请教的方式向领导提意见	1	2	3	4
11	即使没有下属，你也能作出决定并付诸实施	1	2	3	4
12	吸引下属的其中一个因素是自己的公平性	1	2	3	4
13	你能够非常耐心地对待智力迟钝的下属	1	2	3	4
14	能够抓住一切机会来学习新的知识，提升自己的技能	1	2	3	4
15	在信息不太充分的情形下，不能够镇定地作出决策	1	2	3	4
16	非常害怕失败	4	3	2	1
17	给优秀人才创造空间，给他们发展的空间	1	2	3	4
18	每年进行一次员工满意度的调查	1	2	3	4
19	总是在鼓励员工去做事情	1	2	3	4
20	决策的过程委托下属去完成，明确地告诉下属希望他们自己去发现问题	1	2	3	4
21	经常直接责备自己的下属	4	3	2	1
22	目标完成时，你只关注结果，不在乎过程	1	2	3	4
23	出了问题时自己首先承担责任	1	2	3	4
24	团队的绩效与领导者的绩效无关	4	3	2	1
25	培养自己的下属是一件“水涨船高”的事情	1	2	3	4
26	你定期地注意专业机构举行的会议或者这方面的期刊	1	2	3	4
27	将任何一个人提拔到一个更高层次的时候，都要对其做相应的培训	1	2	3	4
28	工作动力是激励的一个核心问题	1	2	3	4
29	威胁激励有利于员工的优胜劣汰，能者上，无能者下	1	2	3	4
30	信任下属，让他们在自己职权内自主地处理工作	1	2	3	4

请统计你的得分：

得分在 30～56 分，你从事领导的素质较差。也许你非常想从事领导这一职务，但是你必须正视你自身的不足，强烈建议你加强这方面的学习，一切可以重新开始。

得分在 57～83 分，作为一名领导者，你的素质一般。要想成为出色的领导者应该接受长期和系统的培训。

得分在 84～112 分，你基本上具备领导者的素质。只是你必须多向别人学习优秀的地方，在理论和实践上更上一层楼。

得分在 113～140 分，你具备了一名优秀领导者基本的素质，只要你坚持不断地学习，加强理论基础，你会成为成功的领导者。

模块三：管理游戏

他的授权方式

形式：8 人一组为最佳

时间：30 分钟

材料：眼罩 4 个，20 米长的绳子一根

适用对象：全体参加团队建设及领导力训练的学员

活动目的：让学员体会及学习作为一位主管在分派任务时通常犯的错误以及改善的方法

操作程序：

1. 老师选出一位总经理、一位总经理秘书、一位部门经理、一位部门经理秘书、四位操作人员。

2. 老师把总经理及总经理秘书带到一个其他人看不见的角落，向他们说明游戏规则。

——总经理要让秘书给部门经理传达一项任务，该任务就是由操作人员在戴着眼罩的情况下，把一根 20 米长的绳子作成一个正方形，绳子要用尽。

——全过程不得直接指挥，一定要通过秘书将指令传给部门经理，由部门经理指挥操作人员完成任务。

——部门经理有不明白的地方可以通过自己的秘书请示总经理。

——部门经理在指挥的过程中要与操作人员保持 5 米以上的距离。

有关讨论：

1. 作为操作人员，你会怎样评价你的这位主管经理？如果是你，你会怎样来分派任务？

2. 作为部门经理，你对总经理的看法如何？对操作人员在执行过程中的看法如何？

3. 作为总经理，你对这项任务的感觉如何？你认为哪方面是可以改善的？

模块四：复习思考

一、单项选择题

1.（　　）是决策者迫于个体或群体的压力而被迫服从的心理特点。

A. 从众心理　　B. 褊狭与刻板　　C. 自我辩解心理　　D. 刻板印象

2. (　　)就是指领导者对那些曾经有恩于己或帮助过自己、给过自己好处的人在选才用人的问题上给予特殊的关爱和照顾,并以此作为回报的心理倾向。

A. 报复心理　　B. 报恩心理　　C. 用亲心理　　D. 用顺心理

二、多项选择题

1. 识才、选才阶段的健康心理品质包括(　　)。

A. 爱才之心　　B. 求才若渴　　C. 识才之眼　　D. 举才之德

2. 领导者偏正效应的表现有(　　)。

A. 感情效应　　B. 舆论效应　　C. 背景效应　　D. 学历效应

三、思考题

1. 领导者应具备的基本性格品质有哪些?

2. 如何建立一个积极、团结和高效的领导班子?

四、案例题

有一家大的公司刊登出招聘广告,应征者看到广告以后,就来参加公司的面试,而考官当时正忙着办公,这位考官对所有的应试者说了同样一句话,请你把你的外套挂在衣帽架上,然后坐下。说完了以后继续去看公文,继续办公。其实并没有衣帽架、椅子,这只是考官故意出的一道难题,想就此来看看每一个应试者的反应。

一共来了5位应聘的人员,第一个人规规矩矩地站在一旁,一直等到考官办完事情为止。第二个人很有礼貌地对考官说:"对不起先生,这儿没有衣帽架和椅子。"第三个人先回答,"好的",然后手足无措地站在一边。第四个干脆就直截了当地说:"这里既没有衣帽架,也没有椅子。"第五个人走出办公室,去找了一把椅子进来,然后坐下。

问题:作为考官你如何去衡量这5个人的表现呢?

第八章 被领导者心理与管理

【学习目标】

1. 掌握被领导者、压力、EAP、态度、青年期的概念；

2. 熟悉被领导者的失败行为、压力的来源及其对员工的影响、EAP的内容、态度对行为的改变；

3. 了解被领导者的成熟素质、态度的特征、青年期的道德修养。

【开篇案例】

案例1

别让"N连跳"再次突发

2010年5月的媒体铺天盖地的都在报道：

2010年5月26日晚，富士康一名男性员工坠楼自杀；

2010年5月27日早，一名女性员工坠楼重伤身亡；

悲剧不断上演……而在这些频频被刷新的数字背后，是一个个鲜活的生命。

面对逝去的生命，我们应该如何面对？

有人认为，是代工模式瓶颈和成本压力导致了富士康目前的困局；有人认为，是制度执行有余关怀教导不足，导致了富士康员工选择以这种极端方式进行表达；还有人认为，是巨大型企业管理机制不能有效传导，使得上下级管理脱节进而产生了误解和伤害……

但无论如何，对于企业与社会来讲如何阻止悲剧再发生已经是迫在眉睫。

在这里我们想问问千千万万的企业主们，你们真正实施了"人性化管理"吗？对厂区的硬件软件改善了吗？有为员工打造一个舒适的好工作、生活环境了吗？是否实现了对企业内核管理的改变？是否真正关心员工？想问问社会，是否应该从政府、政策层面，给予积极的引导和救助，以防止目前的"自杀"成为员工走上表达抗议的绝路？

对于富士康来说，2010年5月将是值得记入商业史册的日子。多年来高速成长的代工航母，在后工业时代终于集中地爆

发出其脆弱的一面。"N连跳"的事故频发，引来了众多媒体聚焦，引发了一场甚无休止的社会大探讨。

如果孤立地看，富士康跳楼事件很容易被归结到员工个人身上，毕竟和几十万员工总数相比，十几个人是个微不足道的数字。但当这十几个年轻人纵身一跃的时候，其实他们的身后存在着许多无形的推手，社会转型期的集体焦虑、制造型企业残酷的生存法则、社会文化配套上的严重缺失。

当下种种现实的矛盾，在富士康这家最典型的代工企业里，找到了理想的滋生环境，悄无声息地积聚了起来，直至在十几位员工心中引发了一场核聚变。富士康里的这些年轻生命所承受的沉重，实际上是经济社会所付出的一种代价，帮助他们卸掉这些负担，企业的责任不容推卸，政府和社会也都有一份应尽的义务。如果漠视这些无形的社会成本，任何经济发展都换不回真正的幸福指数。

2010年，卫生部调查数据表明，中国至少每年有几十万人自杀身亡，百余万人自杀未遂。其中，15～34岁的人占自杀人群的首位，多数人都是因压力所致。究竟是什么让我们陷入了无端的焦虑、恐慌、迷茫和困惑呢？这些压力之源究竟始于哪里呢？是因家庭关系、人际关系，还是职场压力？

（资料来源：心理学案例分析题解析之与员工压力巨大[EB/OL]. http://www.wangxiao.cn/xl/moni/6105723585.html，2011-10-24）

案例2

2011年年初的时候，华为总裁任正非为患抑郁症员工写了一封信：《要快乐地度过充满困难的一生》，信的开头写道，"华为不断地有员工自杀与自残，而且员工中患忧郁症、焦虑症的不断增多，令人十分担心"。很不幸的是，任正非的话音刚刚落下，当年7月，又有一位华为的员工疑因压力过大而自缢于深圳某小区的楼道内。

第一节　被领导者及其成熟素质

以往一谈到领导活动，我们大都给予领导者以过多的关注，而常常忽略被领导者。古语云"得民心者得天下，失民心者失天下"。这是领导必须明白永恒不变的经典。说领导者在领导活动中处于主导地位，起着关键作用，并不意味着可以轻视、忽略乃至抹杀被领导者。其实恰恰是被领导者决定着领导活动的成败，因为领导活动必须落实到被领导者的具体行为上，这些行为直接影响到领导活动的效果。事实上，领导者与被领导者是一枚硬币的两面，没有了这一面，也就没有了那一面，没有被领导者就无所谓"领导"。

一、被领导者概述

（一）被领导者的界定和分类

领导是一个动态过程，是领导者、被领导者和情境三个因素的函数。被领导者的名称也有很多,如追随者、拥戴者、下属、支持者等,被领导也就是跟随、追随,总之是从者。脱离了领导者也就无所谓被领导、追随和跟从。可见,领导者与被领导者是对立统一的关系。被领导者的主体是群众。

被领导者是相对于领导者来说的,是指在领导活动中执行具体决策方案、命令、任务,实现组织目标的具体执行者,是在领导与被领导、权力与服从关系中处于被领导和服从位置上的人员。他不是单纯意义上的被支配者。一是被领导者与领导者的对应性存在,构成领导者具有实际意义与作用的条件。对领导者来说,他们是必不可少的客体;二是领导者与被领导者从来不是天生的和一成不变的,二者的位置具有调整的可能性;三是在实际的社会活动与组织生活中,我们经常会发现,一些被领导者,因为具有较高的才能与威信,事实上发挥着领导的作用,既接受领导者的领导,又参与领导活动,监督领导工作。被领导者这种被领导的和主体的地位,要求他们必须做到:服从领导、支持领导、监督领导,乃至参与领导。

关于被领导者的分类,还未形成统一观点。比如学者以办事的效率(x 轴)、与上级的关系(y 轴)和与同事间的人际关系(z 轴)三个因素来将现实中的被领导者做一粗略分类,用(x,y,z)来表示被领导者的类型,数轴的最小量度值是 0,最大量度值是 9。实际生活中绝大部分被领导者可能会分别位于这三根轴的 0～9 中间。但为简约起见,以极端的 0 或者 9 来表示典型的被领导者类型,大体可分为 7 类:完美型(9,9,9)、实干型(9,9,0)、脚踏实地型(9,0,9)、埋头苦干型(9,0,0)、溜须拍马型(0,9,0)、退休型(0,0,9)和淘汰型(0,0,0)。

完美型(9,9,9)的被领导者能力很强,在没有监督的情况下,能按时并出色地完成上级交代的每一项任务,并在空余时间里热情地帮助同事,以保证整体任务的顺利实现。领导肯定他们的素质,同事欣赏他们的为人。他们往往是最佳的领导候选人。

溜须拍马型(0,9,0)的被领导者也许在别人看来很聪明,却没有将聪明用对地方。这类人办事偷工减料,表面功夫却做得天衣无缝。在领导面前奴颜婢色地溜须拍马,有时也来一些纸上谈兵,给上级很有能力的错觉。但“群众的眼睛是雪亮的”,同时对他们了解很清楚,大多会以鄙视的眼光视之。这类人也许会暂时得逞,得到所谓的“赏识”,但较少会坚持得长久。

更多的学者被领导者分为两类:一类是绝对被领导者,指在一切社会组织中不负任何领导职务和领导责任、不掌握任何领导权力而完全接受别人领导的人,如普通工人、农民、科研人员、解放军战士等;另一类是相对被领导者,即对于下级而言他是领导者,而相对于上级而言他又是被领导者,如县长领导下的乡长、局长,正职领导下的副职等。在社会主义民主制度里,只有绝对的被领导者,没有绝对的领导者。任何领导权力都要在被领导者——人民群众那里得到“注册”才有其合法性和正义性。从这个意义上说,那些握有一定权力的领导者,实际上又都是某种条件下的被领导者,扮演着“领导者”和“被领导者”的双重社会角色。因此,由绝对被领导者和相对被领导者组成的被领导者群体,不过是“人民群众”的另一种说法。

“把领袖看作唯一的历史创造者,而不把工人和农民放在眼里的时代已经过去了。现在各个民族和各个国家的命运不仅仅是由领袖决定的,更主要是由千百万劳动群众决定的。”这是马克思主义的主要观点之一,这种高度重视人民群众历史作用的历史唯物主义观点,是我们认识被领导者的基本指导思想。

（二）被领导者的特征

从历史上看，凡是权力的代表者能较好地利用群众特性的，都能取得较好的效果。主要迎合群众特性，就可以掌握群众的心理，使他们成为被领导者和追随者。被领导者具有如下特征：

（1）多数性与聚集性。被领导者一般人数众多，行为都带有群体性。

（2）不担任领导职务，或虽担任领导职务，却因其职务较低，而不可能构成对上司行使权力的身份。

（3）服从性，即作为领导者的作用对象要执行领导者的命令。

被领导者的特征都说明，被领导者在领导活动中与领导者一样实质上处于主体地位，他们与领导者有共同的利益，是领导实践效果的实现者和分享者。他们有自己的独立意识，如果领导者不能满足他们的需要，他们就会退出领导活动，或者去追随新的领导者。他们与领导者一样是同一个舞台上的表演者，从这个意义上说，他们是主人翁。

（三）研究被领导者心理的意义

我们知道，领导活动是领导者和被领导者相互作用的过程，被领导者自有领导者所不可替代的重要地位和作用。领导者和被领导者之间，各自自为主体，彼此又互为客体。作为客体，对于对方来说，他们各自又犹如是一个既不透明且又打不开的密封"黑箱"，其复杂的心理决定了领导者和被领导者之间的相互作用过程。具体来看，研究被领导者心理的意义表现在：

1. 被领导者是组织中人力资源的重要和基础的组成部分

人力资源是一个组织发展和兴衰最为关键的因素。从领导的角度看，人力资源可以分为领导者与被领导者，他们都是人的因素，是管理的主体，他们的素质高低直接决定组织的成败。而对一个组织而言，领导者人数相对较少，而被领导者是大多数，如果说领导者的素质具有关键性作用，那么被领导者的素质则具有基础性作用，二者密不可分，相辅相成，缺一不可。而且，从某种角度来讲，每一个组织成员都是领导者和被领导者的统一体。对于居于最高位的领导者，他们是"民意"和"市场"的被领导者；对于一线员工，他们是组织的被领导者，又是自己的领导者。因此，只研究领导者层面的心理是不够的，还应该从被领导者心理层面加以研究，被领导者心理研究是人力资源开发和建设的应有内容。

2. 被领导者是实现有效领导的重要因素

首先，就领导者而言，要顺利实现其领导影响，就必须认真地了解每一个下属的心理和特点，结合环境因素，全面选择适宜的领导行为和风格，或有针对性地对下属进行培训，提高下属的成熟度和素质。其次，作为一个被领导者，为了施展自己的才华，服务组织，发展自我，需要和上级配合好，搞好上下级关系，尽量发挥积极因素而避免消极因素，采用不同的"响应"方式应对权变，以期向共同愿景奋斗，实现组织目标。最后，研究被领导者的心理，能使人们更好地理解被领导者群体间的关系模式，有助于加强领导团队的建设。

（四）管理被领导者的原则

如何管理被领导者，是行政机关日常工作的重要组成部分，即机关内部的人事管理，也称人事行政或行政用人。正确管理被领导者，与其他行政管理活动一样，主要讲究因时因地制宜，又具有与其他管理活动相区别的特点。古今中外，在对被领导者的管理方面，都有一些共同的原则。

1. 德才兼备原则

行政人员是行政管理活动的主体，是政治路线的具体执行者，其品德、素质、能力的状况直接关系到国家机器的运转乃至国家政权的兴衰。所以，历代统治者和政治活动家都把德才兼备作为评价行政人员的首要标准。

凡是政治品质不好的人，有才也不能用。当然如果仅有朴素的政治态度，忠诚老实，而无行政工作能力，也同样不能任用。

2. 适才适用原则

适才适用就是把适当的人安置在适当的岗位上。每个人的才能是不尽相同的，只有在适合的岗位上，一个人才可以发挥出他的最大潜能，个人事业有成，行政组织目标也容易实现。相反，如果把工作人员放在不适合他的岗位上，就会抑制他的能力，组织目标难以实现，他自己也感到别扭。这里所谓的“不适合”，既可能是不该提升的提升，也可能是该提升的不提升。英国行政学家帕金森认为，一个工作人员在一个岗位上干了一定年限以后，如不及时提升他的职务，他的能力就会下降乃至最终消失。这是说压抑人才的情况。将一个没有领导能力的人委以重任，也会出现同样的结果。

3. 以信待人原则

要充分信任自己委托的人，做到以诚相待。古今中外，凡能做到用人得当且深信不疑的，均能取得成功。

延伸阅读

贞观十九年，李世民亲自领兵出征辽东，以房玄龄留守京都，并授以全权，“命房玄龄得以便宜从事，不复奏请”。有人诬称房玄龄谋反，房玄龄将告发人查获，但不敢擅自处理，派人把他送到李世民行军驻地。李世民听说是告发房玄龄的，问也不问，当即喝令推出去腰斩。之后，李世民写信给房玄龄，责备他不该如此缺乏自信，并告诉他“更有如是者，可专决之”。这样做表示了对房玄龄的充分信任，起到了杜绝流言的作用，使京城更加稳定。

4. 赏罚分明原则

奖赏和惩罚是行政用人的基本手段之一。奖赏是对在组织目标实现过程中有功人员的物质或精神的回报。惩罚是对阻碍组织目标实现的人员的物质或精神的回报。在行政活动过程中，行政人员主观能动性的发挥程度和发挥方向起很大作用。正向发挥有助于组织目标的实现，这种主观能动性越大，对组织目标的实现越有利。反向发挥则有害于组织目标，此种作用越大，组织目标的实现越困难。所以行政组织必须对行政人员的主观能动性加以调节，其手段通常是奖赏和惩罚。

要做到赏罚分明，首先是有功必赏，有过必罚，赏必当功，罚必当过。这样才能使得获赏者受到鼓舞，受罚者心悦诚服。否则，将会使是非不分，人心不稳，事业无成。赏罚分明，还应注意：赏不可不平，罚不可不均；赏不可多子，罚不可滥施。也就是要做到公平合理，适可而止。有功必赏，但赏不能太多。奖赏的目的是为了激励行政人员的积极性，如果超过一定限度，非但不能达到激励的目的，反而会给以后的工作带来麻烦。激发人们工作动机的物质报酬越高，对小数目的报酬就越不感兴趣。物质报酬会渐渐变成一种权利，而不仅是报酬。

二、被领导者的成熟素质

现代领导科学重点研究怎样做好的领导者，这无疑是对的。但是同样不能忽略对怎样做好的被领导者的研究。只有领导者和被领导者都是“好”的，整个领导关系才是健康的。那么，什么样的被领导者才是“好的被领导者”？这就要求我们对被领导者的成熟素质有所研究。其实，优秀的领导者所具备的素质也正是优秀的下属所具备的素质，而且下属的一个重要技能可能正是这种能够在领导者和下属之间从容转化角色的技能。积极而有效的行为构成了被领导者的成熟素质，这些素质主要有以下十个方面。

（一）适应上级，维护上级

领导之间做事风格的不同是一件非常正常的事情，因为每个人的性格、特点、经历、阅历都存在差异，因此在做事风格上自然会有所不同，对待不同领导之间的差异，下属应以一个客观、理性的态度来对待。应积极主动地去适应上级，甘当上级的参谋，维护上级的权威，尽量跟上领导的工作节奏。特别是两者有冲突时，应对上级予以尊重，提出建设性的建议，可以心平气和但有分寸地与之沟通；若不行，则下级应强调服从，保留意见，忌当众与领导发生不应有的争论。

当然，维护不是给上级“护短遮丑”，相反，对于上级的错误，应本着与人为善的态度，及时通过民主渠道和组织程序帮助上级纠正，这才是有原则的、真正的维护。

（二）敬业守职、热忱工作

有人说：“位不在高，爱岗则名；资不在深，敬业就行。”所谓的“爱岗”就是热爱本职工作，所谓的“敬业”就是忠于职守，尽心尽责。成熟的下属总能坚守自己的岗位，安心本职工作，尽心尽力，尽职尽责；具有责任心的员工不需要强制，不需要责难，甚至不需要监督。他们将工作内化为自身需要，把职业的责任升华为博大的爱心，于平凡中创造奇迹。爱默生说：“缺乏热情，难以成大事。”热情是一把火，它是可以燃烧的希望。要想获得这个世界上最大的奖赏，下属必须拥有将梦想转化为全部有价值的献身热情，来发展和推销自己的才能。如果环境迫使你不得不做一些令人乏味的工作时，你就应该想方设法使自己充满乐趣。用这种积极的态度投入工作，无论做什么，都很容易取得良好的效果。

（三）博学多才，乐观自信

真才实学、知识渊博，功底深厚，靠真本事吃饭，是成熟下级的重要标志。只有博学多才的人，才能找准问题、解决问题。博学多才、乐观自信的被领导者具有较强的适应性、独立性和创造性，具有更高的应对不同挑战的能力。在快速变化的知识经济时代，这对组织的反应速度和竞争力具有重要意义。

（四）勇担责任，独当一面

每个人都会犯错误，工作中犯了错是想尽办法推脱责任，还是该勇于担责呢？据天津市女企业家协会对本市 760 位企业家的一项调查显示，71.3%的企业家认为敢于承担责任的员工更容易获得信任和重用。成熟的被领导者会有意识地去分担领导的重担和忧愁，敢负责任，不怕困难，勇挑重担，独当一面；不会明哲保身，不会不求有功、但求无过。

（五）原则坚定，方法灵活

原则必与灵活性相结合，是一项行之有效的工作方法和思想方法。下级在工作中，既要原则坚定，又要方法灵活，这样既能坚持方向，又能达到目标，否则会执行不力或犯原则性错误。同样，对上级的错误，也应讲究原则和方法，予以指出和纠正。这不是对领导者的不尊重，而是对事业、对领导的高度负责。

（六）求真务实，积极开拓

优秀的下属，服从上级但不盲从，尊重科学，尊重实践，优秀的下属，不墨守成规，总是尝试着从新的角度解决问题。这些新角度可归纳为五个 C，即同事(Colleague)、顾客(Customer)、竞争者(Competitor)、公司(Company)和创造性的观点(Creative Perspective)。优秀的下属对现实有忧患意识，对未来有冒险精神，以实绩取信于民、取信于领导。

（七）谦虚谨慎，善于沟通

谦虚使人进步，骄傲使人落后。成熟的下属能谦虚谨慎，从内心真正感受到众人的智慧高于个人，众人的力量强于个人。面对上级不夸大个人功绩，但也不唯唯诺诺；面对下属虚心请教。能够尊重别人、耐心聆听和换位思考，进行有效沟通。

（八）胜败如常，锲而不舍

成功的事业固然人人都渴望，但事实上失败也在所难免。“胜不骄，败不馁”是一种人生的态度。成熟的下属应具有良好的心理品质，能够乐观、自信、沉着、冷静地对待一切成功和失败，化失败为动力，从过去的错误和逆境中学习，积累经验，提高才智。

（九）多予少取，清名正利

成熟的下属深知人生的价值是奉献和获取的统一。没有奉献就没有获取；反之，没有获取也难以维持持久的奉献。所以应先予后取，多予少取，清名正利，不沽名钓誉，不抢功夺利。

（十）能识大体，自主沉浮

成熟下属能以组织利益为重，不过分计较个人利益；以团体为本、大局为重，维护组织形象；能够适应社会的发展变化，发展自己的优势，控制自己的命运，规划自己的前途，找到自己的历史方位，真正成为一个“有独立精神的人”，而不是过分地依赖上级，给领导增添负担。

其实，对于什么样的被领导者才能成为好的被领导者，不同的社会有不同的标准，不同的领导者有不同的看法。在封建皇帝看来，好的被领导者就是对他的绝对服从，“君叫臣死，臣不敢不死”。在今天，社会主义的领导本质决定了领导者与被领导者是平等的互助合作的同志式关系，他们只是社会分工不同，而没有高低贵贱之分。好的被领导者，也应当同领导者一样，德才兼备。在领导关系的分工中，好的被领导者应该有清醒的政治头脑，参政议政的知识和能力，能够与领导者一起共同把握住社会主义领导的正确方向。具体地说，好的被领导者的标准主要有三点：一是坚决支持和拥护代表人民群众根本利益和社会发展方向的领导者，坚决贯彻落实一切正确的领导决策，接受领导者的指挥和协调，与领导者密切合作，共同建设社会主义；二是坚决抵制和反对一切损害社会和人民群众根本利益的错误领导，积极帮助领导者改正领导工作中的错误；三是脚踏实地地做好本职工作，为领导决策创造经验，积累素材。也就是说，好的被领导者，必须努力工作，不好好工作的不是好的被领导者；必须服从正确领导，不服从正确领导的不是好的被领导者；必须抵制错误领导，跟着错误领导跑的不是好的被领导者。

三、被领导者的失败行为

（一）没有主见，糊涂被动

这类被领导者行为拘泥，过于照章办事，只是优秀的执行者，人云亦云，全无主见，只是一个聆听者；才不足以当大任，畏首畏尾，心思混乱，处理大事和繁杂事务的能力不足；缺乏自信，犹豫不决；缺乏创造力和开拓精神，犹如一台不折不扣的复印机。这种人一旦晋升，必然要求下级也照搬照抄，从而压抑下级的创造力，使整个系统工作缺乏生机和活力。一旦决策有误，则全盘皆输。他们对自己所获得的成绩评价不当，受到批评后容易沮丧。

（二）遇事慌乱，太情绪化

很多问题是突如其来的，不成熟的员工往往缺乏思考的能力，仅凭一时冲动做了不该做的事，给自己和组织带来损失。有些不成熟的员工一旦与其他员工的行事、意见相左，为了证明自己正确，情绪激昂地大肆批驳他们，扰乱组织良好的人际氛围。有时，面对领导在不明真相时的错误批评，若下属不能耐心听完，而是急于为自己辩护，久而久之，必然引起领导的反感。

（三）纸上谈兵，行动不力

只说不做的人总爱在同事和领导面前先允诺，但眼高手低，缺乏细致的分析能力、坚强的意志力，结果条条落空，到最后只能敷衍了事。

（四）虎头蛇尾，忽冷忽热

由于对情势只是粗略了解，故盲目自信，一遇困难，措手不及，束手无策，浅尝辄止，半途而废。这种人纵然才华卓越、志向宏大，但往往缺乏恒心，难成大事。一旦心血来潮，则干劲十足，热情一过，则死气沉沉，初接任务时，全力以赴；一遇挫折便如泄气的皮球，灰心丧气，一蹶不振。

（五）事无巨细，陷入琐事

这类被领导者对事情的重要性和紧迫性缺乏应有的判断，大事小事一起抓，陷入日常具体琐事不能自拔，矛盾越理越乱，精力耗散，工作被动，穷于应付，整日忙忙碌碌却不得要领，效率低下，与其说忙，不如说白费精力。

（六）私心太重，唯利是图

这类被领导者私心太重，利欲熏心，唯利是图，逃避责任。失败时，归因于任务；成功时，则归因于自己。人格或人际关系的好坏，是以自我牺牲为前提而决定的。无视他人利益，只掂量着自家性命，这种事事以自我为中心的人，将受到他人的轻视和疏远。

（七）应付上级，投机取巧

应付上级、投机取巧的人一般嘴甜、心细、脸皮厚，即使是做错了事，也往往会把责任转嫁或推卸到他人身上。而一旦有了功劳，又会极力地吹嘘自己的贡献和成绩，生怕领导不知道。领导在场和不在场，其表现完全不一样，领导在的时候，这类被领导者表现得最勤劳，而领导一旦离开，就待在一旁休息。这种人不做实事，不求实效，走马观花；追求表面形式，擅长应付上级，推过揽功。

（八）固执己见，刚愎自用

这类被领导者才思敏捷，能力超群，勇于负责，不墨守成规，具有开拓精神。但喜欢指挥他人，独断专行，难忍异议，逞强好胜，缺乏民主风气，只希望别人绝对服从他、依赖他，不适当地插手领导职权范围内的工作，打乱领导的工作部署，显个人主义的威风；对上级的指示、要求，自己认为对的就接受，否则不是嗤之以鼻就是置之不理，更不肯接受领导的批评。

（九）分化离间，搞小团体

这类被领导者往往表面上极具亲和力，而本质上却始终被恐惧、贪欲等缠绕折磨。他要通过组建对他有利的小团体来消灭内心极度膨胀的恐惧感；通过分化离间，用这种卑鄙伎俩打败竞争对手，以求一时之快。但可悲的是，他始终被围困在自己亲手搭建的城墙中，工作中一有风吹草动，他就要四面出击，要么修修补补，要么驱赶异类。

四、被领导者的成功晋升

拿破仑说，不想当元帅的士兵不是好士兵。被领导者通过自己的德才和业绩获得晋升，是很光荣的事。被领导者不断被晋升到上一级领导岗位，不仅是个人的成功发展，而且也是组织不断发展的体现，那么，如何才能成功晋升呢？

第一，应参照本章前面的内容，努力提高自己作为领导者和被领导者的素质，力戒上述被领导者的失败行为。第二，干出实绩，创造条件，这是根本之道。第三，发现机会争取机会，把握机会，平时就要"像领导一样思考，像士兵一样行动"，机会总是垂青有准备的人。第四，增加工作的可见性和合作性，提高在同事中的知名度和美誉度。第五，讲究艺术，多和领导沟通，积极地协助工作，赢得上级的赏识和帮助。第六，双赢思维，学会竞争，适时表现，推销自己。

第二节　员工的心理健康

身心健康对于企业员工来说是非常基本的需要。随着社会压力的加大和市场竞争的加剧，有越来越多的企业受到员工心理问题的困扰。"我今天心情很不好"、"郁闷"、"烦着呢"等成为企业员工的口头禅。有一项历时5年、累计数据2万余例的调查结果显示，近60%的企业员工感到压力较大，近10%的员工表现有职业枯竭现象。这项调查涉及金融、通信、政府机构、IT、房地产等诸多行业，反映了员工心理问题已成为我国众多企业亟待解决的普遍性问题。心理亚健康、不健康的状况越来越困扰着企业员工，压抑、抑郁、焦虑、烦躁、苦闷、不满、失眠、恐惧、无助、痛苦等不良的心理反应像幽灵一样时时困扰着上至管理层、下至普通员工的心，严重时它会使得企业停滞不前，在严重的"内耗"中走向灭亡。在这种情况下，需要掌握和运用各种应对上述压力的方法，并致力于提高自己和家庭的生活质量。

一、压力概述

（一）什么是压力

压力(Stress)也称为应激。每个人在心目中都对这个概念有一定的理解，比如学生谈到压力可能是因为考试成绩太差或者在学校人际关系不好；父母谈到压力可能是因为养家糊口带来的经济负担；教师谈到压力可能是因为在搞好教学的同时还要保持或提升他们在专业领域的成就……总之，在我们大多数人对压力进行定义时，通常指的是我们所感受到的来自周围的压力。本书主要研究工作压力。工作压力是指当工作的要求与员工本身的能力、资源或需求本能契合时，个人所应对的不良情绪及生理反应。

延伸阅读

《才富》针对“职场压力”这一话题进行了专项调查。在20～25岁、25～30岁及30岁以上三种职场人群中，20～25岁这一年龄段的人群压力比例最高，达到47%，而一般职员的压力比例要高于中级管理层以上的领导。也就是说，就目前而言，“80后”乃至“90后”刚参加工作的职场新人压力最大。分析人士认为，20～25岁的从业者往往是职场新手，以应届毕业生为主。该群体大多刚从学校走向社会，会经历一个缓冲适应期，期间容易受到各方影响，压力感较突出。

（资料来源：心理学案例分析题解析之与员工压力巨大[EB/OL].（http://www.wangxiao.cn/xl/moni/6105723585.html，2011-10-24）

（二）工作压力的来源

工作场所中所发生的几乎任何事情都可能造成压力，所以工作压力的来源有很多形式。研究学者们已经对与工作有关的压力源进行了总结，认为工作压力源主要有以下七种：工作负荷、工作条件、角色冲突和角色模糊、职业生涯发展、人际关系、攻击性行为、工作与其他角色之间的冲突。

1. 工作负荷

长年累月的工作，超负荷的运转，以及新知识的飞速更新，要求员工不断应对、补充以及尽快掌握。特别是当员工不幸遇到一个不是那么通情达理的上司，并要求其在很短时间内完成很多任务的时候；当又一批年轻人进入公司，和企业员工并肩竞争某项任命的时候，在这些叠加的压力下，员工经常是超负荷工作，加班加点，导致身心疲惫，工作效率降低。一般情况下，人们把个体在正常环境中连续工作8小时且不发生过度疲劳的最大工作负荷值，称为最大可接受工作负荷水平。

2. 工作条件

恶劣的工作环境和条件是另一种重要的工作压力源。工作场所空间狭窄拥挤、温度过高或过低、噪声过大、光线太暗或太亮、辐射和空气污染等都会引起员工的压力。许多大学生向往在抬眼就能看到蓝天、白云的高级写字楼里工作。殊不知，长期在这样的环境下工作的白领们却渴望逃离。国外研究证实办公楼环境是一种无形的环境压力，封闭的场所会使人精神紧张、容易疲倦。这些无形的压力也会造成紧张和不适。

3. 角色冲突和角色模糊

角色冲突（Role Conflict）是当一个人扮演一个角色或同时扮演几个不同的角色时，由于不能胜任，造成不合时宜而发生的矛盾和冲突。角色模糊（Role ambiguity）指的是对一个给定的角色的期望或规定（Prescriptions）缺乏明确的理解和认识。员工希望知道自身角色的期望的信息，即如何获得角色，该角色的最终结果是什么等。当有关角色的信息不存在或这些信息无法有效沟通时，角色模糊就出现了。绝大多数人不喜欢这样的不确定性，并发现这会给自己造成巨大的压力。

4. 职业生涯发展

组织情境中与职业生涯规划和发展相关的压力源包括工作安全度、提升机会、培训和发展机会等。工作不稳定，随时担心被炒鱿鱼，或没有培训机会，缺少发展空间，都会给员工带来压力。相反，当员工业绩突出，被破格连升两级的时候，压力紧跟着成倍递增。因为职业发展太顺利，同时面临方方面面的问题太多，甚至超出了自己掌控的能力，怀疑自己是否能真正胜任，心理负担沉重；另一种可能是僧多粥少，眼前只有一个升迁名额，偏偏再次旁落，员工感到被人忽视的压抑，对工作目标充满迷惘。

5. 人际关系

每个单位都存在复杂的人际关系。下属对上级授权的误解；同事之间互不信赖；领导方式偏误引起工作氛围不和睦等。身在其中，只觉得心里疲劳，特别是在应对这些关系当中，不得已的行为和自己的价值系统发生矛盾时，会给员工的心理带来冲突和迷茫。一般来讲，复杂而紧张的人际关系、防不胜防的组织政治行为、"办公室政治"等是工作压力的主要来源，其对员工造成的压力常常超过工作本身带来的压力。

6. 攻击性行为

组织中的攻击性行为常以暴力侵害或性骚扰的形式出现。在工作场所受到暴力侵害或暴力威胁的个体更有可能体验到负面情绪，并产生消极的行为反应，包括较低的生产率和较高的缺勤率。性骚扰是工作场所中第二种主要攻击性行为，通常是指不受欢迎的、有着性意味的接触和交流。

7. 工作与其他角色之间的冲突

除了职业角色之外，员工在生活中还扮演着诸如儿女、父母、爱人等其他角色。这些角色可能与工作发生冲突，成为压力源。比如，员工与家庭成员待在一起的愿望可能与他必须工作以促进职业生涯发展的愿望相冲突。目前，越来越多的双职工夫妇，已将工作和家庭角色冲突引向尖锐化。

（三）工作压力的后果

有研究表明，我们每天面对的压力是 20 年前人们面对的压力的 5 倍，现在 90%的人打破了正常的生活规律，这不仅仅给员工个人带来了不良反应，还给公司的组织层面带来了负面影响。表 8-1 和表 8-2 分别表示了工作压力的个人症状和组织症状。

表 8-1 工作压力的个人症状

心理症状	生理症状	行为症状
(1) 焦虑、紧张、混乱与易怒 (2) 挫折与愤怒 (3) 情绪过敏与活动过度 (4) 降低有效人际沟通 (5) 退缩与忧郁 (6) 情绪的压抑、冷漠 (7) 与人隔离与疏远 (8) 工作厌烦及不满意 (9) 心智疲劳及降低智力功能	主要有皮肤、肠胃、呼吸、心脏血管、免疫等系统的异常，诸如： (1) 心跳加速和血压升高 (2) 肾上腺素与去甲肾上腺素分泌增加 (3) 胃肠失常，如溃疡 (4) 身体疲乏 (5) 冒汗 (6) 心脏血管或呼吸系统的毛病	(1) 生活习惯改变 (2) 逃避工作 (3) 降低工作绩效与生产力 (4) 直接破坏工作 (5) 饮食过量，导致肥胖 (6) 增加看病的次数 (7) 增加酒精与药物的使用与滥用，如过度饮酒 (8) 食欲减退，体重减轻 (9) 从事危险行为，行为与工作危险性

续表

心理症状	生理症状	行为症状
(10) 注意力不集中 (11) 失去自发性及创造力 (12) 丧失自尊	(7) 头痛 (8) 失眠 (9) 肌肉紧张等	提升 (10) 引起攻击性行为 (11) 与同事、家人的关系不良 (12) 企图自杀

(四) 工作压力与工作绩效

表 8-2　工作压力的组织症状

序号	症　状
(1)	旷职、缺勤
(2)	离职
(3)	职业倦怠
(4)	易发生工作意外事故
(5)	产品品质降低、数量减少
(6)	决策效能低落

在组织情境中,压力过大常常导致不按时上班、缺勤、消极怠工、离职等行为,严重的还可能表现为破坏或盗窃公司物品等,从而降低个人的工作绩效,阻碍组织目标的实现。但是,如果压力过低会给工作绩效带来什么样的后果呢?图 8-1 详细地描述了压力水平与工作绩效的关系。它表明:过低或过高的压力都未达到最佳的绩效水平,只有在适度的压力水平下,员工的绩效才能达到最高。在低压力水平下,员工的警觉性低,缺乏挑战性刺激,处于麻木不仁的状态,不能发挥他们最好地水平。而在高压力水平下,员工唤醒水平过高,环境太具有威胁性,处于疲于应付状态,也不能尽力工作。

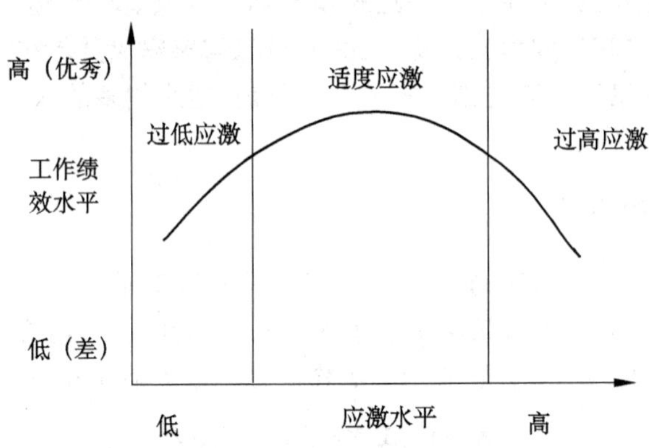

图 8-1　压力与工作绩效的关系

(五) 工作压力的应对策略

1. 员工管理个人工作压力的策略

在面对工作压力时,在大的组织层面还未得到改善的情况下,最迅速、最有效的办法是促进个人的压力应对能力的提升。促进个人层面的压力包括以下几点。

(1) 心态情绪管理。通过各种放松技巧,如自我调节、催眠、生物反馈、进行放松活动等办法,员工自己可以减轻紧张感。从认知心理研究发现,92%的压力是不必要承受的,必须承受的压力只有总数的 8%。对员工个体来说,压力管理的关键在于"消除没有建设性的忧虑”。

(2) 自我疏导压力。当觉得没有自信,总觉得不如人,压力大,还有一些独特的方式。例如,停止批评自己,把注意力放在已做好的部分,停止和别人比较,珍惜自己所拥有的。学习积极正面的自我对话,写一张履历表,把优点都列上去每周浏览,作为自我对话。此外,还可通过听音乐、大声唱、快步走、开怀笑等刺激脑部分泌脑内啡,活化内耳球囊,连接与愉快感觉有关的脑部组织,使情绪发泄,释放压力能量,消除负面情绪。

(3) 时间管理。管理学家彼得·德鲁克说:“有效的管理者不是从他们的任务开始,而是从他们的时间开始。不是从做计划开始,而是从发觉他们的时间实际花在什么地方开始。在某些情况下,时间资源所获得的收益比资本和劳动力两项资源所能获得的收益要大得多、重要得多。”很多人不善于管理自己的时间,感觉很忙,压力很大,如果他们能恰当地安排好时间,那么他们在既定的每天或每周时间段内所必须完成的任务就不致落空。因此,根据轻重缓急进行时间管理,做工作列表,将复杂事情分解成各部分,理解并学会应用基本的时间管理原则有助于员工更好地应付工作带来的压力感。

(4) 扩大社交支持网络。通过与朋友、家人、同事聊天可以排遣压力。因此,扩大自己的社交网络是减轻压力的一种手段,较多的人际交往能够减轻因工作压力过大而累垮的可能性。

(5) 主动寻求专家帮助。有时员工感觉自己有问题,他们会寻求专家帮助或临床咨询。希望得到这种帮助的人可以选择心理咨询、职业咨询、家庭咨询、生理治疗、药物治疗、外科治疗及工作压力咨询。

2. 企业管理员工工作压力的策略

消除工作场所中的压力源。可授权给员工,让员工对其工作和环境有更多的控制,减少来自上司的压力造成的应激;可通过更加有效地选拔和安置员工,使他们的能力与工作要求相匹配,降低与工作相关的压力;可改善工作条件,比如消除噪声和安全隐患、让工作场所处于采光好、通风的状态等,可以降低工作压力。

远离工作场所中的压力源。要消除工作场所中的压力源是一种理想状态下的压力管理策略,相对而言,远离工作场所中的压力源显得更为重要。它有两种:一种是永久地远离压力源,例如把员工调换到更加适合他的工作岗位。如果没有合适的岗位,应该让员工离开组织。另一种是暂时远离工作场所中的压力源。比如可以在连续工作一段时间后实行集体放松,要求员工集体做深呼吸,也可以做一些肢体伸展运动,缓解肌肉张力,加速血液在体内的循环,帮助把氧气输送到大脑,安排下午茶、水果等,让员工暂时远离紧张的工作环境。休假是另一种暂时远离压力源的方法。许多公司都采用带薪休假的办法让员工储存新的能量以更好地应对工作中的压力。

延伸阅读

有一个压力管理的小故事很能说明暂时远离压力源的策略。

培训师在课堂上拿起一杯水,然后问台下的听众:“各位认为这杯水有多重?”有人说是半斤,有人说是一斤,培训师则说:“这杯水的重量并不重要,重要的是你能拿多久?拿一分钟,谁都能拿;拿一个小时,可能觉得手酸;拿一天,可能就得进医院了,其实这杯水的重量是一样的,但是你拿得越久,就越觉得沉重。这就像我们承担着压力一样,如果我们一直把压力放在身上,到最后就觉得压力越来越沉重以至无法承受。我们必须做的是放下这杯水,休息一下后再拿起这杯水,如此我们才能拿得更久。所以,各位应该将承担的压力在一段时间后适时地放下,好好休息一下,然后再重新拿起来,如此才可承担得更久。”

提供社会支持。要关心员工、尊重员工,与员工建立起互相支持的人际关系;实行雇员援助计划,世界上很多著名企业实行员工援助计划,包括个人指导、工作压力分类和应对措施、工作再训练、职业改变咨询、压力过大雇员的家庭支持等。下文将对员工援助计划进行详细介绍。

二、员工援助计划

(一) 什么是员工援助计划

著名管理顾问尼尔森提出:“未来企业经营的重要趋势之一,是企业经营管理者不再像过去那样扮演权威角色,而是要设法以更有效的方法,间接引爆员工潜力,创造企业最高效益。”从 20 世纪 20 年代开始兴起的员工援助计划(Employee Assistance Program, EAP),从根本上把心理健康从个体层面拓展到组织和社会的层面。EAP 是由企业组织出资为员工及其家属设置的一套系统的、长期的福利与支持项目,是心理卫生服务的一种。它根据企业具体情况,通过专业人员对组织进行诊断,提供专业指导、咨询和培训,为企业管理者和员工提供管理以及个人心理帮助的专家解决方案,旨在帮助员工及其家庭成员解决各种职业心理健康问题和行为问题,提高员工在组织中的工作绩效、开发工作潜能以及改善组织气氛和管理。

EAP 由美国人发明,最初用于解决员工酗酒、吸毒和不良药物影响带来的心理障碍。新创企业在机构设置、薪酬方案等诸多方面都处于“试水”阶段,此时用 EAP 来调整所有人的心态、生态、形态和状态,堪称万全之策。国外权威研究表明,通过改善员工的职业心理健康状况,EAP 能给企业带来巨大的经济效益。企业为 EAP 投入 1 美元,可为企业节省运营成本 5~16 美元。有许多知名企业,如 IBM、XEROX、杜邦等企业都有 EAP。据了解,90%以上的世界 500 强企业都购买了 EAP 服务,一些企业专门设置了放松室、发泄室、茶室等,来缓解员工的紧张情绪;或者制订员工健康修改计划和增进健康的方案,帮助员工克服身心疾病,提高健康程度。比如日本企业在应用 EAP 时就创造了一种被称为“爱抚”管理的模式。

完整的 EAP 可以分成三个部分:第一,针对造成问题的外部压力源本身去处理,即减少或消除不适当的管理和环境因素;第二,处理压力所造成的反应,即情绪、行为及生理等方面症状的缓解和疏导;第三,改变个体自身的弱点,即改变不合理的信念、行为模式和生活方式等。如今,EAP 已经发展成一种综合性的服务,其内容包括压力管理、职业心理健康、裁员心理危机、灾难性事件、职业生涯发展、健康生活方式、法律纠纷、理财问题、饮食习惯、减肥等各个方面。解决这些问题的核心目的在于使员工在纷繁复杂的个人问题中得到解脱，减轻员工的压力，增进其心理健康。

我国开始采用EAP模式来关注员工职业心理健康和组织发展只是在最近的几年内才开始的，首先是从跨国公司在华分支机构人员中开始流行起来，国内企业像联想集团、国家开发银行、大唐电力等公司也在为员工开展这一项目。

（二）EAP的内容

EAP的内容主要包括工作环境设计与改善、心理压力应对、沟通和人际关系改善、职业心理健康问题、职业生涯规划、心理危机干预六个方面。

1. 工作环境设计与改善

工作环境设计与改善包括两个方面的内容：一是通过改善工作硬环境，也即改善工作物理环境、工作条件以及工作场所的设施或辅助工具；二是通过组织结构变革、优化工作氛围、企业文化建设、工作轮换等手段改善工作的软环境，在企业内部建立一个舒适安全并具有支持性的工作环境，丰富员工的工作内容，发展和谐的企业文化。

2. 心理压力应对

通过压力管理、挫折应对、情感调节等一系列培训，帮助员工掌握应对压力的基本方法，改善应对方式，提高适应能力。从改变他们对于压力的看法开始，最终改变他们对工作的看法，学会处理压力问题，从而增强他们对于工作压力的承受力。

3. 沟通和人际关系改善

良好的人际关系和交流不但是心理健康的表现，也是人们最基本的心理需求。一方面，通过培养和训练，使员工学会改善人际关系技巧，提高处理人际关系的能力，建立起心理支持系统；另一方面，帮助组织领导者、管理者引导组织内的人际关系朝着积极的方向发展，包括建立合理的组织结构，创造有利的群体环境和交往气氛，改善和促进上下级之间的沟通和交往，理顺组织成员之间的各种关系，为整个组织建立起系统有效的沟通渠道和沟通网络。

4. 职业心理健康问题

由专业人员采用专业的心理健康评估方法评估员工心理生活质量现状，发现导致问题产生的原因，并提出解决方案或建议，对企业员工的一些具体个人问题，比如恋爱、婚姻、家庭、子女教育、个人心理困扰等问题，提供及时有效的咨询、辅导和支持帮助；通过对企业人员进行心理健康调查，根据企业的实际情况和具体要求，为企业举办各层次具有针对性的职业心理健康讲座、咨询、团体辅导（培训）以及搭建专业心理服务网络平台。

5. 职业生涯规划

对个体作出专业的诊断与详尽的评估，然后根据组织的规范，针对个体的具体情况作出合适的个性化设计（包括组织内的职业生涯设计乃至人生的规划），继之以适当地修正与持续地督导，促进个人潜能的充分开发与价值的实现，同时满足组织所要求达成的价值需求。

6. 心理危机干预

当员工的不良嗜好、身心疾患困扰、家庭或婚姻生活失败、降职或解雇、创伤性应激、暴力或自杀倾向等个人问题引发心理危机的出现时，通过个别心理咨询、小组辅导、团体训练等一系列干预方式，帮助员工掌握提高心理素质的基本方法，增强对心理问题的抵抗力。管理者通过咨询和帮助，掌握员工心理管理的技术，能够在员工出现心理困扰和发生心理危机时，及时找到适当的处理方法。

（三）EAP 的实施

EAP 实施程序通常包括以下几个步骤。

(1) 把脉与诊治。由专业人员采用专业的心理健康评估方法评估员工心理生活质量现状及其问题产生的原因。针对造成问题的外部压力源本身去处理，即减少或消除不适当的管理和环境因素。

(2) 宣传与推广。搞好职业心理健康宣传，利用海报、自助卡、健康知识讲座等多种形式，引导员工对心理健康形成正确认识，鼓励其遇到心理困扰问题时积极寻求帮助。

(3) 改善环境。一方面，改善工作硬环境——物理环境。另一方面，通过组织结构变革、领导力培训、团队建设、工作轮换、员工生涯规划等手段改善工作的软环境，在企业内部建立起支持性的工作环境，丰富员工的工作内容，指明员工的发展方向，消除问题的诱因。

(4) 全员培训。开展员工和管理者培训，通过压力管理、挫折应对、保持积极情绪等一系列培训，帮助员工掌握提高心理素质的基本方法，增强对心理问题的抵抗力。

(5) 心理咨询。组织多种形式的员工心理咨询，对于受心理问题困扰的员工，提供咨询热线、网上咨询、团体辅导、个人面询等多种形式的服务，改变个体自身的弱点，即改变不合理的信念、行为模式和生活方式等。

延伸阅读

从个人健康到组织健康

据了解，目前一些国内企业已经意识到员工健康问题，特设了健康辅导人员为员工提供服务，如百度的首位健康辅导师日前已经上岗，但员工往往会有隐私方面的顾虑。由第三方 EAP（员工援助计划）机构来担任这一工作，既专业又能最大限度地打消员工不必要的顾虑。除了一些跨国企业在华机构之外，不少大型国内企业，如联想，也已经在几年前引进了 EAP。

虽然说，EAP 为解决职业心理健康问题，缓解企业员工因心理健康问题造成的亚健康状态寻找到一条解决路径，但它仍然只是企业健康管理的一个方面！WHO 对健康的定义是："健康不仅是没有疾病，而且是身体上、心理上和社会上的完好状态。"

在美国，著名的投资公司摩根士丹利是这样为员工搭建服务健康平台的：通过和健康保险公司合作，为员工提供每年一次的健康体检服务；通过和专业健康医疗机构（Mayo Clinic）合作，利用 Mayo Clinic 的医疗背景、经验和专业知识，为员工提供 24/7（一个星期七天，每天二十四小时）的专业咨询服务，帮助员工分析和解决包含健康在内的各种各样的个人问题，如压力、婚姻与家庭困难、童年和青年问题。主要通过专业的个人咨询师根据员工健康状况进行专业健康分析，并且为员工提供专业的健康咨询类及健康跟踪服务；公司人力资源根据 Mayo Clinic 提供的员工健康资料，建立员工个人健康档案，为员工假期安排、福利、绩效管理、职位提升等提供参考。

在国外，企业健康管理的概念相对成熟，企业员工作为企业的无形资产受到了应有的重视，美国纽约大学的 Baruch Lev 教授是研究企业"无形资产"的国际权威，在对标准普尔 500 强企业的研究表明，在过去 20 多年中，平均一个企业的"有形资产"已从 70%左右降到了 15%左右，取而代之的是企业的"无形资产"，而以"无形资产"为企业核心价值是一个现代企业的标志。造就企业"无形资产"的最重要部分是"创造力"。

人才是企业最重要的"无形资产"。当企业面对"如何保护精英人才，降低人力损失风险"、"企业高管层普遍亚健康状态"、"刚提拔的公司副总不到三个月就住院了"等问题的时候，谁还能说健康只是简单的个人问题呢？

第三节　态度与行为改变

态度是联系个体内、外世界的桥梁。由态度出发，向内可研究个体的心理状态，向外则可对行为进行某种预测。态度有行为成分。社会心理学家研究态度的初衷，很大程度上就是认为态度决定行为，通过态度可以预测人们的行为。但大量的研究表明，人们的实际行为常常与态度不一致，而且这种不一致，在大多数情况下并没有影响人们的生活质量。很多人认为抽烟有害，但仍然吞云吐雾。故此，有必要研究态度与行为改变的关系。

一、态度的概念与构成

（一）什么叫态度

在一般语言中，人们会说某人"具有"某种"态度"，某人"有"某种"态度问题"，或是"态度决定胜负"。人们将态度视为名词，暗指某些真实的、可触及的东西，某种可以影响拥有这种态度者之行为的东西。"态度"在日常生活中的使用是松散的，人们经常使用"态度"这个词，也因为太熟悉，使得几乎无法看清这个词（Fleming，1967）。

延伸阅读

刘墉曾以一则小故事说明态度：父子二人经过五星级饭店门口，看到一辆十分豪华的进口轿车。儿子不屑地对他的父亲说："坐这种车的人，肚子里一定没有学问！"父亲则轻描淡写地回答："说这种话的人，口袋中一定没有钱！"

什么是态度？态度是指主体对特定对象作出价值判断后的反应倾向——要么喜欢，要么不喜欢。当说“我喜欢我的工作”时，就是在表达对工作的态度。

大多数心理学家认为，态度是由认知、情感、行为三种成分构成的。“歧视是错误的”这种信念是一种评价性陈述，这样的观点也是态度的认知成分(Cognitive Component)。它为态度的一个更为关键的成分——情感成分(Affective Component)，奠定了基础。情感是态度中的情绪或感受部分，它在下面这个陈述中可以得到反映：“我不喜欢乔，因为他歧视少数民族。”最后，情感能够导致行为结果。态度中的行为成分(Behavioral Component)是指个体以某种方式对某人或某事作出行动的意向。接着上面的例子，“由于我对乔的感受，我可能会选择避免和他往来”。再如，“老板很有魄力，非常随和”是某员工对老板态度的认知成分；“我很钦佩我的老板”是该员工对老板态度的情感成分；“我愿意与我的老板一起讨论事情，有时也偶尔开开玩笑”是该员工对老板态度的行为成分。

例如，一名员工没有像他期望中的那样获得提升，而他的同事获得了这次机会。我们可以从三个组成部分看该雇员对主管的态度：认知(该雇员认为他应该获得这次晋升机会)、情感(该雇员非常讨厌他的主管)、行为(该雇员做跳槽准备)。正如我们之前提出的，虽然我们一般认为认知引致了情感，而情感又引致了行为，但事实是，这些组成部分通常很难进行区分。

(二) 态度的类型

与工作相联系的态度包括员工对工作环境等方面的积极或消极的评价。主要有三种：工作满意度、工作参与以及组织承诺。

1. 工作满意度

工作满意度(Job Satisfaction)是指由于对工作特点进行评估而产生的对工作的积极感觉。如果一个人拥有较高水平的工作满意度，说明他对工作持积极的态度，而对工作不满意的人，则对工作持消极态度。当人们谈论员工的态度时，更多指的是工作满意度。事实上，这两个词经常可以互换使用。越来越多的证据表明，美国的工作满意度正在下降。我们很难知道其中的确切原因，不过最近的研究发现了很多有趣的结果。所有年龄段、所有收入阶层及美国的所有地区都存在工作满意度降低的趋势。那么，哪里存在最强烈的不满呢？仅有1/5的人对他们的晋升和红利计划表示满意。而令我们大跌眼镜的是，高收入人群的工作满意度下降得最厉害(虽然他们的工作满意度仍比低收入人群高)。为什么会有这么多人对工作不满意呢？众多公司缩小规模，以致员工负担过重是原因之一。缩小规模的同时还使留下来的员工士气低落。为什么呢？因为留下来的员工要接手之前同事的工作，并且他们还会经常想起那些人，也会想下一个失业的人会不会就是自己。

2. 工作参与

工作参与(Job Involvement)是指个体心理上对他的工作的认同程度，即认为他的绩效水平对自我价值的重要程度。相对来说，人们对工作参与的研究要比工作满意度少。工作参与程度高的员工对他们所做的工作有强烈的认同感，并且真的很在意自己的那份工作。与工作参与密切相关的一个概念是心理授权。心理授权是指员工对工作环境、工作能力、工作意义及工作自主性的影响程度的感知。例如,在新加坡进行的一项针对护理管理者的研究发现,优秀的领导者通过如下方式授权:让员工参与决策、让员工感觉到他们的工作很重要、让员工认为他们是在“做自己的事情”。

管理效应

万科为激发“80 后”员工的积极性,建立了创新联盟。该联盟由无边界的跨部门小组、不同专业、不同岗位组成,每年要提出一些创新提案。经过评估,这些创新提案一旦被采纳变成现实的生产方式或者管理模式时,可以得到高额的奖励。创新联盟曾研究出一种涂料的配制方法,既达到节能的指标,还帮公司节省了 680 万元的成本。

3. 组织承诺

组织承诺(Organizational Commitment)是指员工对于特定组织及其目标的认同,并且希望保持组织成员身份的一种心态。所以,高工作参与意味着一个人对具体工作的认同;高组织承诺则意味着对所在组织的认同。组织承诺包括三个维度:规范承诺、持续承诺及情感承诺。有理由相信,承诺的概念对雇主和雇员来说都不如从前那么重要了。这种 30 年前存在于雇主与雇员之间的不成文的忠诚契约,已经受到严重的破坏。另外,那种员工在大部分职业生涯中都待在一个组织中的观念也越来越过时了。因此,有关员工与企业联系的测量,例如,组织承诺,对于新型的雇用关系来说存在一定的疑问。这表明,作为与工作相关的态度来说,与过去相比,组织承诺的重要性降低了。在这里,我们预期,那些与职业承诺有关的内容会成为更恰当的变量,因为它们更好地反映了今天不稳定的劳动力。

二、态度的特征

态度是个人对特定对象以一定方式作出反应时所持的评价性的、较稳定的内部心理倾向。其基本特征表现在以下几个方面。

(1) 态度是一种内在的心理倾向。人们通常理解,态度总是显露在面部表情上、谈吐与举动中的各种表现,如发表肯定或否定等意见,显出喜欢或厌恶等感情,作出接近或拒斥等行为。事实上,态度一般都会表现于外,这称作态度行为(Attitude Behavior)或表态;但也可以不以外显的形式表现出来,有些甚至深藏于内心,一辈子都不表露,成为未表的态。任何一种行为,都可以分为两个阶段,一是内在准备阶段;二是外部完成阶段。态度是指人依据自己的经验或观点、对特定的事物在内心进行意义估量或凭直觉作出如何对待的一种心理倾向。它是一种尚未表现于外的内心历程或潜在的心理状态。

(2) 态度总有一定的对象,它是包罗万象的,其中如人(他人、自己)、物、事件、群体、制度、民族、国家以及代表各类事物的观念等。这些人与事物一旦成为态度的对象,就称作态度客体(Attitude Object)。没有客体的态度是不存在的。任何一种态度都有针对性,总是对一定的客体而发生,所以它反映了主体与客体间的关系。俄文 Отнощение 既可译作“态度”,也可译作“关系”,正说明态度与关系密不可分,它是关系的表现。

(3) 态度具有价值判断的成分和感情色彩。任何态度都是对特定事物的意义性或重要性进行估量(即评价)后所产生的某种看法、体验或意向,如重视或轻视、肯定或否定、赞同或反对、喜爱或厌恶、趋向或回避、接受或拒绝,以及处于上述两极端之间的一种中性位置状态。态度,不管是通过直觉还是通过分步思维过程而产生,它总是关于事物对自己有多大利害关系的一种价值判断或情绪评定的结果。

(4) 态度具有一定的稳定性与持续性。它一旦形成,就将持续一段时间,不轻易改变,这叫做态度的抗变性。这个特点之所以出现,是由于态度的形成具有深层的原因,即它是客体的特性和主体已有的种种需要、习惯、经验、理念交互作用并建立较稳固联系的结果。要改变一种态度就要涉及整个或部分联系系统的改造,它不是轻而易举的事。对于这个问题,我们将在下面作专门的阐述。

三、态度的功能与影响

(一) 态度的功能

社会心理学家卡茨(D. Katz,1960)提出,态度有四个方面的心理功能。

1. 工具性功能

个体倾向于发展能给自己带来利益的态度。一种对象满足个体需要的价值越大,个体对它的态度越积极;一种对象越是不利于个体需要的满足,个体就越倾向于对其形成拒绝或逃避的态度。态度是个体在社会生活中,按照功利原则进行取舍的结果,是个体社会交换和社会适应的产物。

2. 自我防御功能

个体倾向选择有利于自我防御的态度。这种防御有利于自我形象及自我价值的确立,并能减少焦虑,转移情绪冲动。

3. 价值表现功能

自我防御功能强调个体被动保护自我形象与价值,而态度的价值表现功能强调个体主动表现自己。日常生活中,人们通过表明自己的态度,来显示自己的社会价值。

4. 认知功能

个体对情境中的客体通过态度来赋予其意义。个体获得对某种事物的态度,就好像找到一个应付新情境的向导。已经形成的态度,会影响对新的情境的认知。

(二) 态度的影响

态度对一个人的心理与行为具有多方面的影响与作用。已有的研究表明它具有多种作用。

1. 态度与社会性判断

态度的稳定性,往往会使态度一旦形成,便成为一个人的习惯性反应,久而久之便构成了个性的一部分,使人们对某些特定的事物保持一种或强或弱的固定看法。例如,在习惯上,人们往往认为山东人高大而淳朴,浙江人瘦小而精干,这种刻板的看法常常阻碍一个人去正确辨别群体中的个性差异,从而影响正确的社会性判断。

 相关链接

加拿大心理学家莱波特曾在蒙特利尔对英裔大学生和法裔大学生的社会态度进行了有趣的实验。学生被告知：这次实验想要大家只凭声音来判断说话者的人格特征，因此请大家务必特别注意说话者的声音和语调，然后再让他们听取10个人朗诵同一篇文章的录音，5个人用英文念，5个人用法文念。实际上只是5个人，每个人都使用两种语言，结果出现两个有趣的现象：

(1) 同一个人，当他用英语说话时，比他用法语说话能获得更好的评价。同一个人，当他在说英语时，比他在说法语时被判断的个子高，有抱负，可靠、亲切、有风度。用法语说话所获得较高的评价，只是有幽默感。

(2) 对说英语的人，法裔学生比英裔学生评价更高。实验说明，一般人很容易根据现成的社会态度去判断别人，甚至少数群体成员会采取多数人共有的态度，或模仿权威者的态度，以提高自己的地位和价值，消除内心的某种不安。在加拿大，英裔人的社会背景优越于法裔人，所以多数法裔青年认为自己不如英裔青年。

2. 态度与忍耐力

忍耐力又称为耐挫折力，即一个人在遇到挫折以后，对挫折的适应能力或是对挫折的容忍力。这种忍耐力往往与个体对待挫折对象的态度密切相关。例如，一个战士非常热爱自己的祖国，因而他在战场上对待挫折就会具有高度的忍耐力，即使是酷暑严寒、枪林弹雨，他都能历尽险阻，坚忍不拔，顽强奋斗，对祖国忠贞不二。

相关链接

为了证明态度与忍耐力的关系，来波特曾对一批大学生对疼痛的忍耐力进行测定，测定的办法就是用一个改装的血压器，即在血压器的气袋上端装一个尖硬的橡皮插头。当增加气压时，橡皮插头会刺痛人的手腕，压力越大，痛觉越深。

实验分成两组，一个是实验组，一个是对照组，每组被试者均为事先安排好的(不让被试者知道)，即犹太教徒和基督教徒各半。第一次测定之后，被试者被告知为了验证每个人耐痛阈的准确性，请稍微休息片刻，再做第二次测定。然后利用休息时间，告诉基督教徒的被试者："根据某一报告，基督教徒的耐痛力不如犹太教徒强"，而对犹太教徒的被试者则反过来说："根据某一报告，犹太教徒的耐痛力不如基督教徒。"而对照组的被试者则什么也不告诉。

经过如此安排，第二次测定的结果，实验组两种教徒的耐痛标准均有显著的提高。而对照组的被试两次的测定则无任何差别。这是因为被试者对自己所属宗教团体的效忠心理(态度)影响了个体的行为，即个体态度的改变引起了忍耐力的改变。这个实验给我们两点启示：第一，一个员工对自己所属机构的认同感或忠心，能提高他对挫折的忍耐力。第二，在组织中，群体的某种行为意识(态度)将促使个体行为产生戏剧性的变化。

3. 态度与工作效率

过去人们曾经认为，员工对工作的积极态度，必然会导致工作效率的提高。20世纪

30 年代，人际关系学派通过霍桑实验也认为高度的工作满意感必然带来很高的生产效率。由此美国心理学家赫茨伯格把员工的“满意—不满意”作为生产效率的指标，提出“双因素理论”。但是，后来经过全面和深入的研究以后发现，工作态度与生产效率之间并不是一对一的简单关系，它们之间由于受到许多中间变量的影响，存在着十分复杂的关系。布雷菲和克罗克特通过近 30 年的调查研究表明：员工对工作所持的态度与生产效率之间并无必然的联系。其主要原因有以下两点。

(1) 因为人的因素是很复杂的，对于一般员工来说，生产效率并非个人的主要目标，它只是借以达到其他目标的一种手段。例如维持生活，受到尊重或自我实现等。有时即使一个人对工作持消极态度，但是为了达到其他各种目标，也可能提高工作效率。

(2) 人的需要是各种各样的，当个体生活上的需要获得满足以后，其目标便转移到社会性的需要。例如，希望获得朋友和同事的好感，希望自己和大家同属于某一群体而不被群体所抛弃，个人的工作效率不得过高或过低，过高超过同伴，可能被大家指责为“破坏进度”或“出风头”，而过低则会影响大家的报酬。另外，不能把对工作感到满意或不满意看成影响工作效率的唯一因素。因为满意的工作环境虽然能够使员工坚守岗位，有时也会有降低生产效率以谋求与大家一致的可能性。反之，对目前工作感到不满意的员工，为了不拖大家的后腿，不让别人看不起自己，也会有加紧工作提高生产效率的可能性。

此外，劳勒和波特尔还研究了满意的工作态度同生产效率的关系。他们认为，满意的工作态度与工作成绩或生产效率之间存在着第三个变量，即奖金因素的作用。他们通过实验证明，好成绩和高效率导致了奖励，而公平的奖励能够引起满意的工作态度，因此认为高效率可以导致满意的态度。为此他们提出了一个说明工作成绩与满意态度的关系模型。这个模型说明，内在和外在的奖励以及对奖励是否公平的知觉，决定了成绩与满意态度的关系。这一点，对目前我国企事业单位所实行的各种奖励制度，具有一定的参考价值。

管理效应

小王是厂里有名的捣蛋鬼，工作马虎，又不听话，经常挨批评。他对批评也不在乎。

上个月厂部收到感谢信：小王见义勇为，协助公安部门抓住抢劫犯。厂长公布了感谢信，并在大会表扬小王；会后车间主任也勉励他发扬成绩，再接再厉。从那以后小王变了，按时上班，认真工作，热情待人，当月的产量和质量均列班里前茅。

四、态度对行为的改变

有关态度的早期研究作出这样的假定：态度作为原因影响到行为，也就是说，人们所持有的态度决定了他们所做的事。我们的日常经验也表明了这种联系。人们看了那些自己喜欢的电视节目，员工会努力逃避他们感到讨厌的工作，这些现象似乎很符合逻辑。然而，20 世纪 60 年代末，态度与行为之间的这种假设关系受到了一篇研究综述的挑战。在对大量调查态度——行为关系的研究报告进行研究的基础上，研究者得出结论，态度与行为之间并无相关关系，即使有，也不过是很弱的相关性。不过，近期的研究还是表明，如果考虑一些调节变量，态度可以有力地预测未来的行为，并且可以证实费斯廷格早年提出的这种态度——行为关系。

管理心理学认为，改变人的行为是一项复杂而艰巨的工作，因为人的行为是由多种因素构成的，仅仅改变人的某一方面还不能改变人的行为，从个体行为的内部因素来分析，行为的改变应包括三个方面：一是知识的改变。知识的改变是行为改变的一个必要条件。知识的改变一般来说比较容易做到，它可以通过读书、学习、听报告、看文件报纸、个人进修和信息交流等途径来改变人的知识结构，使人认识到改变行为的必要性。二是态度的改变。态度与知识不同，它是人们对事物的评价倾向，与人们的认识是不可分割的。态度中往往还受到集体、亲友、朋友等态度的影响。并且要经过一个服从、认同、同化的变化过程，因此，态度的改变要比知识的改变困难一些。三是行动的改变。行动的改变是行为结构系统中的一个关键方面，在行为改变过程中，从认识和态度的改变到行动的改变是一次飞跃，认识和态度的改变是行为的前提条件，行动改变是行为改变的最终结果，只有改变了人的行动才能达到改变行为的目的。因此，行动改变比前两种改变更困难、更重要。

人在社会生活中，不仅会对他人及各种社会事物产生认知活动，而且也会在认知的基础上对人和各种事物产生一定的态度。态度会影响人如何去对待事物，并也左右着人如何去行动和取得何种社会效果。因此，凡是在人际交往、相互制约与需要彼此控制的场合人们都很重视对方的态度，以预见其后续的行为，也较注意自己态度的表现或想方设法去影响或改变对方的态度。比如，在政治生活中，政治家很关心群众的政治态度，因为它反映着人心向背，而每个公民处于不同的动机，也都时时进行着各种各样的表态。在教育过程中，学生对教师的态度十分敏感，而教师为搞好教学、教育工作也要狠抓学生的态度及其改变。在日常工作和生活中，人们为了建立、维持和改变人际关系，无论是领导与被领导者之间、同事之间、朋友之间、家人之间也都非常注意彼此的态度。有时由于一方疏忽把握自己的态度，偶然的挤眼、冷漠，就会被人误解为不友好，从而影响了关系或坏了事；有时也由于过分热情而被人误解为“别有用心”。态度表现不仅是人际交往的媒体，也往往是社会行为的先导。态度只要表现于外，就体现出一个人的内心状态和多方面的信息，它是预测行为的一种标志。要想改变人们行为的趋向，就必须设法去改变人们的态度。无论是报刊或演讲等形式的宣传、商业广告的推销，无非都在于要维持或改变人们的态度。态度将随着社会环境、周围情境的变化而变化，但又不是机械地、必然地会发生变化的。它的变化或维持都遵循一定的规律。

相关链接

良好工作态度的六大表现

每个人都有不同的工作轨迹，有的人成为公司里的核心职工，受到领导的器重；有的人一直碌碌无为；有些人牢骚满腹，总认为与众不同，而到头来仍一无是处……众所周知，除了少数天才外，大多数人的天赋相差无几。那么，是什么在造就我们、改变我们？是“态度”！态度是内心的一种潜在意志，是个人的能力、意愿、想法、感情、价值观等，在工作中所体现出来的外在表现。良好的工作态度主要有6种表现。

表现一，踏实认真，坚持到底

简单的事情重复做你就是专家！重复的事情用心做你就是赢家！

每个人，都应该专注于自己的领域，并坚持到底。因为人的精力是有限的，唯有专注如一，将所有的力量施于一点，才能超越别人，取得持久而非凡的成就。这种专注如一的人，就是用自己的目标来引导、管理和推动自己职场生涯的人。

表现二，情绪察觉，自我控制

体察自己的情绪。也就是说，时时提醒自己注意"我现在的情绪怎么样?"例如，当你因为朋友约会迟到而对他冷言冷语，问问自己："我为什么这么做？我现在有什么感觉?"如果你察觉你已对朋友三番五次的迟到感到生气，你就可以对自己的生气做更好的处理。有许多人认为"人不应该有情绪"，所以不肯承认自己有负面情绪。其实，压抑情绪反而带来更不好的结果，学着体察自己的情绪，是情绪管理的第一步。

自我控制力，就是自我行为判断后进行的理性行为，这种理性的判断和执行就构成自我控制力。往往就是要实现对很多感性的行为控制，比如遇到事情不分青红皂白就生气，这是失去自我控制力的表现，而有自我控制力就是凡事先经大脑分析，作出明确判断之后再对现状进行处理。

表现三，充满自信，承担责任

只要正确认识自己，能全面地看待他人和自己，就会感觉自己没那么差，而可能是自己太在乎他人的看法或想法。而他人的看法或想法往往存在片面性，引起你不必要的自卑感。你只要将做不好的事，反复多做几次，你就会慢慢熟悉，事情能完成得很好，多给自己鼓励，相信自己有这个能力。

主动承担责任是优秀员工必备的素质！作为一名优秀的员工，即使你没有被正式告知要对某事负责，你也应该努力做好它。如果你能表现出胜任某种工作，那么责任和机会就会接踵而来。在任何一个公司，责任感都是员工生存的根基。因此，是否勇于承担责任正是优秀员工与一般员工的区别所在。

表现四，积极适应，努力创新

也许你正在抱怨环境如何不好，也许你正面临危机而焦虑不安，看了这则故事是不是有所启发？心理应激理论认为，危机是一种催化剂，可以打破原有的定式或习惯，寻求新的解决问题的方法。只要你积极去适应，就会增强抗挫折的能力，提高适应环境的能力。

适应也有多种方式，消极的适应是一种不健康的适应，它以牺牲发展为代价，逆来顺受，"打掉牙往肚里咽"，久而久之，会导致精神疾病。而积极的适应是一种健康的适应，它有两层含义：一是改变自己，顺应环境或顺应环境中的某些变革；二是不断地抗争和选择，以积极的态度提高自己各方面的能力，从一个目标走向另一个目标。没有人愿意自找倒霉，但危机一旦降临，躲是躲不过的，我们别无选择，只有去积极适应。

成功的创新，一定是和开放后的"流出"有关系的，也就是说，必须造成信息的流出。

比如说美国的麦当劳，它既是一个快餐店，也包含了一种文化，它居然能够在全球许多地方开了分店。麦当劳吃的东西，是什么餐呢？是正宗的西餐吗？肯定不是，那会让西方正宗的西餐大师脸红的。因此只能够叫它麦当劳餐了。那么，国内现在也有快餐店模

（九）心身失范加重

近年来，社会经济的快速发展，竞争压力的增加，导致青年的心理卫生问题有明显增加的趋势。因心理和行为问题导致的恶性事件屡有发生。择业、社交、学习、生存过程中产生的抑郁、偏执、孤独、敏感心理症状持续增多。性、毒品犯罪等失范出轨现象更是成为社会负潮流中不可忽视的支流。例如，我国第三次精神卫生工作会议透露的数据显示，有焦虑不安、恐惧、神经衰弱和抑郁情绪等问题的大学生占学生总数的16%以上。可见，现代青年的心理行为障碍问题日趋严重。造成青年压力过大的另一个原因就是单一的价值标准。道德、实践能力、社会能力则往往不受重视。单一的价值标准必然给青年带来了心理上极大的压力和威胁。

三、青年人成功心理行为

每位青年都在为自己事业的成功而奋斗着。了解青年成功心理行为规律，无疑对追求成功的青年具有重要意义。

（一）青年智力的开发

青年成长的过程，就是青年人力资源开发的过程。人力资源开发的一个基本内容就是智力的开发。智力是一个人顺利完成各种活动所必需的一种综合性的基本能力。在我国，心理学界一般倾向于将智力定义为一般能力，包括观察力、注意力、记忆力、想象力和思维力等基本要素。其中，以思维力为核心。智力在青年期仍然处于一个较快的发展时期，并在青年末期达到高峰。可见，在这样一个非常关键的时期，我们开发和培养青年智力是非常有必要的。

培养观察力。观察是思维的知觉，是青年认识世界、改造世界的基础。一个成功者只有具备敏锐的观察力，才可能发现实物的本质特征，并从中得到启迪和创新的灵感。青年观察力的培养主要有养成有目的、有条理的良好观察习惯；培养有耐心、细心的良好观察心理品质；进行观察方法的训练；克服观察中的一些偏见，防止在观察中掺入主观因素。

加强注意力。注意是一种心理活动的内部机制，对心理活动起着控制和调节作用。事物纷繁复杂，注意可以保证人们能及时集中自己的心理活动，正确地认知客观事物，从而更好地适应周围环境。注意力对于工作、学习都具有非常重要的意义。没有注意，就没有辨识。青年一定要培养注意力。注意力的培养主要是：培养注意的动机；锻炼注意意志，排除与任务无关的内外部因素的干扰；培养间接兴趣；培养注意力集中能力、分配能力。

锻炼记忆力。记忆是学习、工作内容的储存和再现过程。青年人是人生记忆的最佳期，要把自己的记忆力更进一步地挖掘，掌握记忆成功的条件，如注意力集中、记忆目标明确、积极思维、力求理解、及时复习、加强联想、实践出真知等；学习、掌握科学的记忆方法，如定位记忆法、语音记忆法、网络记忆法等。

发挥想象力。科学的记忆方法，将使记忆效果“事半功倍”。青年人自己已经有了一定的记忆经验，要努力根据自己的情况逐步总结适合于自己特点的记忆方法，同时也要学习与掌握行之有效的一般的记忆方法。如培养丰富的生活经验，保持和发展好奇心，多看一些神话、科幻作品，多做一些现象练习，在幻想、想象时，也要实事求是、培养自己丰富的情绪等。

锻炼思维力。思维是人脑对事物本质特征和规律性联系的概括的和间接的反映。锻炼思维力是开发青年智力资源的关键性问题。因此，要注意发展形式逻辑思维力、培养辩证逻辑思维力、培养青年的创新思维力等。

（二）非智力因素与成功

非智力因素是一个较复杂的概念，有广义和狭义的区分。广义的非智力因素是指除智力因素之外的全部心理因素；狭义的是指动机、兴趣、情感、意志和性格。非智力因素对个体成功具有极其重要的意义。

成功者除了卓越的才智以外，还有情商。情商就是非智力因素。主要包括：勤奋好学、不知疲倦的工作；为实现理想勇于克服各种困难；虚心好学和实践；坚信自己的事业一定成功；争强好胜，有进取心；对工作有高度的责任感等。

无论从我国对非智力因素的重视、西方对非智力因素的研究，还是从非智力因素、智力、知识三者间的关系看，都必须培养非智力因素。青年培养非智力品质应注意的内容：①兴趣与动机方面。要培养对专业、事业的稳定而持久的兴趣，要有求知欲。②情绪方面。青年人情绪不太稳定，而稳定的情绪对于成功是至关重要的。③意志品质方面。青年在事业发展的路途中，必然会遇到各种荆棘。耐心的观察、持久的注意，艰苦的记忆，积极地思考，独立的探索都需要坚强的意志品质支撑。因此，能否成功，能否继续坚持自己的远大的目标，取决于青年是否具有极强的意志力。④性格特征方面。性格即命运。青年人应努力锤炼自己的个性，努力培养勤奋、勇敢、自信、谦逊、谨慎、乐群的性格。

（三）时间管理与成功

随着现代生活节奏的加快，时间已经成为极其宝贵的资源。有些人似乎总能完成很多的工作，但这并不是因为他们拥有的时间比别人多，而是由于他们擅长对时间进行管理。“时间是生活的本质。”亚历山德拉·斯托达德在其所著的《有生命的时间》一书中这样说道。她认为，我们无法在生活中创造时间，而是“在时间中创造我们的生活”。青年处于自己事业的开端期，培养自己的时间管理能力是非常有必要的。主要做好以下几点：研究自己目前的时间管理状况；重新设定目标；将时间用到最有价值的目标上去；剔出一些不重要的、达不到的目标；工作时集中精力。最主要的是解决时间浪费的问题，主要有：

利用零碎时间。零碎时间是指经常被人们忽视而浪费的小时间，如等待开会、上下班的时间等。一个真正高效的人无论是在工作中还是生活中都会充分利用这些时间。

减少做白日梦的时间。在工作的时候“天马行空”会降低工作生产力。

不要在两个任务之间浪费太多时间。许多时间是在两个任务之间浪费的。完成一项工作之后可以休息 10 分钟，收拾一下工作，然后投入下一项任务中去。

为某项工作设定时限，然后下定决心在时限之内完成这项工作。

行事果断。尤其当你碰到一个非常规的问题时，应该尽快行动。当然，这并不代表鲁莽行事，而是要迅速确定解决方案并立刻执行。

 相关链接

大学生最常见的三个时间管理问题

问题一："我想学习但是死活学不进去怎么办？"

典型的表现是在图书馆泡了一整天，下午出来感觉头昏脑涨，仔细想想，好像什么都没学进去，还白白浪费了一整天的时间，让我们看看这里面发生了什么事，回想一下，"去图书馆看书"前面是"我不得不去"，还是"我选择去"？很多同学都还在高中和初中时代的惯性里，"学习是为老师，是为父母，是为所谓的未来，和我扯不上一点关系"。这是"被学习"，所以"不得不去图书馆看书学习"，进而"死活学不进去"。

问题二："我不知道将来做什么，也不知道现在学什么才是今后能用上的，纠结啊！"

请问有谁知道自己将来做什么？哪怕是知道下一秒会发生什么？没有人，所以作选择和作计划必须站在自己看得见方向的高度，同样是 1.2 米的距离，在地上，你可以轻松跨越，但如果让你站在 30 米的高空，同样是 1.2 米，你还能轻松跨越吗？恐怕很难，你可以从低到高慢慢试验，总有一个高度你会突然变得很害怕和犹豫，这个高度就是你可以掌控的范围，当高度再升高时，你就无法掌控了，所以会纠结！

问题三："我经常被突发事件干扰，所以总是没法按计划完成任务。怎么解决？"

突发事件是调皮的孩子，总是出其不意的在你面前哭闹，让你不得不去关注他，多陪陪他。大学时候的临时突发事件和工作之后略有不同，大学往往是"诱惑"，工作往往是"打断"，所以，在大学时代要想不被突发事件干扰，就要经得起诱惑，比如说你准备看书的时候有人找你踢球，你准备写论文的时候有人约你吃饭，这时候你需要有自制力和目标感，其实也就是信守对自己的承诺，计划下午看书，实际上就是一个承诺，一个对自己的承诺，不要轻易地去改变它。

（资料来源：大学生最常见的三个时间管理问题[EB/OL]. http://www.xuexila.com/time/12539.html,2013-09-22)

（四）择业与成功

俗话说，"女怕嫁错郎，男怕入错行"。可见，职业选择的正确与否直接关系到人生事业的成败。一次对全美成功人士的调查，显示：在他们之中，94%以上的人正在从事与他们兴趣、特长、气质与性格匹配的工作。的确，如果你从事的工作与你个人不相契合，你不得不费更大的力气来适应，或许用尽全力，也不会有优越的表现。因此，青年人要对自己的兴趣、性格、气质、能力、价值观和天资形成一种现实性的评价，然后根据各种职业的信息作出相应的职业抉择。职业选择的一个基本准则是人—职匹配。主要包括兴趣、能力、气质与性格等方面的匹配。

1. 职业兴趣匹配

"兴趣是最好的老师"，对自己感兴趣的事，人们总是很愉快、很主动地去研究，而且容易取得成就。是否喜爱所从事职业是职业成功的重要因素。1959 年，霍兰德以自己的职

业咨询经验为基础提出了一种关于职业选择的人格类型理论，他把人格类型划分为六种。

（1）现实型(Realistic)

现实型基本的人格倾向是，喜欢有规则的具体劳动和需要基本操作技能的工作，缺乏社交能力，不适应社会性质的职业。具有这种类型人格的人典型的职业包括技能性职业（如一般劳工、技工、修理工、农民等）和技术性职业（如制图员、机械装配工等）。

（2）研究型(Investigative)

研究型具有聪明、理性、好奇、精确、批评等人格特征，喜欢智力的、抽象的、分析的、独立的定向任务这类研究性质的职业，但缺乏领导才能。其典型的职业包括科学研究人员、教师、工程师等。

（3）艺术型(Artistic)

艺术型基本的人格倾向是，具有想象、冲动、直觉、无秩序、情绪化、理想化、有创意、不重实际等人格特征。喜欢艺术性质的职业和环境，不善于事务工作。其典型的职业包括艺术方面的（如演员、导演、艺术设计师、雕刻家等）、音乐方面的（如歌唱家、作曲家、乐队指挥等）与文学方面的（如诗人、小说家、剧作家等）。

（4）社会型(Social)

社会型具有合作、友善、助人、负责、圆滑、善社交、善言谈、洞察力强等人格特征。喜欢社会交往、关心社会问题、有教导别人的能力。其典型的职业包括教育工作者（如教师、教育行政工作人员）与社会工作者（如咨询人员、公关人员等）。

（5）企业型(Enterprising)

企业型具有冒险、野心人格特征。喜欢从事领导及企业性质的职业、独断、自信、精力充沛、善社交等。其典型的职业包括政府官员、企业领导、销售人员等。

（6）传统型(Conventional)

传统型具有顺从、谨慎、保守、实际、稳重、有效率等人格特征。喜欢有系统、有条理的工作任务，其典型的职业包括秘书、办公室人员、计事员、会计、行政助理、图书馆员、出纳员、打字员、税务员、统计员、交通管理员等。

青年可以通过霍兰德职业兴趣测试表来测试自己的兴趣，根据测试结果可以找到适合自己的职业群。

2. 职业能力匹配

对自己的能力正确地认识，是职业成功的重要前提。一个人的能力必须与他所从事的职业相匹配。一般来讲，职业能力包括一般学习能力（智力）、语言表达能力、数理能力、判断能力、图形知觉能力、事务能力、符号知觉能力、运动协调能力、手指灵活度等。不同职业要求不同。

3. 职业气质匹配

气质是指心理活动的稳定的动力特征。心理活动的动力特征是指心理过程的强度（情绪体验的强度、意志努力的程度）、心理过程的速度和稳定性（思维的灵活度、注意力集中的长短）、心理活动的指向性（倾向于外部事物还是内心世界）等方面的特点。气质是一个人与生俱来的，是一个人性格形成的基础，它使人的各种心理活动和行为表现染上个人独特的色彩。每种气质类型都有其自身的职业适应性。职业活动对人们的心理动力特点提出了相应的要求，气质影响职业活动的性质。职业活动对人们的心理动力特点提出了相应的要求，气质影响职业活动的性质，也影响职业活动的效率。一个人本身所具有的职业气质，影响职业选择，决定职业适应性。结合自己的气质特征去寻找适合自己的职业，就能更好地适应职业生活，也能发扬自己的长处，抑制自己的短处，在职场上表现得得心应手。

德国心理学家冯特以感情反应的强度和变化速度作为基础，将气质分为：热血的胆汁质，开朗的多血质，冷静的抑郁质，沉稳的粘液质。与四种气质类型的职业匹配类型如下。

（1）多血质的人活泼、好动，反应灵敏，喜欢与外人交往，兴趣和情趣容易变换。适合做社交活动性、文艺性、多样性、要求反应敏捷且均衡的工作，比如外交人员、管理人员、驾驶员、医生、律师、运动员、侦查员、干警、演员等。

（2）胆汁质的人精力旺盛、脾气急躁、容易冲动，心境变化剧烈。适合做反应迅速、动作有力、应激性强、危险性较大、难度较高而费力的工作，比如导游员、勘探工作者、推销员、节目主持人演讲者、外事接待人员等。

（3）粘液质的人安静稳重、沉默寡言，显得庄重、情绪不易外露。适合做有条不紊、刻板平静、难度较高的工作，比如外科医生、法官、管理人员、出纳员、播音员、会计、调解员等。

（4）抑郁质的人孤僻、行动迟缓，善于观察他人不易察觉的细节，具有内向性。适合做兢兢业业、持久细致的工作，比如技术员、打字员、排版工、检查员、登录员、化验员、刺绣工、机要秘书、报关员等。

相关链接

气质与职业的匹配

Jenny于大学毕业的五年间，前后已换了十几份工作。最长的一份工作干了一年多，而最短的才三天。Jenny很有挫折感，她想知道自己为什么这么失败。定性与定量测评结果显示，Jenny是典型的完美型（抑郁质）人。一般而言，完美型的女性是个思想家，她们对待目标严肃认真，强调做事的先后次序和组织，崇尚美感及才智。另外，完美型的人天生悲观，总是预计将来可能面对问题的最差局面；她们敏感，容易忧虑、阴沉。

综合Jenny的气质特点以及她的从业经历，职涯发展顾问指出：完美型的人喜欢清单、表格、图示和数据，习惯井井有条与有条不紊；而Jenny的大部分时间（近四年）是在广告、公关行业工作，跳跃、速战、灵活的工作氛围与她的个性格格不入；另外，她习惯将上司、同事无针对性的“横冲直撞”的话语认为是对她“有意见或不满”，因而，常常为一两句不经意的“冲话”与同事闹别扭或争吵。很多认识她的人都认为，Jenny不是个好相处的人。

最后，职涯发展顾问建议Jenny发挥个人的气质优势，如擅长处理数据，注意力不易被分散，工作不辞劳苦、细心准确，能很好地独立工作。这样，与完美型气质相匹配的职业有：行政经理、销售信息（数据）分析、会计、研究员等。

现在，Jenny在一家家电生产企业销售部门任销售行政主任，负责统计与分析各区域、渠道的销售数据，及销售费用预、决算控制工作。

（资料来源：你的工作与你的气质匹配吗[EB/OL]. http://www.rc0550.com/article/article.php?newsid=19,2010-12-28）

4. 职业性格匹配

“习惯决定命运，性格决定命运。”性格是个性心理特征中的核心部分，它是一个人稳定的态度系统和相应习惯了的行为风格的心理特征。在职业选择中要了解自身的性格特点，在选择职业时尽量做到职业与性格相匹配。

按个体心理倾向于外部还是倾向于内部来划分，分为外向型性格和内向型性格。内向型性格的人善于思考，遇事谨慎，不善于交往。其优点是遇事沉着，但思路狭隘，容易产生自卑感；外向型性格的人性格爽朗，遇事不怯场，反应快，但缺乏计划性和坚持性，往往凭兴趣办事。

在求职面试时，性格外向的人求职成功率高于性格内向的人。这是因为性格外向的人更善于把自己展示给对方，特别是把自己的长处展示出来。性格内向的人即使有真才实学，但由于不善于展示自己，面试人员也就无法通过感性印象认识他。在进入工作岗位后，性格内向的人会因为踏实、稳重受到赞赏和重视。

性格直接影响甚至决定个人所从事的职业活动。在选择职业时需要考虑个人性格，选择适合个人性格特点的职业和工作。一般来说，外向型性格类型的人更适合从事能充分发挥自己热情和开朗自信的特点、并与外界有着广泛接触的职业；内向型性格类型的人比较适合从事有计划的、稳定的、不必过多与人交往的职业。

四、青年人的道德修养

什么是道德？道德又称伦理，是调整人与人之间以及人与社会之间的关系的行为准则与规范的总和，简而言之就是指区别正确与错误的价值观和原则。道德素质是人们的道德认识和道德行为水平的综合反映，包含着一个人的道德修养和道德情操，体现着一个人的道德水平和道德风貌。它不是由法律所规范的，而是传统习俗、价值观、习惯等社会文化影响的结果。青年人是建设中国特色社会主义的接班人，是社会文明的重要体现者和传承者。当代青年人要提高自身的思想道德素质。

（一）青年道德品质的心理结构

青年道德品质包括四个基本心理成分：道德认知、道德情感、道德意志、道德行为。这四个基本心理成分相互联系，相互促进。道德认知就是青年个体对道德现象、道德行为、社会道德关系及其理论的认识，它是道德品质心理结构的基础，是人们形成辨识是非的基本条件。没有道德认知，就不可能形成道德体验，也就无法产生道德情感和道德行为。道德情感是青年个体在行为过程中的一种心理体验，是个体对社会现象或行为的善与恶、是与非、爱与恨的一种态度。它往往在道德认知的基础上形成，反过来强化道德认知，同时加固道德意志。道德行为则是个体道德品质的外在表现，受道德认知、道德情感、道德意志的控制和影响，同时道德行为的操练会反过来强化道德认知、道德情感和道德意志。可见,这四个基本心理成分之间相辅相成、相互作用。

(二)青年道德品质修炼的内容

1. 道德修炼是成才的一个基本条件

青年道德品质修炼的内容包括社会公德、爱情道德、家庭道德以及职业道德四个部分。

青年社会公德的修炼。社会公德就是公共生活领域的社会道德,其基本功能在于维护社会公共秩序。社会公德主要以规范、准则的形式指导人们在公共场所的行为,调整人们的公共交往关系。这种公共规范可以分为禁止性规范和倡导性规范两类。禁止性规范往往以否定命令的形式出现,这类规范主要是防止个人侵害公共财产、损害公共利益。倡导性规范往往是以肯定命令的形式出现,例如,要爱护公物、要保护环境、要维护秩序、要见义勇为、要助人为乐等。

2. 爱情道德的修炼

爱情就是一对男女在内心相互依恋、相互仰慕的情感。爱情要求双方都能意识到对方的责任,相互尊重、奉献、关怀,并要对缔结婚姻后新生命的诞生负有责任和义务。真正的爱情是一种人格的融合,婚恋心理是青年精神生活的一个重要领域。青年爱情心理具有以下一些道德特征:互爱、忠贞、奉献。因此,青年要树立正确的择偶观,正确对待恋爱中有关问题。

3. 家庭道德的修炼

家庭是由婚姻关系、血缘关系或收养关系而发生的亲属间的社会生活组织。青年不仅从家庭中长大,而且也面临成立一个新的家庭的任务。对家庭缺乏理解并付以足够的爱心,那么心理的失落、烦恼和痛苦就会随时产生,最终导致家庭出现裂痕甚至解体。青年人也应该加强家庭道德的修炼,这种修炼主要从以下两个方面着手:一是不断完善爱情。以爱情为基础的婚姻,不仅应着眼于婚姻的建立,更应着眼于婚姻的始终。只有继续保持爱情的婚姻才合乎道德。因此,青年人更需要不断地去完善自己,不断地充实和巩固双方的感情。二是尊重长辈。青年必须承担起赡养老人的责任,这既是法律的规定,也是我国传统美德"孝"的要求。尊重老人,不仅要从物质上处处照顾,而且更应从精神上来关心老人,让老人没有寂寞感,安度晚年。

4. 职业道德的修炼

职业道德是指从事一定职业劳动的人们,在特定的工作和劳动中以其内心信念和特殊社会手段来维系的,以善恶进行评价的心理意识、行为原则和行为规范的总和。有很多人能力很强,但是得不到重用、得不到赏识,很重要的原因就是职业道德方面做得不够。职业道德实际上如同你的才能,它本身就是一种竞争力,要想进一步提升我们的职业竞争力,则职业道德的修炼是非常重要的内容。职业道德的修炼包括以下几点。

(1) 恪尽职守,爱岗敬业。能忠实地履行自己的职位责任,对工作极端负责,热爱岗位,努力工作,不怕困难,任劳任怨,充分发挥自己的主动性、积极性和创造性。

(2) 服务群众、奉献社会。任何职业人士都必须承担一定的社会责任,都必须向其他人和社会提供服务,同时享有他人和社会为自己提供的服务。生命的意义就在于奉献,只有奉献才可能获取。

(3) 诚实守信、办事公道。诚实信用是一个人事业成功的先决条件。任何职业都需要讲信用、讲公道。普通员工需要讲信用，才能和同事、顾客建立良好的关系，管理者也需要讲信用，才能和员工、顾客、供应商以及社会建立良好的关系。

延伸阅读

管理小故事

有一只乌鸦在树林里面住了很长时间，有一天它不得不搬家，在搬家的途中遇见百灵鸟，百灵鸟就问："乌鸦大姐，在这里住得好好的，你为什么要搬家呢？"乌鸦就说："你的歌声很好听，所以他们不会赶走你，而我的声音很难听，所以说我必须得搬走。"这时百灵鸟将一句非常隽永的话送给乌鸦："如果不改变你的声音，你到哪里都会被淘汰的。"

评析：很多员工以为换一个工作，就能够更好地体现自己的能力。实际上，如果你不改变自己，你还是会不适应另一份工作的。很多人频繁地跳槽，很大的原因就是不知道去审视自己的缺点同时，这既浪费自己的时间，也浪费企业的时间。

(三) 青年道德品质修炼方法

不论是企业青年人员的培训，还是学校教育，都有一个重要的内容，那就是培养青年员工或学生的道德品质。纵观各种各样的方法，基本上我们可以归纳为以下几类。

1. 说理教育法

通过摆事实、讲道理的方法来提高青年的道德认识。说理教育的方式多种多样：谈话、讲解、听报告、讨论、游戏、参观等。

2. 情感陶冶法

以真挚的情感，运用尊重、理解、关心和信任等手段从感情上去感化、暗示青年。这种方法的原理就是暗示。要使暗示法得到恰当的应用，需要掌握三个原则：保持愉快、轻松、集中的心理松弛状态的原则；有意识与无意识统一的原则；暗示手段相互作用的原则。

3. 榜样示范法

榜样的力量对于青年而言，具有非常重要的感染力和说服力。青年的思想道德可塑性大，模仿性强，富有理想，有上进心。这是榜样示范法的逻辑起点。应用榜样示范法要注意选好榜样，并且在青年表现出榜样的行为后，要得到榜样同样的待遇。

4. 道德评价法

在培养青年道德时，最重要的一点就是应该注意道德认知、道德情感、道德意志和道德行为的统一。道德培养采取态度改变法最为适宜。改变青年道德态度的一种主要方法就是道德评价法。即通过对青年的道德表现给予评价，同时施以不同后果，从而改变青年道德态度。其理论基础就是强化原理。当员工表现出好的道德行为时，给予强化；当员工表现出不良道德行为时，给予批评、惩罚。

实训模拟

模块一：案例分析与思考

丹丹，1990年出生，行政职员；上级：行政主管。

丹丹是公司新招聘来的行政职员，起初她只需做些打字、整理文件、收发快递这类的工作。这都是些需要耐心安排和细致处理的零散事务。看不出她表现得多积极，但是每天的事务都能完成。

两个月前，公司要建立一个职工娱乐室，为员工在休息的时候提供场地休闲锻炼，需要装修场地、购买设备。但是行政部现有人员不足以做这件事情，为了使新场所更快地投入使用，主管决定招聘几名新员工。

主管给丹丹的任务是联系施工单位和选择购买健身器材厂家。她每天东奔西走，给厂家打电话，联系同学帮忙，忙得不亦乐乎。她不仅忙自己的事情，而且帮助其他同事。比她晚进公司一个月的新同事年长于她，刚到一个新地方难免不知所措，丹丹就开始指导新同事的工作，并且擅作主张给其他同事分配工作。大家都觉得她不自量力，并不服从她的指挥。同事们在背后给她起了个外号叫"副总管"。整个行政办的事没有她不干的，每个人做什么她都要问问，整天忙得不可开交。同事们都不爱理她，总是开她的玩笑、奚落她，有时候她感到很失落。

员工娱乐室终于落成了，庆祝日当天公司员工和领导都来参观，行政主管负责礼品派发工作，他一边笑容可掬地跟领导寒暄，一边对一旁的丹丹说："把那箱宣传册给我。"

"哪个？"

"蓝色的那个。"

"没有啊。"

"怎么没有？昨天下午送来的那个。"

"啊？是在门口放着的那个吗？"

"对呀！快拿来吧。"

"那个昨天晚上我给销售部的老谭了，他说他们今天要用那个去做培训。"

主管很生气地说："什么？那是刚赶制出来作为礼品发给大家的，每个上面都有领导的签名，是特制的！你怎么不汇报？开会不是说了吗？"

"我以为是普通的，我没听见。"丹丹委屈地说。

……

主管本来想给本次活动制造一些惊喜，可是丹丹却给了他一个意外。

此事过后丹丹失去了上级的信任，她感到十分苦恼，委屈得不行，但这事谁也怪不得，因为是自己自作主张把材料给了老谭，没有问过任何人。被领导狠狠批评了之后，她每天都郁闷，同事不理她，领导也在观察她。她开始感到上班是一件不自在的事，甚至有时候想是不是要继续做下去。最近一个月以来她烦躁，焦虑，吃不下饭，睡不着觉，也不爱逛街了。身心疲惫的她人瘦了一大圈。她觉得这样下去不是办法，于是主动求助心理咨询师。

思考：如果你是心理咨询师，对于丹丹的情况，你该如何分析？

模块二：心理测验

测验你的压力程度

你有心理压力吗？你想知道你在生活中处理心理压力的能力吗？在下面的测验中找出最接近你实际生活的一种情况，如果没有经历过这类事情，可选择最接近你的想法的一种。

1. 生日，婚礼……免不了花钱。

A. 你不想在这类场合出现，以免花钱买礼物；

B. 尽管不少花钱，可在各种场合，你还是乐于选择小巧而特别的礼物；

C. 只在对你很重要的场合送礼。

2. 你的自行车与别人的车相撞，你不得不与对方约个时间解决这个问题。

A. 这件事引起的焦虑和不安使你失眠；

B. 这并非重要的事情，只是生活中发生的许多事情中的一件，你会在问题解决后，做点自己喜欢的事情，以便尽快忘掉那件不愉快的事；

C. 开始时你不去管它，只要在解决问题的那一天到来时再想办法应付它。

3. 你的家具或电器由于水管破裂被损坏了，而且发现你的财产保险不能完全弥补损失。

A. 你很失望，痛苦地抱怨保险公司；

B. 开始自己修复家具；

C. 考虑撤销保险，并向有关事务机关投诉。

4. 你由于某件生活中的小事和邻居发生了争执，却未能解决任何问题。

A. 回到家，你拼命喝酒，想轻松一下，忘掉这件事；

B. 准备到对方单位告他；

C. 通过散步或看一场电影来平息怒气。

5. 当今日常生活中的压力使你和你的妻子(丈夫)经常发生口角。

A. 每当这个时候，你尽力放松自己，保持沉默，不去争执；

B. 你和朋友谈论这事，使你的观点和感情得到理解；

C. 寻求机会，心平气和地与自己的妻子(丈夫)谈心，看如何摆脱由于日常生活压力而引起的争吵。

6. 一个你所爱的亲密朋友准备与别人结婚了，对你来说这是个巨大的不幸。

A. 你逃避现实，使自己相信这不可能发生，因此没必要担心，于是仍然乐观地抱有希望；

B. 决定不去担忧，因为还有时间去改变这个“事实”；

C. 决定向你所爱的人提出你的观点，表明你的态度，严肃地向她(他)说明不该这样的理由。

7. 每个人都承受物价上涨所带来的心理上和生活上的压力，你更担心食品价格上涨。

A. 尽管价格上涨，你仍拒绝改变饮食习惯，因此不得不花更多的钱；

B. 每看到物价上涨，你怒气会大增，但不管怎么样还要买，甚至拼命抢购，担心还会再涨；

C. 设法少花钱，制定出一个营养而又实惠的新食谱。

8. 终于有一天你的能力被人们认识并被赋予一项重要工作。

A. 你考虑放弃这次机会，因为工作量太大；

B. 你开始怀疑自己能否承担这个重任；

C. 分析这项工作对你的要求，并为从事这一工作做各方面的准备。

9. 你猜想你的房租或一些其他的月支付会增加。

A. 每天急于收信，以便从朋友那里早点确认上涨的信息，只有没信时才有所放松；

B. 决定不被这次涨价吓倒，你计划怎样应付这种情况，如换房、采取节约措施等；

C. 你觉得每个人都处在同样的状态中，因此逃避现实，被动等待，认为自己总会应付得了。

10. 你的一个非常亲近的人在一场事故中受了重伤，你从电话里得到了这个消息。

A. 努力压抑自己的感情，因为你还要把这一消息告诉其他朋友和亲戚；

B. 你挂断电话，哭起来，让悲痛尽情发泄出来，使心里好受一些；

C. 去医务室向医生要一些镇静剂，帮助你度过以后几小时。

11. 每个节假日，家里总为去探望双方的父母而发生激烈争吵。

A. 你制订了一个严格的5年计划，要求在节假日轮流探望双方父母；

B. 决定在重要的假期与自己最喜欢的家庭成员一起度过，而在不太重要的假期邀请其他人；

C. 决定做最“公平”的事，根本不与家里老人、亲戚一起度假，这样麻烦最少。

12. 有一天你突然感觉不舒服。

A. 读一些有关医学的书，进行自我诊断，自我治疗；

B. 鼓起勇气，告诉家里人，并去医院看病，希望得到医生帮助；

C. 拖着不去看病，认为自己最终会好起来。

13. 你最小的孩子离开家走入社会，这意味着家里只剩下你和你的丈夫(妻子)。

A. 与朋友谈论家中的这一变化，看他们是怎么应付这一变化所带来的各种不适应的状况；

B. 尽可能地帮助别人并为自己寻求新的兴趣爱好；

C. 想告诉孩子们，希望他们多在家里待一段时间陪陪自己。

结果解析：

问题1～3：A＝3，B＝1，C＝2；

问题4～8：A＝3，B＝2，C＝1；

问题9～13：A＝2，B＝1，C＝3。

总分越低，说明你处理问题的能力越强。如果得分为21分或更少，那么你很会处理问题，心理压力不大，或许还可教其他人如何平静下来，减少心理压力，如果21分以上，说明心理压力过大。

模块三:管理游戏

把紧张吹跑

你紧张吗?你有压力吗?你是不是在工作中觉得焦虑和灰心?当你面对难关的时候你会怎么做?下面的游戏会帮你克服这些负面情绪。

参与人数:集体参与,单独操作

时间:5~10分钟

场地:不限

道具:无

应用:缓解压力,克服焦虑和负面情绪

游戏规则和程序:

1. 教师首先向参加者解释“清肺呼吸”的基本知识。

首先,我们要深深吸气——实际上,我们只是尽力吸入一大口空气。其次,我们要屏住这口气,慢慢地从1数到5。最后——这是精华部分——我们要很慢很慢地把气呼出,直到完全呼尽。在我们这样做的时候,我们将扫除我们体内的紧张。

2. 现在示范清肺呼吸,然后让参与者做两三次这样的呼吸。问一下同学们对清肺呼吸感觉如何。大多数人都会说他们感觉放松多了。

3. 最后我们可以就在日常生活中怎样运用清肺呼吸来克服消极情绪展开讨论。

讨论:

(1) 在工作过程中你愿意做清肺呼吸吗?为什么?

(2) 在什么样的场合下,清肺呼吸对你是有用的?在什么样的场合下,你不愿意进行这样的清肺呼吸?

(3) 作为压力管理技巧,清肺呼吸的优缺点各是什么?

模块四:复习思考

一、单项选择题

1. 男,22岁,大学生。经常表现出尊师爱校、助人为乐的行为,不仅在学习上帮助同学,而且在生活上也照顾他人,并积极组织班级的集体活动,这种一贯的行为方式属于性格的(　　)。

A. 态度特征　　B. 理智特征　　C. 意志特征　　D. 情绪特征

E. 行为特征

2. EAP的内容不包括(　　)。

A. 工作环境的重新设计　　B. 生产技能培训

C. 心理咨询　　D. 员工职业生涯规划

3. 从心理发展和心理学研究的角度来看,比较公认的意见是:青年期的年龄界定应为(　　)岁。

A. 15~28　　B. 11~29　　C. 15~35　　D. 12~28

二、多项选择题

1. 青年道德品质的基本心理成分包括(　　)。

   A. 道德认知　　B. 道德情感　　C. 道德意志　　D. 道德行为

   E. 道德素质

2. 下列属于员工工作压力来源的有(　　)。

   A. 人际关系　　B. 工作条件　　C. 角色冲突　　D. 工作负荷

   E. 家庭矛盾

3. 以下行为中,符合员工成熟素质的行为有(　　)。

   A. 小李每天早上准时上下班,到办公室后第一件事就是打开电脑,打开人人网

   B. 王老师能够按时备课、按时上课,讲课风格多样,受到领导和学生的喜爱

   C. 刘工在生产车间工作时,发现机器有状况时,及时上报车间组长

   D. 小王是一名销售人员。有一次,客户质疑公司方案和事先商议的内容有差异,小王见状马上推脱说自己不知道

   E. 小吴今年刚毕业,进入一家世界五百强公司工作。虽然工作压力很大,但每天都能看到他微笑着对待同事和领导,工作也很积极,有时加班,也没有怨言

三、思考题

1. 简述被领导者的含义。

2. 简述被领导者的成熟素质有哪些?典型的失败行为又有哪些?

3. 列举你在生活、学习或工作中遇到的部分压力,指出哪个压力最难处理,为什么?同时阐述几种你在日常生活中处理压力的方法和技巧。

4. 简述态度的功能与作用。

5. 简述青年人成功心理。

第九章 激励心理与管理

【学习目标】

1. 掌握激励的概念、要素及功能；
2. 了解激励的一般类型和方式；
3. 了解激励的相关理论；
4. 认识激励的一般方法。

【开篇案例】

联想集团前董事局主席柳传志出席“2002美国管理学年会”时，谈到联想集团的管理情况，指出联想集团学会了做“三件事”。

第一件事是学会了制定战略。通过向西方企业的学习，学会了一套制定战略的方法，而且知道怎样把它们分解为一个个的具体步骤推进下去。

第二件事就是学会带队伍。在中国有句古语叫做“知易行难”，制定战略为什么做不到呢？主要的原因是“带队伍”没做好。怎样让你的兵爱打仗？怎样让你的兵会打仗？怎样让你的兵组织有序？也就是有最好的队形，作战最有效率是带好队伍的要点。

联想集团对员工，尤其是对骨干员工有很好的激励方式。联想集团花了8年时间实现了股份制改造，成立了员工持股会，使得创业者和骨干员工有了35%的股份。虽然这在美国是件再普通不过的事情了，然而在中国是件非常了不起的事。这对联想集团创业者和公司的骨干员工有极大的激励作用，在中国，没有经过改造的国有企业很难办好，股份制改造对创业者、骨干员工是最重要的物质激励。

而精神激励是多方面的。联想集团为有能力的骨干员工提供舞台，给他们充分表演的机会，保证他们在工作时责、权、利的一致。他们明白自己所管辖的这部分工作和全局的工作是什么关系，他们的责任是什么，他们有什么权利。联想的很多方法都是在第一线工作的人提出的建议，立刻被采纳。而一些跨国公司在中国办的企业，它们的一些规定、条文都是在总部制定好的，在中国的分公司要照章执行，当本地工作人员发现不合乎实际情况时要一层层地上报，直到国外的总部批准。这不但使效率降低了很多，而且员工的积极性受到很大的打击。联想集团要求各层的骨干员工能成为发动机，而不是齿轮。CEO是一个大发动机，各部门的经理是同步的小发动机。他们不是被动地运转，而是充分地发挥聪明才智。

第三件事是建班子。建班子的核心理念就是要让联想的最高层领导人建立起事业心。这就是把联想的事业真正当作他自己的事业。通过规则和文化，使高层领导人能团结、高效地工作。

建班子、定战略、带队伍是联想集团每年都要对员工培训的管理三要素。

（资料来源：北京科技大学，2009年MBA考研真题。）

第一节　激励概述

一、激励的概念与要素

（一）激励的概念

按中文词义来说，激励就是激发、鼓励的意思，即激发人的工作动机，鼓励人的工作干劲。激励作为心理学上的术语，是指激发人的行为动机的心理过程，即通过各种客观因素的刺激，引发和增强人的行为的内驱力，使人达到一种兴奋的状态，从而把外部的刺激内化为个人自觉的行动。从狭义上讲，激励就是一种刺激，指促销行为的手段。外部适当的、健康的刺激可以使个人完成任务的行为总是处于高度的激活状态，从而最大限度地发挥人的潜力，去实现组织的目标。

激励的概念有如下的内涵。

（1）激励是在特定的时间、地点对人行为的方向、强度与持续性的直接影响。

（2）激励与人的行为产生、行为被赋予活力而激发、行为的延续和终止以及人处于被激励状态中的主观反应有关。

（3）激励是一组自变量与因变量间的关系式。该关系式在只考虑激励因子与被激励者的关系的条件下，可表示被激励者行为的方向、幅度与持续性。

（4）激励是一个影响人们面临多种选择时做出抉择的过程。

（二）激励的要素

管理中的激励是指通过各种有效的激励手段，激发员工的需要、动机，形成某一特定目标并在追求这一目标的过程中保持高昂的情绪和持续的积极状态，发挥潜力，达到预期的目标。从这一表述可知，激励应该包括目标、刺激、需要、动机、行为等要素。下面重点谈谈需要与动机。

1. 个体的需要

需要是有机体感到某种缺乏而力求获得满足的心理倾向，它是有机体自身和外部生活条件的要求在头脑中的反映，是人脑对生理需求和社会需求的反映。例如，食物、衣服、睡眠、劳动、交往等。这些需求反映在个体头脑中，就形成了个体的需要。需要被认为是个体的一种内部状态，或者说是一种倾向，它反映个体对内在环境和外部生活条件的较为稳定的要求。

(1) 需要包括三个基本环节

① 个体缺乏时，叫缺乏状态(饥、渴、不识字，即缺食、缺水、缺文化)。

② 个体自己去平衡这种缺乏状态(要吃、要喝、要学习)，这种平衡是生活体内部的自动平衡。

③ 个体去择取缺乏物(吃饭、喝水、识字)。

缺乏状态是需要产生的前提，从缺乏状态到需要，中间有一个转换环节就是自动平衡。主体内部这个自动平衡过程就是对缺乏的解除，使缺乏得到满足。因此，这个自动平衡是需要形成的内部机制。没有这个自动平衡，缺乏照旧是缺乏，不学文化，照旧不识字。需要是缺乏未得到满足的一种状态，表现为自动平衡倾向。

(2) 需要的分类

需要按产生的根源，可分为以下两大类。

① 先天性的、本能的需要。这种需要是人类在世代生活过程中，由于生存条件的需要，以本能的无条件反射的方式存在于人体之中，并遗传给下一代。它是人为了保证生存条件和种族延续所具有的个体活动的动力，如呼吸、饥渴、休息、睡眠、排泄、生育、母性的爱与关怀、对痛苦的躲避等。应当注意的是，这种需要在人身上已经带有社会性。人和动物都要吃东西，这是简单的生理需要，但人在为解除饥饿吃东西时，其满足方式已不同于动物。马克思曾说过，饥饿总是饥饿，但是用刀叉吃熟肉来解除的饥饿不同于用手、指甲和牙齿啃生肉来解除的饥饿。总之，人的自然需要也具有社会性。

② 社会性需要。这种需要是人类在社会实践过程中，在本能需要的基础上发展起来，由外界环境诱发、从实践中学习、领悟到的需要，如交际的需要、劳动的需要、学习和受教育的需要、自尊的需要、成就的需要等。人的社会性活动主要是由这类需要所决定的，这类需要具有文化差异。

(3) 需要与行为

需要具有动力性。人要生存和发展，就要通过各种行为去满足各式各样的需要。比如，当人口渴时，对水的需要就成为推动他去寻找水这一活动的动力。原有的需要满足后，人们又会产生新的需要，它始终是行为的动力。

未满足的需要是调动人积极性的原动力，因此，研究人的行为首先应研究人的需要。

2. 个体的动机

人无论从事什么活动，总要受到动机的调节和支配。比如，工人在厂里做工，是因为他有工作的动机；顾客去商店采购，是因为他有购买的动机。即使是像吃饭、喝水、走路这些比较简单的活动，也是在不同动机的推动下产生的。动机可以说是活动的原因和动力，它表明一个人“为什么”去从事某种活动。在这里需要澄清一种说法，尽管在日常生活中，我们常常会说某些人缺乏动机，其实这种说法是不对的。动机存在于每个人身上，只不过有强度上的差异，而且会指向不同的方向。同一名学生，上课时可能心不在焉、昏昏欲睡，但上网玩电子游戏时却可以几个小时不休息，说明的就是动机的方向性这个道理。

在心理学中，动机(Motivation)是指引起和维持个体的活动，并使活动朝向某一目标的内部心理过程或内部动力。人的各种活动都是在动机的指引下，并指向某一目标的。

(1) 动机的特点

从这个定义中可以看到动机的四个特点。

① 动机是人们从事某种活动的原因，是推动人们进行某种活动的内部动力。比如，饥择食，渴择饮。这种择食、择饮的活动是由饥、渴的动机激发出来的。没有这种动机，就不会产生相应的行为和活动。

② 在动机的支配下，个体的行为将指向一定的目标或对象。比如，在学习动机的支配下，人们可能去图书馆借书，或者去商店买书；在休息动机的支配下，人们可能去电影院、娱乐场或公园，并选择自己乐意的休息方式。可见，动机不一样，个体活动的方向以及它所追求的目标也是不一样的。

③ 动机引发某种活动出现之后，并不能也不会立即停止，而是继续发挥其作用，即维持已引起的活动，并使该活动朝向某一目标进行。

④ 动机是一种内部心理过程，是一个“中间力量”，我们无法直接观察到它，有时个体甚至不一定能意识到它的存在，只有通过一个人“当时所处的情境及其行为表现”才能觉察或测量到这个人的动机，并给予解释。

(2) 动机的功能

① 激活功能。人不会无缘无故地采取行动。受众的所有信息接收行为，都是在动机的驱使下发生的，都是为了满足和实现某种欲望与需要。因此，动机具有引起接收活动的激活功能，即它具有策动、驱使有机体采取某种行动的最初发起的能量。

② 指向功能。人的行为受动机指引。动机决定人的信息接收方向，即具有将受众的行为引向某一特定接收对象的指向功能。动机的激活功能决定人是否接收信息，而指向功能决定人接收什么样的信息。

③ 强化功能。当先前的接收行为达到开始预定的目标时，接收动机又会促使有机体强化被肯定行为的发生频率，从而形成一种行为模式或接收习惯。可见，在信息接收中，受众怎样知觉、如何理解、如何思考，以及产生什么样的行为模式，都要受到接收动机的性质和强度的影响与左右。

(3) 动机的理论

动机理论是指心理学家对动机这一概念所作的理论性与系统性的解释，用以解释行为动机的本质及其产生机制的理论和学说。

相关链接

动机理论

动机的相关理论包括以下几个理论。

1. 本能论

最早提出本能概念的是生物进化论的创始人达尔文,而在动机心理研究方面进行深入研究的则是詹姆斯、麦独孤和弗洛伊德。麦独孤是本能论的代表,他列举了人的十几种本能,主张本能是天生的倾向性,即对某些客体格外敏感,并在主观上伴随着一种特定的情绪,本能是一种有目的的行为,虽然由于学习,引起本能行为的外界情境的性质可以改变,某些行为反应的模式也可以调整,但本能的核心情绪却是不可以改变的。弗洛伊德也是本能论的支持者。

2. 习得论

巴甫洛夫的无条件刺激的强化作用和桑代克的效果律,以及华生的后天习得说,都在肯定本能作用的基础上,重视了练习的效果。斯金纳的操作条件反射理论强调强化的作用,认为任何活动只要随后紧跟着积极的奖励便得到强化,没有奖励,活动便会消失。斯金纳认为本能是一种不能验证的假设,因此他否认这个概念。

3. 驱力论

驱力论产生于20世纪20年代。霍尔(G. S. Hall)是最早提出驱力论的心理学家,而让驱力论得以大力推广的是赫尔(C. L. Hull)。美国生理学家坎农提出了稳态的概念,认为生物必须保持机体内环境的平衡。不论体温、血液、激素、营养等代谢因素,失去平衡都需要调整。自主神经系统是这类调整的机构,它的活动是不自觉的。赫尔认为机体的需要产生驱力,驱力迫使机体活动。

4. 诱因论

20世纪50年代以后,许多心理学家认为,不能用驱力降低的动机理论来解释所有的行为,外部刺激(诱因)在唤起行为时也起到重要的作用,应该用刺激和有机体的特定的生理状态之间的相互作用来说明动机。人类经常追求刺激,而不是力图消除紧张使机体恢复平衡。诱因论强调了外部刺激引起动机的重要作用,认为诱因能够唤起行为并指导行为。

5. 认知论

随着认知心理学的发展,许多心理学家探索运用认知观点来解释人的动机现象。我们将这些动机理论统称为动机的认知论。目前,动机的认知论中较有影响的有认知失调理论、归因理论。认知失调理论的主要代表人物是费斯廷格,归因理论的主要代表人物是韦纳(B. Weiner)。

二、激励的一般过程模式

(一) 激励的阶段

激励过程是从个人需要出发的,激励的一般过程模式反映了激励的多个阶段。

(1) 需要的产生,在个人内心引起不平衡。

(2) 个人将寻求和选择满足这些需要的方法,以恢复他的平衡状况。

(3) 个人通过目标行为或工作去满足需要。介于行为选择和实际选择之间的是一个需要的个人特点,即能力。这就是说,个人可能具备也可能不具备达到所选择的某一具体目标所必不可少的条件，如能力、技术、经验或知识基础等。

(4) 关于个人在实现目标方面的绩效成就，要由个人或别人来进行绩效评价。这可能满足一个人的工作胜任感。

(5) 根据对绩效的评价而给予奖励或惩罚。

(6) 由个人来评价绩效和报酬，在多大程度上满足了最初的需要。如果这个激励过程满足了这个需要，这个人就会有平衡感和满足感。如果这个需要没有得到满足，激励过程就要重复，可能选择一个不同的行为。这一系列循环往复的反应过程就是激励过程。

(二) 激励过程的要点

由以上分析可知，激励过程要注意如下几个要点。

(1) 内外诱因分析。它主要是指对影响个人行为的内外环境的分析，以求改进或引导个体适应环境。

(2) 了解需要。了解每个人各种需要的强度、需要的结构、满足需要的方法及需要不能满足时应该如何处理。

(3) 激励活力要有明确的目标，并要通过充分的沟通渠道，使每个个体都了解激励的目标和途径。此外，还要做到目标协调，如在达到企业目标的同时，满足员工个体的需要。

(4) 激励要及时。人们往往对于近期的、眼前的激励印象深刻，所以要提高激励的效果，需要及时采取措施。

(5) 利益兼顾。激励过程要兼顾组织、团体和个人的利益。

在综合考虑上述几方面的情况后，就可以选择适当的奖励办法，采取有效的管理措施，提高个体的激励水平。

三、激励的功能

激励，作为调动员工积极性的一种手段，其功能主要有如下四个方面。

(一) 发掘人的潜能

人的潜能是蕴藏于人体内的潜在能力，不仅在人的行为活动中尚未显露出来，甚至是潜能的拥有者本人也未必能意识到。但这种潜能的确是存在的，而且一经发掘便释放出巨大的能量。平常所说的"超越自我"、"挑战极限"，也就是发掘人的潜能的问题。

美国哈佛大学教授威廉·詹姆斯研究发现，在缺乏激励的环境中，人的潜力只发挥出一小部分，即20%～30%。如果受到充分的激励，他们的能力可以发挥80%～90%。这就是说，一个人平常的工作能力水平与激发后可达到的工作能力水平之间存在着约60%的差距。可见，人的潜能是一个储量巨大的"资源库"。发掘人的潜力，在生产过程和管理过程中具有极为重要的作用，而激励正是发掘人的潜力的重要途径。

(二) 提高工作效率

工作效率的高低和工作绩效的大小，通常取决于两个基本因素：一是能不能；二是为不为，即干不干。前者指胜任还是不胜任某项工作，是否具有承担某项工作的能力和资格；后者是指从事某项工作的意愿、干劲，即工作积极性的问题。“挟泰山以超北海”，这是不能也，但“为长者折枝”也办不到，这是不为也，非不能也。根据管理的基本原理，人的工作效率和工作绩效是其能力和积极性的乘积，用公式表示就是：

$$绩效=f(能力\times积极性)$$

激励正是充分调动人的积极性，发挥人的主动性、创造性的主要手段。在给定的工作环境和工作条件下，两个能力相仿的人，其工作绩效的高低取决于积极性的高低，而积极性的高低又取决于激励手段运用的好坏。

（三）提高人力资源的质量

提高人力资源质量的途径主要是教育和培训。保证教育和培训取得积极效果的一个关键条件和重要前提就是提高教育和培训对象的学习积极性和刻苦钻研精神。在这方面，激励水平的提高和激励手段的巧妙运用，就具有特别重要的意义。

在教育和培训方面的激励主要是对才能优异、成绩卓著、刻苦顽强、勇攀科学高峰的优秀人才，给予优裕的物质待遇、崇高的荣誉以及令人羡慕的社会地位并大力进行表彰和奖励。这样，不仅会激励受奖者以更大的积极性继续努力，使其自身的才能提高到新的高峰，而且会产生巨大的激励效应，形成勤奋学习的社会风气，这样，其他社会成员受到榜样的鼓舞，就会努力学习和刻苦钻研科学文化知识和技能。许多地区的经验证明，这种激励方式是提高人力资源质量的有效途径。

（四）弥补物质资源的不足

管理需要一定的资金和必要的物质条件，如衣、食、住、行等生活资料，学校、工厂等物质设施，生产工具以及知识、信息等人力资源的物质载体等。没有这些，人力资源管理就不可能取得积极成果。但与人力资源管理发展的规模和速度相比，这些物质资源总存在某种不足。克服这一矛盾，固然需要增加物质投入，但提高激励水平、调动人的积极性，则可以弥补物质条件的不足和困难，而达到提高人力资源质量的预期效果。许多出身贫寒、家境困难的人往往比家境富裕的人更能刻苦学习，更能攀登到科学的高峰，便是证明。

四、激励的类型与方式

（一）激励的类型

根据不同的划分标准，激励可分成不同的类型。

（1）以激励的内容为标准，可分为物质激励和精神激励。

（2）以激励的性质为标准，可分为正激励和负激励。

（3）以激励的方式为标准，可分为内在性激励和外在性激励。内在性激励源于员工对工作活动本身任务完成所带来的满足感；外在性激励是指对员工工作活动和完成的任务给予适当报酬，以激励其积极性。

(4) 以激励的效用为标准,可分为短期性激励和长效性激励。

(二) 激励的方式

就一些相关研究观点认为,员工主要受到外部环境因素的激励,例如严厉的监督或工资报酬等。一些观点则主张,从某种意义上说,在没有运用这些外部因素的情况下,人们能够进行自我激励。也就是说,某些工作行为是因为员工自愿完成它们而热情地去做的,还有一些工作,仅仅是为了保住员工的工作或使上级满意才去做的。因此,从总体来说,根据激励因素的来源划分,激励的方式分成两大类:一类是外在性激励方式;另一类是内在性激励方式。

1. 外在性激励

外在性激励是当事者自身无法控制而由组织掌握和分配的资源来调动员工的积极性。按组织所掌握的资源的性质,外在性激励又可分为以下两类。

(1) 物质性激励,即通常以工资、奖金及各种福利等物质性资源来调动员工的积极性。物质性资源是客观的,可以感知和测量,同时它也是消耗性的,因此成本比较高。

(2) 社会感情激励,即通常用荣誉、友谊、信任、认可、表扬、尊重等社会感情资源来调动员工的积极性。与物质性激励相比,这类激励满足了人们更高层次的需要。社会感情资源通常在社交性、感情性交往中获得,即非经济交往中获得。

2. 内在性激励

通过工作本身所能提供的某些因素来调动员工的工作积极性称为内在性激励。一位企业家曾说过,工作的报酬就是工作本身。内在性激励按其激励因素的性质,又可分为以下两类。

(1) 工作活动本身的激励。这种激励靠工作活动本身所蕴藏的因素来满足人的内在需要,如工作的趣味性、挑战性、培养性、让人进步和成长、增强自信与自尊、工作活动提供的交往机会等。

(2) 工作任务完成的激励。这种激励指人们在工作任务完成时感受到的满足感,包括成就感、自豪感、贡献感、轻松感,还有自己潜能得到充分发挥后的舒畅感和得意感。

内在性激励是一种真正的工作激励,对于受激励者,工作不再是获取外在性奖励的工具,而是真正的激励源泉,不管环境如何变化,都能持续地发挥激励作用。此种激励成本低廉,管理者可通过科学合理的工作设计、寻求人与工作的最佳匹配等方式充分挖掘这种有效的激励手段。

第二节 激励理论

自20世纪二三十年代以来,管理学家、心理学家和社会学家们就从不同的角度研究了应怎样激励人的问题,并提出了许多激励理论。这些理论大体上可以分为三类:内容型、过程型和行为改造型。

一、内容型激励理论

内容型激励理论(Content Theory)着重对激励的原因与起激励作用的因素的具体内容进行研究。一份有吸引力的工资、良好的工作条件以及友善的同事对于多数人而言都是很重要的,而饥饿(对于食品的需要)或者寻求一份稳定工作的意愿(对于工作安全感的需要)对于激发人们树立奋斗的目标(努力赚钱购买食品或争取到稳定的公司任职)也同样是激励因素。在内容型激励理论中,最有名的是“需要层次理论”、“ERG 理论”、“成就需要理论”、“双因素理论”等。

(一) 需要层次理论

在西方心理学界中,有很多有关需要的理论。其中具有广泛影响的一种需要理论是马斯洛(Abraham Maslow,1908—1970)的“需要层次理论”(Hierarchy Theory Of Needs)。马斯洛是美国人本主义心理学家,他在 1943 年所著的《人的动机理论》一书中提出了需要层次理论,其基本观点概述如下。

(1) 这一理论认为个体具有五种需要,分别是:生理需要、安全需要、归属和爱的需要、尊重的需要、自我实现的需要。这五种需要是由低级到高级进行排列的。

① 生理需要(Physiological Need)。作为马斯洛需要层次理论中最低层次的需要,生理需要的内容包括对食物、水、空气、住所等的需要。对大多数人来说,这类需要最容易满足。一个出色的管理者应该明白,当员工主要被生理需要所激励时,他(她)并不关心工作本身,而会接受任何能满足其生理需要的工作。满足生理需要,在组织环境中包括向职工提供合适的工资、良好的工作环境等。个体在进入更高层次的需要之前,主要集中于满足生理需要。生理需要如果不能得到起码的满足,它就会妨碍人的活动。

② 安全需要(Safety Need)。这类需要有:住宅、工作场地、秩序、安全感、可预言性等。处于这一层次中的人,首要目标是减少生活中的不确定性。这在儿童身上表现得最为明显。如果父母吵架不和、家庭成员分离、父母离婚以及众多意外事件的干扰,都会给儿童造成不安定、不可预测和不安全的感觉,这会影响儿童健康发展。而生活有规律,对未来有计划的家庭环境,对儿童成长十分有利。安全需要对职工来讲是指,工作有保障,有一种申诉制度,有一种合适的养老保险、医疗保险制度等。

③ 归属和爱的需要(Belongingness And Love Need)。归属和爱的需要的内容包括寻求友谊以及归属感。当生理需要与安全需要被满足之后,归属和爱的需要便会浮现。马斯洛认为成熟的爱是两个人之间的健康亲密的关系,即彼此关心、尊敬和信任。人类需要爱他人,也需要被爱。这类需要不能满足时,人会感到孤独、空虚。有人有时把归属和爱的需要也称为社交的需要。企业具有良好的企业文化,大家有共同语言,有归属感,感到自己是群体的一分子,社交的需要就得到了满足。管理者应该认识到,当归属成为主要的激励来源时,员工们会把工作视为建立温馨、友善的人际关系的契机。那些注重员工归属和爱的需要的管理者十分强调同事间的接纳、业余活动(例如组织体育比赛、文艺节目、公司庆典等)以及团队规范的重要性。

④ 尊重的需要(Esteem Need)。尊重的需要包括两方面:一方面是要求别人对自己的重视,相应的产生了威信、认可、地位等情感;另一方面要求自尊,与此相应的是适应、胜任、信心等情感。这两类情感一般都来自个人所从事的有益于集体和社会的活动,因此,自尊与别人的尊重是努力的结果。组织管理者可以通过给予若干外在的成就象征,如职称、晋级、加薪等;也可用提供工作的挑战性、责任和机会,在内在的层面满足员工这方面的需要。

⑤ 自我实现的需要(Self-actualization Need)。马斯洛需要层次理论的顶部是只有在所有较低层次需要都满足以后才被激起的需要——自我实现的需要。自我实现的需要源于自我充实与满足,涉及个人的不断发展,充分发挥自己的潜能,富于创造性和独立精神等。追求自我实现的员工致力于提高解决困难的能力。注重自我实现的管理者会采用让员工们进行工作设计的方式以发挥其一技之长,或者采用给予班组自由安排工作任务的权力等多种激励方式。

(2) 按照马斯洛的观点,在人的发展过程中,在后一种较高级的需要充分出现之前,比它低级的需要必须得到适当的满足。具体而言:

① 当一种需要被满足之后,它的激励作用就会下降。随着一种需要被满足,另一种需要便会逐渐浮现并取而代之,因而人们始终处于追求满足需要的状态之中。

② 需要体系对于多数人而言是很复杂的,因为多种需要同时影响着个体的行为。

③ 一般而言,只有当低层次的需要被满足之后,更高一层的需要才会被激活并影响个体的行为。

④ 满足高层次需要比满足低层次需要的途径要多。

⑤ 未满足的需要将支配意识并调动有机体的能量去获得满足。已经满足的需要,就不再是活动的推动力。新的需要会取代已满足的需要而成为未满足的需要。

当然,个人需要结构的发展过程不是像陡立的、间断的阶梯那样的东西,并非每一低级需要都要完全地满足,较高一级的需要才出现。它更多像是波浪式演进的性质。马斯洛先提出五个需要层次,后来又在尊重需要和自我实现之间加了求知和审美两个需要层次。求知需要包括好奇心、求知欲、探索心理及对事物的认知理解。审美需要指人由追求匀称、整齐、和谐、鲜艳、美丽等特征而引起的心理上的满足。

(3) 马斯洛认为自我实现的需要得到满足的人会产生高峰体验。高峰体验是自我实现者的特征之一。马斯洛认为,当我们的潜能充分发挥时,会带来最大的喜悦,这种体验就是高峰体验。马斯洛的研究成果受到了企业界和心理学界的极大关注。研究表明,越高层次的管理者就越能有效地满足员工尊重的需要与自我实现的需要,部分原因在于高层次管理者的工作具有挑战性,从而为其自我实现提供了可能;而员工们则可以通过影响其所在班组甚至公司来满足其高层次需要。

(二) ERG 理论

奥德弗(Clayton Alderfer)于 1969 年提出了 ERG 理论。他认为,人的需要可以分为三大类:生存需要、关系需要和成长需要。由于这三个词的第一个字母分别是 E、R、G,所以称为“ERG 理论”。

(1) 生存需要(Existence Need)。涉及保证生存的最基本的需要,包括衣着、饮食、住所及工资、津贴、工作条件等,类似于马斯洛需要层次理论中的生理需要和物质型的安全需要。

(2) 关系需要(Relatedness Need)。是指维持重要人际关系的需要,包括与上下级、同级、个人、集体等关系的和谐等,相当于马斯洛需要层次理论中的人际型的安全需要、社交与尊重的需要。

(3) 成长需要(Growth Need)。包括个人在事业、前途等方面的创造性、发展和成长的努力,相当于马斯洛需要层次理论中的自尊与自我实现的需要。

与马斯洛的需要层次理论不同的是,ERG 理论认为多种需要可以同时存在,高层次的需要可以不必以低层次需要的满足为前提。也就是说,甚至在生存需要和关系需要都没有得到满足的情况下,一个人也可以为成长需要而工作。

奥德弗的基本观点包括三个方面:①各个层次的需要获得满足越少,则这种需要越为人们所渴望追求。例如,用于满足生存需要的工资越低,人们越是渴望获得更多的工资。②较低层需要越是获得满足,对高层需要的渴望追求越大。例如人的生存需要满足后,对关系需要和成长需要的追求越强烈。③较高层需要越是不能满足或者缺乏,则对较低层需要的追求越多。这就是所谓的"挫折—倒退"模式。例如,一个人对事业、成就、理想追求缺乏,则会更多地追求生存需要。

(三) 成就需要理论

成就需要理论是美国哈佛大学的心理学家麦克莱兰在 20 世纪 50 年代提出来的。他认为,人的需求是不断发展的,人在满足生理需要以后,有权力、友谊和成就三种基本需要。

权力需要是指影响与控制其他人的欲望。权力需要是管理成功的基本要素之一。权力有个人权力和社会权力之分。个人权力发展有依赖他人、相信自己、控制他人、自我隐退等不同阶段。

友谊需要是指建立友好亲密的人际关系的愿望。负有全局责任的管理者把这种需要看得比权力还重要。

成就需要是指达到标准、追求卓越、争取成功的需要。

根据麦克莱兰的理论,所有的人,无论学历如何,都需要权力、友谊、成就,但是,三种基本需要排列的层次和重要性对不同的人是不同的。成功(中年以上)的经理强调高成就的需要,并且强烈希望独立自主和高权力的需要,而对友谊需要则相对降低。年轻的新经理权力需要稍减,而成就需要与友谊需要较强。

为了确定人们的需要状况,麦克莱兰还设计了一套心理测验。他让被者试看一张画着一个青年坐在教室内的图片,看 10 秒钟后,要回答下列几个问题。

(1) 图片内容指的是什么事?

(2) 画中是什么人? 他在想什么? 正在做什么?

(3) 将会发生什么事? 会产生什么结果?

由于看图与回答的时间很短,被试只能按直觉反应来回答问题。从答案中往往可以看出被试自己固有的、真实的思想意图。如果描述者在描述中对成就比较关注，比如认为图中青年正在撰写一篇高质量的论文，那么就反映出描述者具有很强的成就需要；如果描述的焦点是权力，比如认为图中青年身为组织管理者正在制定组织的经营方针和策略，那么就反映出描述者的权力需要，如此等等。

对于需要状况不同的人的激励措施是不同的。对于高成就需要的员工，管理者必须为他们提供超常的、具有挑战性的但是经过努力可以完成的工作任务，及时正确地对他们的工作绩效进行反馈，增加承担新任务的员工的责任。对于高权力需要的员工，管理者必须让他们尽可能地安排和控制他们自身的工作，努力让他们参与决策的制定，尤其是与他们有关、影响重大的决策的制定。他们喜欢独自把工作做得最好，而不愿意作为团队工作的成员。要尽量把一个完整的工作任务交给他们去完成，而不是让他们完成其中的一部分。因为这些人很少愿意为别人做“嫁衣”。对于高友谊需要的员工，管理者应该确保他们作为团队的一员从事工作。他们更容易从与他们一起工作的人们那里得到满足，而不是工作本身，因此应该给予他们大量的表扬和认可，委托他们对新员工进行接待和培训，以便使他们成为很好的伙伴和教练。

（四）双因素理论

20 世纪 50 年代末，赫兹伯格及其同事采用“半结构面谈法”，在匹兹堡地区对 9 个工业企业中的 203 名工程师和会计进行了工作满意感的调查，问题涉及“什么时候你对工作特别满意”、“什么时候你对工作特别不满意”，要求他们详细回答。从回答中他们总结出人们对工作满意因素的回答与对工作不满意因素的回答是不同的。

根据上述的调查，赫茨伯格提出了他的“双因素理论”，该理论有两个独创性的观点。首先，该理论说明了对工作的满意感和不满意感不是单一连续体的两个极端，当中至少包含了两个状态：没有不满意与没有满意。“满意”的对立面是“没有满意”，而“不满意”的对立面应该是“没有不满意”。其次，它强调有些工作因素能够引起对工作的满意感，赫茨伯格称之为“激励因素”，而另一些因素则只能防止不满意感的产生，赫茨伯格则称之为“保健因素”。

保健因素只能消除或减少不满情绪，没有激励人的作用，主要为外部因素，即公司的政策及管理、监督者、工作条件以及人际关系、地位以及职务保障等。如果不具备这些条件，就会引起职工的不满与消极情绪。当管理者针对这些因素进行改进时，企业具备了这些条件，可以预防与消除员工的不满，然而却不能直接起激励作用。也就是说只是使员工没有不满意，而不会使员工感到满意。

赫兹伯格的“保健因素”主要有以下 10 种：

（1）公司的政策与管理制度；

（2）技术监督；

（3）与上级的人际关系；

（4）与同级的人际关系；

（5）与下级的人际关系；

（6）工资；

(7) 职业保险；

(8) 个人生活；

(9) 劳动条件；

(10) 职位。

激励因素是起调动积极性作用的，主要为内部因素，包括成就感、赏识、工作本身、责任、提升与发展。当这些因素缺乏时，员工处于很低或没有工作满意感的状态，但是影响不大；而当这些因素得到改进之后，员工则可获得高度的满意感，进而体现出较高的绩效。

赫兹伯格的"激励因素"主要有以下 6 种：

(1) 成就；

(2) 赏识；

(3) 晋升；

(4) 工作本身；

(5) 发展前途；

(6) 责任。

"激励因素"与"保健因素"对于激励员工的工作积极性都是很重要的。一个企业为了保持员工原有的积极性，就应该注意保持或完善"保健因素"；为了提高员工的积极性，则应当在"激励因素"方面多下工夫。只有"激励因素"与"保健因素"双管齐下，才能全方位调动员工的劳动积极性。

（五）四种内容型激励理论的关系

ERG 理论将需要层次理论作为其理论基础，两者之间具有一定的相似性，自我实现的需要与尊重的需要对应于成长需要，归属和爱的需要与关系需要相似，安全需要与生理需要则构成了生存需要的基础。这两种理论的主要区别在于：需要层次理论提出了"满足上进"原则的静态的需要体系，而 ERG 理论则提出基于"挫折一倒退"原则的灵活的三种需要分类。双因素理论则源于上述两种需要理论。如果需要层次理论中的安全需要与生理需要获得满足，则保健因素的要求获得了实现；同样地，如果 ERG 理论中关系需要与生存需要得到满足，则保健因素的要求也获得满足。而激励因素则注重于工作本身以及满足个体更高层次的需要或成长需要。

成就需要理论不承认个体低层次的需要。如果个体满足了其工作中的保健因素，则社交需要也得到了满足；如果工作本身具有挑战性以及为个体的发展提供了机遇，那么就会产生激励作用。上述条件的满足将会引导个体实现其成就动机。

二、过程型激励理论

内容型激励理论有助于管理人员了解那些与工作有关联的、激励员工的特殊因素，然而它并没有说明人们为了完成工作目标是如何对行为方式进行选择的。而过程型激励理论(Process Theory)正是试图解释和描述整个过程，包括动机的形成和行为目标的选择等。如个体为了获得更高的薪酬，他会付出更大努力。比较著名的过程型激励理论主要有“期望理论”、“目标设置理论”和“公平理论”。

（一）期望理论

期望理论，也叫做“过程型E理论”，是美国行为学家弗鲁姆(V. H. Vroom)于1964年在《工作与激励》一书中提出来的。该理论认为，一种行为倾向的强度取决于对这种行为可能带来的结果的期望强度以及这种结果对行为者的吸引力。该理论可以用下列公式表示：

$$M=f(E\times V)$$

V(Valence)为“效价”，也称为“诱力”，是指一个人对某项活动可能产生的结果的价值的评价。例如，一位员工从经验和直觉中得出以下结论：如果自己在工作上做出优异成绩，奖金必然增加。奖金增加就是“结果”，而这种结果具有多大的吸引力，人们是否喜欢这个“结果”，取决于个人的主观评价。对一个迫切需要金钱的人或者很看重金钱的人来说，吸引力可能很大；而有的人经济很宽裕，对金钱无所谓，奖金对他们的吸引力就很小，甚至是零；也有的人不希望增加奖金，例如他们担心与同事关系变僵，奖金的增加对他们的吸引力就是负数。因此，效价的变动范围为-1到$+1$。如果对活动结果非常排斥，效价定为-1，如果对活动结果强烈渴望，效价为$+1$。

E(Expectancy)为“期望值”，是指一个人对某项活动导致某一结果的可能性的判断。例如，一个学生对自己考取大学这一结果的可能性的判断，就是期望值。期望值变动的范围为0到1。应当注意的是，期望值是个人主观评价的概率，而不是实际情况的客观概率。

M(Motivation)为动机，即促使一个人采取某一活动的内驱力的强度。单有高的“效价”或单有高的“期望值”不足以产生强的动机。只有当“效价”和“期望值”都比较高时才能产生比较高的动机。

怎样使激发力量达到最大值？弗鲁姆提出了人的期望模式：

个人努力→个人成绩(绩效)→组织奖励(报酬)→个人需要

根据期望理论，要有效地激发人的工作动机，需要处理好以下几对关系。

第一，努力与成绩(绩效)的关系。人们总是希望通过一定的努力达到预期的目标。如果一个人认为通过自己的努力，有把握达到预定的目标，即主观上认为达到目标的概率很高，那么，这个人就会充满信心，激发出强大的工作力量。反之，当一个人总感到他要实现的目标虽然可以实现，但难度太大，通过努力也不会有很好的绩效，他就会失去信心，缺乏动力；同样，如果目标太低，唾手可得，他就认为没有必要去达到此目标，从而失去内部的动力。由此可见，努力与成绩(绩效)的关系取决于个体对目标的期望值。期望值是个体对目标的一种主观估价，它既受个人的个性、情感、兴趣、动机等主观因素的影响，也受个人的社会地位、外界环境以及他人的期望等社会客观因素的影响。

第二，成绩与奖励的关系。一个人的工作获得了成绩，总希望得到他人和社会的承认和赏识。奖励就是对个人或团体工作成绩的肯定和报酬。奖励是综合的，既包括物质上的，也包括精神上的。如果一个人认为取得成绩后能得到合理的奖励，就可能产生工作热情，否则就可能没有积极性。组织的目标，如果没有相应的、有效的物质和精神奖励来强化，时间一长，这个组织的全体成员为本组织作贡献的动机就会逐渐消退。

第三，奖励与满足需要的关系。满足人的需要是一切工作的出发点和归宿点，奖励作为一种手段也必须满足人的需要。人的需要的多样性，决定了奖励内容和奖励效价的复杂性。人们在年龄、性别、资历、社会地位和经济条件等方面都存在着差异，同一种奖励，对于不同的人所具有的"效价"不同，吸引力也不等。为了提高奖励的"效价"和吸引力，充分激发人的积极性，就必须根据各人的需要，采取多种内容和形式的奖励，以挖掘人的潜力，提高工作效率。

期望理论后来得到了进一步的发展，认为工作绩效取决于以下几个主要成分，即第一水平输出和第二水平输出、期望、工具性和效价。下面对这些变量分别进行界定并解释其作用。

(1) 第一水平输出和第二水平输出。第一水平输出是指与工作本身相关的行为结果，具体包括绩效水平、出勤率以及工作品质。第二水平输出则是指由第一水平输出所产生的回报(包括正面的和负面的)，具体包括加薪、升职、上级的认可、同事的接纳以及工作安全。

(2) 期望。期望是指对特定的努力水平导致特定业绩水平的信念。期望既可以认为主观努力水平与客观业绩之间没有任何联系，也可以认为个体特定的努力行为必会产生相应的业绩。期望值是一个在0与1之间波动的变化的量值，0表示个体行为不会引发特定的第一水平输出，1表示个体行为必定会引发特定的第一水平输出。例如，如果一名操作有缺陷设备的员工对他或她的努力将导致高绩效水平的期望值非常低，那么他或她可能不会付出太多的努力。

(3) 工具性。工具性是指第一水平输出与第二水平输出之间的关联度，其量值的变化范围从－1到＋1。－1表示第一水平输出所代表的组织成就与第二水平输出所代表的个体目标之间呈负相关。＋1表示第一水平输出与第二水平输出之间呈正相关。假使一名员工努力工作并以高水平完成任务，如果其工作没有得到恰当的回报，即其高水平的完成任务与其得到恰当回报之间没有体现出正向的关联，他或她的工作动机就可能会动摇。例如，在一个公司中假如一个非常多产的工人已经到达其工资的最高水平，那他或她就不大可能再受到激励而努力工作。

(4) 效价。效价是指个体对于特定的第二水平输出的偏好与估价。当第二水平输出为个体所需要时，则效价为正；当第二水平输出为个体所回避时，则效价为负；当个体对于第二水平输出持中性立场时，则效价为0。引起正的效价的输出包括从事有意义的工作、工作有安全感、获得高薪以及赢得朋友和同事的尊重。引起负的效价的输出则是人们所极力避免的，如被解雇、丧失升职机会以及遭受性别歧视等。

(二) 目标设置理论

目标设置理论(Goal Setting Theory)由美国马里兰大学管理学兼心理学教授洛克(E. A. Locke)于1967年最先提出。洛克认为外来的刺激(如奖励、工作反馈、监督的压力)都是通过目标来影响动机的。目标能引导活动指向与目标有关的行为，使人们根据难度的大小来调整努力的程度，并影响行为的持久性。目标本身就具有激励作用，目标能把人的需要转变为动机,使人们的行为朝着一定的方向努力,并将自己的行为结果与既定的目标相对照,及时进行调整和修正,从而能实现目标。这种使需要转化为动机,再由动机支配行动以达到目标的过程就是目标激励。目标设置理论提出以后,许多学者在研究中加以发展,不断对它进行补充完善,现已成为内容丰富、影响越来越大的新的激励理论。

洛克(Locke)与拉色曼(Latham)认为,目标之所以能起到激励作用,是因为它能促使人们对现实能力与达到目标所需要的能力做出比较。如果认为自己与目标有差距的话,就会感到不满意;如果相信能达到目标,就会更加努力地工作,以实现目标。目标成功地实现了,人们就会感到胜任与成功。目标能提高绩效的原因是,目标使期望达到的绩效类型与水平变得明确。当人们受到挑战要达到更高目标的时候,一般有这样的过程。

首先,评估实现目标的渴望以及目标实现的可能性,两者会共同影响人们的目标承诺。目标承诺是指个体被目标所吸引,认为目标重要,持之以恒地为达到目标而努力的程度。由上级指定目标,或是个体参与设置目标,哪一种方式更能导致目标承诺,增加下属的绩效呢?研究发现,合理指定的目标(所谓合理,即目标有吸引力,也有可能达到)与参与设置的目标有着相同的激励力量。这两者都比只是简单地设置目标而并不考虑目标的合理性要更有效。当人们认为目标能够达到,而达到目标又有很重要的意义时,对目标的承诺就加强了。激励物对产生目标承诺的作用较为复杂。一般来说,对无法达到的目标提供奖金只能降低目标承诺。对于中等难度的任务给予奖金最能提高目标承诺。

其次,评估目标的实现有助于提高自我效能感。自我效能感就是个体对处理某种问题时能做得多好的一种自我判断,它是以对个体全部资源的评估为基础的,包括能力、经验、训练、过去的绩效、关于任务的信息等。高的自我效能感有助于个体长期坚持某一种活动,尤其是当这种活动需要克服困难、战胜阻碍时。研究发现,同样告诉被试他的成绩不好时,高自我效能感的人比低自我效能感的人坚持努力的时间要长。

当目标承诺与自我效能感水平高的时候,人们就会受到激励从而为达到目标的水平去努力工作。

(三)公平理论

公平理论是美国心理学家亚当斯(S. Adams)于 1967 年提出来的。亚当斯认为,一方面员工所得的绝对报酬(即实际收入)会影响职工的工作积极性;另一方面,员工所得的相对报酬(即与他人相比较的相对收入)也会影响职工的工作积极性。

产出与投入是自己与其他人进行比较时考虑的两个变量。产出是自己从工作中所得到的东西,包括薪水、福利与声望。投入是所作的贡献,例如,工作时间的长短、付出的努力、单位生产数量以及从事工作的资格。公平理论关注的是相关人员所感受到的产出与投入,所以不一定很精确。

把自己所付出的劳动与所得的报酬,同他人付出的劳动与所得的报酬相比较,这是横向比较。除了横向比较外,还有个人前后历史的纵向比较,即用自己现在得到的报酬与自己过去所得的报酬相比。作为企业的管理人员要对员工的工作业绩进行准确考核,在分配方面尽量做到公平。

组织管理中有两种类型的不公平感,即分配公平和程序公平。分配公平是指员工感觉到的薪酬数额分配的公平性，程序公平则是指员工所感觉到的薪酬或其他结果的决定方式的公平性。研究表明，分配公平和程序公平是交互影响的。许多研究者认为，程序公平比分配公平更具有持续效应。Greenberg(2000)提出，组织的程序公平可以通过四种途径得到增强：

(1) 让员工在决策过程中有发言权，尤其在诸如薪酬设计、绩效考核标准制定等重要管理措施中有参与的机会。

(2) 使员工有修正程序和改正差错的机会，在管理政策或措施的实施过程中，如果员工有机会参与修订程序或改正差错，他们将会体验到程序的公平。

(3) 使管理政策和规章制度保持一贯性，特别是使奖励政策和薪酬制度保持稳定，并且建立规范的政策修订制度，这是树立程序公平的关键环节。

(4) 使组织决策减少偏差，公正地处理部门之间的利益冲突，保证程序的公平。

在实际操作过程中，许多企业为了避免员工产生不公平的感觉，往往采取各种手段，在企业中造成一种公平合理的气氛，使员工产生一种主观上的公平感，或采用秘密约见单独发奖的办法，使员工互不了解彼此的收支比率，以免员工互相比较而产生不公平感。

三、行为改造型激励理论

行为改造型激励理论(Behavior Modification Theory)的重点是研究人的行为怎样转化和改造，如何使人的心理和行为变消极为积极。这种类型的激励理论主要有"条件反射理论"、"归因理论"等。

(一) 条件反射理论

美国心理学家斯金纳(B. F. Skinner，1904—1990)提出了操作性条件反射(Operant Conditioning)的概念。这种条件反射的特点是人或者动物必须通过自身的运动或操作才能得到强化，所以称为操作性条件反射。斯金纳认为人的行为是受外部环境刺激所调节、控制的，改变外界刺激有助于改变行为。

强化就是对一种行为的肯定或否定(报酬或惩罚)，它至少在一定程度上会决定这种行为在今后是否会重复发生。根据强化的性质和目的可把强化分为正强化和负强化。在管理上，正强化就是奖励那些组织需要的行为，从而加强这种行为。正强化的方法包括奖金、对成绩的认可、表扬、赏识、改善工作环境和人际关系、提升、安排担任挑战性的工作、给予学习和成长的机会等。负强化是在个体表现出期望的行为时，撤销个体所厌恶、回避的刺激，以增强所期望的行为。例如，如果员工一个月没有迟到记录，就可以减少下个月上夜班的天数。这样，员工为了减少上夜班的天数，就会努力保持按时上班。

在管理中运用强化学说要遵循以下原则：

(1) 要有目标体系，遵循目标强化的原则；

(2) 小步子前进，分阶段设立目标，并对目标予以明确规定和表述，每个小目标都及时给予强化，以增强信心；

(3) 贯彻及时反馈、及时强化的原则；

(4) 实行奖惩结合以奖为主的原则，因为正强化比负强化更有效；

(5) 贯彻精神奖励和物质奖励相结合的强化原则；

(6) 贯彻公开、公平、公正的强化原则。

(二) 归因理论

归因理论(Attribution Theory)最早是由海德(F. Heidel，1958)从关于社会知觉的人际关系认知理论发展而来的。归因理论是说明和推论人的活动的因果关系的理论。有人把归因理论称作认知理论，即通过改变人的自我感觉、自我认知来达到改变人的行为的目的。从最后目标来看，归因理论也是一种行为改造理论。

根据美国心理学家维纳(B. Weiner)1974年的研究，在现实中，根据内因与外因、稳定与不稳定原因、可控与不可控原因，一般人对行为的成功或者失败常作如下四种归因：

(1) 努力程度；

(2) 能力大小；

(3) 工作任务难易程度；

(4) 个人运气与机会的好坏程度。

其中，努力程度、个人运气与机会的好坏程度是不稳定因素，能力大小和工作任务难易程度是稳定因素。

归因方式不同，人们的行为反应也不同。

(1) 由于能力是自己无法直接控制的稳定的内因，如果行为者把失败归于能力，则不会增强今后的努力程度。因为他认为再努力也起不了作用。

(2) 假若把失败归因于自己不够努力，由于努力程度是相对不稳定的但又是可控的内因，这样的归因可能增强今后的努力程度。

(3) 假若把失败归因于不稳定的外因，如偶然生病或意外事故等，或者运气不好，没有机会，这就不一定会降低人的行为积极性，行为者仍能保持较高的努力程度。

(4) 假若把行为失败归因于工作(学习)任务重、难度大等，由于这些因素是稳定性的外因，这很可能会降低行为者的自信心和行为的努力程度。

总之，假若行为者把失败归因于能力低、任务太重(难)等稳定因素，行为者就会感到以后如果碰到同样的情况仍然会失败，则会降低成功的期望，失去信心，结果努力程度就比较低。反之，如果行为者把失败归因于自己不努力或粗心大意等不稳定的因素，行为者就会增强自信心，增加努力程度，争取成功的机会。

第三节　激励方法

每一个员工的需要是不同的，即使是同一个员工，在不同的人生阶段或者在不同的场合其需要也是发生变化的。因此，我们对员工的激励方法也应该视具体情况而定。常用的激励方法有以下几种。

（一）目标激励

目标激励，就是确定适当的目标，诱发人的动机，以调动人的积极性。目标激励的作用通常表现在两个方面。其一，经过努力目标实现的可能性越大，人们就越感到有信心，激励作用也就越强。因此在管理的过程中，要不断地为员工设立可以看得到的、在短时间内经过努力可以达到的目标。如果目标定得太远，员工会有一种虚无缥缈的感觉。其二，目标效价即目标实现后满足个人需要的价值越大，社会意义越大，就越能鼓舞人心，激励的作用就越强。当人们受到富有挑战性目标的刺激时，就会迸发出极大的工作热情，特别是事业心很强的人，愿意接受挑战。目标提出来以后，管理者要协助下属制定详细的实施步骤，在随后的工作中引导和帮助他们努力实现目标。

（二）责任激励

所谓责任激励，就是让每个人认识并担负起他应负的责任，激发其为所承担的任务而献身的精神，满足其成就感。责任激励可以采用不同的形式，例如，职务的委任、工作任务的委托等。大部分人都愿意承担一定的责任。一个人如果能接到上级交给的、与自己能力相当或略大于自己能力的任务（责任），就会感到上级对自己的重视或重用，从而体验到自己的价值，努力去完成这个任务。管理者的责任就是要帮助下属重视并担负起各自的责任。

（三）工作激励

工作激励是一种直接激励。工作激励就是让工作过程本身使人感到有兴趣、有吸引力，从而调动员工的工作积极性。增强工作本身的内在意义和挑战性，使员工具有自我实现感，使工作内容丰富化和扩大化，美化工作环境，播放背景音乐等，都可以提高工作的吸引力。还可以通过员工与岗位的双向选择，使职工对自己的工作有一定的选择权。

（四）事业激励

让员工把个人事业的发展与单位的前途命运紧密地联系在一起，可以充分调动员工的内在潜力。如果单位的事业发展了，个人的事业也能得到发展，则员工就会认真地考虑怎样才能把工作做好。如果一个人是在为一个事业而工作，那么他就不会对工资报酬过分敏感，而是全身心地投入工作中去。

（五）培训和发展机会激励

当今世界日趋信息化、数字化、网络化。一方面，知识更新速度不断加快，相应的知识老化的速度也日益加快；另一方面，新的知识领域又在不断地涌现。因此，当今社会的学习是终身学习，当今社会的教育是终身教育。员工虽然在实践中不断丰富和积累着知识，他们仍然需要进行专业技能学习、短期培训、出国进修，这种培训可以充实他们的知识，培养他们的能力，给他们提供进一步发展的机会，提高他们在现代社会中的适应能力和竞争能力，满足他们自我实现的需要。

(六) 晋升激励

晋升激励就是将表现好、素质高的员工提拔到高一级的岗位上去，以进一步调动其工作积极性。这是绝大多数单位都在使用的一种激励方法。一方面，高层次的岗位需要更强的责任心和事业心；另一方面，晋升可以调动晋升对象的积极性。晋升要掌握一定的标准，最符合条件的人才能得到晋升，不能因为晋升了一个人，打击了其他多数人的积极性。

(七) 经济激励

虽然人们的物质生活水平已经显著提高，经济利益与激励之间的关系已经弱化，然而，经济利益和物质需要始终是人类的第一需要，是人们从事一切社会活动的基本动因。所以，经济和物质仍是激励的主要形式。企业除了可以采取工资的形式外，还可以采取奖金、优先认股权、公司支付的保险金等形式，对员工的成绩给予奖励。但是经济激励要有一个比较明确的标准。比如，做出什么样的贡献可以得到奖金，达到了什么标准可以分到住房等。

(八) 强化激励

所谓强化激励，是指对人们的某种行为给予肯定和奖励，或者撤销个体所厌恶、回避的刺激，使期望的行为巩固和加强，或者对某种行为给予否定和惩罚，使不期望的行为减弱的过程。肯定性的激励方法主要是表扬和奖励。奖励又可以分为物质奖励和精神奖励。在实践中，要掌握适宜的奖励时机。适宜奖励的时机很多，根据奖励时间的快慢差异，可以分为及时奖励和延时奖励；根据奖励时间间隔的有无规律，可以分为规则奖励和不规则奖励。否定性的激励方法主要是批评和惩罚。为了达到良好的效果，批评和惩罚应该讲究艺术。在批评下属时，应先找出他们的长处给予肯定，然后提出批评，在严肃友好的气氛中结束批评。这种批评方式较符合人的心理活动的需求，既保全了下属的面子，又有利于培养下属改正错误或缺点的自信心理。惩罚的方式有降级、罚款、降薪、淘汰等。

在员工激励中，正面激励的效果远大于负面激励。因此，要注意表扬和奖励为主，批评和惩罚为辅。

(九) 参与激励

现代员工都有参与管理的要求和愿望，创造和提供机会让员工参与管理是调动他们积极性的有效方法。应努力建立员工参与管理、提出合理化建议的制度和员工持股制度，提高员工的主人翁意识。让员工参与管理，领导者可以听到更多的关于企业发展的好建议，对员工来说，可以形成对企业的归属感、认同感，进一步满足自尊和自我实现的需要。

(十) 尊重激励

“尊重人是企业的成功之道。”在对惠普公司 20 位高级管理人员的调查中，有 18 位都主动提到，他们公司的成功在于“惠普之道”。惠普公司创始人比尔 · 林利特说：“惠普之道就是那种关怀和尊重每一个人和承认他们个人成就的传统。因此，个人的尊重和价值是惠普之道的一个极重要的因素。”在管理过程中，应尊重各级员工的价值取向和独立人格，尤其尊重企业中的小人物和普通员工，让员工的自我价值在工作中得到肯定，这样员工就会对工作充满热情，大家才能相互合作，从而促进企业团队精神和凝聚力的形成。

（十一）荣誉激励

荣誉是众人或组织对个体或群体的崇高评价，是满足人们自尊需要、激发人们奋力进取的重要手段。对于一些工作表现比较突出、具有代表性的先进员工，可以采取评比先进、颁发奖状、大会表扬等形式。荣誉激励成本低廉，但效果很好。有些单位在荣誉激励上，存在着评奖过滥过多等不正确现象。如评优中的“轮庄法”、“抓阄法”、“以官论级法”、“以钱划档法”、“老同志优先、体弱病残者优先”等“优先法”，都使荣誉的“含金量”大大降低，这些做法必须予以纠正。

（十二）情感激励

所谓情感激励，就是通过建立良好的情感关系，激发员工的士气，从而达到提高工作效率的目的。常见的情感激励方式有“让工人坐头排”制度，生日祝贺礼（领导亲自祝贺、送生日蛋糕、送生日卡、举办生日晚会、生日舞会等），每天早上领导者迎接员工上班，员工婚丧嫁娶帮助操办，员工的子女入托入学帮助联系，员工生病时前去看望，员工有困难帮助解决，开展送温暖活动等。情感激励的运用要求管理者做到以下三点：一是善于体察人心，及时感受到下属的思想和情感变化，并根据这些变化采取相应的措施；二是善于根据人的不同特点，选择不同的情感交流方式；三是要真诚，要真正关心、尊重和信任下属，不搞形式主义。

（十三）弹性福利计划与激励

福利是薪酬的重要组成部分，在组织管理中，管理者应该让福利发挥出必要的激励作用。在西方，弹性福利计划被认为是一种有效的激励方式。弹性福利计划又叫自助式福利计划，即由企业给予员工一定的福利点数，员工可在点数范围内随意挑选自己喜欢的福利项目，以满足员工的多元化需求。弹性福利计划考虑到了不同员工在不同阶段的需要，提高了员工的满意度，有效地激励了员工，同时还帮助管理者加强了对福利成本的有效管理。

（十四）职业生涯规划与激励

目前越来越多的人重视职业生涯规划。所谓职业生涯规划，就是指组织与个人共同制定，基于个人和组织两方面的需要，通过对决定个人职业生涯的个人因素、组织因素和社会因素等进行分析，进而制定出的个人在一生中的事业发展战略与实施计划。组织应在了解员工的个性特点、兴趣、专长和爱好等基础上，协助员工共同制订个人职业生涯规划，使员工和企业共同成长，这对于企业来说，员工的成长会给企业带来高绩效；而对于员工来说，则是一种激励，因为企业帮助其制定职业生涯规划将使其感受到企业的关心，产生强烈的归属感。

实训模拟

模块一:案例分析与思考

蓝天技术开发公司由于在一开始就瞄准成长的国际市场,在国内率先开发出某高技术含量的产品,其销售额得到了超常规的增长,公司的发展速度十分惊人。然而,在竞争对手如林的今天,该公司和许多高科技公司一样,也面临着来自国内外大公司的激烈竞争。当公司经济上出现了困境时,公司董事会聘请了一位新的常务经理欧阳健负责公司的全面工作。而原先的那个自由派风格的董事长仍然留任。欧阳健来自一家办事古板的老牌企业,他照章办事,十分古板,与蓝天技术开发公司的风格相去甚远。公司管理人员对他的态度是:看看这家伙能待多久!看来,一场潜在的"危机"迟早会爆发。

第一次"危机"发生在常务经理欧阳健首次召开的高层管理会议上。会议定于上午9点开始,可有一个人姗姗来迟,直到9点半才进来。欧阳健厉声道:"我再重申一次,本公司所有的日常例会要准时开始,谁做不到,我就请他走人。从现在开始一切事情由我负责,你们应该忘掉老一套,从今以后,就是我和你们一起干了。"到下午4点,竟然有两名高层主管提出辞职。

然而,此后蓝天技术开发公司发生了一系列重大变化。由于公司各部门没有明确的工作职责、目标和工作程序,欧阳健首先颁布了几项指令性规定,使已有的工作有章可循;他还三番五次地告诫公司副经理徐钢,公司一切重大事务向下传达之前必须先由他审批,他抱怨下面的研究、设计、生产和销售等部门之间互相扯皮,踢皮球,结果使蓝天技术开发公司一直没能形成统一的战略。

欧阳健在详细审查了公司人员工资制度后,决定将全体高层主管的工资削减10%,这引起公司一些高层主管向他辞职。

研究部主任这样认为:"我不喜欢这里的一切,但我不想马上走,因为这里的工作对我来说太有挑战性了。"

生产部经理也不满欧阳健的做法,可他的一番话颇令人惊讶:"我不能说我很喜欢欧阳健,不过至少他给我那个部门设立的目标我能够达到。当我们圆满完成任务时,欧阳健是第一个感谢我们干得棒的人。"

采购部经理牢骚满腹。他说:"欧阳健要我把原料成本削减20%,他一方面拿着一根胡萝卜来引诱我,说假如我能做到的话就给我油水丰厚的奖励;另一方面则威胁说如果我做不到,他将让我另谋高就。但完成这个任务简直就不可能,欧阳健这种'胡萝卜加大棒'的做法是没有市场的。从现在起,我另谋出路。"

但欧阳健对被人称为"爱哭的孩子"销售部胡经理的态度则让人刮目相看。以前,销售部胡经理每天都到欧阳健的办公室去抱怨和指责其他部门,欧阳健对付他很有一套,让他在门外静等半小时,见了他对其抱怨也充耳不闻,而是一针见血地谈公司在销售上存在的问题。过不了多久，大家惊奇地发现胡经理开始更多地跑基层而不是欧阳健的办公室了。

随着时间的流逝，蓝天技术开发公司在欧阳健的领导下恢复了元气。欧阳健也渐渐地放松控制，开始让设计和研究部门更放手地去做事。然而，对生产和采购部门，他仍然勒紧缰绳。蓝天技术开发公司内再也听不到关于欧阳健去留的流言飞语了。大家这样评价他：欧阳健不是那种对这里情况很了解的人。但他对各项业务的决策无懈可击，而且确实使我们走出了低谷，公司也开始走向辉煌。

阅读上述案例材料，回答以下五个问题。

1. 欧阳健进入蓝天技术开发公司时采取了何种领导方式？这种领导方式与留任的董事长的领导方式有何不同？他对研究部门和生产部门各自采取了何种领导方式？当蓝天技术开发公司各方面的工作走向正轨后，为适应新的形势，欧阳健的领导方式有哪些改变？为什么？

2. 蓝天技术开发公司一些高层管理人员因为工资被削减而提出辞职。按照双因素理论，工资属于保健因素还是激励因素？研究部主任的话反映他当前的需要属于哪一种？

3. 生产部经理愿意留下来，而采购部经理却想离职，对其原因请用期望理论进行分析。

4. 试用强化理论说明欧阳健对销售部经理采取了何种激励方式，为什么？

5. 有人认为，对下属人员采取敬而远之的态度对一个经理来说是最好的行为方式，所谓的“亲密无间”会松懈纪律。你如何看待这种观点？你认为欧阳健属于这种领导吗？

模块二：心理测验

管理者激励能力测试表

1. 职工中工作做得非常好的，其工资应立即增加。

A. 完全同意　B. 有点同意　C. 有点不同意　D. 完全不同意

2. 好的工作写实很有价值，它使职工知道该做什么工作（工作写实：详细写明一个职工所承担的职务和责任及主要的工作方法）。

A. 完全同意　B. 有点同意　C. 有点不同意　D. 完全不同意

3. 要职工记住，他们是否继续工作下去，要看公司能否进行有效的竞争。

A. 完全同意　B. 有点同意　C. 有点不同意　D. 完全不同意

4. 管理人员应关心职工的工作条件。

A. 完全同意　B. 有点同意　C. 有点不同意　D. 完全不同意

5. 管理人员应在人们当中尽力营造友好的氛围。

A. 完全同意　B. 有点同意　C. 有点不同意　D. 完全不同意

6. 工作绩效高于标准的职工，应予以表扬。

A. 完全同意　B. 有点同意　C. 有点不同意　D. 完全不同意

7. 在管理上对人漠不关心，会伤害人的感情。

A. 完全同意　B. 有点同意　C. 有点不同意　D. 完全不同意

8. 要使职工感到，他们的技能和能力都会在工作上发挥出来。
A. 完全同意　B. 有点同意　C. 有点不同意　D. 完全不同意
9. 公司退休金与补贴和职工子女的工作安排是使职工安心工作的重要因素。
A. 完全同意　B. 有点同意　C. 有点不同意　D. 完全不同意
10. 几乎每一种工作都可以使它具有激发性和挑战性。
A. 完全同意　B. 有点同意　C. 有点不同意　D. 完全不同意
11. 许多职工都想在工作上干得非常出色。
A. 完全同意　B. 有点同意　C. 有点不同意　D. 完全不同意
12. 管理层在业余时间安排社会活动，这表明他们对职工的关怀。
A. 完全同意　B. 有点同意　C. 有点不同意　D. 完全不同意
13. 一个人对工作感到自豪，就是一种重要的报酬。
A. 完全同意　B. 有点同意　C. 有点不同意　D. 完全不同意
14. 职工希望在工作上能称得上“佼佼者”。
A. 完全同意　B. 有点同意　C. 有点不同意　D. 完全不同意
15. 非正式群体中的良好关系是十分重要的。
A. 完全同意　B. 有点同意　C. 有点不同意　D. 完全不同意
16. 个人奖励会盖过职工的工作绩效。
A. 完全同意　B. 有点同意　C. 有点不同意　D. 完全不同意
17. 职工要能和高层管理人员接触。
A. 完全同意　B. 有点同意　C. 有点不同意　D. 完全不同意
18. 职工一般喜欢自己安排工作，自作决定，不要太多的监督。
A. 完全同意　B. 有点同意　C. 有点不同意　D. 完全不同意
19. 职工的工作要有保障。
A. 完全同意　B. 有点同意　C. 有点不同意　D. 完全不同意
20. 职工要有良好的设备进行工作。
A. 完全同意　B. 有点同意　C. 有点不同意　D. 完全不同意

评分标准：选 A 记 3 分，选 B 记 2 分，选 C 记 1 分，选 D 记 0 分。

评分：

41～60 分：你十分了解激励对于管理的重要性，并且运用得很好。

21～40 分：你知道激励对于管理的重要性，但是做得还不够。

0～20 分：十分遗憾，你不知道如何激励职工，这是十分危险的。

模块三：管理游戏

顶球竞走器材

气球十余个吹饱，橡皮筋十余根（不用气球，而用郊游所带的番茄、柳橙、橘子也可）。

方法：

1. 全体分成数组，各组再分别由两人为一小组。
2. 设定竞走的距离与目标。

3. 开始时，各组由两人用额头互顶气球或水果向目标前进，绕一周回来，由另一小组继续，最先结束者为优胜。

模块四：复习思考

一、单项选择题

1. 激励的出发点是（　　）。

A. 人的需求　B. 动机　C. 人的心理　D. 人的行为

2. 比较马斯洛的需要层次理论和麦戈雷格的 X 理论、Y 理论，马斯洛提出的五种需要中，与 Y 理论对应的需要包括（　　）。

A. 生理需要和尊重需要　B. 生理需要和安全的需要

C. 安全需要和归属和爱的需要　D. 归属和爱的需要与尊重的需要

3. 马斯洛认为人类的需要可分为五个层次，其由低到高的顺序为（　　）。

A. 生理、安全、归属和爱、尊重、自我实现

B. 安全、生理、归属和爱、尊重、自我实现

C. 生理、安全、尊重、归属和爱、自我实现

D. 尊重、生理、安全、归属和爱、自我实现

二、多项选择题

1. 状态型激励理论主要包括（　　）。

A. 需要层次理论　B. 期望理论

C. 公平理论　D. 挫折理论

E. 双因素理论

2. 激励理论大致可以分为三种基本类型（　　）。

A. 内容型激励理论　B. 过程型激励理论

C. 状态型激励理论　D. 自我感知型激励理论

E. 综合型激励理论

3. 双因素理论认为，企业中影响人的积极性的因素，可按其激励功能的不同，分为（　　）。

A. 激励因素　B. 心理因素

C. 生理因素　D. 社会因素

E. 保健因素

三、思考题

1. 保健因素和激励因素各有何作用？并列举出其包含的主要内容。

2. 管理者如何使用激励理论？

3. 根据需要层次理论、公平理论说明金钱的激励作用。

第十章 组织心理与管理

【学习目标】

1. 定义组织和组织心理；
2. 掌握组织结构形式和定义组织设计；
3. 理解组织变革的概念、流程和内容；
4. 了解组织文化的功能和塑造。

【开篇案例】

通用电气公司是由老摩根在1892年出资把爱迪生通用电气公司、汤姆森·豪斯登国际电气公司等三家公司合并组成，是美国乃至世界上最大电器和电子设备制造公司，占美国工行业全部产值的四分之一。那么，如此庞大的跨国公司是通过什么来使其基业长青的？

在20世纪40年代之前，通用电气一直是一家高度集权的大型企业。与欧文·杨一起执政的公司的第三任总裁杰拉德·斯沃普专断，在他的专断之下，通用电气处于一种"悖论般成功的混乱"之中：一旦某人的创意得到斯沃普认可，他立即获得执行此事的授权，以及相应的头衔。虽然根本无法奢谈系统性管理，但通用电气在创新上仍保持了高度的活力，在大萧条的20世纪30年代，它成功地将年销售额由2亿美元提升至近10亿美元。而"悖论般成功的混乱"也带来了高成本和低效率，让占整个公司30%收入的家用电器业务几乎无法盈利。

公司从1950年开始实施分权事业部制。为什么要分权？这是拉尔夫·科迪纳尔任总裁助理后3年时间上下考察，最终得出的结论。他说："除非我们能将决策的权责下放到离问题最近的人那里，否则公司很难与成百上千的小公司竞争。"2000多名经理的职位被创立或重新定义，职能部门被废弃，相关人员数目被极大削减。他让120个部门总经理各自负责一块业务，权力委任的原则是"（每个人负责的领域）不比他的臂展宽太多"。

分权取得了巨大成功，从1951年到1956年，通用电气的收入从20亿美元翻了一倍。在20世纪50年代，通用电气的业务

主要为大型机械、家用电器、军工产品，到1960年拓宽到电力设备、原子能，到20世纪70年代更进一步进入航空、计算机，能够如此快速的扩展产业布局，主要得益于分权事业部制，将决策的权责下放到离问题最近的人那里，更利于与成百上千的小公司竞争。使管理更具灵活性，利于扩展通用电气公司的产业布局，使公司进一步发展。

在过去几十年的组织管理中，由于管理不当、结构失衡等问题，组织变革失败的案例实在太多。组织心理与管理的意义是非常深奥的，尤其是在稳定与不稳定的组织中该如何实施管理等问题。对于组织而言，合理的结构、高效的管理、自身的变革永远是将来成功与壮大的动力。

第一节 组织概述

一、组织的内涵

（一）组织的基本含义

从词源上看，最早在《辽史·食货志》里有这样一句话："饬国人树桑麻，习组织"，组织一词在中国古代与经纬交织有关，是指将麻丝编织成布帛，反映了当时的一种生产方式。有关组织活动的论述则更为古老，如《孙子兵法·势篇》有"凡治众如治寡，分数是也"，"斗众如斗寡，形名是也"。这里"众"、"寡"指组织形式，"治"、"斗"指组织方法。在西方，组织一词来源于希腊文"Organon"，意思是工具、手段。1873年，英国哲学家斯宾塞(Herbert Spencer，1820—1903)将组织一词引进了社会科学，但是，人类对组织进行有系统的研究，则是从20世纪初开始的。

20世纪初，法国工业学家亨利·法约尔(Henri Fayol，1841—1925)首先提出了在管理过程中要履行的五种管理职能：计划、组织、指挥、协调和控制。组织与管理是分不开的，管理的职能必须通过一定的组织和组织程序来实现。有关组织的定义种类繁多，从不同的角度在不同的领域都赋予了它太多的内涵。可以这么说，组织是一个有特定的目标，有资源与结构，并时刻与外部环境相互作用的系统。它是一个人群的结合体，这个集合并不是一个简单的毫无关联的人数的总和，它是人们为了实现一定的目的而有意识地聚集在一起，相互的协作劳动，而这个协作团体的外在形式就是组织。

相关链接

"组织"这一概念如同计划、安排一样，既可以做名词又可以做动词使用。作为名词使用时，是指按照某些特定的目的，根据相同的任务或者共同的目标而建立起来的社会团体，比如中信软件开发公司是一个组织，某所大学是一个组织，政府机关也是一个组织。而作为动词使用时，指的是管理四大基本职能里的组织工作这一职能，即设置不同的部门岗位，给集合体中的各成员安排职位和分配任务等。

从我们的管理学意义上来说，可以给组织下的定义如下："组织是指两个以上的群体，为了一个共同的目标，在统一指挥下，分工合作的行为和结构系统。"它具有这样一些内涵：

（1）组织是一个结构，是一个人工系统。它是由领导人、管理者或一个决策团体组建起来的群体结构。这意味着组织必须有层次的区分和相应的责任制度，组织的各成员为了实现目标而在各自的岗位上进行分工合作。没有层次之分，没有明确的任务、权利、责任，也就是说组织必须有一个稳定的与之相适应的结构，否则这个组织必然是混乱低效的，也就不可能实现其预定的目标。

（2）组织是一个实体。这个实体的内部包括正式组织和非正式组织。比如企业，企业是一个组织实体，企业里的正式组织是指由企业的各种结构要素组合形成的，对其成员具有强硬的约束力的、有明确的责任、目标、权利和义务的组织；而非正式组织则是在员工的私人交往及社会交往关系之上，根据员工的共同兴趣爱好、宗教信仰等原因自发形成的，对成员没有硬性约束力的组织。从某种意义上说，非正式组织其实是正式组织的一种有益补充，它对企业的运行有着一定的实际效用。

（3）组织是一个过程。组织是存在于世界系统中的一个小系统，它的生存发展与外界的变化发展是分不开的，这就要求我们的组织要随着外部宏观环境的变化而变化，因此它是一种动态的存在，是一个变化发展的过程。组织过程通常被认为是组织结构的创新、维系和变革，随时保证组织结构能发挥其最大效用以实现组织的目标。因此，组织不但要对人力、财务、物质、信息和其他实现目标资源进行协调分配，同时还要关注这个系统的运行过程。当这个组织运转正常且充分发挥了它自身的作用，有助于实现目标时，我们就应该维系这个组织的相对稳定；反之，则需要相应的创新和变革，以供其适应外界变化和实现企业目标的要求。

（二）组织的特点

要充分理解组织的概念，还必须认识组织的特点。

1. 统一的组织目标

每一个组织都有明确的目标，目标是组织存在的前提。如学校要教书育人培养人才，企业要使盈利最大化，社会公共服务机构要服务人民。无论这些组织的成员各自的目标有何不同，但一定会有一个可以为他们所接受的共同目标。这个目标就是组织的宗旨或者行动纲领，激励和凝聚组织中的成员，它说明建立这个组织的目的所在，引导其成员的行为，使他们协作一致，通过运用组织的各种资源，共同努力完成组织任务和组织目标。组织目标有经营目标、市场目标、人才培养目标、生产效率目标等。

2. 完善的组织资源

组织要建立其相应的组织结构，要实现它的目标，就必须拥有自己的资源，组织资源是组织生存和发展的基础。如建立一个企业，就需要资金、人才、设备、技术、信息网络等各种资源。没有机器，工厂就没办法生产产品，没有操作机器的工人，机器也不可能保持正常运转。没有资源的支持，组织就无法正常运作，无法发挥其应有的功效，因此，任何一种资源的缺乏都可能导致组织无法达到其目标，从而影响组织的生存与发展。

3. 组织的统一指挥

统一指挥是组织实现其共同目标的必要条件。没有统一指挥的组织就好比在大海上行驶的船只无人掌舵，迷失方向，只能随波逐流或原地打转。演奏要有指挥家指挥，打仗要有将军指挥。闻名于世的诺曼底登陆战役的胜利就是源自不分兵种不分国别的统一指挥，都是由欧洲盟军的最高统帅部统一指挥领导。同样，在我们的组织中，如果缺乏统一指挥，各自为政，其成员就没有一个共同努力的方向，没有统一的步调，也就无法发挥管理的作用。

4. 组织的分工合作

组织目标限定了组织的分工与合作关系。任何一个组织目标都是组织内的单个成员无法实现的，它必须依靠全体成员的分工合作才能完成。企业为了实现其营销目标，就需要有采购、生产、销售、财务、人事等许多部门，这是一种分工的体现，每个工作环节，每个部门都专门从事一种专门的工作；企业要采购，需要财务上的支持，产品生产出来，需要通过销售去实现其价值，这是部门之间的相互配合协调，是一种合作。只有二者统一结合，才能产生较高的企业效率。需要注意的是，在分工之后，应该赋予每个部门甚至是每个成员相应的权利和责任，仅有权利，可能会导致权利滥用；而仅有责任，则会缺乏相关工作的保证。

相关链接

某一天，天鹅、狗和虾一起拉一辆装着货物的货车，于是它们各自套上车索，拼命地用力拉，可是车子却纹丝不动。

车上装载的货物并不算重，只是天鹅拼命地向云里冲，狗用力地向平地拉，而虾则是使劲地向水里倒拖。

问题：谈谈组织目标与分工合作的关系。

（三）组织的类型

组织充斥了这个社会，并在多方面影响着我们的生活。组织的类型多种多样，根据不同的标准有各自不同的类别。

1. 根据目标的不同，可以将组织分为营利组织、非营利组织以及公共组织

（1）营利组织。也就是以营利为目的的组织，如企业、工厂、银行、超市等。营利组织是市场有机运行的基本保障，也是维持市场经济体制的基础条件，它们以产品和服务来满足消费者和社会的需求，并以纳税的方式支持其他组织的正常运作。

（2）非营利组织。一切不以营利为目的的组织，除开公共组织，都属于非营利组织。非营利组织承担着许多重要的社会职能，为其他组织提供所需的服务，因此也可以称为服务组织。

（3）公共组织。公共组织的目标是为了实现公共利益，它有其相应的公共权力与公共责任，为社会提供公共服务。比如政府机构等，政府就是一个典型的公共组织，而那些提供公共服务的非政府组织也是公共组织的重要组成部分。

2. 根据组织的原则和方式不同，可以将组织分为正式组织和非正式组织

（1）正式组织。正式组织是为了实现组织目标，经过仔细规划，同时规定了成员之间相互关系和职责权利的组织体系。它具备这样一些特点：明确的目标、讲求效率、专业的分工、法定的权威、统一的规范及相对稳定。

（2）非正式组织。所谓非正式组织，是两个或两个以上的人无意识的自发自然形成的系统。它是在组织活动中，人与人之间因长期的持续交往合作的社会接触和影响而形成的共同的观念，共同的兴趣爱好，共同的思维方式和行为方式，具有一定同质性的心理状态。

3. 根据社会功能的不同，可以将组织分为生产组织、政治组织、整合组织和模型维持组织

工厂、饭店等从事生产的制造型和服务型组织叫做生产组织。政治组织是指为了达到自己的目标而进行权力分配的组织，如政府部门。整合组织是引导人们向特定目标发展的协调各种冲突的组织，如政党。像学校、医院这类需要维持固定的形式以确保社会发展的组织就叫做模型维持组织。

根据其他标准分类的组织类型还有很多，如按组织的规模可以分为大型组织、中型组织、小型组织；按控制成员方式的不同还可以分为强制性组织、功利性组织和规范性组织；按组织目标与受益者关系的不同可以分为互利组织、商业组织、服务组织；等等。

（四）组织的功能

在人类的历史上，出现了无数的“大科学”、“大工程”、“大企业”，尤其是近代以来，如GE这样的大型联合企业，职工数十万，机构遍布全球，几乎成了一个自成体系的“经济王国”，实在是人类组织方面的巨大杰作。从对组织发展的分析中，不难看出组织作用的重要性，主要总结起来有以下3个方面。

1. 产生一种新的合力

有效的组织能充分利用人、财、物资源，对其进行有效的整合，把分散的力量汇聚成整体，再以整体的力量去追求期望的目标和结果。一位思想家曾经说过：要使100个人发挥1000个人的作用，靠什么？靠组织。以组织整体表现出来的力量，并不是每一个个体力量的简单叠加，而是必然会超过同样数量单个成员个人生产力的“机械总和”，即会产生$1+1>2$的效应。正如亚里士多德所说的：“整体大于它的各部分的简单总和”，正是通过组织对资源的整合，力量的汇聚和放大，才能面对竞争，发挥巨大潜能，实现组织的奋斗目标。

2. 个人与机构之间的交换作用

人是存在于社会的一种动物，他在社会生活中的合理存在来源于个人和机构两方面的因素。从个人的要素来看，个人之所以加入某一个机构并投入相应的时间、精力和技能，是为了从机构中得到某种利益和报酬。从机构的要素来看，机构之所以接纳个人以及对个人投入成本花费，是希望个人能因此对组织有所贡献，从而帮助机构实现既定的目标。这样，个人和机构的关系是建立在一种相辅相成、平等交换的基础上的，而这种交互作用，正是通过组织、组织结构、组织活动、组织制度等来实现的。

3. 适应和影响环境

随着系统权变理论的出现，人们开始关注环境的问题，尤其是环境的变化发展。从系统论的观点来看，组织的生存和发展离不开环境，环境有宏观和微观之分，宏观环境有政治、经济、文化、自然、科技等各方面的要素，微观环境则是组织自身内部的各要素。一方面，环境制约着组织的发展；另一方面，组织也可以通过自己的活动来控制、利用和改造环境。如学校为社会培养人才，这些人才利用自身的能力改变和改造社会；企业可以通过科学技术优化产品，改善我们的生活环境和生活条件。所以，组织在努力适应环境的前提下，同时也在影响促进环境的改变，这也是组织的一个重要作用所在。

二、管理中的组织心理

（一）组织心理的基本内涵

早在中国古代就有丰富的组织心理与管理的思想。例如，春秋末年军事家孙武在《孙子兵法》一书中就写道："道者，令民与上同意也，故可以与之死，可以与之生，而不畏危。"孙武强调领导与下属之间意愿协调一致的重要性，这在今天看来也是十分重要的组织心理学原则。

但是组织心理学真正的发展还是源于现代化大生产的兴起。19世纪末，资本主义得到发展，生产规模日益扩大，对企业的管理也更为复杂，劳动组织和合理安排也提到科学研究的日程。这时出现了科学管理的学院，其代表人物是泰勒(Frederick Taylor，1856—1915)。泰勒着重研究了工人操作合理化的问题，但他把人看成经济人，忽视了人的社会性。在第一次世界大战后，组织心理学的发展更为迅速，参战各国都力图利用心理学原则来改进管理，提高生产为战争服务。例如，制定人员选拔和训练的方法，研究最有效的组织形式，调整工人与管理人员的关系等。组织心理由此慢慢成了一个系统化的理论体系。

所谓组织心理，是指整体动态变化过程中所表现出来的心理现象。组织是一个较大的系统，组织是个体和群体实现某种目标的工具，组织状况影响个体与群体的工作效率。诸如组织结构、组织设计、组织变革与发展等都是组织心理研究的重要课题。

1. 研究对象

也许大家都知道关于"囚徒困境"的故事：两个犯罪同伙落网后，最初两人都闭口缄默，始终不招认，因为他们之前有约定，如果被捕死不认罪。于是，警察将他们分开囚禁，并分别对他们说："你若招认了，而你的同伙不招认，那么你就只判刑1年；若你俩都招认，各判刑5年；若你不招认，而你同伙招认了，你就判刑10年。"由于缺乏沟通，两个罪犯都寄望于对方遵守诺言不认罪，于是都招认了，结果各判刑5年。

关于"囚徒困境"的故事说明了组织里沟通的重要性。而沟通的前提就是要能掌握对方的心理。事实上，在群体合作中，冲突是不可避免的。如果不能及时解决冲突，就会导致卷入冲突的员工不断积累怨恨，产生人际交往的障碍，消磨工作的激情，引起社会惰化效应。要解决群体合作中的冲突，就必须在合作过程中保持有效而简洁的沟通机制。通过沟通,组织成员能够逐渐熟悉,逐渐了解,慢慢消除误解,化解矛盾;通过沟通,组织成员可以相互理解,相互信任,求大同,存小异;通过沟通,群体成员对组织的认同感得以提升,对工作的责任感得到增强;通过沟通,群体成员配合更加默契,协作更加紧密;通过沟通,组织成员各尽其职、各负其责,齐心协力、通力合作。那么如何进行沟通呢?又如何把握对象的心理特征?那就是要对个体、群体、组织的心理有所了解,这也是组织心理学的主要研究对象。

(1) 个体心理。单个组织成员的心理活动特点。

(2) 群体心理。群体成员的心理现象,这个相对于个体心理来说,难度更大。

(3) 组织心理。整个组织活动表现的心理活动。

2. 研究内容

组织心理学主要研究内容是研究个体、群体与组织的关系,探讨什么样的社会心理环境,有利于激发个体动机,达到组织目标。它研究与组织行为有关的人的个体特点,如动机、能力、个性等;研究人的群体特点,如群体的分类、人与组织的相互作用等;研究领导行为特点,如领导风格、领导的评估与培训等;研究组织理论与组织变革,如组织的模型、组织变革与组织开发研究等。其实,就是研究如何安排有利的组织环境,适应个体心理需要,使组织与个体的利益维持平衡。

3. 研究方法

在研究方法方面,组织管理心理学并没有一种适用于解决一切问题的通用的方法。它主要以心理学及社会学的研究方法,如观察法、访谈法、问卷法、量表法、个案分析、准实验研究、社会调查、公众意见调查等方法为基础,结合管理实际,根据不同的情况、不同的问题,采用适宜的方法,使问题的解决有客观的、科学的根据。

(二) 组织的心理功能

组织的心理功能是指组织对其成员的心理影响。不同的组织在其组织结构、功能和活动方式等方面可能千差万别各有不同,一般都有一个共同的心理功能,即对其个人成员的影响作用。这种作用主要体现在以下两个方面。

1. 有助于了解人们的心理需求,成为员工的行为导向

一个人从成长到衰亡的过程里,在不同的发展阶段都有各自不同的需求,因此他们在学习、工作、生活的各个阶段、各个方面习惯性加入许多组织,甚至是同时加入好几个组织。这些组织都有满足其成员某个方面的心理需要的功能,这些心理需要有可能是归属感,有可能是存在感,也有可能是安全感等。了解到个体不同的心理需要,我们就可以更好地实现组织与成员之间的互动作用,例如,通过工资、奖金、福利等可以满足员工的基本生活需要;通过组织沟通、人际交流等来满足人们的社会交往,获得尊重和自信的心理需求;通过分配任务来激发个体潜能、充分展示个人的聪明才智来满足人们的成就感和自我实现的需要。一旦组织能够满足个体的这些心理需要,就容易使个体对组织产生依赖感,而这种依赖感对增强组织凝聚力,提高工作满意度、实现组织目标等都具有积极作用。

也正是因为组织通过对其成员心理的把握,可以对其成员产生种种影响,几乎让每一个成员都成为一个组织人,觉得组织是创造之源,而有所归属是个体的最终需要。在这样一种心理观念的作用下，从个体的角度来看，开始对组织表现出极大的忠诚，并且把这种忠诚上升到道德的角度来对待，这也就是我们平时所说的职业道德。这种道德使组织对忠诚的要求合理化，一个人要进入某组织，必须经过各种考核，比如品格、能力、知识；进入组织以后，要接受各种规章制度、组织原则和权威的约束。组织根据其表现来提供各种报酬、福利、安全保障或者是惩罚和制裁。因此，这在一定程度上成为个体的行为导向。

2. 有效提高工作效率

著名的华盛顿合作规律说的是：一个人敷衍了事，两个人互相推诿，三个人则永无事成之日。多少有点类似于我们"三个和尚"的故事。我们传统的管理理论中，对合作研究的并不多，最直观的反映就是，目前的大多数的管理制度和行为都是致力于减少人力的无谓消耗，而是避免过多内耗。

在组织中，人与人的合作不是力气的简单相加，而要微妙和复杂得多。因为人的合作不是静止的，它更像方向各异的能量，互相推动时自然事半功倍，相互抵触时则一事无成。合作是一个问题，如何合作也是一个问题。企业里常会有一些人，嫉妒别人的成就与杰出表现，天天想尽办法进行破坏与打压。如果企业不把这种人剔除，久而久之，组织里就只剩下一群互相牵制、毫无生产力的"螃蟹"。

延伸阅读

钓过螃蟹的人或许都知道，篓子中放一群螃蟹，不必盖上盖子，螃蟹是爬不出来的。因为只要有一只想往上爬，其他螃蟹便会纷纷攀附在它的身上，把它也拉下来，最后没有一只能够出去。

与此类似的还有邦尼人力定律："一个人一分钟可以挖一个洞，60 个人一秒钟挖不了一个洞。"这些都充分说明了组织合作的重要性，而在我们传统的管理理论中，对合作研究得并不多，对于如何合作就更少。俗话说"三个臭皮匠，赛过诸葛亮"，其含义就是只要能合作就会产生较高的效率，因此在我们的管理心理学里更侧重于通过对个体、团体以及组织的心理分析，通过这种对心理的理解来促进彼此之间的合作及确定相应的合作模式来有效提高工作效率，尽快完成预定的目标。

总之，利用组织心理，有助于调动人的积极性、改善组织结构和领导绩效，提高工作生活质量，建立健康文明的人际关系，达到提高管理水平和发展生产的目的。任何一个组织或企业都是由人和物这两大因素构成的。这两大因素在组织中又形成了三大关系系统：物—物关系系统、人—物关系系统、人—人关系系统。而人—人关系系统则主要是组织管理心理学的对象。组织管理心理学的任务是吸收、运用各相关学科的理论、方法，探讨组织中个体、群体、组织、领导的心理活动规律，说明如何通过调整人际关系、激励动机、提高领导水平和领导艺术、增强组织凝聚力等手段，来协调人—人关系系统。组织管理心理学的理论目的是发展、完善学科体系，深化对组织心理人认识。而它的直接的实践目的，也是它的根本目的，是要提高组织效能，提高生产率，提高员工的工作满足感。

第二节　组织结构与组织设计

一、组织结构的概念

（一）定义

组织结构的概念在一定程度上来说是抽象和虚幻的。因为组织作为一个社会系统而言，它的结构是看不见的，这和生物系统和机械系统的结构是不一样的。如在生物系统中，生理解剖可以将有机体的结构根据其不同的过程；不同的部分分别地加以研究。而社会组织就很难做出清晰的区分，只能从组织的行为和实际作业中做出判断。一个大学生在入学就会接触到一所高校的组织结构，他到财务处交学费，到校医院做体检，到宿管中心办理入住手续等。这一过程可使他认识到在学校这一组织中，谁做什么事情、谁承担什么样的责任、上下级之间的关系是怎样的，而这些正是组织结构所反映的内容。

组织结构的概念有广义和狭义之分。狭义的组织结构，是指为了实现组织的目标，在组织理论指导下，经过组织设计形成的组织内部各个部门、各个层次之间固定的排列方式，即组织内部的构成方式。广义的组织结构，除了包含狭义的组织结构内容外，还包括组织之间的相互关系类型，如专业化协作、经济联合体、企业集团等。组织结构是组织内部分工协作的基本形式或者框架。随着组织规模的扩大，仅靠个人的指令或者默契远远不能高效实现分工协作，它需要组织结构提供一个基本框架，事先规定管理对象、工作范围和联络路线等事宜。

在管理学意义上，组织结构实质上是一种职权—职责关系结构，是为组织各部分排列顺序、空间位置、聚集状态、联系方式以及各要素之间相对稳定关系的一种模式。是在企业管理要求、管控定位、管理模式及业务特征等多因素影响下，在企业内部组织资源、搭建流程、开展业务、落实管理的基础。组织结构规定了组织活动的形式和功能，主要目的在于指挥和协调员工的行为，从而实现组织的目标。尽管企业的背景、产品、人员可能会有很大的差异，组织结构的要求却是万变不离其宗的。组织结构需要识别与实现组织目标就需要与其相适应的任务或管理过程，人们常常称为“劳动分工”；同时，组织还必须把分配的任务结合和协调在一起，以取得总体绩效水平。好比人体的骨架一样，组织结构在管理系统中起着“框架”的作用，有了它才可能有系统中人流、物流、信息流的流通。组织结构的合理完善，很大程度上决定了组织能否顺利实现目标，能否促进个人在实现目标的过程中作出贡献。

延伸阅读

金刚石和石墨是人们熟悉的两种物质，前者坚硬无比，后者则十分松软。这两种物质都是由碳元素构成的，那么同种元素构成的物质为什么在性质上会有如此大的差异呢？

这种现象其实反映了一个普遍性规律：无论是自然界还是社会领域，事物的结构在很大程度上决定了其功能。

组织结构具有复杂性、规范性和集权性这 3 种特性。

1. 复杂性

组织的复杂性指的组织在内部的专业化分工程度、组织层次、管理幅度以及人员之间、部门之间关系上存在着巨大的差别性，分工越细，复杂性就越高，协调也就越难；是指组织内活动及单位的数目的多少以及它们之间的相互关系。具体地说，复杂性是指组织管理层次制的层数(纵向复杂性)及部门和工种的数量(横向复杂性)。专业分工、职位名称、多个部门、不同层级等通常是显而易见的。组织内各组成部分的复杂性程度不同，也使得复杂性问题更加复杂。

2. 规范性

组织的规范性是指组织依靠规则、程序来引导和控制员工行为的程度。规范的内容既包括规章制度、工作程序等以文字形式来表达的，也包括以非文字形式表达的组织文化、行为准则等。这些东西越多，组织结构也就越正式化。

3. 集权性

组织的集权性描述了决策制定权在组织内的分布情况。在一些组织中，决策是高度集中的，问题是自下而上传递给高级管理人员，由他们选择合适的行动方案。而在另外一些组织中，其决策制定权则授予下层人员，这就被称为分权。

(二) 组织结构的内容

现代组织中，管理工作涉及的范围广泛，内容繁冗，领导者只有借助组织结构，才能实现其职能。组织结构规定着组织中所有的各级人员的职权范围和责任关系，使各类人员按照组织结构所规定的“程序”和“轨道”有效地开展各自的工作。一个组织即使有一位能力和才干都很好的领导，如果没有一个健全而合理的组织结构，其才干也难以发挥，难以实现有效的领导。

组织结构作为组织内部各个职位、部门之间正式确定的、比较稳定的相互关系形式，其内容具体包括两个方面，即横向结构和纵向结构。

1. 横向结构包括职能结构和部门结构

横向结构是解决部门设置的问题，它包括职能结构和部门结构两个方面。职能结构是指实现组织目标所需要的各项业务工作以及比例和关系。其考量维度包括职能交叉(重叠)、职能冗余、职能缺失、职能割裂(衔接不足)、职能分散、职能分工过细、职能错位、职能弱化等方面。对各部门在目前的组织系统中的作用、各部门的分工、隶属、合作关系是否明确等进行分析，判断企业现有组织结构中各部门的职能是否缺失、交叉、冗余、职能错位等。

而部门结构是指组织有多少部门以及各部门之间的关系。一个企业有很多项业务，因此也就有很多部门，一个部门承担一项业务或多项业务，业务的数量和部门的数量不一定是相等的。例如，一个公司有采购、技术、生产、销售、后勤等不同的业务，为此，公司就设置了生产部负责生产业务、技术部负责技术业务、经销部负责采购和销售业务、财务部承担财务管理职能、人事部承担人事管理职能。它们的工作任务都是为了实现组织的总体目标，但各部门的权责关系大不一样。

2. 纵向结构包括层次结构和职权结构

层次结构是指管理层次的构成，有高中低之分；职权结构是指各层次、各部门在权力和责任方面的分工及相互关系。主要考量部门、岗位之间权责关系是否对等。例如，公司、制造企业的管理机构通常分为股东会—董事会—监事会—经理层，其中经理层又分为总经理—各职能部门—基层部门，这样就形成了一个自上而下的纵向结构，各层次结构的权力不同，股东会为最高权力机构，董事会为决策机构，监事会为监督机构，以总经理为首的经理层则负责指挥与执行，这样又形成了公司的职权结构。

二、组织结构的权变因素

任何一个组织都存在于一定的环境之中，组织要生存和发展，就必须不断地适应环境的变化，接受环境对组织的各种限制，因此，从这个角度来说，一个普遍使用的、最佳的组织结构模式是不存在的。按照权变学派的组织理论，影响组织结构的四个权变因素分别是：企业战略、企业环境、人员素质、企业技术。

（一）企业战略

企业的组织结构是其实现经营战略的主要工具，不同的战略要求不同的结构。著名管理学者钱德勒指出：战略决定结构，高度多样化的战略需要的就是分权式的结构。因为多样化经营战略意味着企业的经营内容涉及多方面，需要采用集权度较低的组织结构，如事业部制组织，才能从总体上推进多样化战略的实施。而单一经营战略则可选择集权度较高的组织结构，如直线职能型组织。

（二）企业环境

企业环境是指所处行业特征、市场特点、经济形势、政府管理、原材料供应和人力资源条件等。环境因素可以从两个方面影响组织结构的设计，即环境的复杂性和环境的稳定性。环境越复杂多变，则组织设计就越要强调适应性，如降低组织结构的刚性、加强非程序化决策能力等。

（三）人员素质

企业人员素质包括各类职工的价值观念、思想水平、工作作风、业务知识、管理技能、工作经验以及年龄结构等。

（四）企业技术

关于技术对组织结构的影响，权变理论已有较多的论述，如伯恩斯的理论、伍德沃德的理论等。

三、组织结构的基本形态

组织结构是指组织的各部门机构之间，根据权责关系而确定的从属和并列关系的一种模式。常见的组织结构的类型有：直线制、职能制、直线职能制、事业部制、矩阵制和新型结构等。很难说哪种组织结构最好。因为根据组织结构的权变因素我们可以知道，每一种合理的组织结构，相对于一定的条件来说，都有其优越性，而当条件发生变化时，它就会逐渐丧失其合理性。组织结构是随着生产力和社会的发展而不断发展的，每一种类型的组织结构都有其优点和缺点，都有一定的适用范围，世界上没有也不可能存在适用于一切情况的十全十美的组织结构。因此，笼统地问哪种组织结构最好，离开具体条件，是无法做出明确判断的。但是，相对于某一组织特定的条件来说，必定有一种更有利于提高管理效率的，因而也是最佳的组织结构。最佳的组织结构，其实指的是最适合组织存在的特定条件的结构。

（一）直线制组织结构

直线制又称单线制，是最简单、最基本的企业组织管理结构形式。其特点是企业的各级管理者都按垂直系统对下级进行管理，不设专门的职能管理部门。一个下属只对一位直接对他下达命令的顶头上司负责，是高度一元化领导的组织结构，完全符合命令统一的原则。但它缺少较细的专业分工，领导者负担较重，容易陷入繁杂的事务工作之中。

因此，它适用于产品单一、工艺技术比较简单、业务规模较小的企业（图 10-1）。

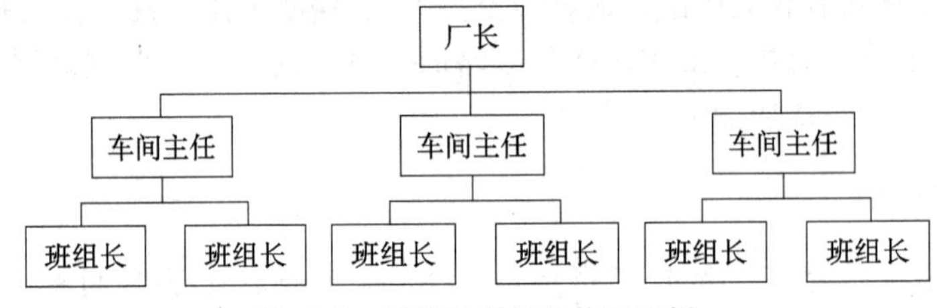

图 10-1　直线制组织结构图示例

（二）职能制型组织结构

职能制又称多线制，是指在最高主管下面设置职能部门，各职能部门在其专项业务分工范围内都有权向下级下达命令和指示，直接指挥下属单位。下属单位既服从直线主管的命令指挥，又服从上级各职能部门的命令指挥。如部门经理（车间主任）既接受经理（厂长）的指挥，又接受职能部门（科室）的领导，班组长又同时要接受部门经理（车间部门）和职能组的领导。

职能制由于设置了职能部门，吸取了专家参与管理，这不仅有利于直线主管有更多的精力考虑行政业务的重大问题，而且大大提高企业管理的专业化程度和专业化水平。其缺点是：多头领导，政出多门，容易使下属无所适从；职能部门和职能人员多，不仅增加了统一管理工作的难度，而且协调起来困难。因此，这种组织结构形式适合于产品少、规模小、实行专业化管理的企业采用（图 10-2）。

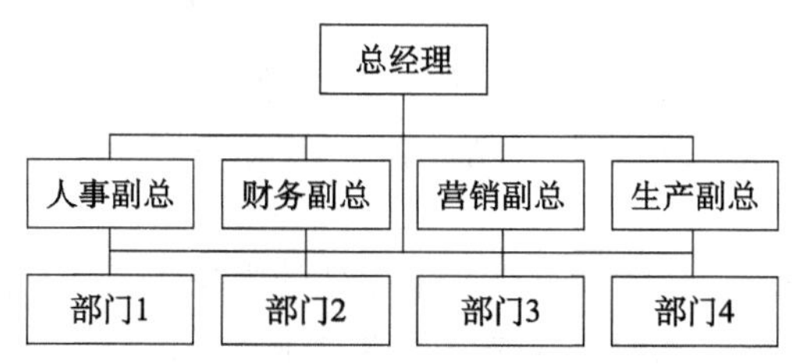

图 10-2 职能制型组织结构图示例

（三）直线职能制型组织结构

这种组织结构形式取以上两种形式之长，舍两者之短。直线职能制以直线为基础，既设置了直线行政领导，又在各级领导之下设置了相应的职能部门，分别从事职责范围内的专业管理。其特点是职能科室作为总经理的助手，仅起参谋作用不能对直线部门下达指令，但可以给予业务指导，提出建议及提供服务(图 10-3)。

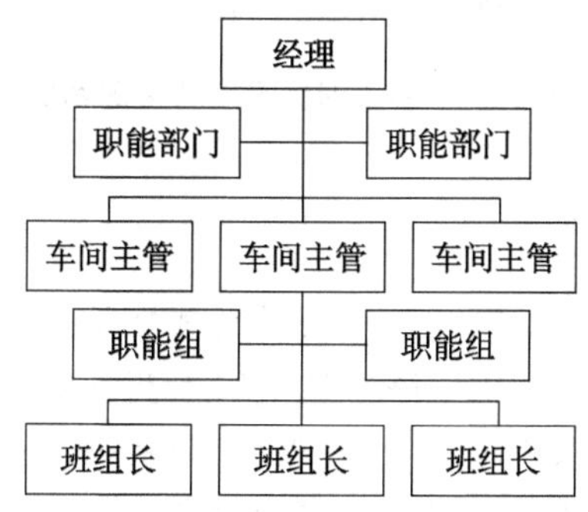

图 10-3 直线职能制型组织结构图示例

直线职能制既保证了整体组织的命令统一，又发挥了职能专家的作用，因而在我国企业中被广泛采用。但在采用这种组织结构形式时应注意加强各职能部门之间的协调，避免本位主义的倾向，同时下级业务单位要尊重各职能部门的意见和建议。为了克服这些缺点，在平时要注意树立专家的权威，逐步形成听取专家意见的风气，如遇专家意见不一致就进一步磋商，寻求新的方法，尽量使意见趋于一致。

（四）事业部制组织结构

事业部制，又称分权制，是指在集权的直线职能制中通过分权管理而形成的大型现代企业组织结构形式。即在总公司统一领导下，按产品、地区或市场划分成几个经营单位即事业部，各事业部实行相对独立经营，独立核算，具有从生产到销售的全部职能。这是在总公司控制下的各个利润分中心，以各事业部为单位分别制订利润计划。其主要特点是集中政策、分散管理，集中决策、分散经营。

事业部制是现代企业组织规模不断扩大的产物，是发达国家大型企业和跨国公司普遍采取的一种企业组织结构形式。不言而喻，事业部制具有较大的独立性，这种独立性主要是因为经营的产品和开拓的目标市场有相当大的规模，符合独立核算的要求。

事业部制结构形式关键在于处理好最高层和下级各事业部之间的集权和分权的关系。实行事业部制组织结构的企业，最高管理层要掌握战略管理权、人事权和财务权；制定企业的发展目标、方针和总体发展规划；同时还要注意各事业部的协调，做到管而不死，放而不乱。

实行事业部制组织结构应注意克服各事业部的本位主义，避免内部机构的臃肿、人浮于事。在选择各事业部负责人的时候要注意德才兼备，具有较高的管理水平和业务能力。事业部制组织结构形式，一般按地区式产品来划分(图 10-4)。

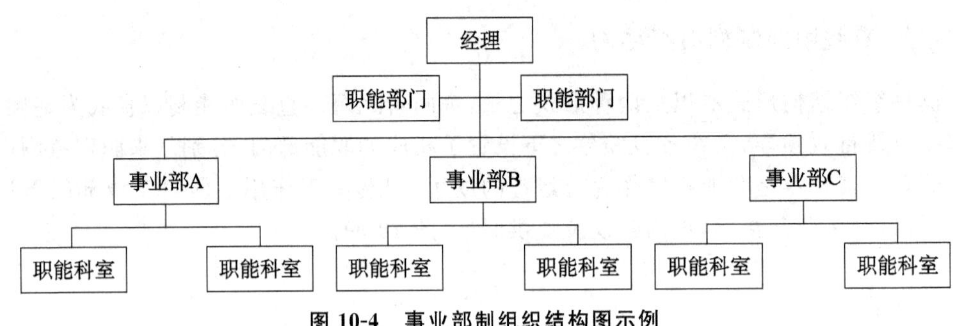

图 10-4 事业部制组织结构图示例

（五）矩阵制型组织结构

矩阵组织，也称为规划目标结构组织，是以成果及专业职能两个因素作为部门和人员结合基础的一种组织结构形式。即矩阵制型组织由两条线所组成：一是相对固定的机构应包括组织日常性的业务经营机构，例如人事部、财务部、市场开发部、工程部等；二是设立项目或任务小组的临时机构，这类机构的目的是解决组织一定时期所面临的重要问题。如新产品开发、技术攻关、专项任务突击等。

矩阵制型组织结构既保持了组织的相对固定性，又增强了组织的灵活应变能力，因而它不仅适合于常规性业务较高的企业，又适合于常规性业务较高、同时临时性重大问题发生率较高的企业。短阵制型组织结构易形成多头指挥，出现责任不明、相互推诿的不良倾向，这是在实际工作中要特别加以注意的(图 10-5)。

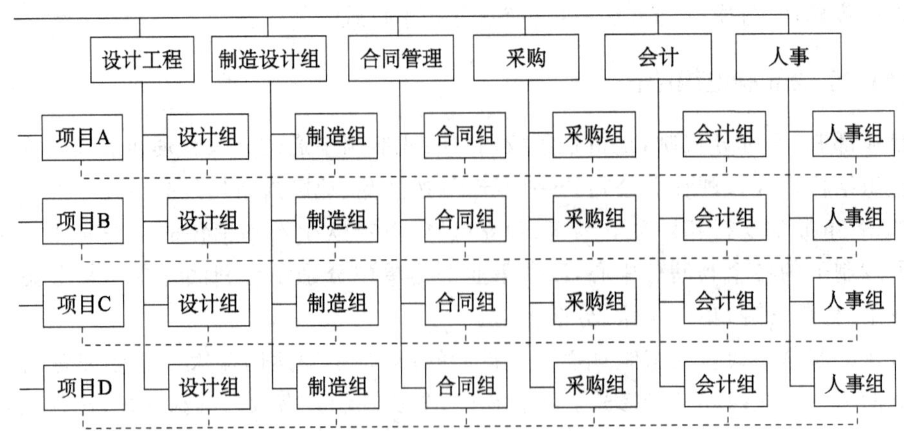

图 10-5 矩阵制型组织结构图示例

（六）委员会管理组织结构

委员会可以为从事执行某些方面管理职能的一组人。委员会管理是组织运行中的一种特殊管理方式，在现代社会的各种组织中，有越来越被广泛采用的趋势，扮演着越来越重要的角色。

委员会的形式和类型可以多种多样的。它可以是直线式的，也可以是参谋式的；可以是组织结构的正式组成部分，也可以是非正式的；可以是永久性的，也可以是临时性的。在组织的各个管理层次都可以成立委员会。在公司的最高层，一般叫做董事会。它们负责行使判定重大决策的职权。在中、下层，也有各种类型不同的委员会，负责贯彻落实上级决策，切实保证任务的完成。委员会管理是民主管理的体现，具有鲜明的优越性。

（七）网络结构

网络结构，又称虚拟公司。虚拟公司是由一些独立的企业通过信息技术连成的临时的网络组织，以达到优势互补、共同满足市场需求的目的(图 10-6)。

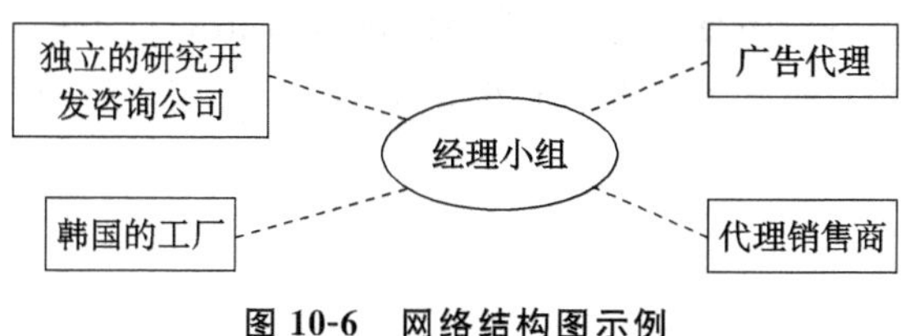

图 10-6　网络结构图示例

作为一种以自由模式组合代替传统的纵向层级组织，网络结构的优点是令人难以置信的精练，几乎没有上层行政首脑，因为工作活动被承包了，协调是电子化的。而缺点则在于：一方面，缺乏可控性。经营运作不在一起进行，管理者必须调整自己以适应这种情况：依靠相互独立的下级承包商来完成工作。当涉及许多不同的组织合作(如外包商)时，组织可能会感到质量方面的问题。另外，组织已经发现，一旦与别的组织就其产品或服务挂钩，它们便有大幅提价的趋势。再有，伴随这种网络结构，识别组织变得很困难，因为随着组织组合的变化，组织每周都在变化。而且如果偶尔一个合作组织脱离组织、脱离业务并且不可代替，该组织将失去一部分利益。最后一个缺点是员工忠诚度很低。对较大的组织来讲，建立一种有凝聚力的企业文化并不容易。流动率很高的原因在于雇员仅仅被委托负责他们自己的工作或分包商，为了组织的利益他们随时可能被解雇。

网络结构组织比较适合于玩具和服装制造企业，它们需要相当大的灵活性以对时尚的变化作出迅速反应。网络活动也适合于那些制造活动需要廉价劳动力的公司，这些劳动力只存在于美国以外的国家，可以通过与这些外国供应商签订合同而最好地加以利用。

上面所述的各种组织结构形式，单纯从各种形式的本身来看，并无先天的优劣之分。关键是管理者要根据自身的情况和企业环境选择适用于本企业的组织形式。在选择组织形式时应考虑以下因素：

(1) 要注意充分发挥各职能部门的积极性和主动性，使它们具有强烈的参与意识，有利于创新性意见层出不穷。

(2) 选择何种组织结构要视企业的实际条件而定,防止"以人定岗"、"以人定编"等人浮于事的不良倾向。

(3) 可以结合各种形式的优点加以综合运用,也就是说组织内部不同部门可采用适合本部门的不同结构形式,如采用事业部制时,可以针对亟待解决的具体问题,成立项目小组,采用矩阵制,等等。

四、组织设计

(一) 组织设计的概念

组织设计即对组织结构的调整和设计,是指为有效地实现组织目标而对组织活动和组织结构的规划过程。也就是正式规定组织中个人与个人之间、个人与群体之间、群体与群体之间的关系,以便协调和控制整个组织活动,充分发挥组织的功能,以保证组织的工作效率。它决定了组织中的指挥系统、信息沟通网络和人际关系,最终影响组织效能的发挥。组织结构模式不是一成不变的,它随着组织环境和组织任务的变化而不断地调整演变。组织设计的实质是对管理人员的管理劳动进行横向和纵向的分工。组织设计的直接表现就是组织结构图。

延伸阅读

组织的实质是一个过程,是一个"不稳定的思想状态",是一个随着组织目标、人员、环境等内外条件的变化而变化着的动态体系。特别是在现代社会,不同类型、不同时期的组织,有不同的工作内容、不同的工作重点和不同的组织目标,组织的结构也应该随着组织工作内容和组织目标的幻化而作出相应的调整。

——赫伯特·A. 西蒙

(二) 组织设计的原则

为了能设计出适合组织实际的、高效的组织结构,组织设计应该遵循下列基本原则,这样可以大大减少管理上的障碍。

1. 目标任务原则

在为组织进行组织结构的重新设计时,必须遵循目标任务原则,组织结构的设计和组织形式的选择必须有利于实现组织目标,即整体设计应紧扣组织的发展战略,充分考虑组织未来所要从事的行业、规模、技术以及人力资源配置等,为组织提供一个几年内相对稳定且实用的平台,避免出现因人设事、因人设职的现象。

2. 分工协作原则

分工协作原则是指组织结构应能反映为实现组织目标所必需的各项任务和工作分工,以及这些任务和工作之间的协调,组织的运行才能精干、高效。一方面要合理划分组织内部各职能部门的工作范围;另一方面要明确专业分工之间的相互关系,这样才有利于从组织上保证目标的实现。

3. 有效管理幅度原则

管理幅度又称管理宽度，指一个主管人员直接有效指挥下属人员的数量。有效管理幅度原则是指组织中的主管人员直接管辖的下属的人数应是适当的，才能保证组织的有效运行。

4. 管理最少层次原则

管理层次是组织结构中纵向管理系统所划分的等级数量。管理最少层次原则是指在保证组织合理有效运转的前提下，应尽量减少管理层次。一般情况下，组织越大层次越多，但从高层领导到基层领导以 2～4 个层次为宜。

5. 责权一致原则

权力是责任的基础，有了权力才可能负起责任；责任是权力的约束，有了责任，在运用权力的时候就必然考虑到可能产生的后果，不至于滥用职权。为保证组织结构的完善和组织工作的有效进行，在组织结构的设计过程中，职位的职权和职责要对等一致，既要明确规定每一管理层次和各个部门的职责范围，又要赋予完成其职责所必需的管理权限。

6. 集权与分权相结合原则

在组织工作中必须正确处理好集权与分权的关系，以保证组织的有效运行。集权应以不妨碍下属履行职责，有利于调动其积极性为宜；分权应以下级能够正常履行职责，上级对下级的管理不致失控为准。

7. 稳定性与适应性相结合原则

管理者必须在稳定与动态变化之间寻求一种平衡，既保证组织结构有一定的稳定性，又使组织有一定的发展弹性和适应性。也就是说不能轻易变动，还必须随着组织内外部条件的变化，根据长远目标适时作出相应的调整。

（三）组织设计的程序

组织设计是一个动态的工作过程，一般有两种情况，创建新组织或者改造旧组织。不管是哪一种，都包含了众多的工作内容要取得良好的效果，就必须科学地进行组织设计，要根据组织设计的内在规律性有步骤地进行。组织设计的基本步骤如下。

1. 准备阶段

个人和组织一般都倾向于维持现状，只有在对现状十分不满，并确切地了解将要到来的组织设计实现的程度和方向以及为其带来的好处后，组织和个人才会投入精力支持组织设计的实现。因此，产生实现动力的第一步，是员工对现状产生不满意的感觉。另一方面是清楚地表述组织的未来，组织成员提供组织设计实现的正面预期。

(1) 面对现实

为了了解当前的现状，组织必须积极地依据顾客的期望、竞争者的优势以及本行业和其他行业的领先者来确定自己的基准，组织可以与之进行对比，发现自己的不足之处。一般来说，所有的组织都有与特定的绩效状况或系列战略目标相关联的优势和弱点。人们在收集组织运营现状，并与期望的状况进行对比的过程中，可以发现企业已经到了必须进行巨大改革的程度，这样会产生支持改革的动力。

（2）创造组织愿景

在准备阶段的第二项工作就是要创造一个组织愿景，传递组织设计实现带来的正面预期。愿景可以由两部分组成：一是组织的核心意识形态；二是构建可见的未来。

组织的核心意识形态：组织愿景的基础就是组织的核心意识形态，它描述了组织的核心价值观和目的并且在较长时期内是相对稳定的。核心意识形态能够为实施方案选择提供终极目标。

构建可见的未来：典型可见的未来包括以下几个基本要素：第一，有价值且鼓舞人心的目标；第二，渴望的未来状态。此要素以生动的细节具体地描绘新的组织设计方案是如何实现上述大胆的有价值的成果，它从成员的感情方面激励他们支持组织设计的实现。

2. 实施阶段

组织设计的实现不会自动发生，需要投入大量的精力和行动。管理者必须清楚需要多少资源来完成组织设计的实施：资金是否充足、能够使用的时间是多少、是否拥有执行新任务的人员。在实施阶段，高层管理人员还要弄清谁掌握着这些资源，以便综合调度使用。另外，组织设计的实现要遵循一定的实施步骤，要按"图纸"的要求精心组织实施。

（1）获取资源支持

这一阶段要努力辨别关键的利益相关者，并对其进行影响，使其支持组织设计的实施。

辨别利益相关者指的是组织设计实施的推动者应努力发现那些从组织设计的实现中获益或受损的重要个体和团队，获得这些信息能使实施的推动者知道应该对哪些人和哪些集团施加影响，使他们接受并支持新的设计方案。而常用的影响利益相关者的策略有：第一，确定特定利益相关者的需要，并提供新方案给他们带来的好处的信息。第二，与别的有势力的个体和集团形成联盟或联合，直接与关键利益相关者交往，以及通过各种渠道来影响关键利益相关者，使其支持实施活动。

（2）管理组织设计的实施过程

要推行组织设计的实施，组织就需要制订一个行动计划，这个计划应当包括如何帮助企业每个员工从自己目前的位置走向目标点的机制，应当涵盖情感、认知及行为等多个维度。

同时，实施过程中，除了保证企业运营的各种组织和机制之外，还需要建立协调机制以协调企业各部分同时发生的转变。协调机制的另一个作用是使组织结构方面的调整尽量不要影响正在向客户提供的产品和服务，否则，组织设计的实施也就失去了其本意。

3. 评估阶段

一旦组织设计方案开始实施，就应对其进行评估，评估不但包括实施完成后对实施效果的评估，还包括实施过程中的评估。

（1）对组织设计实现的结果评估

组织设计新方案的总体效果是很难全面衡量的，我们选择了常用的两种评估方法，一种是效果的权变评估法；另一种是效果的平衡评估法。

（2）组织设计实现的过程评估

仅仅对组织设计实现的结果进行评估是不够的，还需要对改革过程本身进行评估，组织设计实现过程的评估包括两个方面的内容：一是组织设计实现过程是否保持原定规划进行；二是组织设计实现过程的效率和效果。组织设计实现过程中可能出现两类问题：一类是执行偏离原方案；一类是方案与实际脱节，组织设计的实施执行机构应该区分不同的问题，采取不同的办法解决这类问题，组织设计的实现过程的效率和效果可以从三个方面进行评估，组织设计实现的成本、组织设计实现的速度、未预料到的行动和事件。

(3) 评估中应注意的问题

要正确对待组织设计实现中的“滞后”现象；与高层领导人建立协作关系，共同探讨评估体系；并且要善于发现进步，正确评价进步。

4. 建立有效的反馈机制

在整个组织设计实现的三个阶段当中，为了获得有关实现进程的信息，组织需要建立超越日常经营所需的多种反馈机制。这种反馈机制能够以一种连续、及时和可靠的方式从高层领导、中层管理人员、一线管理人员、雇员以及顾客和主要的利益相关者那里获得设计实现情况的信息。企业应在各个层次设立情报收集中心和信息评审机制，以便对在向目标状态过渡的过程中出现的变化有充分的了解并做出及时的反应。

（四）组织设计的内容

尽管组织结构日益复杂、类型演化越来越多，但任何一个组织结构都存在三个相互联系的问题：即职权如何划分；部门如何确立；管理层次如何划分。由于组织内外环境的变化影响着这三个相互关联的问题，使得组织结构的形式始终围绕这三个问题发展变化。因此，要进行组织结构的设计，首先要正确处理这三个问题，而组织设计的内容即是围绕这几个方面展开的。

1. 管理幅度与管理层次设计

管理幅度与管理层次是组织结构的基本范畴。管理幅度与管理层次是影响组织结构的两个决定性因素。幅度构成组织的横向结构，层次构成组织的纵向结构，水平与垂直相结合构成组织的整体结构。在组织条件不变的情况下，管理幅度与管理层次通常成反比例关系，即管理幅度宽，则管理层次少；反之亦然。

(1) 管理幅度

管理幅度，又称控制幅度，是指一名主管人所能够直接领导、指挥和监督的下级人员或下级部门的数量及范围。管理幅度与专业化的横向分工相联系，因此又称管理宽度。在一个组织结构中，管理人员所能直接管理或控制的部属数目是有限的，当超过这个限度时，管理的效率就会随之下降。因此，主管人员要想有效地领导部属，就必须认真考虑究竟能直接管辖多少下属的问题，即管理幅度问题。美国 A. V. 格丘纳斯(V. A. Graicunas)提出：管理者的直接下属数量以数学级数增加时，该管理者与其直接下属间的相互影响数量就会以几何级数增加；英国汉密尔顿(Hamilton)主张有效的管理幅度为 3～6 个；美国学者认为行政性管理幅度为 3～9 个，业务性管理幅度可以达 30 个。

决定管理幅度宽窄的主要因素一般有三个：

① 主管人员及下属的能力与素质状况。这个能力与素质状况包括管理者与被管理

者的性格、知识、才干、精力、经验、习惯、年龄、动机、作风等。主管人员能力强，则管理能力可宽大。如果下级人员的素质也很好，能够准确理解上级意图，自觉、主动、独立地完成自己的任务，同样可以进一步加大上级领导的管理幅度。

② 工作性质。工作性质包括上下级管理工作的复杂性、变化性和下级工作人员工作的相似性，以及组织的正式规定，如规章、制度、规划、纪律、责任、待遇、惯例以及技术设备、氛围、人际关系、权力的集中程度等。

③ 社会的总体发展水平、社会对组织的需求、社会道德风尚及意识形态，以及与组织有关的家庭或家族意志等。

(2) 管理层次

管理层次也称管理层级，是指组织的纵向等级结构和层级数目。管理层次是以人类劳动的垂直分工和权力的等级属性为基础的。不同的行政组织其管理层次的多寡不同，但多数可以分为上、中、下三级或高、中、低、基层四级。前者如通用的部、局、处三级建制，后者如国务院、省政府、县政府、乡政府四级领导体制。但无论哪一种层次组建方式，其上下之间都有比较明确和严格的统属关系，都是自上而下的金字塔结构。

(3) 管理幅度和管理层次之间的利弊

① 扁平结构有利于缩短上下级距离，密切上下级关系，信息纵向流快，管理费用低，而且由于管理幅度较大，被管理者有较大的自主性、积极性、满足感，同时也有利于更好地选择和培训下层人员；但由于不能严密监督下级，上下级协调较差，管理宽度的加大，也加重了同级间相互沟通的困难。

② 直式结构具有管理严密、分工明确、上下级易于协调的特点。但层次增多，带来的问题也越多。这是因为层次越多，需要从事管理的人员迅速增加，彼此之间的协调工作也急剧增加，互相扯皮的事会层出不穷。管理层次增多之后，在管理层次上所花费的设备和开支，所浪费的精力和时间也必然增加。管理层次的增加，会使上下的意见沟通和交流受阻，最高层主管人员所要求实现的目标，所制定的政策和计划，不是下层不完全了解，就是上层传达到基层之后变了样。管理层次增多后，上层管理者对下层的控制变困难，易造成一个单位整体性的破裂；同时由于管理严密，而影响下级人的主动性和创造性。因此，为了达到有效，应尽可能地减少管理层次。

总的来说，一个组织的管理层次多少，受到组织规模和管理幅度的影响。在管理幅度给定的条件下，管理层次和组织的规模大小成正比，组织规模越大，包括的成员数越多，其所需的管理层次就越多。在组织规模给定的条件下，管理层次和管理幅度成反比，每个主管所能直接控制的下属人数越多，所需的管理层次就越少。每个组织都必须根据自身的特点，来确定适当的管理幅度、相应的管理层次。

2. 职能设计

职能设计是指组织的经营职能和管理职能的设计。例如，当组织作为一个经营单位时，要根据其战略任务设计经营、管理职能。如果有些职能不合理，那就需要进行调整，对其弱化或取消。

(1) 职能设计的内容

① 进行职能分析。根据特定组织的环境和条件，从内容、性质、相互关系和分工等多

方面，具体地分析组织的整个管理系统或者个别子系统的全部职能，就建立和健全组织职能结构提出具体方案的工作。通过职能分析，将从总体上对组织职能结构的性质和特点提出明确的要求；具体确定组织应该具备的基本职能；在全部职能中，确定关键职能；确定与本组织独具特色的与经营战略和核心业务流程相联系的特殊职能；确定组织内部纵向各层次、横向各部门如何合理地分工承担各职能。

② 进行职能整理。组织在调查了解组织现有的全部管理业务活动和分工的基础上，通过分析归纳，识别职能结构的现状，发现问题，明确改进方向，提出具体改进方案。因此，为了发现组织现有职能结构存在的问题，必须将其同职能分析所提出的客观需要的职能结构相对比。

③ 职能分解。所谓职能分解，是将组织的每一个职能细分为可以操作的各项具体的管理业务活动。通过职能分解，组织的全部职能才能转换为管理人员的具体工作内容，最终得以落实。同时，在职能分解的基础上，才能进一步研究将那些相关的业务活动归类，有依据地设计各种职位和部门，明确它们各自的职责。

在做职能分解的时候一般采取逐级分解的方法，来完成职能分解的任务。所谓"逐级分解"，一般可分为三级，职能分析工作所列出的具体职能为一级职能；为完成一级职能而必须开展的几个方面的管理为二级职能；将二级职能分解，就可具体化为业务活动。

职能设计在组织设计中起着承上启下的连接作用。这里的"上"指的是企业战略任务和目标，"下"指的是企业组织结构的框架，即承担各项管理职能的各个管理层次、部门、职位。

（2）职能设计中的职能分类

① 按管理层次分，可分为高层、中层和基层职能。高层职能关系到企业全局；中层职能兼有执行上级指令和指导下级工作两个方面；基层职能主要涉及作业层。

② 按专业性质分，可分为生产管理、技术管理、供销管理、劳动人事管理、财务管理等，每一类还可进一步细分，如技术管理可分为设备管理、工具管理、工艺管理等。

③ 按业务工作特点分，可分为专业性、综合性和服务性职能。专业性职能负担企业生产经营某一方面的管理业务，如供应、设备、动力、安全等。综合性职能则贯穿于企业生产经营活动全过程，涉及多方面，如计划、劳资、财务等职能。服务性职能是指医疗卫生、宿舍膳食等方面的管理职能。

④ 按制定和贯彻落实企业经营决策的不同作用分，可分为决策性、执行性和监督保证性职能。决策性职能是制定经营决策与经营计划的职能。执行性职能是落实计划的职能。监督保证性职能是指人事、资金、后勤等作用于决策及决策执行过程的职能。

⑤ 按对生产活动有无直接指挥关系分，可分为直线职能和参谋职能。直线职能承担着直接组织指挥日常生产活动的职责，从企业上层到基层，形成垂直的、逐级指挥的直线系统。参谋职能承担着专业管理工作，协助领导指导和监督下级，但无权直接下达命令。

3. 部门设计

对组织内容各种职能加以分类后所组成的专业化的亚单位称为部门，它是承担一定管理职能的组织单元，由某些具有紧密联系的业务工作和人员构成的集合。部门设计是将组织中的工作和人员编制成可管理的单位，目的在于通过有效的分工使整个管理系统有机地运转起来。部门设计依据的基础有人数、职能、产品、顾客、地区和过程。

延伸阅读

组织不良征兆一旦出现，就一定是正确的结构原则没有得到遵守。

——彼得·德鲁克

(1) 部门设计的基本原则

部门设计的过程就是按照不同的分工方法，把整个管理系统进行横向分解，形成组织内的若干可供管理的单元。所以，部门设计应遵循分工原理。具体来说，部门设计要遵循的原则如下：

① 因事设职和因人设职相结合的原则。为了保证组织目标的实现，必须将组织活动落实到每一个具体的部门和岗位上去，确保"事事有人做"。另外，组织中的每一项活动终归要由人去完成，组织部门设计就必须考虑人员的配置情况，使得"人尽其能"。

② 分工与协作相结合的原则。分工与协作是社会化大生产的必然结果，古典的管理理论强调分工是效率的基础。在组织的部门设计中，必须对每一个部门、每一个岗位进行必要的工作分析和关系分析，并按照分工与协作的要求进行业务活动的组合。部门设计者可以依据技能相似性的归类方法来集合相关的业务活动，以期提高专业分工的细化水平。但是，过分强调专业化分工也会造成管理机构增多、部门之间难以协调等问题，这反而会使管理效率下降。这时，可以依据关系紧密性的归类方法，按照业务流程管理的逻辑顺序来集合业务活动，以期达到紧凑、连续、利于协作的工作效果。

③ 精简高效的部门设计原则。部门精简高效是每一个部门设计者所追求的理想效果，作为一项基本的原则应当贯彻在部门设计的每一个阶段和每一项活动过程中。按照这一原则要求，部门设计应当体现局部利益服从组织整体利益的思想，并将单个部门效率目标与组织整体效率目标有机地结合起来。另外，部门设计应在保证组织目标能够实现的前提条件下，力求人员配置和部门设置精简合理，不仅要做到"事事有人做"，而且要"人人有事做"，工作任务充裕饱满，部门活动紧密有序。

(2) 部门设计的方法

不同的组织有着不同的特征，但采用的部门设计方法却基本一致。常用的部门划分方法有以下几种。

① 职能部门化。职能部门化是一种传统而基本的组织形式。职能部门化就是按组织的职能为基础进行部门划分，即把具有相同职能的工作岗位放在同一个部门。判断这些工作是否具有相似职能的标准是：从事活动所需的业务技能是否一样；这些活动的业务性质是否相近；这些活动的进行对同一目标或分目标的实现是否具有紧密相关的作用(图10-7)。

职能部门化的优点在于：能够突出业务活动的重点，确保高层主管的权威性并使之能有效地管理组织的基本活动符合活动专业化的分工要求；能够充分有效地发挥员工的才能，调动员工学习的积极性，并且简化了培训，强化了控制，避免了重叠，最终有利于管理目标的实现。而缺点则是：由于人、财、物等资源的过分集中，不利于开拓远区市场或按照目标顾客的需求组织分工；同时，这种分法也可能会助长部门主义风气，使得部门之间难以协调配合。部门利益高于企业整体利益的后果可能会影响到组织总目标的实现;由于职权的过分集中,部门主管虽容易得到锻炼,却不利于高级管理人员的全面培养和提高,也不利于"多面手"式的人才成长。

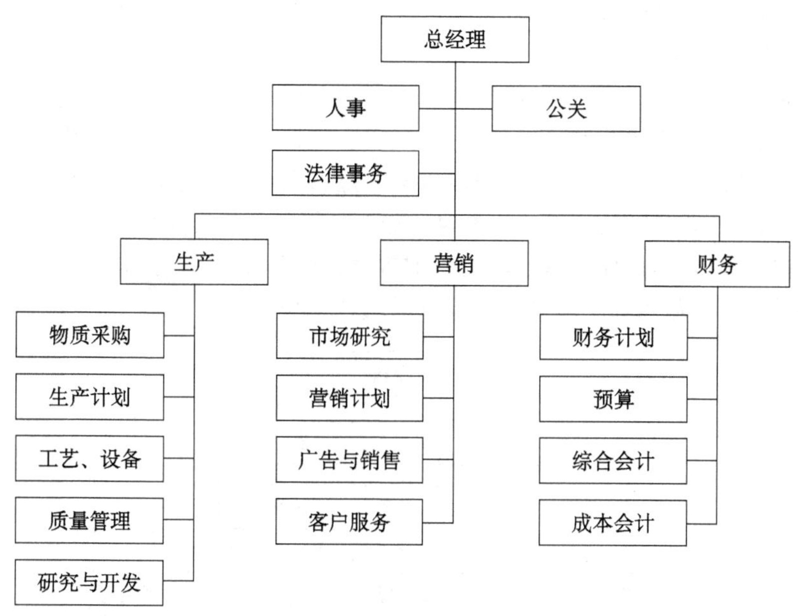

图 10-7 按职能划分部门的组织结构图示例

② 产品或服务部门化。由于组织规模不断扩大,多元化经营不断发展,不同产品在生产、技术、市场销售等方面都很不一样,于是就产生了按产品划分部门的要求,即产品或服务部门化。产品或服务部门化就是指把同一产品或同一产品系列的有关活动归并到一个部门进行独立经营。这种方法适用于产品种类较多的大型企业(图 10-8)。

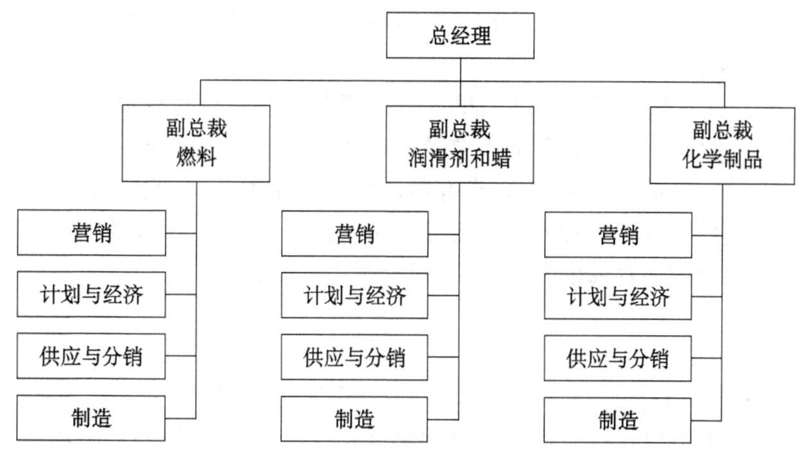

图 10-8 按产品划分部门的组织结构图示例

这种方法的优势在于:各部门会专注于产品的经营,并且充分合理地利用专有资产,提高专业化经营的效率水平,这不仅有助于促进不同产品和服务项目间的合理竞争;有助于比较不同部门对企业的贡献,有助于决策部门加强对企业产品与服务的指导和调整;为“多面手”式的管理人才提供了较好的成长条件。缺点是:企业需要更多的“多面手”式的人才去管理各个产品部门;各个部门同样有可能存在本位主义倾向,这势必会影响到企业总目标的实现;部门中某些职能管理机构的重整会导致管理费用的增加,同时也增加了总部对“多面手”式人才的监督成本。

③ 地域部门化。地域部门化就是按工作所在的区域范围来划分部门。这种方法较多用于一些地理位置比较分散的组织。其特点是:把同一地区或区域内发生的各种业务活动划归同一部门,然后再按这一部门所管辖的范围进一步建立有关的职能部门。这样,一个地区或区域的业务活动便被集中起来,交给一个管理者负责。其目的是充分利用本地的人力、物力和财力,以便获取区域经营的效益。这种划分部门的方法在政府机关、银行系统、邮局、军队、跨地区公司等组织都可采用(图 10-9)。

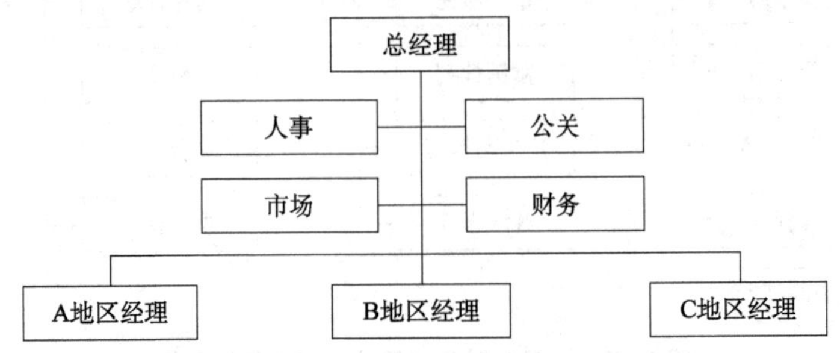

图 10-9 按地区划分部门的组织结构图示例

地域部门化的主要优点是:可以把责权下放到地方,鼓励地方参与决策和经营;地区管理者还可以直接面对本地市场的需求灵活决策;通过在当地招募职能部门人员,既可以缓解当地的就业压力,争取宽松的经营环境,又可以充分利用当地有效的资源进行市场开拓,同时减少了许多外派成本,减小了许多不确定性风险。缺点是:企业所需的能够派赴各个区域的地区主管比较稀缺,且比较难控制;各地区可能会因存在职能机构设置重叠而导致管理成本过高的问题。

④ 顾客部门化。顾客部门化就是根据目标顾客的不同利益需求来划分组织的业务活动。在激烈的市场竞争中,顾客的需求导向越来越明显,企业应当在满足市场顾客需求的同时,努力创造顾客的未来需求,顾客部门化顺应了需求发展的这一趋势,根据不同类型的服务对象来划分部门,进行专门化服务。如银行为给不同的顾客提供服务,建立了商业信贷部、农业信贷部和普通消费者信贷部等(图 10-10)。

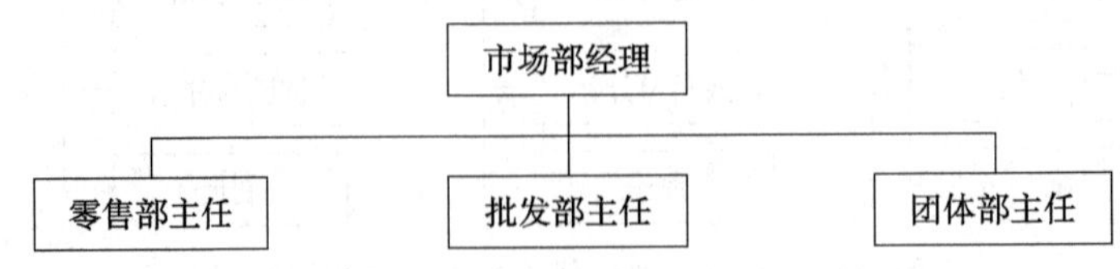

图 10-10 按顾客划分部门的组织结构图示例

这种方法的优点在于:企业可以通过设立不同的部门满足目标顾客各种特殊而广泛的需求,同时能有效获得用户真诚的意见反馈,这有利于企业不断改进自己的工作;企业能够持续有效地发挥自己的核心专长，不断创新顾客的需求，从而在这一领域内建立持久性竞争优势。其缺点则是：可能会增加与顾客需求不匹配而引发的矛盾和冲突，需要更多能妥善协调和处理与顾客关系问题的管理人员和一般人员；顾客需求偏好的转移，可能使企业无法时时刻刻都能明确顾客的需求分类，结果会造成产品或服务结构的不合理，影响对顾客需求的满足。

⑤ 流程部门化。流程部门化就是按工作或业务流程来组织业务活动。人员、材料、设备比较集中或业务流程比较连续紧密是流程部门化的实现基础。这种方法是把完成任务的过程分成若干段，以便进行专业化作业，由此形成不同的生产部门(图 10-11)。

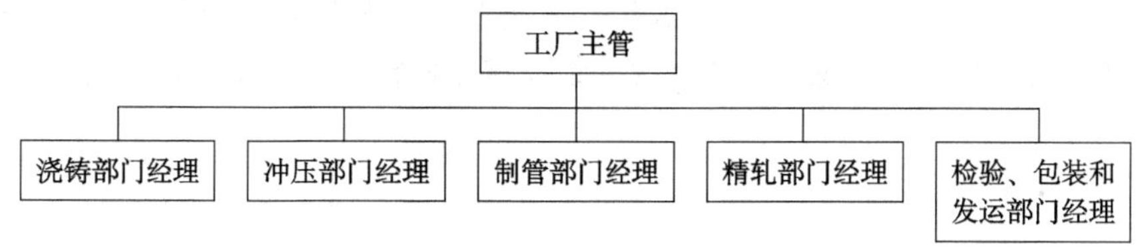

图 10-11 按工艺流程划分部门的组织结构图示例

流程部门化的优势是：组织能够充分发挥人员集中的技术优势，易于协调管理，对市场需求的变动也能够快速敏捷地反应，容易取得较明显的集合优势；简化了培训，容易在组织内部形成良好的相互学习氛围，会产生较为明显的学习经验曲线效应。流程部门化的劣势是：部门之间的紧密协作有可能得不到贯彻，也会产生部门间的利益冲突；权责相对集中，不利于培养出“多面手”式的管理人才。

4. 集权与分权的设计

企业纵向组织结构不仅要确定管理层次的数目，更重要的是规定各层次之间的关系，即职责权限分工，在组织设计中，这项工作被称为集权与分权的设计。不过，集权也好，分权也罢，这二者都不是绝对的，而是一种相对的概念。

按照集权和分权的程度不同，可形成两种领导方式：集权制与分权制。集权制意味着权力集中到较高的管理层次，特点是：经营决策权较多的集中于上层主管，中下层只有日常任务的决策权；对下级的控制较多，下级的决策前后都要经过上级的审核；统一经营、统一核算。分权制则表示权力分散到整个组织当中，特点是：中下层有较多的决策权；上级的控制较少，往往以完成规定的目标为限。

组织到底是采用集权还是分权要视具体情况而定，而影响这个选择的因素有以下几点。

(1) 决策的代价。决策的代价的大小是影响集权与分权的主要因素，重大的决策一般集权。

(2) 政策的一致性要求。组织内部执行同一政策，集权的程度较高。

(3) 组织规模。包括经济规模、人员规模、工作地域规模(地区性、全国性、国际性)等。规模大宜于分权，规模小宜于集权。

(4) 组织成长方式。组织从由小到大发展而来，集权程度较高；组织由联合或合并而来，分权程度较高。

(5) 公司文化与管理哲学。

(6) 管理人员的数量与管理水平。如主管人员数量充足,管理能力较强,则可较多的分权;反之趋向于集权。

(7) 控制技术。如各种控制技术较高则可以适当分权。

(8) 组织的动态特性。组织处于迅速发展中,要求分权。组织较完善或比较稳定的时候则要求集权。外部环境因素稳定可考虑分权,外部环境因素动荡则要求集权。

值得注意的是,在管理的过程中,越来越多的组织开始采用集权与分权相结合的方式来做组织设计,在他们看来,任何组织进行高层与中下层之间的权责分工,都应保持必要的集权,也要有必要的分权,使二者形成符合本企业具体条件的平衡状态,哪一方面都不可过度膨胀,这也就是我们现在经常提到的集权与分权相结合的原则。

第三节　组织变革与发展

一、组织变革的含义

任何一个组织都处在不断变化的社会环境中,如组织和企业规模的不断扩大、人员的不断充实、技术产品的不断更新、社会需求的不断提高、组织内部员工工作态度的转变以及个人的期望、个人价值观的变化,等等。组织只有不断变化与发展才能适应环境变化的需要。

(一) 基本概念

企业的发展离不开组织变革,内外部环境的变化,企业资源的不断整合与变动,都给企业带来了机遇与挑战,这就要求企业关注组织变革。

早期对组织变革进行界定的是行为学家贝克哈德和本尼斯。20 世纪 60 年代后期,理查德·贝克哈德认为:组织发展就是利用行为科学的知识,通过对组织“过程”进行有计划的干涉,在整个组织范围内采用有计划、自上而下的方式促进组织的效率提高和健康发展。本尼斯认为:组织变革是一种复杂的教育型战略,其目的是努力改变组织的信仰、观点、价值观和结构,以适应新技术、新市场、新挑战及快速变化的需要。

综合各种表述,在我们管理心理学里,给组织变革定义为:指运用行为科学和相关管理方法,对组织的权力结构、组织规模、沟通渠道、角色设定、组织与其他组织之间的关系,以及对组织成员的观念、态度和行为,成员之间的合作精神等进行有目的的、系统的调整和革新,以适应组织所处的内外环境、技术特征和组织任务等方面的变化,提高组织效能。企业的发展离不开组织变革,内外部环境的变化,企业资源的不断整合与变动,都给企业带来了机遇与挑战,这就要求企业关注组织变革。

延伸阅读

世上没有十全十美的东西，所以任何东西都有改革的余地。

——M. R. 柯美雅

（二）组织变革的原因及征兆

组织变革之所以发生，是多种因素相互作用的结果。但是最根本的原因可以归结为两个方面。

（1）一般来说，组织结构变革的原因在于：

① 外部环境的变化。诸如国民经济增长速度的变化、产业结构的调整、政府经济政策的调整、科学技术的发展引起产品和工艺的变革等。企业组织结构是实现企业战略目标的手段，企业外部环境的变化必然要求企业组织结构做出适应性的调整。

② 组织内部条件的变化。组织内部条件的变化主要包括：

a. 技术条件的变化，如企业实行技术改造，引进新的设备要求技术服务部门的加强以及技术、生产、营销等部门的调整。

b. 人员条件的变化，如人员结构和人员素质的提高等。

c. 管理条件的变化，如实行计算机辅助管理，实行优化组合等。

③ 组织本身成长的要求。组织处于不同的生命周期时对组织结构的要求也各不相同，如小企业成长为中型或大型企业，单一品种企业成长为多品种企业，单一企业成为企业集团等。

（2）一般来说，组织变革是一项“软任务”，即有时候组织结构不改变，企业仿佛也能运转下去，但如果要等到企业无法运转时再进行组织结构的变革就为时已晚了。因此，企业管理者必须抓住组织变革的征兆，及时进行组织变革。组织结构需要变革的征兆有：

① 企业经营成绩的下降，如市场占有率下降、产品质量下降、消耗和浪费严重、企业资金周转不灵等。

② 企业生产经营缺乏创新，如企业缺乏新的战略和适应性措施、缺乏新的产品和技术更新、没有新的管理办法或新的管理办法推行起来困难等。

③ 组织机构本身病症的显露，如决策迟缓、指挥不灵、信息交流不畅，机构臃肿、职责重叠、管理幅度过大、扯皮增多、人事纠纷增多、管理效率下降等。

④ 职工士气低落，不满情绪增加，如管理人员离职率增加，员工旷工率，病、事假率增加等。

⑤ 创新不足。组织的产品、机构、管理与人员缺乏创新精神，组织的发展与成长停止等。

当一个企业出现以上征兆时，应及时进行组织诊断，用以判定企业组织结构是否有加以变革的必要。

美国利特尔咨询公司的格莱彻尔提出了组织变革的公式：

$$C=(a\times b\times d)>K$$

式中，C 为变革；a 为变革成员对现状不满意的程度；b 为变革把握的大小；d 为变革起步的措施；K 为变革所要付出的代价。只有当员工对现状不满的程度高，变革的把握大，起步措施得力，所付出的代价较少时，才能实施组织的变革。

（三）组织变革的程序和模式

1. 组织变革的基本步骤

为了使企业适应外部环境及内部条件的变化，顺利地成长和发展，应当及时对企业的组织结构进行调整和改革。变革程序和步骤如下：

(1) 组织结构诊断。通过调查了解和掌握组织结构的现状和存在的问题。主要调查资料有工作岗位说明书、组织体系图和管理业务流程图。

(2) 组织结构分析。通过分析明确现行组织结构存在的问题，并为提出改进方案打下基础。组织结构分析主要有三个方面：

① 内外环境变化引起的企业经营战略和目标的改变，需要增加哪些新的职能？哪些原有职能需要加强？哪些陈旧职能可以取消或合并？哪些是决定企业经营的关键性职能？明确后应置于组织结构的中心地位。

② 分析各种职能的性质及类别。

③ 组织决策分析：其要考虑的因素有决策影响的时间、决策对各职能的影响面、决策者所具备的能力、决策的性质。

④ 组织关系分析。

(3) 选择正确方案，实施结构变革。在对组织问题做了诊断和分析后，组织需要制订正确的改革方案，然后制订具体的改革计划并贯彻实施。推进改革的方式有很多种，组织在制订方案时要考虑变革的难度、影响程度、变革速度以及员工的可接受和参与程度等，做到有计划、有步骤、有控制地进行。

(4) 评价变革效果、及时进行反馈。组织变革是一个包括众多复杂变量的转变过程，再好的改革计划也不能完全保证取得理想的效果。因此在变革结束之后，管理者必须对改革的结果进行综合和评价，及时反馈新的信息。

延伸阅读

每个组织都不得不准备好舍弃它所做的每一件事。

——彼得·德鲁克

2. 组织变革的基本模式

(1) 三阶段变革模式

组织变革模式中最具影响的也许是三阶段变革模式。美国学者勒温(Lewin, 1951—?)于20世纪40年代末提出了三阶段的组织变革模式，勒温认为组织变革应包含解冻、变革、再冻结三个步骤的有计划组织变革模式，用以解释和指导如何发动、管理和稳定变革过程。

第一阶段，解冻。这一阶段的焦点在于创设变革的动机。鼓励员工改变原有的行为模式和工作态度，采取新的适应组织战略发展的行为与态度。为了做到这一点，一方面，需要对旧的行为与态度加以否定；另一方面，要使干部员工认识到变革的紧迫性。可以采用比较评估的办法，把本单位的总体情况、经营指标和业绩水平与其他优秀单位或竞争对手加以一一比较，找出差距和解冻的依据，帮助干部员工“解冻”现有态度和行为，迫切要求变革，愿意接受新的工作模式。此外，应注意创造一种开放的氛围和心理上的安全感，减少变革的心理障碍，提高变革成功的信心。

第二阶段，变革。变革是一个学习过程，需要给干部员工提供新信息、新行为模式和新的视角，指明变革方向，实施变革，进而形成新的行为和态度。这一步骤中，应该注意为新的工作态度和行为树立榜样，采用角色模范、导师指导、专家演讲、群体培训等多种途径。勒温认为，变革是个认知的过程，它由获得新的概念和信息得以完成。

第三阶段，再冻结。在再冻结阶段，利用必要的强化手段使新的态度与行为固定下来，使组织变革处于稳定状态。为了确保组织变革的稳定性，需要注意使干部员工有机会尝试和检验新的态度与行为，并及时给予正面的强化；同时，加强群体变革行为的稳定性，促使形成稳定持久的群体行为规范。

(2) 系统变革模型

系统变革模型是在更大的范围里解释组织变革过程中各种变量之间的相互联系和相互影响关系。这个模型包括输入、变革元素和输出三个部分。

① 输入。输入部分包括内部的强点和弱项、外部的机会和威胁。其基本构架则是组织的使命、愿景和相应的战略规划。企业组织用使命表示其存在的理由；愿景是描述组织所追求的长远目标；战略规划则是为实现长远目标而制订的有计划变革的行动方案。

② 变革元素。变革元素包括目标、人员、社会因素、方法和组织体制等元素。这些元素相互制约和相互影响，组织需要根据战略规划，组合相应的变革元素，实现变革的目标。

③ 输出。输出部分包括变革的结果。根据组织战略规划，从组织、部门群体、个体三个层面，增强组织整体效能。

(3) 激进式变革

激进式变革能够以较快的速度达到目的态，因为这种变革模式对组织进行的调整是大幅度的、全面的，可谓是超调量大，所以变革过程就会较快；与此同时，超调量大会导致组织的平稳性差，严重时会导致组织崩溃。这就是为什么许多企业的组织变革反而加速了企业灭亡。与之相反，渐进式变革依靠持续的、小幅度变革来达到目的态，即超调量小，但波动次数多，变革持续的时间长，这样有利于维持组织的稳定性。两种模式各有利弊，也都有着丰富的实践，企业应当根据组织的承受能力来选择企业组织变革模式。激进式变革的一个典型实践是“全员下岗、竞争上岗”。改革开放以来，适应市场经济的要求，许多国内企业进行了大量的管理创新和组织创新。“全员下岗、竞争上岗”的实践即是其中之一。为了克服组织保守，一些企业在组织实践中采取全员下岗，继而再竞争上岗的变革方式。这种方式有些极端，但其中体现了深刻的系统思维。稳定性对于企业组织至关重要，但是当企业由于领导超前意识差、员工安于现状而陷于超稳定结构时，企业组织将趋于僵化、保守，会影响企业组织的发展。此时，小扰动不足以打破初态的稳定性，也就很难达到目的态。“不过正不足以矫枉”，只有通过全员下岗，粉碎长期形成的关系网和利益格局，摆脱原有的吸引子，才能彻底打破初态的稳定性。进一步再通过竞争上岗，激发企业员工的工作热情和对企业的关心，只要竞争是公平、公正、公开的，就有助于形成新的吸引子，把企业组织引向新的稳定态。此类变革如能成功，其成果具有彻底性。

在这个过程中关键是建立新的吸引子，如新的经营目标、新的市场定位、新的激励约束机制等。如果打破原有组织的稳定性之后，不能尽快建立新的吸引子，那么组织将陷于混乱甚至毁灭。而且应当意识到变革只是手段，提高组织效能才是目的。如果为了变革而变革，那么会影响组织功能的正常发挥。

(4) 渐进式变革

渐进式变革则是通过局部的修补和调整来实现。美国一家飞机制造公司原有产品仅包括四种类型的直升机。每一种直升机有专门的用途。从技术上来看，没有任何两架飞机是完全相同的，即产品间的差异化程度大，标准化程度低。在激烈的市场竞争条件下，这种生产方式不利于实现规模经济。为了赢得竞争优势，该公司决定变革组织模式。其具体措施是对各部门进行调整组合。首先，由原来各种机型的设计人员共同设计一种基本机型，使之能够与各种附件(如枪、炸弹发射器、电子控制装置等)灵活组合，以满足不同客户的需求。然后将各分厂拥有批量生产经验的员工集中起来从事基本机型的生产。原来从事各类机型特殊部件生产的员工，根据新的设计仍旧进行各种附件的专业化生产。这样，通过内部调整，既有利于实现大批量生产，也能够满足市场的多样化需求。这种方式的变革对组织产生的震动较小，而且可以经常性地、局部地进行调整，直至达到目的态。这种变革方式的不利之处在于容易产生路径依赖，导致企业组织长期不能摆脱旧机制的束缚。

比较企业组织变革的两种典型模式，企业在实践中应当加以综合利用。在企业内外部环境发生重大变化时，企业有必要采取激进式组织变革以适应环境的变化，但是激进式变革不宜过于频繁，否则会影响企业组织的稳定性，甚至导致组织的毁灭；因而在两次激进式变革之间，在更长的时间里，组织应当进行渐进式变革。

(四) 组织变革的阻力和对策

1. 组织变革的阻力

组织变革作为战略发展的重要途径，总是伴随着不确定性和风险，并且会遇到各种阻力。管理心理学研究发现，常见的组织变革阻力可以分为三类。

(1) 组织因素。在组织变革中，组织惰性是形成变革阻力的主要因素。这是指组织在面临变革形势时表现得比较刻板、缺乏灵活性，难以适应环境的要求或者内部的变革需求。造成组织惰性的因素较多，例如，组织内部体制不顺、决策程序不良、职能焦点狭窄、层次结构和陈旧文化等，都会使组织产生惰性。此外，组织文化和奖励制度等组织因素以及变革的时机也会影响组织变革的进程。

(2) 群体因素。组织变革的阻力还会来自群体方面，研究表明，对组织变革形成阻力的群体因素主要有群体规范和群体凝聚力等。群体规范具有层次性，边缘规范比较容易改变，而核心规范由于包含着群体的认同，难以变化。同样，凝聚力很高的群体也往往不容易接受组织变革。勒温的研究表明，当推动群体变革的力和抑制群体变革的力之间的平衡被打破时，也就形成了组织变革。不平衡状况“解冻”了原有模式，群体在新的、与以前不同的平衡水平上重新"冻结"。

（3）个体因素。人们往往会由于担心组织变革的后果而抵制变革。一是职业认同与安全感。在组织变革中，人们需要从熟悉、稳定和具有安全感的工作任务，转向不确定性较高的变革过程，其"职业认同"受到影响，产生对组织变革的抵制。二是地位与经济上的考虑。人们会感到变革影响他们在企业组织中的地位，或者担心变革会影响自己的收入。或者，由于个性特征、职业保障、信任关系、职业习惯等方面的原因，产生对于组织变革的抵制。

2. 克服组织变革阻力的对策

为了解决这一问题，管理心理学提出了若干有效的途径，希望克服对于组织变革的抵制或阻力。

（1）参与和投入。研究表明，人们对某事的参与程度越大，就越会承担工作责任，支持工作的进程。因此，当有关人员能够参与有关变革的设计讨论时，参与会导致承诺，抵制变革的情况就显著减少。参与和投入方法在管理人员所得信息不充分或者岗位权力较弱时使用比较有效。但是，这种方法常常比较费时间，在变革计划不充分时，有一定风险。

（2）教育和沟通。加强教育和沟通，是克服组织变革阻力的有效途径。这种方法适用于信息缺乏和对未知环境的情况。其实施比较花费时间。通过教育和沟通，分享情报资料，不仅带来相同的认识，而且在群体成员中形成一种感觉，即他们在计划变革中起着作用。他们会有一定的责任感。同时，在组织变革中加强培训和信息交流，对于成功实现组织变革是极为重要的。这既有利于及时实施变革的各个步骤，也使得决策者能够及时发现实施中产生的新问题、新情况，获得有效的反馈。这样才能随时排除变革过程中遇到的抵制和障碍。

（3）组织变革的时间和进程。即使不存在对变革的抵制，也需要时间来完成变革。干部员工需要时间去适应新的制度，排除障碍。如果领导觉得不耐烦，加快速度推行变革，对下级会产生一种受压迫感，产生以前没有过的抵制。因此，管理部门和领导者需要清楚地懂得人际关系影响着变革的速度。

（4）群体促进和支持。许多管理心理学家提出，运用"变革的群体动力学"，可以推动组织变革。这里包括创造强烈的群体归属感；设置群体共同目标，培养群体规范，建立关键成员威信，改变成员态度、价值观和行为等。这种方法在人们由于心理调整不良而产生抵制时使用比较有效。

二、组织发展

组织不是一个静态的封闭系统，而是一个随环境变化而变化的开放系统。社会在发展，科学技术在进步，人的能力和思想意识在不断变化，因而组织也必然会随着社会环境系统的变化而发展。

（一）组织发展的概念

组织发展（Organizational Development，OD）是指将行为科学知识广泛应用在根据计划发展、改进和加强那些促进组织有效性的战略、结构和过程上。该定义突出了几个特征使得组织发展区别于其他对推动组织变革和改进的措施。例如，管理咨询、技术创新、业务管理以及培训和开发。它也有助于将组织发展同另外两个相关领域—— 变革管理和组织变革区别开来。

在管理学里，组织发展是一个通过利用行为科学的技术和理论，在组织中进行有计划的变革的过程。组织发展指的是在外部或内部的行为科学顾问，或有时被称为变革推动者的帮助下，为提高一个组织解决问题的能力及其外部环境中的变革能力而作的长期努力。组织发展也指的是一个有计划的、涵盖整个组织范围的、同时由高层管理者控制的努力过程，它以提高组织效率和活力为目的，该过程利用行为科学知识，通过在组织的“进程”中实施有计划的干预而进行。

组织发展是一个数据收集、诊断、行为规划、干预和评价的系统过程，它致力于增强组织结构、进程、战略、人员和文化之间的一致性；开发新的创造性的组织解决方法；以及发展组织的自我更新能力。这是通过组织员工之间及其与使用行为科学理论、研究和技术的变革推动者之间进行合作来达到的。

（二）组织发展的特征

组织发展是提高全体员工积极性和自觉性的手段，也是提高组织效率的有效途径。组织发展有以下几个显著的基本特征。

(1) 组织发展包含深层次的变革，包含高度的价值导向。组织发展意味着需要深层次和长期性的组织变革。例如，许多企业为了获取新的竞争优势，计划在组织文化的层次实施新的组织变革，这就需要采用组织发展模型与方法。由于组织发展涉及人员、群体和组织文化，这里包含着明显的价值导向，特别是注重合作协调而不是冲突对抗，强调自我监控而不是规章控制，鼓励民主参与管理而不是集权管理。

(2) 组织发展是一个诊断—改进周期。组织发展的思路是对企业进行“多层诊断”、“全面配方”、“行动干预”和“监控评价”，从而形成积极健康的诊断——改进周期。因此，组织发展强调基于研究与实践的结合。组织发展的一个显著特征是把组织发展思路和方法建立在充分的诊断、裁剪和实践验证的基础之上。组织发展的关键之一就是学习和解决问题，这也是组织发展的一个重要基础。

(3) 组织发展是一个渐进过程。组织发展活动既有一定的目标，又是一个连贯的不断变化的动态过程。组织发展的重要基础与特点，是强调各部分的相互联系和相互依存。在组织发展中，企业组织中的各种管理与经营事件不是孤立的，而是相互关联的；一个部门或一方面所进行的组织发展，必然影响其他部门或方面的进程，因此，应从整个组织系统出发进行组织发展，既要考虑各部分的工作，又须从整个系统协调各部分的活动，并调节其与外界的关系。组织发展着重于过程的改进，既解决当前存在的问题，又通过有效沟通、问题解决、参与决策、冲突处理、权力分享和生涯设计等过程，学习新的知识和技能，解决相互之间存在的问题，明确群体和组织的目标，实现组织发展的总体目标。

(4) 组织发展是以有计划的再教育手段实现变革的策略。组织发展不只是有关知识和信息等方面的变革，而更重要的是在态度、价值观念、技能、人际关系和文化气氛等管理心理各方面的更新。组织发展理论认为，通过组织发展的再教育，可以使干部员工抛弃不适应于形势发展的旧规范，建立新的行为规范，并且使行为规范建立在干部员工的态度和价值体系优化的基础之上，从而实现组织的战略目的。

（5）组织发展具有明确的目标与计划性。组织发展活动都是订立和实施发展目标与计划的过程，并且，需要设计各种培训学习活动来提高目标设置和战略规划的能力。大量的研究表明，明确、具体、中等难度的目标更能够激发工作动机和提高工作效能。目标订立与目标管理活动，不但能够最大限度地利用企业的各种资源，发挥人和技术两个方面的潜力；而且还能产生高质量的发展计划，提高长期的责任感和义务感。因此，组织发展的一个重要方面就是让组织设立长远学习目标和掌握工作计划技能，包括制订指标和计划、按照预定目标确定具体的工作程序，以及决策技能等。

（三）组织发展的干预途径

1. 技术和结构方面的组织发展

技术和结构方面的组织发展包括社会技术系统和工作任务设计及内容丰富化两个方面。其中，社会技术系统是通过协调技术系统和社会心理系统的交互影响，使组织中技术和结构与社会相互作用的各方面达到最佳的配合。工作任务设计及内容丰富化是通过增加整个任务的多样性、完整性和实际意义，加强工作本身的激励因素，来提高工作满意感和生产效率。

延伸阅读

20 世纪 70 年代塔维斯托克研究所在一家纺织厂进行过一项运用社会技术系统理论进行组织发展的研究。该厂由于安装了自动纺织机并使工作任务高度专门化，降低了产品的产量和质量。心理学家对该厂进行了一系列的改革，重新设计了工作任务，把不同工作从九道工序减少到三个程序，并且使任务可以经常变换。他们还建立了半自动化生产的工作群体。在此后的两年中，生产率不断上升，废品率不断下降，员工的工作劲头也大大提高。这个例子说明，在技术革新和自动化生产的同时，应重视工作群体的建设，加强任务本身的变换。

（1）社会技术系统

社会技术系统的知识来源于两个方面的理论和实践：一是科学管理学和工业工程学，比较注重企业的物理环境和工效；二是普通心理学和社会心理学，比较注重员工之间的关系和个人的需要。因此，社会技术系统的目标就是希望在改革工作环境和管理制度的同时，注意在员工之间和上下级之间建立积极合作的关系，并且满足所有成员的不同需要。

（2）工作任务设计及内容丰富化

工作任务设计主要开始于 20 世纪的科学管理运动。当时，泰勒和吉尔布雷斯等运用时间和动作分析技术，系统地考察了不同类型的工作，以最大限度地提高工作效益。但是，通过工作任务设计来进行组织发展的研究，还是近年的事情。这些研究发现，工作任务设计不但可以提高产量和质量，而且可以增加生产的灵活性和改进员工的工作态度。

研究表明，把流水装配线工作设计为比较独立而又相互衔接的工作，这样不仅使生产时间减少，产品质量提高，而且增加了员工之间的社会和工作方面的交往，提高了工作积极性，增强了组织的效能。

2. 个人和群体方面的组织发展

个人和群体方面的组织发展着重于组织成员和群体活动的整个过程，主要通过敏感性训练、方格训练、调查反馈、PAC相互作用分析法、过程咨询、团队建设等专门程序提高组织成员的心理素质与人际交往质量，来达到提高组织绩效的目标。

早期所采用的实验室训练方法，如敏感性训练和方格训练以及调查反馈这三种技术都代表了传统的组织发展的干预途径。

(1) 敏感性训练

敏感性训练是使参加者深入地了解自己和其他人的感情和意见，并从中提高学习和认知的能力。敏感性训练可以通过解决自己与工作中的问题，促进个人的价值观念，培养参加者在实际环境中做出成绩的能力。

敏感性训练的主要对象包括员工、中层管理人员、学生以及具有不同文化背景和不同民族的人员。在敏感性训练中，参加的人员自由地讨论自己感兴趣的问题，自由地表达自己的意见，分析自己的行为和感情，并接受对自己行为的反馈意见(批评或者其他意见)，从而提高对各种问题的敏感性。通常员工可以自由参加这种训练，每次一般不超过15人。训练时间一般为3～14天。

由于敏感性训练的具体办法各异，针对的问题也不同，因此对训练的评价并不一致。但是，敏感性训练作为管理心理学中的一种训练方法，只要指导正确，是可以解决组织与群体中人际关系方面的某些问题的。

(2) 方格训练

在领导心理的内容里，有领导行为的管理方格理论。方格训练正是从领导行为的管理方格理论发展而来的组织发展方式。布莱克等人的领导管理方格中，对人和生产都表现出最大的关心，因此这种管理方式就是方格训练的一项目标。方格训练与敏感性训练的不同之处在于：敏感性训练是组织发展的一种工具或手段；方格训练则不只是工具或手段，而是组织发展的一项全面的计划。研究表明，这种训练对于提高组织效率有显著作用，并得到了广泛应用。据1974年的一项统计，美国至少已有2万人参加了公开的方格训练，还有20多万人参加了公司内部的方格训练会议，方格训练成为最流行的组织发展方式。

(3) 调查反馈

调查反馈是通过问卷表调查和分析某单位的工作，发现问题，收集解决问题的方法和意见，并把这些材料反馈给参加问卷调查的人。所调查的单位可以是工作群体和部门，也可以是整个组织。可以通过举行调查反馈的会议，运用所得到的资料，诊断所存在的问题，制订解决问题的行动计划。这方面所采用的一些标准形式，是由密歇根大学社会研究所研究和设计的。问卷可以包括三方面的问题，即领导管理过程中的问题，组织的沟通、决策、协调和激励方面的情况，以及员工对组织中各方面情况的满意感。实践证明，这种方法可以比较准确地发现所存在的问题，找到解决的办法，并且促进参加者的态度和行为的转变，改善整个组织的气氛。

现在，组织发展领域正受到全球化和信息技术趋势的影响。许多国家和世界性组织正在应用组织发展，这就导致了一整套新的干预方法的产生和对传统组织发展实践活动的适应。另外，组织发展必须使其方法与组织所使用的战略相适应。随着信息技术继续影响组织的环境、战略和结构，组织发展就需要管理变革过程，使之可以与信息技术相结合。这种发展规则的多样性导致了组织发展专业人士、应用组织发展的组织种类，以及应用组织发展的国家的数量急速增加。

第四节　组织文化

一、组织文化的概念

（一）文化

最早把这两个词汇对译大概是日本的学者，西方“文化”(Culture)一词来源于拉丁文Culrura，原义是指农耕，即对植物的培养。15世纪后，这个词被欧洲的学者逐渐引申使用，把对人的品德和能力的培养，也称为文化。在中国，“文”指文字、文章、文采，又指礼乐制度、法律条文等。“化”是“教化”、“教行”的意思。“文化”一词，意为文治和教化。而单就文化二字来说，文就是花纹、花样一类意思，化则是改变的意思，那么文化大概就是不用蛮力而能改变别人的东西。

文化是一个非常广泛的概念，给它下一个严格和精确的定义是一件非常困难的事情。不少哲学家、社会学家、人类学家、历史学家和语言学家一直努力，试图从各自学科的角度来界定文化的概念。然而，迄今为止仍没有获得一个公认的、令人满意的定义。据统计，有关“文化”的各种不同的定义至少有两百多种。笼统地说，文化是一种社会现象，是人们长期创造形成的产物。同时又是一种历史现象，是社会历史的积淀物。确切地说，文化是指一个国家或民族的历史、地理、风土人情、传统习俗、生活方式、文学艺术、行为规范、思维方式、价值观念等，具有民族性、多样性、相对性、沉淀性、延续性和整体性等特点。

（二）组织文化

从广义上说组织文化是指企业在建设和发展中形成的物质文明和精神文明的总和。包括组织管理中硬件和软件，外显文化和内隐文化两部分；从狭义上来看组织文化是组织在长期的生存和发展中所形成的为组织所特有的、且为组织多数成员共同遵循的最高目标价值标准、基本信念和行为规范等的总和及其在组织中的反映。也就是说组织文化是指组织全体成员共同接受的价值观念、行为准则、团队意识、思维方式、工作作风、心理预期和团体归属感等群体意识的总称。

组织文化既有共性，又有个性特色。从共性上看，主要有以下特点。

1. 组织文化的意识性

大多数情况下，组织文化是一种抽象的意识范畴，它作为组织内部的一种资源，应属于组织的无形资产之列。它是组织内一种群体的意识现象，是一种意念性的行为取向和精神观念，但这种文化的意识性特征并不否认它总是可以被概括性地表述出来。

2. 组织文化的系统性

组织文化由共享价值观、团队精神、行为规范等一系列内容构成一个系统，各要素之间相互依存、相互联系。因此，组织文化具有系统性。同时，组织文化总是以一定的社会环境为基础的，是社会文化影响渗透的结果，并随社会文化的进步和发展而不断地调整。

3. 组织文化的凝聚性

组织文化总可以向人们展示某种信仰与态度，它影响着组织成员的处世哲学和世界观，而且也影响着人们的思维方式。因此，在某一特定的组织内，人们总是为自己所信奉的哲学所驱使，它起到了"粘合剂"的作用。良好的组织文化同时意味着良好的组织气氛，它能够激发组织成员的士气，有助于增强群体凝聚力。

4. 组织文化的导向性

组织文化规定了人们行为的准则与价值取向。它对人们的行为有着最持久、最深刻的影响力。因此，组织文化具有导向性。英雄人物往往是组织价值观的人格化和组织力量的集中表现，它可以昭示组织内提倡什么样的行为，反对什么样的行为，使自己的行为与组织目标的要求相互匹配。

5. 组织文化的可塑性

某一组织，其组织文化并不是生来具有的，而是通过组织生存和发展过程中逐渐总结、培育和积累而形成的。组织文化可以通过人为的后天努力加以培育和塑造，而对于已形成的组织文化也并非一成不变，是会随组织内外环境的变化而加以调整的。

6. 组织文化的长期性

长期性是指组织文化的塑造和重塑的过程需要相当长的时间，而且是一个极其复杂的过程，组织的共享价值观、共同精神取向和群体意识的形成不可能在短期内完成，在这一创造过程中，涉及调节组织与其外界环境相适应的问题，也需要在组织内部的各个成员之间达成共识。

分析组织文化的个性特色，可以从以下 7 个方面考察和评价组织文化的内在特征和文化状态。

(1) 组织是鼓励创新、冒险还是赞赏安分守己。

(2) 组织期望员工把工作做得仔细到何种程度。

(3) 组织是看重结果还是强调实现结果的过程和手段。

(4) 组织是关心人还是关心工作。

(5) 组织是强调集体、团队的作用还是突出个人的活动。

(6) 组织内部成员是积极进取、竞争还是一团和气。

(7) 组织注重维持现状还是成长发展。

(三) 组织文化的形式

组织文化根据其内容可以分为显性和隐性两大类。

1. 显性组织文化

所谓显性组织文化，就是指那些以精神的物化产品和精神行为为表现形式的，人通过直观的视听器官能感受到的、又符合组织文化实质的内容。它包括组织的标志、工作环境、规章制度和经营管理行为等几部分。

2. 隐性组织文化

隐性组织文化是组织文化的根本，是最重要的部分。隐性组织文化包括组织哲学、价值观念、道德规范、组织精神几个方面。

二、组织文化的结构和分类

（一）组织文化的结构

组织文化的结构划分有多种观点，从根本上来说组织文化可划分为四个层次，即物质层、行为层、制度层和精神层。

（1）物质层。是组织文化的表层部分，它是组织创造的组织的物质文化，是一种以物质形态为主要研究对象的表层组织文化，是形成组织文化精神层和制度层的条件。优秀的组织文化是通过重视产品的开发、服务的质量、产品的信誉和组织生产环境、生活环境、文化设施等物质现象来体现的。

（2）行为层。即组织行为文化，它是组织员工在生产经营、学习娱乐中产生的活动文化。包括组织经营活动、公共关系活动、人际关系活动、文娱体育活动中产生的文化现象。组织行为文化是组织经营作风、精神风貌、人际关系的动态体现，也是组织精神、核心价值观的折射。

（3）制度层。是组织文化的中间层次，把组织物质文化和组织精神文化有机地结合成一个整体。主要是指对组织和成员的行为产生规范性、约束性影响的部分，是具有组织特色的各种规章制度、道德规范和员工行为准则的总和。它集中体现了组织文化的物质层和精神层对成员和组织行为的要求。制度层规定了组织成员在共同的生产经营活动中应当遵守的行为准则，主要包括组织领导体制、组织机构和组织管理制度三个方面。

（4）精神层。即组织精神文化，它是组织在长期实践中所形成的员工群体心理定式和价值取向，是组织的道德观、价值观即组织哲学的综合体现和高度概括，反映全体员工的共同追求和共同认识。组织精神文化是组织价值观的核心，是组织优良传统的结晶，是维系组织生存发展的精神支柱。主要是指组织的领导和成员共同信守的基本信念、价值标准、职业道德和精神风貌。精神层是组织文化的核心和灵魂。

（二）组织文化的分类

根据不同的标准和不同的用途，理论界目前对组织文化有着不同的划分方法，其中，最常见的划分方法有以下几种。

1. 按照组织文化的内在特征

艾莫瑞大学的杰弗里・桑南菲尔德提出了一套标签理论，它有助于我们认识组织文化之间的差异，认识到个体与文化的合理匹配的重要性。通过对组织文化的研究，他确认了4种文化类型。

(1) 学院型组织文化。学院型组织是为那些想全面掌握每一种新工作的人而准备的地方。在这里他们能不断地成长、进步。这种组织喜欢雇用年轻的大学毕业生，并为他们提供大量的专门培训，然后指导他们在特定的职能领域内从事各种专业化工作。桑南菲尔德认为，学院型组织的例子有：IBM公司、可口可乐公司、宝洁公司等。

(2) 俱乐部型组织文化。俱乐部型公司非常重视适应、忠诚感和承诺。在俱乐部型组织中，资历是关键因素，年龄和经验都至关重要。与学院型组织相反，它们把管理人员培养成通才。俱乐部型组织的例子有：联合包裹服务公司、德尔塔航空公司、贝尔公司、政府机构和军队等。

(3) 棒球队型组织文化。棒球队型组织鼓励冒险和革新。招聘员工时，从各种年龄和经验层次的人中寻求有才能的人。薪酬制度以员工绩效水平为标准。由于这种组织对工作出色的员工给予巨额奖酬和较大的自由度，员工一般都拼命工作。在会计、法律、投资银行、咨询公司、广告机构、软件开发、生物研究领域，这种组织比较普遍。

(4) 堡垒型组织文化。棒球队型公司重视创造发明，而堡垒型公司则着眼于公司的生存。这类公司以前多数是学院型、俱乐部型或棒球队型的，但在困难时期衰落了，现在尽力来保证企业的生存。这类公司工作安全保障不足，但对于喜欢流动性、挑战的人来说，具有一定的吸引力。堡垒型组织包括大型零售店、林业产品公司、天然气探测公司等。

2. 按照权力的集中或分散

按照权力的集中或分散，可以将组织文化分为四种类型。

(1) 权力型组织文化。也叫独裁文化，由一个人或一个很小的群体领导这个组织。组织往往以企业家为中心，不太看重组织中的正式结构和工作程序。随着组织规模的逐渐扩大，权力文化会感到很难适应，开始分崩离析。

(2) 作用型组织文化。也叫角色型组织文化。在这样的组织里，你是谁并不重要，你有多大能力也不重要，重要的是你在什么位置，你和什么人的位置比较近，做每件事情都有固定的程序和规矩，人们喜欢的是稳重、长期和忠诚，有的甚至是效忠。这种文化看起来安全和稳定，但是当组织需要变革的时候，这种文化则会受到较大的冲击。

(3) 使命型组织文化。也叫任务文化。在这种文化中，团队的目标就是要完成设定的任务。成员之间的地位是平等的，这里没有领导者，唯一的老板就是任务或者使命本身。有人认为这是最理想的组织模型之一，但这种文化要求公平竞争，而且当不同群体争夺重要的资源或特别有利的项目时，很容易产生恶性的政治紊乱。

(4) 个性型组织文化。这是一种既以人为导向，又强调平等的文化。这种文化富于创造性，孕育着新的观点，允许每个人按照自己的兴趣工作，同时保持相互有利的关系。在这样的组织里，组织实际上服从个人的意愿，但是很容易被个人左右。

3. 按照流程标准

按照流程标准，可以将组织文化分为四种类型。

(1) 功能型组织文化。在过去的一百多半年直到二十几年前，组织的结构基本上属于单一的功能型结构。其核心是制度化，强调稳定性和可靠性。许多传统的产业，如钢铁企业、汽车制造业都具有较强的功能型组织文化特征。

(2) 流程型组织文化。近年来，许多大中型企业，为了消除部门间的壁垒，能以最快的速度为客户提供优质服务和产品，开始强调部门间的合作和团队合作，于是就出现了以客户为导向的强调团队精神的流程型组织文化。它的最大特点是使客户满意最大化，强调客户满意和稳定的回报。

(3) 基于时间型组织文化。20 世纪 90 年代以来，出现了一批基于时间型组织文化的企业，它们不仅仅满足于产品质量和客户满意，还想办法以最快的速度将新产品和服务推向市场。因此，对于组织来讲，速度是第一位的，其次才是产品和服务。其主要特点是强调高增长和新市场进入。

(4) 网络型组织文化。这种类型的组织内部没有严密的层级关系，它承认个人特殊性贡献，强调以合伙方式为共同目标服务。其主要特点是以合伙人方式分配权力，核心是敢冒风险，捕捉机会，关注市场的开拓与渗透。

4. 按照组织实践和价值

弗恩斯·特朗皮纳斯(Fonts Trompenaars)根据他的组织文化维度将组织文化分为四种类型：家族型组织文化、保育器型组织文化、导弹型组织文化、埃菲尔铁塔型组织文化。

(1) 家族型组织文化。家族型组织文化可能是最古老的一种文化，这是一种与人相关的文化，而不是以任务为导向的。在这种文化中，组织的领导者就像是组织的“父亲”，有较高的权威和权力。组织更倾向于直觉的学习而不是理性的学习，更重视组织成员的发展而不是更好地利用员工。当组织出现危机，通常都不会被公布出来，所以尽管在组织内部温暖、亲密和友好，但是这种内部一体化是以较差的外部适应性为代价的，它们能够在相互拥抱和亲吻之中破产倒闭。属于这种组织文化类型的国家有：日本、巴西、土耳其、巴基斯坦、西班牙、意大利、菲律宾。

(2) 保育器型组织文化。这是一种既以人为导向，又强调平等的文化，典型的代表就是在硅谷。这种文化富于创造性，孕育着新的观点。由于强调平等，所以这种文化的组织结构是最精简的，等级也是最少的。在这种文化中，组织成员共同承担责任并寻求解决办法。

(3) 导弹型组织文化。这是一种平等的、以任务为导向的文化。在这种文化中，任务通常都是由小组或者项目团队完成的，但是这种小组都是临时性的，任务完成，小组就会解散。成员们所做的工作都不是预先设定好的，当有需要完成的任务时，便必须去做。属于这种组织文化类型的国家有：美国、英国、挪威、爱尔兰。

(4) 埃菲尔铁塔型组织文化。之所以称之为埃菲尔铁塔型组织文化就是因为具有这种类型文化的组织结构看起来很像埃菲尔铁塔，等级较多，且底层员工较多，越到高层人数越少。每一层对于其下的一层都有清晰的责任，所以组织员工都是小心谨慎的。对组织的任何不满都要通过一定的章程和实情调查才有可能反映到高层管理者。在这种文化的组织中，组织成员都相信需要必需的技能才能保住现在的职位，也需要更进一步的技能才能升迁。属于这种组织文化类型的国家有：德国、法国、苏格兰、澳大利亚、加拿大。

三、组织文化的功能和作用

（一）组织文化的功能

组织文化的功能是指组织文化发生作用的能力，也就是组织这一系统在组织文化导向下进行生产、经营、管理中的作用。但是任何事物都有两面性，组织文化也不例外，它对于组织的功能可以分为正功能和负功能。组织文化的正功能在于提高组织承诺，影响组织成员，有利于提高组织效能。同时，不能忽视的是潜在的负效应，它对于组织是有害无益的，这也可以看作组织文化的负功能。

1. 组织文化的正功能

组织文化具体来说有以下六种正功能。

（1）导向功能。组织文化的导向功能是指组织文化能对组织整体和组织每个成员的价值取向及行为取向起引导作用，使之符合组织所确定的目标。组织文化只是一种软性的理智约束，通过组织的共同价值观不断地向个人价值观渗透和内化，使组织自动生成一套自我调控机制，以一种适应性文化引导着组织的行为和活动。

（2）约束功能。组织文化的约束功能是指组织文化对每个组织员工的思想、心理和行为具有约束和规范的作用。组织文化的约束不是制度式的硬约束，而是一种软约束，这种软约束等于组织中弥漫的组织文化氛围、群体行为准则和道德规范。

（3）凝聚功能。组织文化的凝聚功能是指当一种价值观被该组织员工共同认可之后，它就会成为一种粘合剂，从各个方面把其成员团结起来，从而产生一种巨大的向心力和凝聚力。而这正是组织获得成功的主要原因，“人心齐，泰山移”，凝聚在一起的员工有共同的目标和愿景，推动组织不断前进和发展。

（4）激励功能。组织文化的激励功能是指组织文化具有使组织成员从内心产生一种高昂情绪和发奋进取精神的效应，它能够最大限度地激发员工的积极性和首创精神。组织文化强调以人为中心的管理方法。它对人的激励不是一种外在的推动而是一种内在引导，它不是被动消极地满足人们对实现自身价值的心理需求，而是通过组织文化的塑造，使每个组织员工从内心深处为组织拼搏的献身精神。

（5）辐射功能。组织文化的辐射功能是指组织文化一旦形成较为固定的模式，它不仅会在组织内发挥作用，对本组织员工产生影响，而且也会通过各种渠道对社会产生影响。组织文化向社会辐射的渠道很多，但主要可分为利用各种宣传手段和个人交往两大类。一方面，组织文化的传播对树立组织在公众中的形象有帮助；另一方面，组织文化对社会文化的发展有很大的影响。

（6）调适功能。组织文化的调适功能是指组织文化可以帮助新近成员尽快适应组织，使自己的价值观和组织相匹配。在组织变革的时候，组织文化也可以帮助组织成员尽快适应变革后的局面，减少因为变革带来的压力和不适应。

2. 组织文化的负功能

尽管组织文化存在上述种种正功能，但组织文化对组织仍然有着潜在的负面作用，具体表现在以下三个方面。

（1）变革的障碍。如果组织的共同价值观与进一步提高组织效率的要求不相符合时，它就成了组织的束缚。这是在组织环境处于动态变化的情况下，最有可能出现的情况。当组织环境正在经历迅速的变革时，根深蒂固的组织文化可能就不合时宜了。因此，当组织面对稳定的环境时，行为的一致性对组织而言很有价值。但组织文化作为一种与制度相对的软约束，更加深入人心，极易形成思维定式，这样，组织有可能难以应付变幻莫测的环境。当问题积累到一定程度，这种障碍可能会变成组织的致命打击。

（2）多样化的障碍。由于种族、性别、道德观等差异的存在，新聘员工与组织中大多数成员不一样，这就产生了矛盾。管理人员希望新成员能够接受组织的核心价值观，否则，这些新成员就难以适应或被组织接受。但是组织决策需要成员思维和方案的多样化，一个强势文化的组织要求成员和组织的价值观一致，这就必然导致决策的单调性，抹杀了多样化带来的优势，在这个方面组织文化成为组织多样化、成员一致化的障碍。

（3）兼并和收购的障碍。以前，管理人员在进行兼并或收购决策时，所考虑的关键因素是融资优势或产品协同性。近几年，除了考虑产品线的协同性和融资方面的因素外，更多的则是考虑文化方面的兼容性。如果两个组织无法成功地整合，那么组织将出现大量的冲突、矛盾乃至对抗。所以，在决定兼并和收购时，很多经理人往往会分析双方文化的相容性，如果差异极大，为了降低风险则宁可放弃兼并和收购行动。

相关链接

没有组织文化的军队是愚蠢的军队，而愚蠢的军队是不可能战胜敌人的。

（二）组织文化的作用

功能和作用是两个既相互联系又相互区别的概念。功能是事物内部固有的效能，它是由事物内部要素结构所决定的，是一种内在于事物内部相对稳定独立的机制。而作用则不同，它是事物与外部环境发生关系时所产生的外部效应。同样的功能对外界的作用，既可能是正面作用，也可能是负面作用，这要看功能与外部环境的互动方式。一般来说，功能是作用产生的内部根据和前提基础，客观需要是测评产生作用的外部条件，作用就是测评的功能与客观需要相结合而产生的实际效能。

（1）整合作用。组织文化能从根本上改变员工的旧有价值观念，建立起新的价值观念，使之适应组织正常实践活动的需要。一旦组织文化所提倡的价值观念和行为规范被接受和认同，成员就会做出符合组织要求的行为选择，倘若违反了组织规范，就会感到内疚、不安或者自责，会自动修正自己的行为。从这个意义上说，组织文化具有很强的整合作用。

（2）提升绩效作用。管理学大师彼得·德鲁克（Peter F. Drucker）说过："企业的本质，即决定企业性质的最重要的原则，是经济绩效。"如果组织文化不能对企业绩效产生影响，那么也就凸显不出它的重要性了，我们知道组织文化在组织内部整合方面确实发挥着积极作用，但是它是否能够提高企业的经济效益呢？答案是肯定的。

(3) 完善组织作用。组织在不断的发展过程中所形成的文化积淀，通过无数次的辐射、反馈和强化，会不断地随着实践的发展而更新和优化，推动组织文化从一个高度向另一个高度迈进。也就是说，组织文化不断的深化和完善一旦形成良性循环，就会持续地推动组织本身的上升发展；反过来，组织的进步和提高又会促进组织文化的丰富、完善和升华。国内外成功组织和企业的事实表明，组织的兴旺发达总是与组织文化的自我完善分不开的。

(4) 塑造产品作用。组织文化作为一种人类的创造物，它最好的表现形态是企业的产品。当企业的产品都浸润了组织文化时，其产品的生命力将使其他任何企业无法与之相提并论。组织文化对于塑造企业产品有极为重要的作用，企业依据组织文化进行产品设计、生产和销售，只有符合企业文化的产品才能在市场上立足立稳。反过来，企业产品的畅销则会使消费者进一步了解企业的组织文化，这是一种相互促进和发展的关系。

四、组织文化的变革

组织文化的变革就是组织“价值前提”再造的过程。“价值前提”再造是一个由内向外、由浅入深、由上至下、知行合一的发展过程。它是从管理者开始，到全体员工的观念、思维、意识的更新与转变，是组织的成员(主要是管理者)在新的环境中挑战自我，自发进行自我超越的一个过程。

如同任何一个成功的企业都有自己清晰的文化氛围，组织文化鼓励什么，厌恶什么，这些东西能够直接帮助组织取得成功，但是当外部环境发生变化时，由于种种原因，文化氛围将很难发生变化。实际上，这个时候原有的文化就会成为组织转型和改变自己适应能力的巨大障碍，当组织原有文化体系难以适应组织经营发展的需要而陷入困境时，就必然通过文化变革创建新的企业文化。

组织文化是组织里一种贯穿始终的属性，它涉及组织的各个层面，并在一定程度上对员工的心理起着有意识和无意识的导向作用。许多企业在发展过程中失败的原因是它无法在发展业务的同时兼顾组织文化的发展。我们都知道，组织文化是由相对稳定和持久的因素构成的，这一事实往往导致文化的变革具有相当大的阻力。一种文化需要很长一段时间才能形成，而一旦形成，它又常常成为牢固又不易更改的，这就是我们常常忽略的组织文化的惯性；同时组织内部各级机构存在着相互依赖性和相互关联性，要改革就需进行全局性改革。由于这些原因，我们可以看到组织文化的变革不仅涉及表层文化的变革，而且涉及深层文化的变革。这种改变涉及组织成员的基本价值观念、思维习惯、行为方式、心理的转变，也会使组织内部各种物质利益关系受到冲击。

(一) 组织文化变革的阻力

基于上面的分析，我们得出企业文化变革的阻力主要来自以下几方面。

(1) 个体的阻力。来源于人的某些特性，如个人习惯、对变化缺乏适应能力、对风险的疑虑等。

(2) 组织的阻力。组织是一种有机体，因此当文化变革发生时，面临的阻力更多地以一种整体性、系统性的方式表现出来，如组织结构惯性、对已有权力关系的威胁等。

(3) 文化理念的阻力。文化的惰性、陈旧的价值观念等文化理念的阻碍，因此组织文化的变革尤其是其中的突发性变革，会遭遇到普遍的阻挠。

延伸阅读

为组织文化而建设组织文化基本上是徒劳的。

(二) 组织变革的途径

组织变革有以下几个途径。

(1) 为组织成员塑造共享的变革愿景。"变革的愿景能否为组织成员所共享，是影响变革成功与否的重要因素。如果有任何一项领导的理念，几千年来一直能在组织中鼓舞人心，那就是拥有一种能够凝聚并坚持实现共同愿景的能力"，"当我们将'愿景'与一个清楚的'现况景象'同时在脑海中并列时，心中便产生一种'创造性张力'，一种想要把二者合而为一的力量。这种由二者的差距所形成的张力，会让人自然产生舒解的倾向，以消除差距"。正是这种创造性的张力引导着人们不断地去追求超越，向着理想的目标不断前进。因此，在组织既有价值观的基础上，能够为组织塑造一个超越组织既有框架的崇高愿景，就可以大大降低组织文化变革的阻力。

(2) 提倡变革型的领导行为，塑造变革型的领导文化。为什么要提倡变革型的领导行为，塑造变革型的领导文化？在变革型的企业文化中，组织框架的流动性更强，对于组织文化的变革更为有利。因此，作为组织文化的塑造者、建构者及引导者，领导者在做好常规管理工作的基础上，应该特别关注有利于革新的组织文化氛围的塑造。在变革型文化中，领导者按照变革型领导行为方式来进行管理，就像一个导师、教练和行为榜样一样，注意采用理想化影响、动机鼓舞、智能激发，以及个别化关怀的方式来对待下属。组织成员拥有目标感和视组织为家的感觉，甚至能够为了实现组织的目标而做出超越自身利益的考虑。领导者与下属相互依赖，拥有相同的命运和共享的利益，他们对于组织的承诺是长期的。在组织的各个水平上，组织成员经常针对组织的目标、愿景，以及如何应对挑战予以探讨，领导者鼓励并公开地支持创新的行为并就创新的思想经常展开讨论，以至于将本次变革为一种机会，而不是威胁。

(3) 给予成员参与决策并选择参考框架的机会。组织成员自愿放弃旧的参考框架，转而对新的框架做出承诺是企业文化得以顺利变革的重要心理基础。让组织成员参与管理和决策，目的在于建立彼此信任、开放沟通的变革氛围，减少员工的不安全感和负面情绪。

(4) 倡导自我监控、自我反省的组织学习。在组织学习的过程中，领导者与组织成员需要对组织不断地进行自我监控与反省。许多变革失败的原因，常常在于对缓缓而来的致命威胁习而不察。

组织文化就像空气一样存在于组织之中，它的存在远胜于有形的规范，组织的行为不可能全部用文字规范下来，只有依靠文化的力量才能实现。而当这种规范进入理念的层面，成为一种信念，那么，不符合这种规范的行为会被文化无形的力量纠正，不认可这种规范的人则会被组织排斥，而几乎所有的组织正是依靠这种引导其成员的心理和行为的方式来实现对组织的管理。

实训模拟

模块一：案例分析与思考

案 例 1

赛智公司是一家成立于1998年的民营高科技企业，由中国某名牌大学计算机专业的黄志华教授带领几个青年教师共同创办。主要产品是企业的各种应用软件和网络系统集成。公司选择银行、海关、民航和税务作为主要的目标市场，凭着全体员工的共同努力和高质量的产品，赛智公司实现了超速成长，到2002年，销售收入已达到亿元，员工增加到约150人，同时有多个项目的合同在执行过程中。近一年多来，公司的内部管理问题越来越让黄总感到苦恼，尤其是员工的士气不高、抱怨较多，各个部门之间的权责界限不太明确，沟通不畅。比如对已经与当地税务部门签订了合同的项目，软件部抱怨营销部提供的客户需求不够详细，客户服务部又对软件部、网络部不能及时交付客户要求的产品有意见，服务质量下降和员工的流失率居高不下导致公司经营业绩下滑，一些新的项目难以开展。

思考题：

1. 赛智公司在创业初期的组织结构属于何种类型？其主要特点是什么？作用如何？

2. 赛智公司目前面临一些什么问题？现行的组织结构能否适应企业发展的要求？为什么？

3. 假如你是黄总或者是公司董事会成员，你将为改善目前的状况提出什么建议？

4. 请为赛智公司设计下一步将要实行的组织结构，并说明其合理性。

案 例 2

D公司近年来在组织机构方面的改革主要有：

(1) 逐步推行事业部制。为了适应快速多变的市场需要，提高企业的应变能力与管理效率已势在必行。D公司精心研究和策划企业组织机构的改革方案，作出了先实行模拟事业部制，而后实行独立事业部制的决定，将厂部的八个职能部门重新合并成八部一室，压缩或分流102名处室人员。这一措施激发了各经营分厂的活力，管理效率得以提高，而厂部的工作则着重于制定企业的发展战略及协调各经营分厂的经营战略、技术战略等更高层次的决策。

(2) 生产组织管理从工艺专业化转向产品专业化。早在20世纪80年代末期，D公司采用以工艺专业化为核心的生产组织形式，但常常出现如下问题：①该种生产组织是跨行政部门的，在各生产工艺环节出现生产进度不一致时，有时难以协调；②由于原料品种多,可能会引起原料组织不到位而出现停工待料现象,影响生产效率。D公司对该公司的产品的生产组织进行仔细研究后,发现其主导的三大类产品基本上是相对独立的,没有必要按照生产工艺划分车间,于是打破了原来低效率的工艺专业化生产格局,建立起产品专业化的新体系,一年内劳动生产率提高了50%。

(3) 改革科研体制。1991年以前,D公司将研究所集中于总厂,负责全厂的技术开发,由于科研人员远离市场,缺乏市场意识,新产品开发的速度与品种均跟不上市场需求的变化。针对这一矛盾,D公司作出了把科技人员推向市场的决策,即解散远离市场的集中式新产品开发研究所,而将其转移到相关的经营分厂。这一措施取得了很好的效果,表现在:①技术开发以市场为导向,消除了科研与生产、销售脱节的弊端;②由于有了经济观念,产品开发中的不合理费用得以减少。

(4) 引进多种经营机制,实行"一厂多制"。在市场经济条件下,各种所有制有其各自的优势,国有企业引进多种经营机制、提高自身活力是一种新的尝试,D公司对此进行了初步的探索。例如,D公司的传输分厂积极采用横向联合方式进行生产经营,一方面与某省古荡镇政府合办企业,解决了产业发展所必需的土地与厂房和企业富余人员的流向问题;另一方面与香港一家公司组建了合资企业——爱华达有限公司,生产具有当今国际先进水平的SDH同步数字传输光端机,既获得了必要的资金,又得到了先进的技术。

思考题:

1. D公司推行事业部制的主要目的是(　　)。

A. 减少决策层次

B. 精简人员

C. 经营自主权下放

D. 提高决策效率

2. 把科技人员推向市场,最可能出现的灾难性问题是(　　)。

A. 企业科技人员地位下降

B. 企业科技人员收入下降

C. 企业科技人员任务不饱满

D. 企业长远科研项目停顿

3. 对D公司的组织创新效果的评判,以下(　　)不甚正确。

A. 带来了经济活力

B. 无显著经济效益

C. 带来了人事变更

D. 获得了新的管理方式

4. D公司的事业部建成后,可能遇到的主要问题是(　　)。

A. 决策混乱

B. 企业文化不一致

C. 总厂资金回收困难

D. 企业核心竞争能力下降

5. “一厂多制”最合理的理论概括是(　　)。

A. 多种经营体制的互补

B. 合资合作是大势所趋

C. 经营资源的合理化配置

D. 宏观经济体制改革的微观化

模块二:心理测验

公司文化偏好量表

测试目的:该测验用于帮助你认识个人的价值观,可于求职应聘时指导自己识别并寻找那些与自己的文化偏好一致的公司。

测试要求:认真阅读下表的测验题目,在每一个陈述中圈出一个你喜欢在其中工作的组织。

我喜欢在某组织中工作		
1a 员工在团队中工作得很好	或者	1b 它生产(提供)高声誉的产品(服务)
2a 高层管理维持工作场所的秩序	或者	2b 组织聆听顾客的意见并对他们的要求快速地作出反应
3a 员工受到公平待遇	或者	3b 员工一直寻求办法提高工作效率
4a 员工很快适应新工作要求	或者	4b 公司领导努力工作以便让员工保持快乐
5a 高层管理人员接受其他员工所没有的特殊津贴	或者	5b 组织达到绩效目标时员工都很自豪
6a 员工表现最好则报酬最高	或者	6b 高层管理人员受到尊重
7a 每个人准时完成工作	或者	7b 组织处于行业变革的前沿
8a 员工接受帮助以克服个人问题	或者	8b 员工遵守公司的规定
9a 在市场上总是尝试新点子	或者	9b 为了顶峰绩效,期望大家投入 110%
10a 快速地从市场中获益	或者	10b 员工总是被告知组织中正在发生的事情
11a 能够对竞争威胁快速地作出反应	或者	11b 大部分决策由高层管理人员作出
12a 管理使得各种事情处于控制和掌握之中	或者	12b 员工相互关心

评分规则:所圈的题号给“1”分,未圈的给“0”分。然后将各量表的相应题号的分数相加,各子量表的分数在 0~6。子量表的分数越高,说明你在该子量表代表的公司文化下工作感到越舒适。

控制文化:题号 2a、5a、6b、8b、11b、12a 分数之和。

绩效文化:题号 1b、3b、5b、6a、7a、9b 分数之和。

关系文化:题号 1a、3a、4b、8a、10b、12b 分数之和。

反应文化:题号 2b、4a、7b、9a、10a、11a 分数之和。

解释：

1. 控制文化：该文化重视高层管理人员领导组织的作用，其目标是使每个员工按部就班，并处于控制之下。

2. 绩效文化：该文化重视个人和组织绩效，并致力于提高组织效率和效果。

3. 关系文化：该文化重视教养和人性，把开放、沟通、公平、团队工作以及分享当作组织生活的重要组成部分。

4. 反应文化：该文化重视组织与外部环境保持协调的能力，包括竞争以及认识到新的机遇。

模块三：管理游戏

组 织 变 革

一支团队或公司的组织架构不可能是一成不变的，要适应社会变化的发展，也要求组织结构能够不断地通过变革来适应发展需要。通过本游戏，让读者更好地对组织的变革做出正确选择。

1. 训练步骤如下。

(1) 由教师进行角色分配：模拟一家计算机软件开发公司，设定一个组织结构，并分配员工各司其职。

(2) 游戏事件：计算机软件开发行业是一个不断要求知识升级的科技行业，由于区域内有外来的大型公司加入竞争，且该公司由于多年以来一直沿用老旧的组织架构，不能适应现阶段的竞争需求，请分析出该公司的战略调整并对现有的组织架构进行改革。

(3) 游戏方法：10 人一组，每组进行展示并阐述设计缘由。最后由老师进行评分。

2. 训练要点：培养敏锐的洞察能力以及表面事件的深层分析能力。

模块四：复习思考

一、单项选择题

1. 你以为良好的组织工作应该是(　　)。

A. 对外部环境和组织目标的调查　　B. 组织的长期随机变动
C. 对组织内外环境和适应性调整　　D. 组织的重大变革

2. 矩阵式组织的主要缺点是(　　)。

A. 分权不充分　　B. 多头领导
C. 对项目经理要求高　　D. 组织稳定性差

3. 一家产品单一的跨国公司在世界许多地区拥有客户和分支机构，该公司的组织结构应考虑按(　　)因素来划分部门。

A. 职能　　B. 产品　　C. 地区　　D. 矩阵结构

4. 很多企业都是由小到大逐步发展起来的，一般在开始时往往采用的组织结构是直线职能制。但是业务的扩大以及人员队伍的增加，使得高层管理者不得不通过授权的方式委托一批有实力的专业人员进行职能化管理。但是，直线职能制组织形式也存在一些固有的缺陷。下列哪种说法不是直线职能制组织形式的缺陷？(　　)

A. 成员的工作位置不固定，容易产生临时观念

B. 各职能单位自成体系，往往不重视工作中的横向信息沟通

C. 组织弹性不足，对环境变化的反应比较迟钝

D. 不利于培养综合型管理人才

二、多项选择题

1. 组织设计的原则包括(　　)。

A. 因人设职与因事设职相结合

B. 命令统一

C. 人人有事做

D. 尽量减轻主要管理者的压力，多设副职

E. 权责对等

2. 规模的扩大对组织结构的影响包括(　　)。

A. 分权化　　B. 集权化　　C. 规范化

D. 专职管理人员的数量增加　　E. 复杂性提高

三、思考题

1. 组织对个体产生哪些心理现象?
2. 影响组织集权与分权的因素是什么?
3. 矩阵结构违反统一指挥原则，为什么还流行?
4. 论述加强组织文化建设的途径。

参考文献

[1] 亨利·明茨伯格．经理工作的性质[M]．孙耀君，译．北京：中国社会科学出版社，1986.

[2] 孙彤．组织行为学教程[M]．北京：高等教育出版社，1990.

[3] 黄希庭．心理学导论[M]．北京：人民教育出版社，1991.

[4] 哈罗德·J. 莱维特．管理心理学[M]．张文芝，等，译．太原：山西经济出版社，1991.

[5] 俞文钊．领导心理学导论[M]．北京：人民教育出版社，1993.

[6] 夏国新．心理规律在管理中的作用[M]．北京：中国城市出版社，1995.

[7] W. H. 纽曼，小 C. E. 萨默．管理过程——概念、行为和实践[M]．李柱流，译．北京：中国社会科学出版社，1995.

[8] 吴岩．领导心理学导论[M]．北京：中国编译出版社，1996.

[9] 叶奕乾，何存道，梁宁建．普通心理学[M]．上海：华东师范大学出版社，1997.

[10] 斯蒂芬·P. 罗宾斯．管理学(第四版)[M]．黄卫伟，等，译．北京：中国人民大学出版社，1997.

[11] 刘祥武，等．哈佛学院 MBA 总经理学[M]．北京：经济日报出版社，1998.

[12] 苏东水．管理心理学[M]．上海：复旦大学出版社，1998.

[13] 夏书章．行政管理学(第二版)[M]．广州：中山大学出版社，1998.

[14] 王乐夫．领导学：理论、实践与方法[M]．广州：中山大学出版社，1998.

[15] 哈罗德·孔茨，海因茨·韦里克．管理学(第十版)[M]．张晓君，等，译．北京：经济科学出版社，1998.

[16] 卢盛忠．管理心理学[M]．杭州：浙江教育出版社，1998.

[17] 张美兰，车宏生．目标设置理论及其新进展[J]．心理学动态，1999(2)：35～40.

[18] 苏慧文，姜忠辉．管理学原理与案例[M]．青岛：中国海洋大学出版社，1999.

[19] 马丽丽，王超．经营八维——卓越经营之魂[M]．太原：山西经济出版社，1999.

[20] 罗锐韧．哈佛管理全集[M]．北京：企业管理出版社，1999.

[21] 吴照云．管理学原理[M]．北京：经济管理出版社，2000.

[22] 亨利·明茨伯格等．领导[M]．思铭，译．北京：中国人民大学出版社，2000.

[23] 刘霞，潘晓良．管理心理学[M]．武汉：武汉大学出版社，2000.

[24] 孙俊岭．西方激励理论探析[J]．学术交流，2000(3)：109～111.

[25] 丹尼尔·A. 雷恩．管理思想的演变[M]．赵睿，译．北京：中国社会科学出版社，2000.

[26] 黑尔里格尔，等．组织行为学[M]．岳进，等，译．北京：中国社会科学出版社，2001.

[27] D. 赫尔雷格尔，J. W. 斯洛克姆，R. W. 伍德曼．组织行为学(第 9 版)[M]．俞文钊，丁彪，等，译. 上海：华东师范大学出版社，2001.

[28] 张兰霞．新管理理论丛林[M]．沈阳：辽宁人民出版社，2001.

[29] 弗雷德·R. 戴维．战略管理(第八版)[M]．李克宁，译．北京：经济科学出版社，2001.

[30] 彼得·诺思豪斯．领导学：理念与实践[M]．吴荣先，朱永新，等，译．南京：江苏教育出版社，2002.

[31] 安应民．管理心理学新编[M]．北京：中共中央党校出版社，2002.

[32] 郭马兵．激励理论评述[J]．首都经济贸易大学学报，2002(6)：37～40．

[33] 朱国定．管理心理学[M]．上海：上海教育出版社，2002．

[34] 朱永新．管理心理学[M]．北京：高等教育出版社，2002．

[35] 赵慧军．现代管理心理学[M]．北京：首都经济贸易大学出版社，2002．

[36] 程正方．现代管理心理学[M]．北京：北京师范大学出版社，2003．

[37] 陈亭楠．现代企业文化[M]．北京：企业管理出版社，2003．

[38] 张作俭．管理心理学[M]．北京：科学技术文献出版社，2004．

[39] 郭咸纲．西方管理思想史(第三版)[M]．北京：经济管理出版社，2004．

[40] 赫根汉．心理学学史导论[M]．郭本禹，译．上海：华东师范大学出版社，2004．

[41] 斯帝芬·P. 罗宾斯．组织行为学[M]．孙健敏，李原，译．北京：中国人民大学出版社，2005．

[42] 刘伟．激励理论在企业管理中的应用[J]．企业管理，2005(5)：96～98．

[43] 杜·舒尔茨．现代心理学学史[M]．叶浩生，译．南京：江苏教育出版社，2005．

[44] 俞文钊．人力资源管理心理学[M]．上海：上海教育出版社，2005．

[45] 张岩松，李健，等．人力资源管理案例精选精析[M]．北京：经济管理出版社，2005．

[46] 杰拉尔德·格林柏格，罗伯特·A. 巴伦．组织行为学(第 7 版)[M]．范庭卫，等，译．南京：江苏教育出版社，2005．

[47] 杨忠．组织行为学：中国文化视角[M]．南京：南京大学出版社，2006．

[48] 史金平．管理学[M]．北京：高等教育出版社，2006．

[49] 刘光明．企业文化[M]．北京：经济管理出版社，2006．

[50] 张红旗，葛培波．组织行为与组织结构设计五日通[M]．北京：经济科学出版社，2007．

[51] 陈国海，李艳华，吴清兰．管理心理学[M]．北京：清华大学出版社，2008．

[52] 彼得·德鲁克．有效管理者[M]．许是祥，译．北京：机械工业出版社，2008．

[53] 毕雪阳．管理心理学[M]．上海：上海财经大学出版社，2010．

[54] 雨果·闵斯特伯格．基础与应用心理学[M]．邵志芳，译．北京：北京大学出版社，2010．

[55] 墨菲，科瓦奇．近代心理学历史引导[M]．林方，王景和，译．北京：商务印书馆，2010．

[56] 王端，杨喜梅．管理学原理[M]．北京：清华大学出版社，2011．

[57] 张茂林，袁秋菊，柳劲松．战略决策——民营企业领导科学与艺术[M]．天津：天津大学出版社，2012．